新东方
XDF.CN

乱序版

四级词汇

词根+联想记忆法

俞敏洪 · 编著

浙江教育出版社 · 杭州

前 言

词汇向来是学习英语的基石，更是应对所有考试的关键。词汇量的匮乏严重影响着一个人听、说、读、写等方面的能力。同样，不掌握一定数量的词汇，任何应试技巧都如隔靴搔痒，难有成效！

学习单词有多种方法，比如一日数词的日常积累，或者博览群书的大量阅读、亦或是买来词汇书记背的短期突破，当然对于应试来说，第三种方法无疑最直接、最有效。俗话说“好马配好鞍”，想背单词也需找好书。何谓“一本好的单词书”？简单说来就是具有行之有效的单词记忆方法、合理的单词安排以及实用有趣的内容。

本书旨在通过系统介绍“词根＋联想”记忆法，让你在短时间内轻松记住四级单词，同时从新四级考试的考点出发，全方位解读核心词汇，让你对重点单词的用法了然于胸。

本书具有如下特点：

一、“词根＋联想”，记忆障碍一扫清

阿基米德说：给我一个支点，我能撬起整个地球！词根词缀就像是记忆单词的支点，掌握一定数量的词根词缀，就可以举一反三，了解许多由它们构成的单词。

词根 loc（地方）　→ local（当地的）
→ locate（位于）
→ location（位置，场所）
→ locality（地区，地点）

词缀 bi-（两个）　→ biweekly（双周刊）
→ bilingual（双语种的）
→ biannual（一年两次的）
→ bicolor（双色的）

“词根＋联想”记忆法正是以词根词缀记单词为主，并利用单词的分拆、谐音和词与词之间的联系形成的一套系统、灵活、实用、有效的记忆方法。同时，为了增加背诵时的趣味性、加深对单词的记忆并突出单词的对比，本书为部分单词配上了诙谐幽默的漫画插图，为近义词、形近词、同类词等配了有趣的组图以及经典的词源故事。

上述方法让记单词由枯燥的劳役变成了生动的游戏，极大地克服了学生在背单词时产生的恐惧心理。特别是包含多个单词的组图，借助可爱的卡通形象生动地将一个单词与相关单词联系在一起，让考生在轻松一笑之间记忆多个单词，提高了学习效率。

二、单词重组，此时无序胜有序

本书打破了常规的按字母顺序排列单词的方式，以全新的乱序编排带来学习

的新体验。本书依照新四级考试考查单词的侧重点将四级词汇分以下几部分列出：

核心单词：严格按照大纲收录所有四级单词，将其分35个单元列出，每天背1~2个单元，方便学生合理安排复习时间，实现短期突破。此外，每个单元下采用随机无序的方式排列单词，避免同一字母开头的单词一背到底。

超纲单词：每年的四级考试都会出现一定比例的超纲单词，这些单词常常对解题产生重大影响，因此本书从历年真题中总结了常考的超纲单词，目的就是将四级单词一网打尽，帮助考生做到未雨绸缪，有备无患。

熟词僻义：很多同学都有这样的经历：明明一句话里没有任何生词，可就是搞不懂是什么意思，其实这是句中某些单词的生僻含义在作怪。针对新四级考试设置的这种词汇障碍，本书精选了一些"最熟悉的陌生词"，帮你扫清阅读障碍。

中学已学单词和词组：本书将中学已学单词和词组挑出，同学只要在看完前三部分后用一天的时间将此部分内容复习一遍即可。值得一提的是，要注意一些近形、近义里"中学已学词组"的辨析。

单词返记菜单：本书特别在每一页中制作了"单词返记菜单"，将一页书内的单词列在本页下方，不仅方便考生快速复习，还可以让考生将不熟悉的单词在返记菜单中加以标记，作为日后复习的要点，做到查漏补缺。

三、真题出击，模考练手

四级考试虽然早已不再考查单项选择题，但依然强调对词汇用法、搭配等的掌握。因此本书依然甄选了部分历年真题中的经典词汇题作为单词复习的切入点，配以精辟的解析，以题讲词，使考生能在真实语境中掌握词汇。同时，在本书的最后为考生编写了350道模拟题，旨在帮助考生加深印象、巩固复习效果。

四、适应新题型，透彻解析近义词(组)

近义词(组)的辨析和形近词的区别在新四级考试中依旧是考查重点，虽然不再以完形填空的形式考查，但已融入听力、阅读、翻译等题型。因此本书收录了大量易混淆的近义词，使学生能够有针对性地复习。

本书得以出版完成，要感谢汇智博纳的各位编辑。正是有了大家的辛苦努力才使这本书如此实用、有趣。各位考生还可以根据自己的需要选择《四级词汇词根+联想记忆法》的正序版和便携版。

对于还在考试路上奋进的各位同学，我无法相助其他，唯有通过本书为大家铺就新四级备考之路，并送上祝福一句：祝大家考试顺利过关！

编　者

用法说明

单元前的词根词缀预习表帮助考生掌握常用词根词缀,迅速扩大词汇量。

联想记忆通过单词的分拆、谐音和词与词之间的联系将难词化简、联词成串,轻松高效地记忆单词。

与四级考试难度相当的例句可以帮助考生记忆单词、熟悉考试难度。

词根、词缀预习表

inter-	在…之间	intermediate	*adj.* 中间的;中级的
prim-	第一,主要的	prime	*adj.* 首要的;最好的
pro-	向前,在前;很多;赞同,亲…	proportion	*n.* 比例;部分
circum	周围	circumstance	*n.* 情况,条件
ment	想,心智	mental	*adj.* 精神的,思想上的
opt	选择	option	*n.* 选择
pregn	拿住	pregnant	*adj.* 怀孕的,妊娠的
scribe, script	写	describe	*vt.* 形容,描写
sect	切割	sector	*n.* 部分,部门

sincere [sin'siə] *adj.* 真诚的,真挚的

【记】联想记忆:sin(罪)+cere→把自己的罪过告诉你→真挚的,真诚的

【例】My respect to your family is very *sincere*. 我对贵家族的尊敬是非常诚挚的。

词源 罗马的采石工人常常在大理石上涂蜡,以掩饰其瑕疵。罗马元老院颁令大理石必须"无蜡(sine cera)"。后合成英语单词sincere,词义由"无蜡的"引申为"纯粹的",进而又引申为"真挚的"、"真诚的"。

mood [mu:d] *n.* 心情;情绪,(动词的)语气

【记】联想记忆:心情(mood)不好也不能暴饮暴食(food)

【考】be (not) in the mood (for sth./to do sth.) 有/没有做某事的心情

【题】My father seemed to be in no _______ to look at my school report. (1999.1)

A) mood B) emotion C) attitude D) feeling

【解】选A。emotion:情绪,情感;attitude:态度,看法;feeling:感觉,情感。

□ sincere □ mood

有趣的词源故事,增长考生英语知识,同时加深对单词的记忆。

引用丰富的历年真题,解析直击考点难点,帮助考生熟悉四级考试的方向。

归纳常考的词组和搭配,帮助考生抓住考试的重点。

近义词辨析是四级考查重点之一，本书收录了大量易混淆的近义词，使考生有的放矢地攻克词汇障碍。

编写大量词根记忆法，考生可举一反三，达到事半功倍的效果。

发音记忆是一种记忆单词的快捷方法，辅助记忆成效显著。

幽默有趣的插图解释单词含义，帮助考生记忆的同时增加了学习的趣味性。

technician [tekˈniʃən] *n.* 技术员，技师

【记】词根记忆：techn(技艺)+ician(人)→技术员，技师

【例】Stewart has become an excellent *technician.* 斯图尔特成为了一名非常出色的技师。

rouse [rauz] *vt.* 惊起，唤起，唤醒

【记】发音记忆："扰死"→唤醒，唤起，惊起

【例】What Evan had done have *roused* people's hatred. 埃文的行为激起了人们的憎恨。

imply [imˈplai] *vt.* 暗示，意指

【记】词根记忆：im(进入)+ply(重叠)→重叠表达→暗示，暗指

【例】You'll unwittingly *imply* that I'm clumsy. 你会无意地暗示我很笨拙。

【辨】**imply, suggest, hint**

imply指对某事不表示自己的意思，而是用语言、表情、动作表明态度，要对方进行推断；suggest语义比imply更明确，强调用联想、启发或一连串的思想把某种概念表示出来；hint指用间接或隐蔽的启示、含蓄的语言使人领会，常暗指缺乏坦率。

strain [strein] *n.* 拉紧；过劳；极度紧张；张力；扭伤，拉伤；旋律；品种，家系；气质，个性特点
v. 扭伤，拉伤；尽力使用；使紧张；拉紧

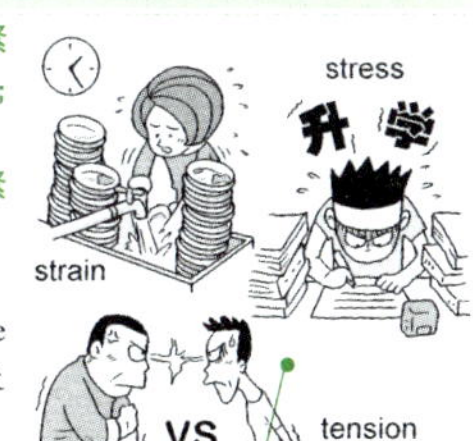

【记】本身是词根：拉紧

【例】They *strained* to see the boat far away from them. 他们聚精会神地看着远处那只船。

technician rouse imply strain

每页底部设置返记菜单，考生结束每页学习后都可以及时地进行复习和自测，有助于对单词的全面掌握。

三言两语难以辨清的近义词、"貌合神离"易混淆的形近词、可以捆绑记忆的同类词，尽在组图中为考生辨明、分清、归纳。

目　录

核心单词表

核心单词表　Word List 1

inter-	在…之间	intermediate	*adj.* 中间的；中级的
prim-	第一；主要的	prime	*adj.* 首要的；最好的
pro-	向前，在前；很多；赞同，亲…	proportion	*n.* 比例；部分
circum	周围	circumstance	*n.* 情况，条件
ment	想，心智	mental	*adj.* 精神的，思想上的
opt	选择	option	*n.* 选择
pregn	拿住	pregnant	*adj.* 怀孕的，妊娠的
scribe, script	写	describe	*vt.* 形容，描写
sect	切割	sector	*n.* 部分，部门

sincere [sinˈsiə] *adj.* 真诚的，真挚的

【记】联想记忆：sin(罪)+cere→把自己的罪过告诉你→真挚的，真诚的

词源：罗马的采石工人常常在大理石上涂蜡，以掩饰其瑕疵。罗马元老院颁令大理石必须"无蜡"(sine cera)。后合成英语单词sincere，词义由"无蜡的"引申为"纯粹的"，进而又引申为"真挚的"、"真诚的"。

【例】My respect to your family is very *sincere*. 我对贵家族的尊敬是非常诚挚的。

mood [muːd] *n.* 心情；情绪，(动词的)语气

【记】联想记忆：心情(mood)不好也不能暴饮暴食(food)

【考】be (not) in the mood (for sth./to do sth.) 有/没有做某事的心情

【题】My father seemed to be in no ______ to look at my school report. (1999.1)

A) mood　B) emotion　C) attitude　D) feeling

【解】选A。emotion：情绪，情感；attitude：态度，看法；feeling：感觉，情感。

static ['stætik] *adj.* 静的，静态的；静止的，停滞的 *n.* 静电

【记】联想记忆：stat(看作state处于某种状态)+ic(…的)→静态的

【例】House prices, which have been *static* for several months, are now rising again. 房价稳定了几个月后，现在又上涨了。

senator ['senətə] *n.* 参议员

【记】来自senate(*n.* 参议院)

hobby ['hɔbi] *n.* 业余爱好，癖好

lad [læd] *n.* 男孩，小伙子

equip [i'kwip] *vt.* 装备，配备；(智力、体力上)使有准备

【记】参考：equipment(*n.* 设备)

【例】A good education will *equip* your children to get a good job. 良好的教育有助于孩子找到好工作。//Nursing homes are well-*equipped* and convenient. 疗养院设施齐全，而且非常近便。(2011.6)

frown [fraun] *vi.* 皱眉，蹙额

【记】和brown(*adj.* 褐色的)一起记

【例】Paul *frowned* but said nothing. 保罗皱起了眉头但什么也没说。// When the math teacher finished her explanation, she found the students were still *frowning*. 数学老师解释之后，发现她的学生们仍然皱着眉头。

fasten ['fɑːsən] *vt.* 扎牢，扣住

【记】联想记忆：fast(牢固地)+en(使)→扎牢

【例】*Fasten* your seat belt. 系紧你的安全带。

software ['sɔftwεə] *n.* 软件

stir [stəː] *v.* 动，拨动；使微动；激动；(某种感情)产生 *n.* 搅拌，搅动；激动，骚乱

【考】stir up 激起，挑起

【例】She sat there quietly *stirring* her black coffee with a plastic spoon. 她安静地坐在那儿，用一个塑料勺子搅拌着她的黑咖啡。

distribution [ˌdistri'bjuːʃən] *n.* 分发，分配；分布

flexible ['fleksəbəl] *adj.* 易弯曲的；灵活的

【记】词根记忆：flex(弯曲)+ible(易…的)→易弯曲的

【例】We need a foreign policy that is more *flexible*. 我们需要更有弹性的外交政策。//Our arrangement needs to be *flexible* enough to meet the needs of everyone. 我们的安排必须足够灵活，以满足每个人的需要。

solution [sə'luːʃən] *n.* 解决；解决办法；溶液

【记】来自solve(*v.* 解决，解答)

□ static	□ senator	□ hobby	□ lad	□ equip	□ frown
□ fasten	□ software	□ stir	□ distribution	□ flexible	□ solution

【考】solution to the problem 问题的解决方法

【题】A ______ to this problem is expected to be found before long. (1998.1)

A) result B) response C) settlement D) solution

【解】选D。solution与to搭配，表示解决问题的方法。result：结果，成效；response：回答，响应，反应；settlement：解决(一般不与介词to连用)。

panel [ˈpænl] *n.* 专门小组；面，板；控制板，仪表盘

【记】词根记忆：pan(面板)+el(小)→面，板

ministry [ˈministri] *n.* (政府的)部

supreme [sjuːˈpriːm] *adj.* 最高的，最大的；极度的；最重要的

【记】联想记忆：supre(看作super超过)+me→超越自我→最高的

【例】*supreme* court 最高法院//The professor's approval was a matter of *supreme* importance to Kevin. 对凯文来说得到教授的认可是最重要的。

describe [diˈskraib] *vt.* 形容，描写；画出(图形等)

【记】词根记忆：de(加强)+scribe(写)→描写

【例】Paul started to *describe* a couple of broadleaf trees on the paper. 保罗开始在纸上画几棵阔叶树。

limb [lim] *n.* 肢，臂，腿；树枝

【记】和climb一起记，如果没有c就不能爬了

circumstance [ˈsəːkəmstəns] *n.* 情况，条件，境遇；[*pl.*]境况，经济情况

【记】词根记忆：circum(周围)+stance(站)→周围的存在→境遇

【考】under no circumstances 无论如何不，决不；in / under the circumstances 在这种情况下，(情况)既然如此

【例】*Under no circumstances* can we betray our country. 无论如何我们都不能背叛自己的祖国。

core [kɔː] *n.* 果实的心；核心，要点

【考】at the core of 在…的核心；在…的中心

【例】Throw away the apple because of the *core*. 因噎废食。//Debt is *at the core of* the problem. 债务是问题的核心。

assistant [əˈsistənt] *n.* 助手，助理，助教 *adj.* 助理的，辅助的

【例】an *assistant* coach 助理教练//After a few years Maria became an *assistant* to the college president. 几年后，玛丽亚成了大学校长的助理。

mess [mes] *n.* 凌乱状态，脏乱状态；混乱的局面，困境 *vt.* 弄糟，弄脏，搞乱

panel	ministry	supreme	describe	limb	circumstance
core	assistant	mess			

【例】The travel agents *messed* up the arrangements and there was no room for us at the hotel. 旅行社搞乱了安排，结果旅店里没有我们可以住的房间了。//After school, the naughty kids made a total *mess* in the bathroom. 放学后，淘气的孩子们把浴室弄得一片混乱。

minus [ˈmainəs] *n.* 负数；减号 *adj.* 负的 *prep.* 减(去)

【记】联想记忆：min(小的)+ us→把东西变小(的符号)→减号；减(去)

【例】The temperature of this area will drop to *minus* 28 degrees centigrade in winter. 该地区冬季的气温将下降至零下28摄氏度。

statistic [stəˈtistik] *n.* 统计数值，统计资料；[*pl.*] 统计学

【记】联想记忆：stat(看作state国家)+istic→常听到这样的表达：据国家统计数据表明→统计数值

【例】Recent *statistics* suggest 30% or more of college students cheat. 最近的数据显示有30%甚至更多的大学生(考试)作弊。(2011.12)

pregnant [ˈpregnənt] *adj.* 怀孕的，妊娠的

【记】词根记忆：pregn(拿住)+ant→拿住，怀有→怀孕的

【例】It's hard to see that the girl is six months *pregnant*. 很难看出那个女孩已经有六个月的身孕了。

sector [ˈsektə] *n.* 部门，部分；防御地段，防区；扇形

detection [diˈtekʃən] *n.* 察觉，发觉；侦查，探测

【例】By flying low, the plane was able to avoid *detection* by the enemy radar. 这架飞机低空飞行避开了敌人的雷达。

statue [ˈstætjuː] *n.* 塑像，雕像，铸像

【记】联想记忆：sta(看作stand站立)+tue→雕像一般都是站立着的

bride [braid] *n.* 新娘

【记】联想记忆：看着美丽的新娘(bride)，他感到很骄傲(pride)

cycle [ˈsaikəl] *n./v.* (骑)自行车，(骑)摩托车；循环

【例】the *cycle* of the seasons 四季的交替

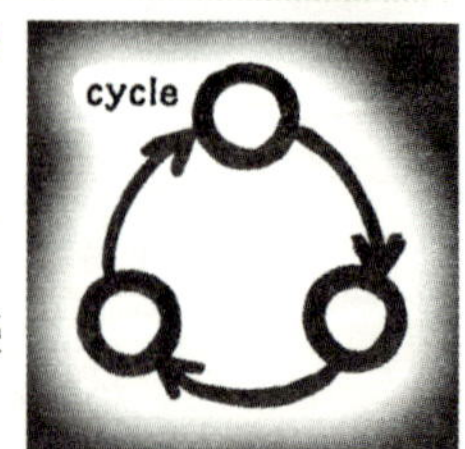

saucer [ˈsɔːsə] *n.* 茶托，碟子

【记】联想记忆：sauc(e)(调味料)+er→盛调味料的东西→碟子

minus	statistic	pregnant	sector	detection	statue
bride	cycle	saucer			

skillful [ˈskilfəl] *adj.* 灵巧的，娴熟的

【例】It must be very difficult for them to be trained as very *skillful* acrobats. 把他们训练成技巧高超的特技演员肯定很难。

civilization [ˌsivilaiˈzeiʃən] *n.* 文明，文化，开化

【记】来自civilize(*v.* 使文明)

overhead [ˈəuvəhed] *adj.* 在头顶上的，架空的 *n.* 经常费用，管理费用
[ˌəuvəˈhed] *adv.* 在头顶上

【记】组合词：over(在…之上)+head(头)→在头顶上的

【例】The large *overhead* reduced the company's profits. 大笔的管理费用减少了公司的利润。

clash [klæʃ] *vi.* 发生冲突；不协调；砰地相撞；发出刺耳的撞击声 *n.* 冲突；不协调；(金属等的)刺耳的撞击声

【记】象声词：物体撞碎的声音

【例】Troops *clashed* near the border. 部队在边境处交火。// the *clash* of swords 剑的碰击声

grant [grɑːnt] *n.* 授给物 *vt.* 授予，给予

【记】联想记忆：授予(grant)显赫的(grand)贵族爵位

【例】As my wife, I think you should *grant* me this favor. 作为我的妻子，我认为你应该给我这份关切。

bond [bɔnd] *n.* 联结，联系；公债；契约，合同 *v.* (使)黏合，(使)结合

【记】发音记忆："绑得"→绑在一起→联结；合同

【例】the *bond* market 证券市场//They would be *bonded* together in love for ever. 爱让他们永远在一起。

staff [stɑːf] *n.* 工作人员；参谋 *vt.* 为…配备人员

【记】联想记忆：每一个明星(star)后面都跟着一群工作人员(staff)

【例】They will not bring real benefits to the *staff*. 它们不会给员工带来真正的收益。(2009.12)

skillful	civilization	overhead	clash	grant	bond
staff					

【辨】staff, personnel, crew

staff主要指商务、教育、机关等的工作人员；personnel指军职或公职人员；crew特指飞机、轮船、列车等交通工具上的全体工作人员。

intermediate [ˌintəˈmiːdiət] *adj.* 中间的；中级的

【记】词根记忆：inter（在…之间，相互）+medi（中间）+ate（具有…的）→中间的

【辨】intermediate, middle

intermediate指在时间、空间、程度等方面介于…之间；middle指与两端或多端等距离的中点。

guitar [giˈtɑː] *n.* 吉他，六弦琴

【记】发音记忆："吉他"

comprehensive [ˌkɔmpriˈhensiv] *adj.* 广泛的；综合的；理解的

【例】The police wanted a more *comprehensive* investigation of your status. 警方要对你的身份做更加全面的调查。

presence [ˈprezəns] *n.* 出席，到场；存在；仪表，仪态

【记】来自present（*v.* 存在）

【考】in one's presence 当着某人的面，有某人在场；presence of mind 镇定自若

【例】The boy pretended to study hard *in* his mother'*s presence*. 当着妈妈的面，小男孩假装努力学习。

appliance [əˈplaiəns] *n.* 用具，器具，器械

【记】联想记忆：appli（看作apply运用）+ance（表性质）→可用的东西→用具，器具

【例】What is the cost of repairing an *appliance*? 修理一件家电要多少钱？

cushion [ˈkuʃən] *n.* 垫子，坐垫，靠垫

【记】发音记忆："苦行"→苦行僧盘腿在垫子上打坐→垫子

emergency [iˈməːdʒənsi] *n.* 紧急情况，突然事件

【记】联想记忆：emerg（看作emerge出现）+ency→紧急情况突然出现→紧急情况，突然事件

【题】A fire engine must have priority as it usually has to deal with some kind of ________.（2002.12）

A）precaution　B）crisis　C）emergency　D）urgency

【解】选C。deal with emergency：处理紧急情况。precaution：预防，防范；crisis：危机，决定性时刻；urgency：紧急，催促。

intermediate　guitar　comprehensive　presence　appliance　cushion　emergency

solve [sɔlv] *vt.* 解答，解释，解决

【例】Bruce has *solved* the problem of eating the steak. 布鲁斯已经解决了吃牛排的问题。

【辨】**solve, settle**

注意solve与settle的搭配区别：solve a problem/puzzle/difficulties; settle a quarrel/question/dispute。

label [ˈleibəl] *n.* 标签，标记，符号 *vt.* 贴标签于；把…称为

【记】联想记忆：lab(实验室)+el→实验室里的试剂瓶上贴有标签

【题】The ________ stuck on the envelope says "By Air". (2002.1)

A) diagram　　B) label

C) signal　　D) mark

【解】选B。diagram：图形，图表；signal：信号；mark：记号，符号。

slim [slim] *adj.* 苗条的；薄的；(机会)少的 *v.* (用运动、节食等)减轻体重，变苗条

【记】联想记忆：s+lim(有限的)→减肥必须有个限度→减轻体重

【例】There's a *slim* chance that he may become the Prime Minister. 他当选首相的机会很小。//Some people will gain weight, no matter how hard they try to *slim*. 有些人无论怎样努力减肥体重都会增加。// His chance of getting the job is *slim*. 他得到这份工作的机会很渺茫。(2008.12)

status [ˈstætəs] *n.* 地位，身份；情形，状况

【记】联想记忆：stat(看作state声明)+us(我们)→声明我们是谁→身份

【辨】**status, rank, class**

status指人的身份或地位；rank指世袭的、军队的、社会的阶级；class指人的社会阶层。

【题】The clothes a person wears may express his _______ or social position. (2000.6)

A) curiosity　　B) status

C) determination　　D) significance

【解】选B。句意：一个人的衣着可以显示出他的身份或社会地位。curiosity：好奇心，求知欲；determination：决定，决心；significance：意义，重要性。

steady [ˈstedi] *adj.* 稳的，平稳的；稳定的，持续的；稳固的 *vt.*（使）稳定

【记】联想记忆：st+eady（看作ready准备）→事先有准备，心里就有底→稳的；稳定的

【例】Julia doesn't have a *steady* income. 朱莉娅没有稳定的收入。// You'd better get a job first and *steady* down. 你最好先找个工作稳定下来。

include [inˈkluːd] *vt.* 包括，包含

【记】词根记忆：in（进入）+clud（关）+e→关进里面→包括，包含；参考：exclude（*v.* 把…排除在外）

【例】True freedom *includes* more than economic freedom. 真正的自由不仅仅包括经济自由。

resistance [riˈzistəns] *n.* 反抗，抵制；抵抗力；抵抗性；阻力；电阻

prime [praim] *adj.* 首要的；最好的 *n.* 青春；全盛时期 *vt.* 使准备好

【记】词根记忆：prim（主要的）+e→首要的

【例】the *prime* minister 首相 //Our *prime* concern is the emotional health and well-being of children. 我们首要关注的是孩子的情绪健康和幸福感。

ambassador [æmˈbæsədə] *n.* 大使，使节，派驻国际组织的代表

derive [diˈraiv] *v.* 取得；起源

【记】联想记忆：de+rive(r)（河）→黄河是中华文明的发源地→起源

【考】derive from 得自，由来，衍生

【辨】**derive, acquire, benefit, reward**

derive 取得；acquire 获得；benefit 受益；reward 酬劳

【题】How much of your country's electrical supply is ________ from water power?（2003.1）

A）deduced　B）detached　C）derived　D）declined

【解】选C。deduce：推论，演绎；detach：分开，分离；decline：下降，下倾。

sponsor [ˈspɔnsə] *n.* 发起者 *vt.* 发起；资助，赞助；支持

【记】联想记忆：spon（看作spoon勺子）+sor（…者）→举勺子的人→发起者

【例】Those programs are *sponsored* by a student organization. 那些项目是由一个学生组织发起的。//government-*sponsored* projects 政府资助的项目

proportion [prəˈpɔːʃən] *n.* 比例；部分，份儿；均衡；相称

【记】词根记忆：pro（许多）+portion（一部分）→按比例分成小份儿

steady	include	resistance	prime	ambassador	derive
sponsor	proportion				

【考】in proportion to 与…成比例，与…相称

【例】On average, fathers spoke less than mothers did, but they did not differ in the length of utterances or *proportion* of questions asked. 平均来说，父亲说的话比母亲少，但他们的语句长度或提问次数基本差不多。(2009.12)

mental [ˈmentl] *adj.* 心理的，精神的，思想上的；(治疗)精神病的；智力的

【记】词根记忆：ment(想，心智)+al(…的)→精神的

【例】*mental* anguish 内心的痛苦//a *mental* test 智力测验//Caring for a spouse with *mental* disorder can leave you with some of the same severe problems. 照顾有精神障碍的配偶会给你带来一些同样严重的问题。(2010.12)

punch [pʌntʃ] *vt.* 猛击；穿孔 *n.* 猛击；冲床；穿孔机；力量，效力

【记】发音记忆："乓哧"(重击的声音)→猛击

【例】The conductor walked through the train, *punching* everyone's ticket. 列车员走过列车，在每个人的票上打了孔。//Yesterday Jason was kicked and *punched* on his way back home. 昨天詹森在回家的路上被人拳打脚踢了一顿。

result [riˈzʌlt] *n.* 成果；比分 *vi.* 发生，结果

【考】result in 导致；result from 起因于；as a result 作为结果；as a result of 由于

【题】A love marriage, however, does not necessarily ________ much sharing of interests and responsibilities. (1996.1)

A) take over　B) result in　C) hold on　D) keep to

【解】选B。句意：然而，恋爱结婚的结果未必是共同分享利益，并且共同承担责任。take over：接管，接收；hold on：紧握，等一会儿；keep to：遵守，坚持。

client [ˈklaiənt] *n.* 委托人，当事人，顾客

【例】a meeting with an important *client* 与一位重要客户的会议//A final advertising medium is direct mail, which uses mailings to consumers to communicate a *client's* message. 最后一种广告媒介是直邮广告，它通过给消费者寄送信件来与客户进行信息沟通。(2008.6)

steamer [ˈstiːmə] *n.* 轮船，汽船

【记】联想记忆：steam(蒸汽)+er→使用蒸汽作动力的船→汽船

option [ˈɔpʃən] *n.* 选择，选择权，选择自由；（供）选择的事物（或人）；选课

【记】词根记忆：opt（选择）+ion→选择，选择权

【例】There are a number of *options* available. 有很多种选择。// There are four *options* in the college. 这所大学有四门选修课。// This *option* allows a job seeker to post a resume without having it searched by employers. 这个选项使求职者可以上传简历，而雇主却无权搜索。(2007.6)

dormitory [ˈdɔːmitəri] *n.* 集体寝室，宿舍

attitude [ˈætitjuːd] *n.* 态度，看法；姿势

【记】发音记忆："爱踢球的"→尽管人们对国足态度不一，但青少年踢球的热情无法阻挡→态度

【考】attitude toward(s) 对…的看法、态度

【例】What is the author's overall *attitude toward* fridges? 作者对冰箱总的看法是什么？

steep [stiːp] *adj.* 险峻的，陡峭的；（价格等）过高的；急剧的（上升或下降）

【记】联想记忆：step（阶梯）中又加一个e→更高了→陡峭的

【例】It's very *steep* here and the surface is a little slippery. 这儿很陡，地面还有点儿滑。//Consumers are rebelling at *steep* price increases. 消费者对飞涨的物价很反感。

agency [ˈeidʒənsi] *n.* 经办，代理，代理处；（政府等的）专门行政部门

【记】词根记忆：ag（行动）+ency（表状态）→代为行动→代理

【例】After determining the target audience for a product or service, advertising *agencies* must select the appropriate media for the advertisement. 在确定了某种产品或服务的目标受众之后，广告公司必须选择恰当的媒介来投放广告。(2008.6)

steer [stiə] *v.* 为…操舵；引导；驾驶

【记】联想记忆：steel（钢铁）的l变为r→铁船→掌舵，操纵

【考】steer clear of 绕开，避开

【例】You may want to *steer clear of* the word "dumped". 你可能会避开"dumped"这个词。//Daniel *steered* them into the nearest seats. 丹尼尔将他们引到最近的座位上。

scandal ['skændl] *n.* **丑事，丑闻；流言蜚语；反感，愤慨**

【记】联想记忆：scan(扫描)+dal→扫描时事，揭露丑闻→丑闻，丑事；参考：Watergate Scandal 水门事件

【例】a financial *scandal* 经济丑闻

Today is the first day of the rest of my life, I wake as a child to see the world begin. On monarch wings and birthday wonderings, want to put on faces, walk in the wet and cold. And look forward to my growing old, to grow is to change, to change is to be new, to be new is to be young again, I barely remember when.

——美国乡村歌手约翰·丹佛(John Denver)

Word List 2

词根、词缀预习表

ob-	逆，倒，加强意义	object	*vi.* 反对，不赞成
celer	速度	accelerate *vt.* 加速	
bio	生物，生命	biology	*n.* 生物学，生态学
creed, cred	相信，信任	incredible *adj.* 不能信的，不可信的	
part	部分	partial	*adj.* 部分的；不公正的
sign	加上记号	signature	*n.* 署名，签字
-el	（名词后缀）小；人，集体；物，场所	personnel	*n.*［总称］人员，员工
-ious	（形容词后缀）…的，有…性质的	cautious	*adj.* 十分小心的，谨慎的

definite [ˈdefinit] *adj.* 明确的，肯定的

【记】词根记忆：de+fin（范围）+ite→划定范围的→明确的

【题】I'm not sure whether I can gain any profit from the investment, so I can't make a(n) ______ promise to help you.（1996.1）

A）exact　B）defined　C）definite　D）sure

【解】选C。make definite promise：明确地许诺。句意：我不能肯定这项投资能否获利，因此也不能明确许诺一定会帮助你。exact：确切的，精确的；defined：规定的；sure：可靠的。

cautious [ˈkɔːʃəs] *adj.* 十分小心的，谨慎的

【记】联想记忆：caut（看作cat）+ious（…的）→像猫一样的→小心的，谨慎的

【题】They are ______ investors who always make thorough investigations both on local and international markets before making an investment.（2003.6）

A）implicit　B）conscious　C）cautious　D）indecisive

【解】选C。句意：他们是谨慎的投资者，在投资前总是会全面调查国内外市场。implicit：暗示的，含蓄的；conscious：有意识的，故意的；indecisive：犹豫不决的；非决定性的。

prayer [prɛə] *n.* 祷告，祈祷；祷文；祈求，祈望

nest [nest] *n.* 巢，窝，穴 *v.* 筑巢

【记】联想记忆：在巢(nest)里休息(rest)

【例】There are no birds of this year in last year's *nests.* 时过境迁。

domestic [də'mestik] *adj.* 本国的；家庭的；驯养的

【记】词根记忆：dom(家)+estic(…的)→家庭的

【例】*domestic* affairs 国内事务 // *domestic* markets 国内市场 // Expanding *domestic* and international markets is essential in the course of economic globalization. 在经济全球化的过程中，拓展国内外市场非常重要。

chest [tʃest] *n.* 胸腔，胸膛；箱子

airline ['ɛəlain] *n.* 航空公司；航线

【记】组合词：air(空中)+line(线)→航线

rebel ['rebəl] *n.* 反叛分子，反对者

[ri'bel] *vi.* 反叛，造反；反对，不服从

【记】联想记忆：re(反)+bel(看作bell战争)→发动了反对的战争→反叛

【例】The forces *rebelled* against the government. 军队起义反抗政府。

satisfactory [ˌsætis'fæktəri] *adj.* 令人满意的

【记】联想记忆：satisf(y)(使满意)+act(做)+ory(…的)→做得令人满意的

【例】I never got a *satisfactory* answer. 我从未得到过满意的答复。// The result of the examination was less *satisfactory* than he had expected. 考试结果不如他预期的那样满意。

stem [stem] *n.* 茎，(树)干；词干 *v.* 起源；堵住，止住，停住

【考】stem from 起源于

【例】Difficulty in concentration among students *stem from* the same factor. 学生们注意力难以集中源于同样的原因。//an attempt to *stem* the decline in profits 阻止利润下滑的努力

render ['rendə] *vt.* 使得，致使；给予，提供；翻译

【记】联想记忆：给予(render)后自然成为出借人(lender)

【例】Tom had a chance to *render* some service to his country. 汤姆获得了为祖国效力的机会。//Excessive Internet use had *rendered* Toebe so poor that she couldn't afford to seek professional help. 过度使用网络使特贝变得十分贫穷，因此她无法承担寻求专业帮助的费用。(2010.6)

object ['ɔbdʒikt] *n.* 实物，物体；目的，目标；对象，客体；宾语

[əb'dʒekt] *vi.* 反对，不赞成

nest	domestic	chest	airline	rebel	satisfactory
stem	render	object			

【记】词根记忆：ob(反)+ject(扔)→反向扔→反对

【考】object to sb./sth. 反对(某人)，不赞成(某事)

【例】They *object to* man-made cool simply because they like hot weather. 因为喜爱炎热的天气，所以他们反对人造冷气。

gardener ['gɑːdnə] *n.* 园丁，花匠

shrink [ʃriŋk] *v.* (使)起皱，(使)收缩；退缩，畏缩

【题】The advertisement says this material doesn't _______ in the wash, but it has. (2003.6)

A) contract B) shrink C) slim D) dissolve

【解】选B。contract：使缩短；slim：变细，减肥；dissolve：溶解，解散。

parade [pə'reid] *n.* 游行，检阅 *v.* (使)游行，(使)列队前进

【记】词根记忆：para(旁边)+de→展示给旁边的人看→游行

【例】Children in colorful costumes *parade* up and down the streets. 孩子们穿着五颜六色的服装在街上到处游行。

rumour ['ruːmə] *n.* 谣传，谣言

【记】发音记忆："辱骂"→谣言往往比辱骂更易伤人

【例】I've heard a *rumour* that the company is making a new film. 我听到传言说，那家公司在拍摄一部新电影。

rug [rʌg] *n.* (小)地毯

establish [i'stæbliʃ] *vt.* 建立，设立；确立；证实

【记】联想记忆：est(存在)+abl(看作able可…的)+ish(使…)→使…可以存在的→建立

【例】Foreigners can offer a fresh perspective on *established* practices. 对于已有的惯例，外国人能够给出有新意的看法。(2009.12)

【辨】**establish, build, construct, found, set up**

establish强调稳固地建成，可指实物，也可指抽象事物；build最常用，指建造房子、道路、桥梁等实物，又可指建立理论、体系等抽象事物；construct常与build通用，但更为正式；found有奠基、打下基础的意思；set up主要指开始、着手建立。

primarily ['praimərəli] *adv.* 首先；主要地

【例】The article is *primarily* concerned with pollution. 这篇文章主要谈及污染问题。

kindness ['kaindnis] *n.* 仁慈，好意

【例】What this child needs is a little love and *kindness*. 这个孩子需要的是一点点爱和仁慈。

gardener	shrink	parade	rumour	rug	establish
primarily	kindness				

breast [brest] *n.* 乳房，胸脯，胸膛

【记】联想记忆：经常做深呼吸(breath)有利于胸部(breast)健美

【例】Jay takes out a newspaper from his *breast* pocket. 杰伊从上衣口袋里掏出一份报纸。

sticky [ˈstiki] *adj.* 黏性的；(天气)湿热的

【记】来自stick(*v.* 粘住)

【例】Cathy felt hot and *sticky* during the five hours on the train. 在火车上的五个小时里，凯茜觉得浑身又黏又热。

boost [buːst] *vt.* 提高，增加；推动，激励；替…做广告，宣扬 *n.* 提高，增加；推动，激励

【例】The biggest longevity *boost* seems to come from marriage or an equivalent relationship. 最有效的长寿之法，似乎是来自于婚姻或与之类似的关系。(2010.12)//a multi-million pound *boost* for the British film industry 数百万英镑的注入以推动英国电影业的发展

fund [fʌnd] *n.* 资金，基金；[*pl.*]存款 *vt.* 为…提供资金

【记】发音记忆："放的"→企业发放资金

【例】The park remains unfinished due to lack of *funds*. 由于缺乏资金这个公园还没有建成。//For example, but for the savings and loan debacle, there might be *funds* available to reduce the national debt and pay for education. 举例来说，如果不是因为储贷危机，或许还有资金可以用来减少国债和教育支出。(2011.12)

incredible [inˈkredəbəl] *adj.* 不能相信的，不可信的；难以置信的，不可思议的，惊人的

【记】词根记忆：in(不)+cred(相信)+ible(能…的)→不能相信的

【题】Some children display an ________ curiosity about every new thing they encounter. (1998.1)

A) incredible B) infectious C) incompatible D) inaccessible

【解】选A。an incredible curiosity：一种令人难以置信的好奇心。infectious：易传染的，有传染性的；incompatible：矛盾的，不一致的；inaccessible：不可及的，达不到的。

abroad [əˈbrɔːd] *adv.* 到(在)国外；在传播，在流传

【记】联想记忆：ab(离去)+road

（路）→离开故乡，起程上路→（在）国外；注意：不要和aboard弄混

【考】go abroad 出国

【例】We must learn how to give gifts before going *abroad*. 我们在出国前必须学会如何赠送礼物。（2014.6）

detective [di'tektiv] *n.* 侦探，私人侦探

stiff [stif] *adj.* 硬的，僵直的；不灵活的；拘谨的，生硬的；费劲的；（风等）强烈的 *adv.* 极其，非常；僵硬地

【记】联想记忆：still（静止的）的ll变为ff→僵直的

【例】But seriously, the leading lady seems a little *stiff*. 不过，说真的，女主角似乎有点生硬。//Jesse was by now scared *stiff* and frozen cold. 到现在，杰西吓坏了、冻僵了。

stimulate ['stimjuleit] *vt.* 刺激，激励，激发

【例】Imagination is a valuable quality and a motivating power, and *stimulates* achievement. 想象力是一种宝贵的特性和动力，它能激励人们获得成就。（2008.12）

【题】John Dewey believed that education should be a preparation for life, that a person learns by doing, and that teaching must ________ the curiosity and creativity of children.（1998.6）

A）seek　　B）stimulate　　C）shape　　D）secure

【解】选B。句意：John Dewey认为教育应该为生活做准备，一个人应该通过实践来学习，并且教学应该激发孩子的好奇心和创造力。seek：寻找，探求，试图；shape：形成，塑造；secure：防卫，保护，获得。

fame [feim] *n.* 名声，名望

【记】联想记忆：名字（name）变n为f就成了名声（fame）

【辨】**fame, honour, reputation**

fame常指好名声；honour着重指因高尚的行为或品德而获得的荣誉和名声；reputation好坏名声都可指。

【题】He wrote an article criticizing the Greek poet and won ______ and a scholarship.（2001.6）

A）faith　　B）status　　C）fame　　D）courage

【解】选C。win fame：赢得荣誉。句意：他写了一篇文章批评那位希腊诗人，这使他赢得了声誉和奖学金。faith：信任，信仰；status：地位；courage：勇气。

consume [kən'sjuːm] *vt.* 消费；吃完，喝光；毁灭；使入迷

【记】联想记忆：con（全部）+sume（取）→把钱全部取出消费，吃完

【考】consume with 使着迷；充满

【题】In Britain people ______ four million tons of potatoes every year.（2000.1）

A）swallow　　B）dispose

C）consume　　D）exhaust

【解】选C。句意：英国人每年要食用400万吨的土豆。swallow：咽，吞没；dispose：处理，处置；exhaust：用尽，耗尽（尤指精力、耐心等）。

accelerate [ək'seləreit] *vt.* （使）加快，（使）增速

【记】词根记忆：ac（加强）+celer（速度）+ate（使…）→（使）增速

【例】Environmental problems may *accelerate* the pace of the car's development. 环境问题可能会加速汽车发展的步伐。

lightning ['laitniŋ] *n.* 闪电

【记】联想记忆：light（光）+ning→电闪雷光→闪电

sting [stiŋ] *n./v.* 刺，蛰；刺痛，（使）痛苦；激怒

【记】发音记忆："死叮"→刺痛；参考：英国著名歌手Sting

【例】This type of bee rarely *stings*. 这种蜜蜂很少叮人。//Eve had been *stung* by criticism. 批评激怒了伊夫。//Every time I chop onions they will make my eyes *sting*. 每次我切洋葱，我的眼睛都会感到刺痛。

bound [baund] *adj.* 一定的；有义务的 *v.* 跳跃；弹回，反跃；成为…的界限，给…划界；限制 *n.* 跳跃；界限，限制

【记】和round（*n.* 圆）一起记

【考】be/feel bound to 对…有义务的；be bound up in 热衷于，忙于；be bound up with 与…有密切关系

【例】Ian *felt bound to* tell Joanna the truth. 伊恩觉得自己有必要告诉乔安娜真相。//I can't bear the life that was *bounded* by poverty. 我无法忍受为贫困所禁锢的生活。

rouse [rauz] *vt.* 惊起，唤起，唤醒

【记】发音记忆："扰死"→唤醒，唤起，惊起

【例】What Evan had done have *roused* people's hatred. 埃文的行为激起了人们的憎恨。

cultivate ['kʌltiveit] *v.* 耕，种植；培养；陶冶；发展

【记】词根记忆：cult(培养，种植)+ivate(表动作)→培养；种植

【例】People in my hometown mainly *cultivate* rice and beans. 我家乡的人们主要种稻子和大豆。//We must *cultivate* our own garden and find the joy of doing it in our own heart. 我们都要做好自己的工作，并在工作中找到精神上的乐趣。

【辨】cultivate, breed, tame

cultivate 耕作，栽培；breed 饲养，繁殖；tame 驯养，驯化，驯服

material [mə'tiəriəl] *n.* 材料，素材 *adj.* 物质的，实体的；肉体的；重要的，实质性的

【例】the *material* world 物质世界//People have to give up certain *material* comforts to stop global warming. 人们不得不放弃一些物质享受，以阻止全球变暖。(2008.6)

personnel [ˌpəːsə'nel] *n.* [总称]人员，员工

【例】High-level *personnel* tend to head in only one direction: outward from America. 高层人员的流动只有一个方向：走出美国。(2009.12)

display [di'splei] *vt.* 陈列，展览；显示

【记】词根记忆：dis(分开)+play(播放，表演)→分列展示→展览

【例】The licence must be clearly *displayed* in the car windscreen. 这一证照必须被清楚地展示在汽车的挡风玻璃上。//This allows job seekers the same visibility as those in the standard posting category without any of their contact information being *displayed*. 这让求职者简历的可见度与标准发布的简历相同，但不用公开他们的联系方式。(2007.6)

particle ['pɑːtikl] *n.* 粒子，微粒，颗粒；小品词，语助词

【记】词根记忆：part(部分)+icle(东西)→微粒

frog [frɔg] *n.* 蛙

【记】联想记忆：我与青蛙(frog)王子的邂逅像雾(fog)像雨又像风

rouse	cultivate	material	personnel	display	particle
frog					

impression [imˈpreʃən] *n.* 印象，印记

【考】leave a...impression on 给…留下…的印象

【题】Almost all job applicants are determined to leave a good ______ on a potential employer.（2006.6）

A）illusion B）reputation C）impression D）reflection

【解】选C。句意：绝大多数求职者都决心给有可能成为自己未来雇主的人留下好印象。illusion：幻想；reputation：名声；reflection：倒影。

biology [baiˈɔlədʒi] *n.* 生物学，生态学

【记】词根记忆：bio（生物，生命）+logy（学科）→生物学，生态学

【例】I majored in *biology* which is my favourite subject. 我主修生物学，那是我最喜爱的科目。

drunk [drʌŋk] *adj.* 醉的，陶醉的

【记】联想记忆：喝（drink）多了自然会醉（drunk）

barrier [ˈbæriə] *n.* 栅栏；检票口；屏障；障碍，隔阂

【记】联想记忆：bar（栅栏）+rier→栅栏，障碍

【题】Eye contact is important because wrong contact may create a communication ________.（2002.1）

A）tragedy B）vacuum C）question D）barrier

【解】选D。contact是一种交流，而wrong contact就是交流障碍（communication barrier）。tragedy：悲剧，惨案，灾难；vacuum：真空；question：问题，疑问。

stock [stɔk] *n.* 原料，库存品；股本，公债；世系，血统；汤汁；[总称]家畜，牲畜 *v.* 储备 *adj.* 常用的，常备的

【考】in stock 贮有，备有；out of stock 没有库存，缺货；take stock of 对…估价，判断

【例】the buying and selling of *stocks* 股票的买卖 //Some families *stocked* their cellars with food and water. 一些家庭在地下室储存食物和水。//a *stock* topic of conversation 老一套的话题

【题】We regret to inform you that the materials you ordered are ______.（1993.6）

A）out of work B）out of stock C）out of reach D）out of practice

【解】选B。out of work：失业；out of reach：达不到，够不到；out of practice：缺乏练习。

fisherman [ˈfiʃəmən] *n.* 渔民，渔夫

【记】组合词：fisher（捕鱼）+man→渔民

【例】The *fisherman* lost his balance and pitched into the lake. 渔夫失去了平衡，掉进了湖里。

politician [ˌpɔliˈtiʃən] *n.* 政治家，政客

【记】词根记忆：politic(政治)+ian(人)→政治家

royal [ˈrɔiəl] *adj.* 王室的，皇家的

【记】联想记忆：忠诚(loyal)是皇家(royal)的美德

【例】The *royal* treatment was exactly what I needed. 这种皇家待遇正是我所需要的。

barber [ˈbɑːbə] *n.* 理发师

【记】发音记忆："爸爸"→爸爸是理发师

词源 理发师的工作就是修剪头发、胡子等。英语中表示"理发师"的barber一词即源自意为"胡须"的拉丁语barba。

【例】I ask the *barber* not to cut my hair too short. 我让理发师不要把我的头发剪得太短。

stocking [ˈstɔkiŋ] *n.* 长(统)袜

delegate [ˈdeligit] *n.* 代表，代表团成员

[ˈdeligeit] *vt.* 委派(或选举)…为代表；授(权)，把…委托给

【例】We decided to *delegate* him to attend the conference. 我们决定委派他出席这次会议。

highlight [ˈhailait] *vt.* 强调，突出，使显著 *n.* 最精彩的部分，最重要的事件

【记】组合词：high(高的)+light(发光)→突出

【例】The research *highlighted* worries about the lack of progress in improving basic skills in the UK workforce. 这一研究强调了对于英国劳动者在提高基本技能方面没有进展的担忧。(2011.12)

【题】The ______ of our trip to London was the visit to Buckingham Palace. (2003.9)

A) summit B) height C) peak D) highlight

【解】选D。summit：顶点，最高点；peak：山顶，峰顶；height：高度。

depression [diˈpreʃən] *n.* 抑郁，沮丧；不景气，萧条(期)；洼地，凹陷

【题】Many people lost their jobs during the business ______. (2003.6)

A) desperation B) decrease C) despair D) depression

【解】选D。business depression：商业萧条。desperation：绝望；decrease：减少；despair：失望，令人失望的人(或事)。

signature [ˈsignitʃə] *n.* 署名，签字，签名

【记】词根记忆：sign(加上记号)+ature(表行为、状态)→在文件上做记号→签名

【例】We present a copy of the agreement to the manager for her *signature*. 我们把一份协议交给经理签署。

politician	royal	barber	stocking	delegate	highlight
depression	signature				

atmosphere [ˈætməsfiə] *n.* 大气，空气；气氛，环境

【记】词根记忆：atmo+sphere(球体)→围绕地球的空气→大气

【例】I like the elegant *atmosphere* of the old styles. 我喜欢过去的优雅气氛。

evaluate [iˈvæljueit] *vt.* 评价，估…的价

【记】联想记忆：e(出)+valu(看作value价值)+ate(做)→评定出价值→评价，估计

【例】You should be able to *evaluate* your own work. 你应该能够评价自己的工作。

【题】These teachers try to be objective when they ______ the integrated ability of their students. (2005.1)

A) justify　B) evaluate　C) indicate　D) reckon

【解】选B。句意：这些老师在评价学生综合能力的时候力求客观。justify：证明…是正当的；indicate：显示；reckon：计算。

rescue [ˈreskjuː] *n./v.* 营救，救援

【记】联想记忆：res(看作rest休息)+cue(线索)→救援人员放弃休息紧追线索→营救

【题】All their attempts to ______ the child from the burning building were in vain. (2003.12)

A) regain　B) recover　C) rescue　D) reserve

【解】选C。rescue sb. from：从…中救出某人。regain：恢复，重回；recover：恢复，康复；reserve：保留，预约，保存。

personality [ˌpəːsəˈnæliti] *n.* 人格，个性；人物，名人

【例】a strong *personality* 坚强的个性//television *personalities* 电视名人//Food and drink affect one's *personality* development. 饮食会影响人的性格发展。(2009.6)

latter [ˈlætə] *adj.* (两者中)后者的，后一半的

【辨】**latter, later**

latter指两者中后者的；later指更迟的、更后的。

parliament [ˈpɑːləmənt] *n.* 议会，国会

【记】联想记忆：parlia(看作parle谈话)+ment→谈论政事的地方→议会

词源　该词源于法语动词parler(说话)，而它所指的"议会"也确实是一个说话的地方——谈论政事的地方。

input [ˈinput] *n.* 输入；投入的资金；输入的数据 *vt.* 把…输入计算机

【记】来自词组put in (进入，插入)

atmosphere	evaluate	rescue	personality	latter	parliament
input					

【例】The information is *input* to the computer system. 信息被输入电脑系统。

partial [ˈpɑːʃəl] *adj.* 部分的；不公平的；偏爱的，偏袒的

【记】来自part(*n.* 部分)

【考】partial to 偏爱的，癖好的；偏向一方的，偏心的

【题】It is said that the math teacher seems ________ towards bright students. (2000.6)

A) partial B) beneficial C) preferable D) liable

【解】选A。be partial towards：偏袒。句意：听说数学老师似乎偏袒聪明的学生。beneficial：对…有益的；preferable：更可取的，更好的；liable：有责任的，有义务的，易于…的。

loyalty [ˈlɔiəlti] *n.* 忠诚，忠心

【例】Newspapers are often the most important form of news for a local community, and they develop a high degree of *loyalty* from local readers. 报纸通常是本地社区中最重要的新闻载体，在当地拥有忠诚度很高的读者群 (2008.6)

calendar [ˈkælində] *n.* 日历，历书，历法

【记】联想记忆：cal(看作call叫)+end(结束)+ar→一年到头对日子的叫法→日历

【例】The *calendars* were handed out free to customers. 这些日历被免费发放给消费者。

overlook [ˌəuvəˈluk] *vt.* 忽视；宽恕；俯瞰

【记】来自词组look over (从…上面看)

【例】Mr. Richards is a perfectionist. He won't *overlook* even the slightest mistake. 理查兹先生是个完美主义者，无论多小的错误他都不会放过。

debate [diˈbeit] *n./v.* 争论，辩论

【记】词根记忆：de(加强)+bat(打)+e→反击→争论，辩论

【例】The issue will be *debated* on Tuesday. 该问题将于周二展开讨论。// There has been widespread public *debate* over the introduction of genetically modified food. 关于转基因

食物的引入一直受到广大群众的争论。//The *debate* over global warming will lead to technological breakthroughs. 关于全球变暖的争论将带来技术突破。(2008.6)

【辨】**debate, dispute, bargain**

debate指通过讨论对立的观点来辨论、争论；dispute指口头争论或争端；bargain指议价、关于价格的争议。

stoop [stuːp] *vi.* 俯身，弯身 *n.* 弯腰，曲背

【记】联想记忆：站(stood)直了别弯腰(stoop)

【考】stoop to 堕落到，降低身份(做某事)；stoop (down) to 俯身

【例】Ben *stooped* and kissed her on the lips. 本俯身亲了亲她的嘴唇。

Every day I remind myself that my inner and outer life are based on the labors of other men, living and dead, and that I must exert myself in order to give in the same measure as I have received and am still receiving.

每天我都提醒着自己：我的精神生活和物质生活都是以别人的劳动为基础的，我必须尽力以同样的分量来报偿我所获得的和至今仍在接受着的东西。

———美国科学家 爱因斯坦(Albert Einstein, American scientist)

Word List 3

ab-, abs-	相反，变坏，离去	abuse	*n./vt.* 滥用
cess	行走，前进	access	*n.* 接近；入口
crit	判断	critic	*n.* 批评家，爱挑剔的人
duct	引导，带来	product	*v.* 生产
equ, equi	相等，平等	equation	*n.* 等式
here, hes	黏附	adhere	*vi.* 黏附，附着
lust	光，照亮	illustrate	*vt.*（用图等）说明
mot	移动	promote	*v.* 推动
merge	沉	submerge	*v.* 浸没，潜入水中
mit	放出	submit	*v.* 呈送，提交
-ent	（形容词后缀和名词后缀）具…性质，关于…的；人、物	efficient	*adj.* 效率高的，有能力的

cube [kjuːb] *n.* 立方形；立方

【记】联想记忆：立方体（cube）显像管（tube）

submerge [səbˈməːdʒ] *v.* 浸没，潜入水中

submerge

【记】词根记忆：sub（在下面）+merge（吞没）→被吞没下去→浸没

【例】The three elephants *submerged* in a deep river. 那三只大象在深河中沉没了。

credit [ˈkredit] *n.* 信贷，赊欠；赞扬，荣誉；学分；信任 *v.* 相信；把…记入贷方；把…归于

【记】词根记忆：cred（相信）+it→信任

【考】credit to 把…归于；credit card 信用卡；to one's credit 在（某人）名下

【例】What's the *credit* limit on your Visa card? 你Visa信用卡的信贷

额度是多少? //I don't have enough *credits* to graduate. 我学分不够,无法毕业。//The money has been *credited to* your account. 这笔钱已存入了你的账户。

surrounding [sə'raundiŋ] *n.* [-s]周围的事物,环境

【例】It took me a few weeks to get used to my new *surroundings*. 我花了几个星期才熟悉新环境。//From the top of the hill you can see all the countryside's *surroundings*. 从山顶上你能看到村子周围的一切。

stove [stəuv] *n.* 炉,火炉,电炉

submit [səb'mit] *v.* 屈从,听从,服从;呈送,提交;主张,建议

【记】词根记忆:sub(下面的)+mit(放出)→被关押的人从下面放出来→因为服从

【考】submit to 屈服,听从;提交;建议;submit oneself to 遵守

【例】I don't want to *submit to* that kind of law. 我不想屈服于那样的法律。//All applications must be *submitted* by Friday. 到周五为止所有申请表必须上交。

carrier ['kæriə] *n.* 运输工具,运载工具;带菌者;载重架,置物架

【记】来自carry(*v.* 运送)

【例】aircraft *carrier* 航空母舰 // Robert was taken away as a *carrier* of SARS. 罗伯特作为"非典"病毒携带者被带走了。

imply [im'plai] *vt.* 暗示,意指

【记】词根记忆:im(进入)+ply(重叠)→重叠表达→暗示,暗指

【例】You'll unwittingly *imply* that I'm clumsy. 你会无意地暗示我很笨拙。

【辨】**imply, suggest, hint**

imply指对某事不明确地说出自己的意思,而是用语言、表情、动作表明态度,要对方进行推断;suggest语义比imply更明确,强调用联想、启发或一连串的思想把某种概念表示出来;hint指用间接或隐蔽的启示、含蓄的语言使人领会,常暗指缺乏坦率。

strain [strein] *n.* 拉紧;过劳;极度紧张;张力;扭伤,拉伤;旋律;品种,家系;气质,个性特点 *v.* 扭伤,拉伤;尽力使用;使紧张;拉紧

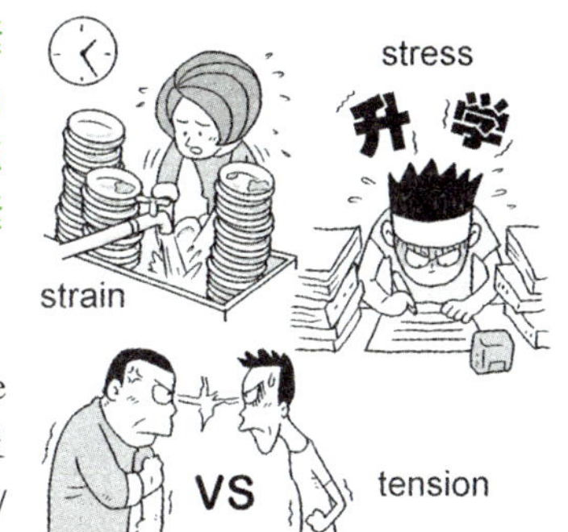

【记】本身是词根:拉紧

【例】They *strained* to see the boat far away from them. 他们聚精会神地看着远处那只船。//

Emma was tired and under great *strain*. 埃玛压力很大，十分疲惫。// Every year new *strains* of influenza develop. 每年都会出现新型流感。

【辨】**strain, stress, tension**
strain指影响身心健康的紧张状态；stress指由生活或工作导致的心理或生理上的紧张；tension常指关系的紧张形势。

consist [kən'sist] *vi.* 由…组成；在于；一致
【记】词根记忆：con(共同)+sist(站)→站在一起→一致
【考】consist of 组成，构成；consist in 在于，存在于
【例】This unit *consists of* eight passages. 这个单元有八篇课文。// The buffet we had last night *consisted* of several different Thai dishes. 昨天我们吃的自助餐包含几种不同的泰国菜。

strap [stræp] *n.* 带子 *vt.* 捆扎；用绷带包扎
【记】和strip(*n.* 条，带)一起记

efficient [i'fiʃənt] *adj.* 效率高的；有能力的
【记】词根记忆：ef(出来)+fic(做)+ient(…的)→做就做出高效率的
【例】Lighting is now more energy *efficient*. 现在的照明设备更加节能。//Advertisers see magazines as an *efficient* way of reaching target audience members. 广告商把杂志看作接触目标受众的一种有效方式。(2008.6)

【辨】**efficient, proficient, potential, sufficient**
efficient 效率高的；proficient 精通的；potential 潜在的；sufficient 充分的

accommodation [əˌkɔmə'deiʃən] *n.* 住处，膳宿
【记】联想记忆：ac+commod(看作common普通的)+ation(表状态)→学生的膳宿条件普普通通
【例】Those whose *accommodation* had more natural views showed an improvement of 19%. 那些从住处可以看到更多自然风景的孩子，(多动症的)改善率为19%。(2010.12)

strategic [strə'tiːdʒik] *adj.* 对全局有重要意义的，关键的；战略(上)的
【例】The island is of *strategic* importance to this country. 该岛对于这个国家来说有重要的战略意义。

layer ['leiə] *n.* 层，层次
【记】来自lay(*n.* 层面)

exclaim [ikˈskleim] *vi.* 呼喊，惊叫

【记】词根记忆：ex(出)+claim(喊)→呼喊，惊叫

【例】Nicolas started shivering and *exclaiming*. 尼古拉斯开始颤抖并惊叫。//The boy *exclaimed* so angrily that everyone looked at him. 男孩如此愤怒地叫喊，以至于每个人都看向了他。

representative [ˌrepriˈzentətiv] *n.* 代表，代理人 *adj.* 有代表性的，典型的

【考】representative of 典型的

【例】trade union *representatives* 贸易联盟的代表//These comments from a customer service *representative* show how an inclusive attitude can improve sales. 这些来自一名客服代表的评论显示出了包容的态度是如何提升销售业绩的。(2009.6)

forecast [ˈfɔːkɑːst] *n.* 预测，预报 *vt.* 预示

【记】联想记忆：fore(前面)+cast(抛)→预先抛出→预测

【例】It's hard to *forecast* the weather. 天气很难预测。

discipline [ˈdisiplin] *n.* 纪律；训练；惩罚；学科 *vt.* 训练；惩罚，处罚

【记】联想记忆：dis(不)+cip(拿)+line(线)→不站成一线就要受惩罚

【例】serious *discipline* problems in the police force 警察队伍中严重的风纪问题 //Different cultures have different ways of *disciplining* their children. 处于不同文化中的孩子接受不同的教育。//Most of them did not have any sense of *discipline*. 他们中的大多数人毫无纪律性。(2012.6)

neutral [ˈnjuːtrəl] *adj.* 中立的，中性的

【记】和natural(*adj.* 自然的)一起记

【例】a *neutral* nation 中立国//I didn't take any group's side; I tried to remain *neutral*. 我没有支持任何一组；我试图保持中立。

interpret [inˈtəːprit] *v.* 解释，说明，口译

【记】词根记忆：inter(在…之间)+pret→在两种语言中间说→口译

【考】interpret...as... 把…理解为…

【例】The reporters *interpreted* the actor's answer *as* a refusal. 记者把这个明星的回答理解为一种拒绝。

knot [nɔt] *n.* (绳的)结，(树的)节；(航速单位)节 *vt.* 把…打成结

【例】Let's make a long rope by tying the two ropes together with a secure *knot*. 我们把这两条绳子打个结实的结弄成一条长绳吧。

desirable [diˈzaiərəbəl] *adj.* 值得向往的；可取的

【记】词根记忆：desir(e)(期望，要求)+able(可…的)→值得向往的

【考】It's highly desirable that.../for sb. to do sth. 很希望某人能…

exclaim	representative	forecast	discipline	neutral	interpret
knot	desirable				

【例】*It is desirable that* you should have some familiarity with computers. 希望你了解一些电脑操作。

promote [prəˈməut] *vt.* 促进，增进，发扬；提升；宣传，推销（商品等）

【记】词根记忆：pro（向前）+mot（动）+e→向前动→促进，增进

【题】The government is trying to do something to ______ better understanding between the two countries.（1997.6）

A）raise　　B）promote　　C）heighten　　D）increase

【解】选B。promote better understanding：促进进一步了解。句意：政府正为促进两国间的相互理解而努力。raise：提高，举起；heighten：加高，提高（同raise一样，一般不与understanding搭配）；increase：增加，加强（可与understanding连用，但promote更符合句意）。

acceptance [əkˈseptəns] *n.* 接受，承认；容忍

【记】来自accept（*v.* 接受）

【例】the formal *acceptance* of an invitation 正式接受一项邀请

mayor [ˈmεə] *n.* 市长

【记】联想记忆：市长（mayor）是城市的主要（major）官员

equation [iˈkweiʃən] *n.* 方程（式），等式

【记】词根记忆：equ（相等，平等）+ation→等式

routine [ruːˈtiːn] *n.* 例行公事，惯例，惯常的程序 *adj.* 例行的，常规的

【例】The policeman checked up on you as a matter of *routine*. 警察检查你只是例行公事。//I have a few *routine* questions to ask you. 我有一些常规性问题要问你。

ripe [raip] *adj.* 熟的，时机成熟的

【记】联想记忆：稻熟（ripe）米（rice）香

【辨】**ripe, mature**
ripe常指作物成熟，也指人生理成熟；mature一般指人的心理、生理都成熟。

prove [pruːv] *v.* 证明；结果是；证实

【考】该词可作系动词，后跟形容词、名词和介词短语，表示“事实证明…”。

【例】He has *proved* to be a better reader than the woman. 结果已经表明，与这位女士相比，他更善于阅读。（2010.6）

likewise [ˈlaikwaiz] *adv.* 同样地；也，又

【例】You must pack plenty of food. *Likewise*, you need warm clothes. 你一定要带上大量食物，而且你还需要暖和的衣服。

promote	acceptance	mayor	equation	routine	ripe
prove	likewise				

chap [tʃæp] *n.* 小伙子，男人，家伙

【记】同fellow

explore [ik'splɔː] *v.* 探险，探索；仔细查阅，探究

【记】联想记忆：ex+pl+ore(矿石)→把矿石挖出来→探索

【例】The conference *explored* the possibility of closer trade links. 会议探讨了在贸易上进一步加强联系的可能性。//The government allows the areas of inshore coastal waters to be *explored* for oil. 当局允许在近海海域勘探石油。

overnight ['əuvə'nait] *adv.* 在整个夜里；在短时间内，突然 *adj.* 一整夜的

【记】组合词：over+night(夜)→一整夜的

【例】It takes 20 years to make an *overnight* success. 花了20年才突然间功成名就。

strategy ['strætidʒi] *n.* 战略，策略

【记】联想记忆：str(看作strange奇怪的)+ate(吃)+gy→用奇怪的方法吃掉对手→策略，计谋

【例】The government is developing a *strategy* for dealing with the unemployment. 为解决失业问题，政府正在制定策略。

straw [strɔː] *n.* 稻草；麦秆吸管，吸管

【记】参考：strawberry(*n.* 草莓)

bind [baind] *vt.* 捆绑，包扎，装订；约束；使结合，使黏合

【记】发音记忆："绑的"→绑着的东西是受约束的→捆绑；约束

【例】The laws must *bind* everyone. 每个人都必须受到法律的约束。//Maria thought that having his child would *bind* him to her forever. 玛丽亚认为如果有了他的孩子，就能把他永远拴住。

stream [striːm] *n.* 河，溪流；一股，一串 *v.* 流出，涌出

【记】联想记忆：s+tream(看作dream梦想)→梦想的河流

【例】Rain *streams* down the windows. 雨水顺着窗户流了下来。

bearing ['bɛəriŋ] *n.* 举止，风度；方位，方向感；轴承；关系

【记】联想记忆：bear(容忍)+ing→能忍让，有风度

【例】learning to take a compass *bearing* 学习使用罗盘来辨别方位//Regular exercise has a direct *bearing* on your general health. 有规律的锻炼直接关系到你的健康状况。

suppose [sə'pəuz] *vt.* 猜想，假定，让；[常用于被动语态]期望，认为应该

【记】词根记忆：sup+pose(提出)→提出猜想

【考】be supposed to 应该，被期望；注意：suppose后面的宾语从句中可能会包含虚拟语气。

【题】He's watching TV? He's _______ to be cleaning his room.

chap	explore	overnight	strategy	straw	bind
stream	bearing	suppose			

(1997.6)

A) known B) supposed C) regarded D) considered

【解】选B。known：据了解；regarded：被看作，被当作；considered：被认为。

access [ˈækses] *n.* 接近；通道，入口；接近(或进入、享用)的机会 *vt.* 存取(计算机文件)

【记】词根记忆：ac+cess(去)→来去要走通道

【考】access to 通往…的道路；have access to 有机会、权利享用或接近…

【例】Yet he also empowered millions of people by giving them *access to* cutting-edge technology. 然而他也使亿万消费者接触到了前沿科技。(2012.12)

【题1】Over a third of the population was estimated to have no _______ to the health service. (1998.6)

A) assessment B) assignment C) exception D) access

【解】选D。句意：据估计超过三分之一的人无法享受医疗卫生服务。assessment：估价，评估；assignment：分配，职位，工作；exception：除外，例外。

【题2】There is no _______ to the house from the main road. (2002.1)

A) access B) avenue C) exposure D) edge

【解】选A。句意：无法从主路上直接到达这幢房屋。avenue：大街，途经，渠道；exposure：暴露，曝光；edge：边，边缘。

remain [riˈmein] *vi.* 剩下，余留，保持；仍然是 *n.* [*pl.*]残余；残骸；遗迹

【考】该词有时作系动词，后可跟形容词、过去分词、现在分词、名词和介词短语，表"继续(处于某种状态)"。

【例】For all its success, the United States *remains* deeply hesitant about sustaining the research-university model. 尽管成就非凡，美国对是否要继续维持这种研究型大学模式犹豫不决。(2007.12)// Students were tidying up the *remains* of their picnic. 学生们正在打扫野餐剩下的东西。

abstract [ˈæbstrækt] *adj.* 抽象的，抽象派的 *n.* 摘要，梗概；抽象派艺术作品 [æbˈstrækt] *vt.* 做…的摘要；提取

【记】词根记忆：abs(离去)+tract(拉)→把大意从文中拉出来→摘要

【例】A lot of people don't like *abstract* art. 很多人不喜欢抽象派艺术。//It is really difficult to *abstract* those stories. 写那些故事的摘要确实很难。

stretch [stretʃ] *v.* 伸展，延续；伸长，拉长；使倾注全力；使紧张 *n.* 一段时间，一段路程，连绵的一片；伸展，延伸

【考】stretch one's mind 绞尽脑汁

【例】The boy's feet are *stretched* out to an electric heater. 男孩的脚伸向了电暖气。//Simon is trying to *stretch* himself with something different. 西蒙正全心倾注于一些不同寻常的事情上。//It's a very dangerous *stretch* of road. 这段路很危险。

approximate [ə'prɔksimit] *adj.* 近似的

[ə'prɔksimeit] *vt.* 近似；估计

【记】词根记忆：ap+proxim(接近)+ate→近似；近似的

【考】approximate to 近于，接近

【例】Your story *approximated* the facts they already knew. 你所说的和他们已经了解的事实很接近。

striking ['straikiŋ] *adj.* 显著的，突出的；惹人注目的，容貌出众的

【例】Leo bears a *striking* resemblance to Frank. 利奥和弗兰克的相貌非常像。//Lena was a *striking* woman with blond hair. 莉娜是个金发美女。//What is the most *striking* feature of the University of Phoenix? 菲尼克斯大学最显著的特点是什么？(2007.12)

abuse [ə'bjuːz] *n./vt.* 滥用；虐待，伤害；辱骂，毁谤

【记】词根记忆：ab(变坏)+use(使用)→使用不当→滥用

【考】abuse one's authority 滥用职权；abuse of one's power 滥用某人的权力

【例】I will get angry if you *abuse* my professor. 如果你毁谤我的教授，我会生气的。//government officials' *abuse of power* 政府官员滥用职权

critic ['kritik] *n.* 批评家，爱挑剔的人

【记】词根记忆：crit(判断)+ic→判断是非→批评家

【例】He became a fierce *critic* of the tobacco industry. 他成了烟草业的强烈反对者。

interpretation [inˌtəːpri'teiʃən] *n.* 解释，口译；(表演、演奏的)艺术处理

【例】The Phoenix, in Mid-Levels, offers the widest *interpretation* of "British cuisine", while still trying to maintain its soul. 位于香港半山的凤凰餐厅在继续努力保持英国菜系灵魂的同时，提出了对"英国美食"最全面的诠释。(2011.6)

string [striŋ] *n.* 线，细绳；一串，一行 *v.* 使排成一行

【记】联想记忆：st+ring(铃)→路上留下一串串清亮的铃声→一串

【考】string out (使)成行地展开；string with 跟随

【例】If you're going into town, I'll *string* along *with* you. 如果你去镇上，我和你一起去。

illustrate [ˈiləstreit] *vt.* （用图等）说明

【记】词根记忆：il+lust（光，照亮）+rate→说明

【例】Peter *illustrated* his point with diagrams. 彼得用图表来说明他的观点。//A real estate recruiter we worked with *illustrates* the positive difference such training can make. 一名与我们合作的房地产业招聘人员说明了这样的培训可能产生的积极差异。(2009.6)

helpful [ˈhelpfəl] *adj.* 给予帮助的，有用的

【例】*helpful* advice 有用的建议 //The following information may be *helpful* to readers. 下列信息可能对读者有用。

leak [liːk] *v.* 漏，泄露 *n.* 漏洞

【记】联想记忆：湖（lake）面上的小舟沉没了，因为船底有漏洞（leak）

【辨】**leak, split, crack, omit**

leak作名词时指漏洞；split是裂口；crack为裂纹。leak作动词时指渗出气体、液体等或消息、秘密等泄露；omit则指遗漏人、事物、内容等。

【题】A house with a dangerous gas ______ can be broken into immediately. (2003.6)

A) leak　　B) split　　C) mess　　D) crack

【解】选A。gas leak：煤气泄漏。句意：房间里有危险气体泄漏，应该立即破门而入。split：裂开，裂口；mess：混乱，脏乱；crack：裂缝。

accountant [əˈkauntənt] *n.* 会计人员，会计师

【记】词根记忆：account（账目）+ant（人）→管理账目的人→会计，会计师

crude [kruːd] *adj.* 简陋的，天然的；粗鲁的，粗俗的

【记】词根记忆：c+rud（天然的，粗糙的）+e→天然的，粗糙的

【题】Petrol is refined from the ______ oil we take out of the ground. (2001.6)

A) crude　　B) fresh　　C) rude　　D) original

【解】选A。crude oil：原油。fresh：新鲜的，无经验的；rude：粗鲁的，无礼的；original：最初的，原始的，独创的。

product [ˈprɔdəkt] *n.* 产品，产物；乘积

【记】词根记忆：pro（很多）+duct（引导，带来）→带来很多东西→产物

【例】The fund-raising ability is largely a *product* of experience and necessity. 资金募集能力在很大程度上是经验和需求的产物。(2009.12)

strip [strip] *v.* 脱光衣服；剥夺，夺去 *n.* 条带

【记】联想记忆：s+trip(旅行)→死亡夺去生命，结束人生之旅→剥夺，夺去

【例】The officer was *stripped* of the rank because of bribery. 那个军官因受贿被免去了军衔。

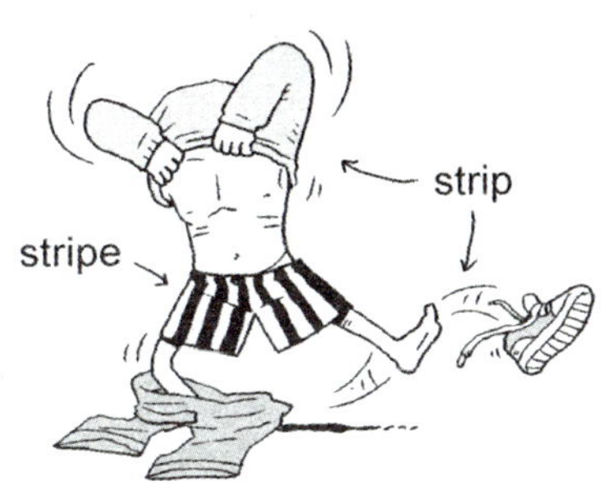

stripe [straip] *n.* 条纹

【记】联想记忆：strip(条带)+e→条纹

communicate [kə'mjuːnikeit] *v.* 通讯，交际，交流；连接，相通；传达，传播；传染

【记】词根记忆：com(共同)+muni(服务)+cate(做)→互相服务→交流，交际

【例】No one speaks, they *communicate* only with hand signals. 没人说话，他们仅通过手势进行交流。//Doctors are doing research into how the virus is *communicated*. 医生们正在研究这种病毒的传播途径。

following ['fɔləuiŋ] *adj.* 接着的，下列的 *n.* 一批追随者

【例】Amanda stayed with us until the *following* afternoon. 阿曼达和我们一直待到第二天下午。//Which of the *following* is characteristic of boys according to Abigail James' report? 根据阿比盖尔·詹姆斯的报告，以下哪个是男孩子的特征？(2011.12)

hedge [hedʒ] *n.* 篱笆，树篱，障碍物 *v.* 用篱笆围；避免直接回答

【记】联想记忆：边缘(edge)被h一围成了树篱→障碍物

【例】The director *hedged* the question with dexterity. 经理巧妙地避开那个问题，不做正面回答。

consumer [kən'sjuːmə] *n.* 消费者，用户，消耗者

【例】*Consumers* listen to radio on their way to school or work, at work, on the way home, and in the evening hours. 消费者在上学或上班途中、上班时、回家路上以及晚上都会收听广播。(2008.6)

emotional [i'məuʃənəl] *adj.* 感情的，情绪的

【例】Women are often said to be more *emotional* than me
来，女性比男性更情绪化。//Boys at single-sex school
be more likely to get involved in cultural and artistic

strip	stripe	communicate	following	hedge
emotional				

craft

helped develop their *emotional* expressiveness. 据说，在单性别学校中就读的男孩更有可能参与那些有助于培养情感表达能力的文化艺术活动。(2011.12)

craft [krɑːft] *n.* 工艺，手艺；船，航空器

【记】联想记忆：c+raft(筏)→筏子再做得精致一点儿就成了船；参考：aircraft(*n.* 飞船)

【例】traditional rural *crafts* 传统的农村手艺

institute [ˈinstitjuːt] *n.* 研究所，学院 *vt.* 建立，设立

【记】词根记忆：in+stitut(建立)+e→建立，设立

【例】China has *instituted* a system of regional autonomy in areas inhabited by minority ethnic groups. 中国在少数民族聚居区建立起了民族自治系统。

indispensable [ˌindiˈspensəbəl] *adj.* 必不可少的，必需的

【记】词根记忆：in(不)+dispensable(可有可无的)→不是可有可无的→必不可少的

【考】indispensable to/for 必不可少的，必需的

【例】This education is *indispensable for* whatever career you select. 不管你选择什么样的职业都少不了接受这种教育。

scheme [skiːm] *n.* 计划，方案；阴谋 *v.* 密谋，策划

【记】联想记忆：sch(看作school学校)+eme(看作theme作文)→学校作文→计划，方案

【例】The bride's family were *scheming* to prevent a wedding. 新娘的家人正谋划着阻止婚礼的举行。

【辨】**scheme, plan, project**

scheme指一般计划，也指由政府机构制订的大型项目计划；plan为普通用语，可指大小计划；project常指大型项目和计划。

scale [skeil] *n.* 大小，规模；等级，级别；[*pl.*]天平，磅秤；比例(尺)；刻度，标度；(鱼等的)鳞 *vt.* 攀登，爬越

【考】scale down 按比例缩减

【例】I think you have underestimated the *scale* of the problem. 我想你低估了问题的严重性。//I have *scaled down* the pictures, but they are still very big. 我已经按照一定的比例压缩了这些图片，但它们还是很大。

replace [riˈpleis] *vt.* 代替，取代；更换，调换；把…放回原处

【记】词根记忆：re(重新)+place(位置)→重新定位→更换；代替

【题】Many in the credit industry expect that credit cards will eventually ______ paper money for almost every purchase. (2003.9)

A) exchange　B) reduce　C) replace　D) trade

【解】选C。句意：很多信贷业内人士都预计信用卡将最终取代纸币用于几乎所有的交易。exchange：交换，兑换，交易；reduce：减少，缩小，简化；trade：交易，买卖。

bark [bɑːk] *vi.* (狗等)吠，叫 *n.* 吠声，叫声；树皮

【记】发音记忆："巴克"→巴克很像一只狗的名字→(狗等)吠

【例】The dog always *barks* at strangers. 那条狗总是冲着陌生人叫。// Alice *barked* at her assistant: "Don't just stand there, give me a hand." 艾丽斯冲她的助理吼道："别光站在那儿，过来帮我一把。"

You have to believe in yourself. That's the secret of success.

人必须相信自己，这是成功的秘诀。

——美国演员 卓别林(Charles Chaplin, American actor)

Word List 4

ab-, ac-, ad-, af-, ag-, an-, ap-, ar-, as-, at-	等加在同辅音字母的词根前，表示“一再”等加强意义	accelerate	*vt.* 加速
auto-	自动	automobile	*n.* 汽车，机动车
act	行动	action	*n.* 行动，已做的事
flict	打击	conflict	*n.* 战斗，战争
gress	行走	congress	*n.* 国会，议会
her	继承	inherit	*vt.* 继承(传统等)
sens, sent	感觉	sensitive	*adj.* 敏感的
-ility	(名词后缀)性质，状态，情况	ability	*n.* 能力，本领
-ist	(名词后缀)某种信仰者，某种职业的人	journalist	*n.* 新闻记者

gramme [græm] *n.* 克

congress [ˈkɔŋgres] *n.* 代表大会；国会，议会

【记】词根记忆：con(共同)+gress(行走)→走到一起开议会

【例】The issue will be discussed in *congress* tomorrow. 这个问题将在明天的代表大会上讨论。

bump [bʌmp] *vi.* 碰，撞；颠簸着前进 *n.* 碰撞，猛撞；(碰撞造成的)肿块；隆起物

【记】象声词：物体碰撞的声音

【考】bump against/into 碰，撞；颠簸着前进

【例】I could hear them *bump against* the door behind me. 我能听见他们在我身后撞击大门的声音。//Sara has a *bump* on the back of her head. 萨拉的后脑部有一个肿块。

stroke [strəuk] *n.* 中风；一举，一次努力；划桨，划水；击，敲；报时的钟声；笔画，一笔；抚摸 *vt.* 抚摸

【例】Jack swam a few *strokes* further out to sea. 杰克在海里朝远处

划了几下水。//Anyone who has patted a dog, *stroked* a cat, sat under a tree with a pint of beer, given or received a bunch of flowers understands that. 喜欢爱抚猫狗，坐树下小酌，送人鲜花或收到鲜花的人，最能体会这种情怀。(2010.12)

ingredient [inˈgriːdiənt] *n.* (混合物的)组成部分，成分，(烹调的)原料；(构成)要素，因素

【例】John has all the *ingredients* of a great player. 约翰具备成为一名优秀选手的所有因素。//However, the British don't have a history of exporting their foodstuffs, which makes it difficult for restaurants in Hong Kong to source authentic *ingredients*. 然而，由于英国人没有出口其食材的历史，因此香港的餐厅很难得到真正的烹饪原料。(2011.6)

arbitrary [ˈɑːbitrəri] *adj.* 随心所欲的，专断的

【记】词根记忆：arbitr(判断)+ary(…的)→自己做判断的→专断的，随心所欲的

【例】A good judge does not make *arbitrary* decisions. 一位优秀的法官不会作出专断的判决。

pinch [pintʃ] *vt.* 捏，拧 *n.* (一)撮，微量

【记】联想记忆：p+inch(英寸)→以英寸计量的→撮，微量

【考】at/in a pinch 必要时，在紧急关头；feel the pinch 感到手头拮据；take...with a pinch of salt 对…有保留，对…半信半疑

【例】I *took* his words *with a pinch of salt*. 我对他所说的话半信半疑。

exploit [ikˈsplɔit] *vt.* 剥削；利用；开拓 *n.* [常*pl.*] 业绩，功绩

【记】词根记忆：ex+ploit(利用)→利用

【题】They are trying to ______ the waste discharged by the factory for profit. (2003.12)

A) expose　　B) exhaust　　C) exhibit　　D) exploit

【解】选D。句意：他们正在试图从工厂排放的废弃物中寻求收益。expose：使暴露，揭发；exhaust：耗尽；exhibit：展出，陈列。

action [ˈækʃən] *n.* 行动；已做的事；作用，功能；情节

【考】out of action 出故障；被消灭，失去战斗力；take action 采取行动

【例】We must *take* a decisive *action*. 我们必须采取果断的行动。//Most of the *action* takes place in San Francisco. 大部分情节发生在旧金山。

ash [æʃ] *n.* 灰；[*pl.*]骨灰

【例】I think her mere dust and *ashes* in comparison with you. 我认为和你比起来，她充其量只是尘土和灰烬。

rope [rəup] *n.* 绳，索 *vt.* 用绳捆(或扎等)

【考】rope in 说服

【例】The street entertainers *roped in* the audience to help them with their act. 街头艺人说服观众协助他们进行表演。

bulk [bʌlk] *n.* 物体；体积；大批 *v.* 变得越来越大(或重要)；使更大(或更厚)

【考】in bulk 大量，大批

【例】We can *bulk* out the report with lots of diagrams. 我们可以用许多图表来充实这份报告的内容。//The shop bought drinks *in bulk*. 商店大批购进饮料。

strengthen [ˈstreŋθən] *vt.* 加强，巩固

【记】词根记忆：strength(力量)+en(使…)→(使)有力量→巩固

【例】*strengthen* national defence 加强国防

independent [ˌindiˈpendənt] *adj.* 独立的，自主的；无偏见的；不相关联的

【例】an *independent* country 独立的国家//The movement includes *independent* public charter schools, such as No. 1 BASIS in Tucson, with only 120 high-schoolers and 18 graduates this year. 这项运动包括独立的特许公立学校，比如图森市第一基础高中，该高中只有120名高中生，而且今年的毕业生只有18位。(2012.6)

board [bɔːd] *n.* 板，牌子；委员会，董事会；木板，纸板；(包饭的)伙食 *v.* 上(船、车等)；搭伙，膳宿

【考】on board 在船(车或飞机)上

【例】I'd like to present this idea to the *board*. 我想向董事会提出这个想法。//Several students *boarded* with Mrs. Smith. 几名学生同史密斯女士住在一起。

recall [riˈkɔːl] *v.* 回忆(起)；召回，叫回；收回，撤销

【记】联想记忆：re(重新)+call(叫)→回忆起

【例】I remember her face, but can't *recall* her name. 我记得她的脸，但想不起她的名字了。

【辨】**recall, remember**

recall表经过努力后才想起，常与can，could连用；remember表自然而然想起。

studio [ˈstjuːdiəu] *n.* 画室，摄影室；播音室，录音室，摄影棚

grave [greiv] *n.* 坟墓 *adj.* 严重的；严肃的

【记】联想记忆：勇(brave)者无畏生死，无惧坟墓(grave)

【例】a *grave* wound 严重的创伤//The report expressed *grave* concern

□ rope	□ bulk	□ strengthen	□ independent	□ board	□ recall
□ studio	□ grave				

over the doctors' lack of moral sense. 该报告对医生道德感的缺失表示严重担忧。

eve [iːv] *n.* 前夜，前夕，前一刻

【记】Christmas Eve圣诞前夜

formal [ˈfɔːməl] *adj.* 正式的，礼仪上的

【例】I'm sorry, casual clothing is not allowed in *formal* occasion. 对不起，正式场合不允许穿便装。//I was told to wear a *formal* evening dress to go to this dinner. 我被告知需要穿正式的晚礼服出席这次晚宴。

absorb [əbˈsɔːb] *vt.* 吸收；吸引…的注意，使全神贯注；把…并入，同化

【记】词根记忆：ab(离去)+sorb(吸收)→吸收掉→吸收

【考】be absorbed in 全神贯注于…

【题】She was so _______ in her job that she didn't hear anybody knocking at the door.（1996.1）

A）attracted　　B）absorbed　　C）drawn　　D）concentrated

【解】选B。句意：她如此专注于工作，竟没有听到有人敲门。attract：吸引，引起；draw：吸引；concentrate：全神贯注，专心致志，后接介词on。

sensitive [ˈsensitiv] *adj.* 敏感的，灵敏的，神经过敏的；容易生气的；易受伤害的

【记】词根记忆：sens(感觉)+itive(…的)→敏感的

【例】He was not gender *sensitive*. 他对性别不敏感。（2010.6）

【题】Some plants are very _______ to light; they prefer the shade.（2003.12）

A）sensible　　B）flexible　　C）objective　　D）sensitive

【解】选D。句意：一些植物对日光很敏感，它们喜欢阴凉。sensible：有感觉的，明智的，有判断力的；flexible：灵活的，柔韧的，柔软的；objective：客观的，宾格的。

ability [əˈbiliti] *n.* 能力，本领；才能，才智

【记】来自able(*adj.* 有能力的)

【考】to the best of one's ability 尽某人最大努力；the ability for (in doing) sth. 做某事的能力；the ability to do (sth.) 从事(某事)的能力

【例】Frank completed the job *to the best of his ability*. 弗兰克尽自己最大的努力完成了工作。//leadership *ability* 领导力

fairy [ˈfɛəri] *n.* 小精灵，小仙子

【记】联想记忆：fair(美丽的)+y→美丽的花仙子→小仙子

【例】*fairy* tale 童话

talent [ˈtælənt] *n.* 天才，才能，人才

【记】联想记忆：tal(看作tall高)+ent(人)→高人→天才

词源 源自希腊语talanton(重量或货币单位)。在《圣经·马太福音》中有一则寓言：一个人交给三个仆人不同数量的金钱，其中两人以钱生钱，另一个却毫无所得，主人生气地将最后一个人的钱收回。这则寓言旨在教育世人，上帝赋予的天赋和才能人人都有义务去发挥。到15世纪初，talent才由货币单位转义为“才能”、“天赋”。

【例】You need *talent* and hard work to be a tennis player. 要成为一名网球运动员，你需要天赋与努力。

comparison [kəmˈpærisən] *n.* 比较，对照；比拟，比喻

【考】by/in comparison 相比之下；in comparison with 与…比较起来

【例】This blouse looks more elegant *by comparison*. 比较而言，这件上衣看起来更精致。//*In comparison with* other recent video games, this one isn't very exciting. 与近期的其他几款电子游戏相比，这一款不是很有意思。

stuff [stʌf] *n.* 材料，东西 *vt.* 装，填，塞；让…吃饱

【例】What's that sticky *stuff* on my favourite carpet? 在我最喜爱的地毯上的那个黏黏的玩意儿是什么？

brow [brau] *n.* 额，眉，眉毛

【记】联想记忆：风吹(blow)乱了她前额(brow)的刘海

【例】Mr. Bennet wiped the sweat from his *brow*. 贝内特先生擦掉前额上的汗水。

infer [inˈfəː] *vt.* 推论，推断；猜想

【记】词根记忆：in(进入)+fer(带来)→带进(意义)→推断

【考】infer from 推断

【例】Let the conductor *infer* the cause *from* the fact. 让经理从事实中推断原因。

【辨】**infer, conclude**

infer虽指经思考后的推断，但不确定过程及结果是否有充足理由；conclude指经推理相信某事物。

invasion [inˈveiʒən] *n.* 入侵，侵略，侵犯

grand [grænd] *adj.* 宏伟的，重大的；傲慢的，派头大的；绝佳的；全部的

【例】a *grand* air 盛大的气派//A *grand* wedding was holding in the hotel. 这家酒店正在举办一场盛大的婚礼。(2007.6)

stress [stres] *n.* 压力；强调，重要性；重音 *vt.* 强调，着重；重读

【记】联想记忆：s+tress(看作dress穿衣)→穿衣强调个人风格→强调

talent	comparison	stuff	brow	infer	invasion
grand	stress				

【例】Eva could think clearly when not under *stress*. 在没有压力的情况下，伊娃可以清醒地思考问题。// The teacher *stressed* the importance of being on time. 老师强调了守时的重要性。

journalist [ˈdʒəːnəlist] *n.* 新闻工作者，新闻记者

supply [səˈplai] *n./vt.* 供给，供应

【题】In previous times, when fresh meat was in short ______, pigeons were kept by many households as a source of food. (1999.6)

A) store B) provision C) reserve D) supply

【解】选D。in short supply：稀少的，缺乏的。句意：以前，在鲜肉供给不足时，许多人家养鸽子作为食物。store：储存，贮藏，积蓄；provision：准备，供应；reserve：储备(物)，收藏，保存。

penetrate [ˈpenitreit] *vt.* 透入，渗入，进入；刺穿；洞察，了解

【记】联想记忆：p(音似：破)+enetr(看作enter进入)+ate→破入→刺穿

【例】The king himself set out to *penetrate* the camp of Guthrum. 国王亲自出发去了解古斯诺的营地。

subject [ˈsʌbdʒikt] *n.* 题目，学科；主语

[səbˈdʒekt] *vt.* 使隶属

【记】词根记忆：sub(在下面)+ject(扔)→被扔在下面→隶属

【辨】**subject, theme, topic**

subject为常用语，指讨论的对象或文章的主题范围较广；theme着重于文化产物的主题；topic常指谈论、演讲等较明确的题目。

pole [pəul] *n.* 杆；极(点)，磁极，电极

【记】联想记忆：单独的(sole)电极(pole)

【考】poles apart 大相径庭

【例】This province is culturally *poles apart* from the rest. 在文化上，这个省与其他省大相径庭。

raw [rɔː] *adj.* 自然状态的，未加工过的；未煮过的，生的；(数据等)未经分析(或调整)的，原始的；生疏无知的，未经训练的；(伤口等)露肉而刺痛的

【考】in the raw 处在自然状态的，裸体的

【例】I once saw Robin's childhood picture in which he was *in the raw*. 我曾看过罗宾小时候光屁股的照片。//Tomatoes can be eaten *raw*. 西红柿可以生吃。

【辨】**raw, crude**

raw指天然的、未经任何加工的；crude指经过简单加工但不精炼的。

embassy [ˈembəsi] *n.* 大使馆；大使馆全体成员

carpenter [ˈkɑːpintə] *n.* 木工，木匠

【记】联想记忆：美国的卡朋特兄妹组合(Carpenter)

appropriate [əˈprəupriət] *adj.* 适当的，恰当的

【记】联想记忆：ap+propr(看作proper适当的)+iate→适当的

【题】For many patients, institutional care is the most ______ and beneficial form of care. (1998.6)

A) pertinent B) appropriate C) acute D) persistent

【解】选B。句意：对患者来说，疗养院的护理最合适也最有益。pertinent：中肯的，相关的；acute：敏锐的；persistent：固执的，持续的。

socialist [ˈsəuʃəlist] *n.* 社会主义者

【记】词根记忆：social(社会的)+ist(人)→社会主义者

protein [ˈprəutiːn] *n.* 蛋白质

【记】联想记忆：pro(很多)+tein(看作tain保持)→维持生命之物→蛋白质

enlarge [inˈlɑːdʒ] *v.* 扩大，扩展，放大

【记】词根记忆：en(使…)+large(大的)→扩大，放大

【例】The left chamber of the heart often *enlarges* before there are other signs of heart failure. 左心房扩张通常是心力衰竭的早期症状。

【辨】enlarge, expand, extend, increase, swell, stretch

enlarge指表面面积、范围等的扩大；expand可指范围、体积的扩大、膨胀；extend则指时间、空间的延长；increase指数量、长短、价值的功能的增长；swell通常表示非正常的扩大或膨胀；stretch则主要指由曲到直或由短到长的伸展，且为不及物时可用于时间或空间。

inherit [inˈherit] *vt.* 继承(传统等)

【记】词根记忆：in+her(继承)+it→继承

【例】Jim has been living in the lap of luxury since he *inherited* his father's money. 自从继承了父亲的遗产，吉姆就过着极其奢华的生活。

chemist [ˈkemist] *n.* 化学家，药剂师

【记】来自chemistry(*n.* 化学)

【例】The first matches were made by a German *chemist*. 第一盒火柴是由德国一名化学家制造的。

conflict [ˈkɔnflikt] *n.* 冲突，抵触；争论；战斗，战争

[kənˈflikt] *vi.* 冲突，抵触

□ embassy	□ carpenter	□ appropriate	□ socialist	□ protein	□ enlarge
□ inherit	□ chemist	□ conflict			

【记】词根记忆：con（共同）+flict（打击）→互相打→冲突，战争

【题】If the world is to remain peaceful the utmost effort must be made by nations to limit local ________. （1999.1）

A）collisions　B）combats　C）contradictions　D）conflicts

【解】选D。句意：要维持世界和平，各国都要尽自己最大的努力来控制地区性冲突。collision：指由碰撞等纠纷而引发的冲突；combat：指小规模短时间的战斗、格斗、厮杀；contradiction：反驳，矛盾。

drain [drein] *v.* 排去，放水 *n.* 耗竭；排水沟，排水管

【记】联想记忆：d+rain（雨水）→排去雨水→排水沟

【例】The swimming pool is *drained* and cleaned every winter. 每到冬季游泳池都会排干水进行清理。

architecture [ˈɑːkitektʃə] *n.* 建筑学；建筑式样，建筑风格

【例】No uniformity of *architecture* has been thought necessary. 人们认为建筑物的样式应该有所不同。

charity [ˈtʃæriti] *n.* 救济金，施舍物；[常*pl.*]慈善团体，慈善事业；宽大，宽容

【例】Before she ever gets the chance to commit to a cause, *charity* or foundation as First Lady, her most urgent and perhaps most complicated duty may be simply to be herself. 在她有机会以第一夫人的身份投身于一项事业、慈善工作或基金会工作之前，她最紧迫，或许也是最复杂的任务可能仅仅是做好她自己。（2009.12）

entitle [inˈtaitl] *vt.* 给…权利（或资格）；给（书、文章等）题名

【记】联想记忆：en（使…）+title（题目，标题）→给…题名

【例】Full-time employees are *entitled* to receive health insurance. 正式职工有权得到健康保险。//This book is *entitled The Child's Guide*. 这本书被命名为《幼儿指南》。

subsequent [ˈsʌbsikwənt] *adj.* 随后的，后来的

【记】词根记忆：sub（接近）+sequ（跟随）+ent（…的）→随后的

span [spæn] *n.* 跨距，一段时间 *v.* 持续，贯穿，包括；横跨，跨越

【例】Frank's professional career *spanned* 16 years. 弗兰克的职业生涯有16年。//Their average life *span* has been considerably extended. 他们的平均寿命大幅延长了。（2008.12）

【题】According to the American Federal Government, residents of Hawaii have the longest life ______ of 77.2 years.（2001.6）

A）rank　　B）span　　C）scale　　D）scope

【解】选B。life span为固定用法，表"寿命"。rank：等级，阶级；scale：比例，等级；scope：（活动）范围，余地。

pea [piː] *n.* 豌豆

instruct [inˈstrʌkt] *vt.* 教，教育；指示，通知

【记】词根记忆：in+struct（建筑）→指示人如何建筑

【考】instruct sb. in sth. / doing sth. 教某人某种技巧

【例】The teacher *instruct* us on what is justice. 老师教导我们什么是正义。

spite [spait] *n.* 恶意；怨恨；不顾 *vt.* 刁难，欺侮

【记】联想记忆：spi（看作spy间谍）+te→人们普遍对间谍怀有怨恨→恶意，怨恨

【考】in spite of 尽管，不管，任凭

【题】He always did well at school ________ having to do part-time jobs every now and then.（2000.12）

A）in spite of　　B）regardless of

C）on account of　　D）in case of

【解】选A。句意：尽管偶尔不得不去做兼职，但他在学校的成绩总是很好。regardless of：不管，不论；on account of：因为；in case of：假设，万一。

slender [ˈslendə] *adj.* 细长的，苗条的；微薄的，不足的

【记】联想记忆：温柔（tender）和苗条（slender）都是用来形容女孩子的

【例】My prince must be tall, *slender*, and dark. 我心中的王子应该高挑、瘦削，还要黝黑。//The Republicans had only a *slender* majority in Congress. 共和党在国会中的席位略多。

automobile [ˈɔːtəməubiːl] *n.* 汽车，机动车

【记】词根记忆：auto（自动）+mobile（可移动的）→可移动的自动化交通工具→汽车

behavior [biˈheivjə] *n.* 行为，举止，表现

【例】It is important to reward good *behavior*. 奖励良好的行为举止非常重要。

envy [ˈenvi] *n.* 妒忌，羡慕；妒忌的对象 *vt.* 妒忌，羡慕

【记】发音记忆："安慰"→因为妒忌，安慰都显得假惺惺

【例】Her many talents were the *envy* of all her friends. 她多才多艺，所有的朋友都很羡慕。

□ pea　□ instruct　□ spite　□ slender　□ automobile　□ behavior　□ envy

substance [ˈsʌbstəns] *n.* 物质；实质；大意，要旨；根据，理由

【记】联想记忆：sub(在…下)+stance(看作stand站)→站立的根本→实质

【题】Vitamins are complex ______ that the body requires in very small amounts. (2002.12)

A) matters B) materials C) particles D) substances

【解】选D。matter：物质(存在于空间中有形的物体)；material：物资，资料(指相对于精神的物质概念)；particle：微粒。

contest [ˈkɔntest] *n.* 竞赛，争夺

[kənˈtest] *vt.* 争夺，与…竞争；对…提出质疑；辩驳

【记】词根记忆：con+test(测试)→竞赛

【例】the speaking *contest* 演讲比赛//She wants to enter one of her stories into a writing *contest*, a competition she won last year. 她想拿自己的一个故事去参加她去年赢过的那场写作比赛。(2007.12)

spit [spit] *v.* 吐唾沫，吐出 *n.* 唾沫，唾液

【记】联想记忆：s+pit(坑)→往坑里吐痰→吐唾沫

【考】spit out 厉声说出

【例】Hunk was fined for five dollars because he *spat* on the street. 汉克因为在大街上吐痰被罚款五美元。//Finally Rebecca *spit out* what she wanted to say. 丽贝卡最终说出了她想说的话。

mutual [ˈmjuːtʃuəl] *adj.* 相互的；共同的

【记】词根记忆：mut(变)+ual(…的)→改变是相互作用的结果→相互的；共同的

【例】The countries need *mutual* protection. 国家之间需要互相保护。

dorm [dɔːm] *n.* 宿舍

【记】本身为词根：睡眠；dorm是dormitory的缩写

substantial [səbˈstænʃəl] *adj.* 可观的，大量的；物质的；坚固的；实质的，真实的

【记】来自substance(*n.* 物质，实质)

【题】In Africa, educational costs are very low for those who are ______ enough to get into universities. (2002.12)

A) ambitious B) fortunate C) aggressive D) substantial

【解】选D。句意：在非洲，对于那些足够富有、能进入大学的人来说，教育的费用很低。ambitious：有抱负的；fortunate：幸运的；aggressive：有进攻性的。

meanwhile [ˈmiːnwail] *adv.* 与此同时

【记】组合词：mean+while

desire [diˈzaiə] *vt.* 渴望，要求 *n.* 愿望，欲望

【记】参考：*A Street Car Named Desire*《欲望号街车》

【例】The principal *desires* your presence in his office. 校长请你到他的办公室去。

conviction [kənˈvikʃən] *n.* 确信，坚定的信仰；说服，信服；定罪，判罪

【例】Sue has a deep *conviction* that marriage is for life. 休坚信婚姻是关乎一生的事情。//They had no previous *convictions.* 他们没有前科。

Victory won't come to me unless I go to it.
胜利是不会向我走来的，我必须自己走向胜利。
——美国女诗人 穆尔(M. Moore, American poetess)

Word List 5

词根、词缀预习表

inter-, intel-	在…之间	interaction	*n.* 相互作用，干扰
electr	电的	electric	*adj.* 电的，电动的
fid	相信，信念	confidence	*n.* 信任，信心
fort	强壮的	fortnight	*n.* 两星期，十四天
graph	写	graphic	*adj.* 绘画的；图表的
micro-, mini-	小	microphone	*n.* 麦克风
rur	乡村	rural	*adj.* 农村的
-ship	(名词后缀)情况、状态、性质、关系；身份，职位，资格；技艺，…法，…术	ownership	*n.* 所有(权)，所有制

interaction [ˌintərˈækʃən] *n.* 相互作用，干扰

【记】词根记忆：inter(在…之间，相互)+act(行动)+ion→相互作用

【题】Researchers at the University of Illinois determined that the ______ of a father can help improve a child's grades. (2003.9)

A) involvement　　B) interaction

C) association　　D) communication

【解】选A。involvement：参与，卷入，包含。句意：伊利诺大学的研究者认为父亲的参与能提高孩子的成绩。interaction：互相作用，互相影响；association：结合，合作，常与with连用；communication：通讯，联络，交往。

menu [ˈmenjuː] *n.* 菜单

【记】发音记忆："卖牛"→卖了心爱的牛，看菜单上有牛肉很难受→菜单

frustrate [ˈfrʌstreit] *vt.* 使沮丧，使灰心；挫败，使受挫折

【例】The bad weather *frustrated* our plans. 糟糕的天气使我们的计划落空了。

belief [bi'li:f] *n.* 信任，相信，信念

【考】beyond belief 难以置信；have great belief in sb. 非常信任某人；shake one's belief 改变某人的想法

【例】You abandoned your whole *belief* system. 你放弃了全部的信仰。

confusion [kən'fju:ʒən] *n.* 困惑，糊涂；混淆；骚乱

【记】来自confuse(*v.* 使困惑)

【例】I hope the meeting will clear up people's *confusion*. 我希望这次会议能够消除人们的困惑。//To avoid *confusion*, the teams wore different colours. 为了不混淆，各球队的球衣使用了不同的颜色。//There is still some *confusion* as to when and where to meet. 至于什么时间在哪里见面，人们还是存在疑惑。

civilize ['sivilaiz] *vt.* 使文明，使开化，教育

【例】The Romans once hoped to *civilize* all the tribes of Europe. 罗马曾经想要将文明带给所有的欧洲部族。//Without the wild world we are not more but less *civilized*. 没有了自然界，我们的文明程度不会更高，只会更低。(2010.12)

preface ['prefis] *n.* 序言，前言，引言

【记】词根记忆：pre(…前)+face(面)→写在正文前面的话→序言

chemical ['kemikəl] *adj.* 化学的 *n.* 化学制品

【例】The kind of metal accelerated the *chemical* reaction. 这种金属加速了化学反应。

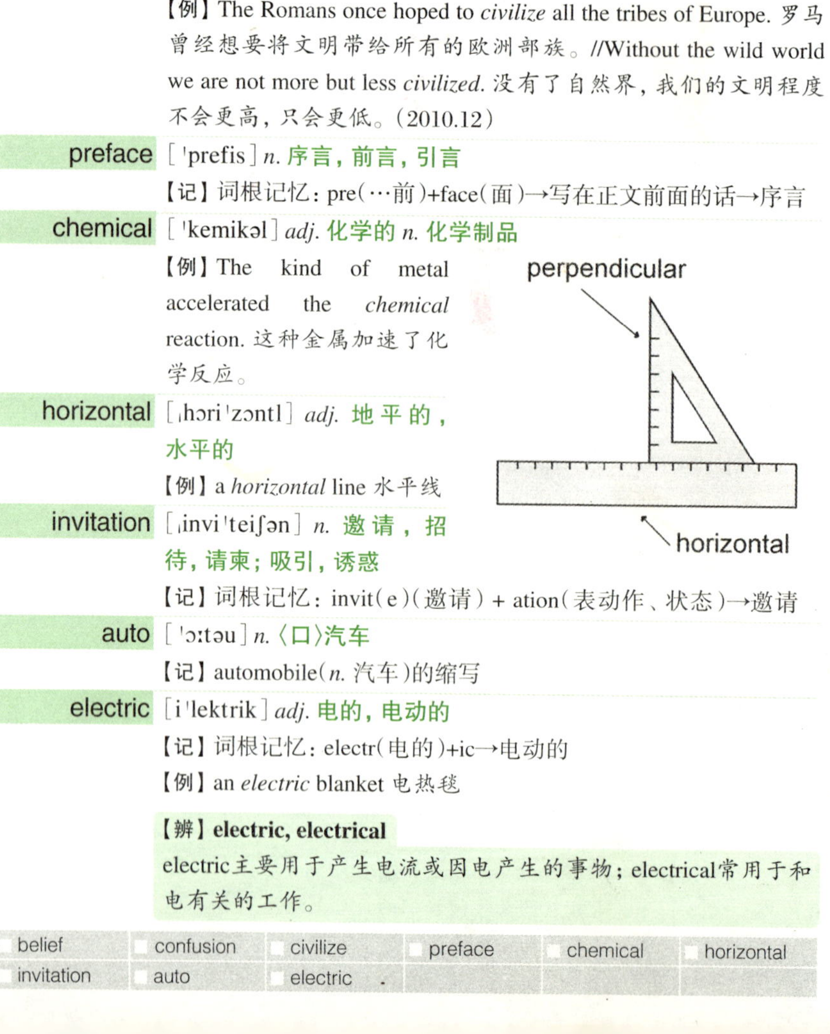

horizontal [ˌhɔri'zɔntl] *adj.* 地平的，水平的

【例】a *horizontal* line 水平线

invitation [ˌinvi'teiʃən] *n.* 邀请，招待，请柬；吸引，诱惑

【记】词根记忆：invit(e)(邀请)+ation(表动作、状态)→邀请

auto ['ɔ:təu] *n.* 〈口〉汽车

【记】automobile(*n.* 汽车)的缩写

electric [i'lektrik] *adj.* 电的，电动的

【记】词根记忆：electr(电的)+ic→电动的

【例】an *electric* blanket 电热毯

【辨】electric, electrical

electric主要用于产生电流或因电产生的事物；electrical常用于和电有关的工作。

belief	confusion	civilize	preface	chemical	horizontal
invitation	auto	electric			

purse [pəːs] *n.* 钱包，女用小提包

blank [blæŋk] *adj.* 空白的；茫然的，无表情的 *n.* 空白；空白表格

【记】联想记忆：b(看作be是)+lank(看作lack缺乏)→缺乏内容→空白的

【题】Could you take a ______ sheet of paper and write your name at the top?（2003.6）

A）bare B）vacant C）hollow D）blank

【解】选D。a blank sheet of paper：一张白纸。bare：赤裸的，无遮蔽的；vacant：空的，空闲的，空缺的；hollow：空的，空腹的，虚伪的。

courtyard [ˈkɔːtjɑːd] *n.* 庭院，院子

rural [ˈruərəl] *adj.* 农村的

【记】词根记忆：rur(乡村)+al(…的)→乡村的

【例】These flowers have a tendency to grow in the more *rural* areas. 这些花适合生长在更具有乡村特点的地方。//John's grandmother lives in a *rural* area alone. 约翰的祖母独自住在农村。

discourage [disˈkʌridʒ] *vt.* 使泄气，使灰心；阻止，劝阻

【记】词根记忆：dis(消失掉)+courage(精神)→使精神消失→使泄气

【例】I want you to *discourage* them from getting any further. 我希望你给他们泼泼冷水，别让他们再做下去了。

reflection [riˈflekʃən] *n.* 映像，倒影；反射；反映；表达；非议，批评；沉思，考虑；反省

【例】Maggie stared at her *reflection* in the mirror. 玛吉盯着自己在镜中的影像。//After days of *reflection* Vicky decided to come back to school. 经过几天的考虑，维基决定回学校。

rainbow [ˈreinbəu] *n.* 虹

【记】组合词：rain(雨)+bow(弓)→雨后天边出现如弓的彩虹

slide [slaid] *v.* 滑；悄悄地移动 *n.* 滑动；滑道，滑面；幻灯片

【记】联想记忆：s+lid(盖子)+e→盖子太滑，从桌子上滑了下去

【考】let slide 放任自流，听其自然；slide on 在…上滑行

【例】*Let slide* the boy! He will never listen to anybody. 别管那个男孩了，他谁的话都不听。//Tears were *sliding* down Brian's cheeks. 泪水从布赖恩的脸颊滑落。

removal [riˈmuːvəl] *n.* 除去，消除；移动，搬迁

【例】Construction of the office building required the *removal* of a number of trees. 建造这栋写字楼需要移除大量的树木。

purse	blank	courtyard	rural	discourage	reflection
rainbow	slide	removal			

missing [ˈmisiŋ] *adj.* 缺掉的，失踪的

【例】The dictionary has two *missing* pages. 那本字典缺了两页。

graph [ɡrɑːf] *n.*（曲线）图，图表

【记】本身为词根：书写，画图

fortnight [ˈfɔːtnait] *n.* 两星期，十四天

【记】联想记忆：fort（看作fourteen）+night（夜晚）→十四个日日夜夜

【例】Tom can learn a language in a *fortnight*. 汤姆可以在两个星期内学会一门语言。

disgust [disˈɡʌst] *n./v.* 厌恶，憎恶

【记】联想记忆：dis（不）+gust（风味）→不喜欢这个味道→厌恶

【例】Joan looked at him with *disgust*. 琼面带厌恶地看着他。//Many parents claimed to be *disgusted* by the amount of violence in the film. 许多家长表示电影中大量充斥的暴力场面令他们很反感。

【辨】**disgust, hate, dislike**

disgust指由外部因素的刺激而产生恶心；hate指出于某原因对人或事极不满甚至于憎恨；dislike指不喜欢，语气较弱。

offense [əˈfens] *n.* 犯规，违法行为；冒犯，得罪

【记】来自offend（*v.* 冒犯）

【例】The law makes it a criminal *offense* to drive after drinking alcohol. 法律规定酒后驾驶是一种犯罪行为。

allow [əˈlau] *vt.* 允许，准许；同意给；承认；允许…进入（或停留）

【记】联想记忆：al（加强）+low（低）→低头承认→允许

【考】allow for 斟酌，考虑，允许有余地；allow of 容许，容许有…的可能

【例】A law passed in 2007 *allows* many students to cap their loan payment at 10 percent of their income and forgives any balance after 25 years. 2007年通过的一项法律允许很多学生用不超过其收入的10%来偿还贷款，并免除他们25年后的任何贷款余额。（2013. 12）

proportional [prəˈpɔːʃənl] *adj.* 比例的，成比例的

【考】proportional to 比例的，成比例的

【例】The punishment must be *proportional to* the crime. 必须给犯罪以相应的惩罚。

missing	graph	fortnight	disgust	offense	allow
proportional					

devote [di'vəut] *v.* 将…奉献给，把…专用(于)

【记】词根记忆：de+vote(发誓)→拼命发誓→将…奉献给

【考】devote to 把…专用于；devote oneself to 献身于

【例】Smith has *devoted* his life *to* education. 史密斯将自己一生的心血献给了教育事业。

empire ['empaiə] *n.* 帝国

microphone ['maikrəfəun] *n.* 扩音器，话筒，麦克风

【记】词根记忆：micro(小)+phon(声音)+e→将小的声音扩大→扩音器

subtract [səb'trækt] *v.* 减，减去，去掉

【记】词根记忆：sub(在下面)+tract(拉)→拉下来→减

【例】Do children learn to add before they learn to *subtract*? 儿童在学会减法前先学加法吗？

pace [peis] *n.* 步，步速；速度；节奏 *vi.* 踱步

【考】set the pace(在赛跑中)领先，起带头作用，树立榜样；keep pace (with)(与…)齐步前进，(与…)并驾齐驱

【题】In a time of social reform, people's state of mind tends to keep _______ with the rapid changes of society. (1999.1)

A) step　　B) progress　　C) pace　　D) touch

【解】选C。句意：在社会变革时期，人们的思想状态趋向于和社会的迅速发展变化保持同步。step：步调；progress：前进，进步，发展；touch常用在keep in touch with：和…保持联系。

gesture ['dʒestʃə] *n.* 姿势，手势，姿态 *v.* 做手势(表示)

【例】*gesture* language 手语//The manager *gestured* to the interviewee to take a seat. 经理向面试者做手势让他坐下。

loop [luːp] *n.* 圈，环，回路，循环 *v.* (使)成环，(使)成圈

sheer [ʃiə] *adj.* 完全的，十足的；陡峭的，垂直的；极薄的，透明的 *adv.* 垂直地，陡峭地 *v.* 急转向，偏离

【记】联想记忆：she(她)+er(人)→她是个十足的女人→十足的

【考】sheer off 急转向，偏离

devote	empire	microphone	subtract	pace	gesture
loop	sheer				

【例】*sheer* rock cliffs 陡峭的岩石悬崖//stockings of *sheer* silk 薄丝袜

【题】Your story about the frog turning into a prince is _______ nonsense.（1997.6）

A）sheer　　B）shear　　C）shield　　D）sheet

【解】选A。sheer nonsense：一派胡言。shear：剪，修剪；shield：防护，保护；sheet：薄片，(一)张。

cupboard [ˈkʌbəd] *n.* 碗柜，碗碟橱，食橱

【记】组合词：cup(杯子)+board(木板)→放杯子的木板→碗柜

sore [sɔː] *adj.* 痛的；恼火的；急剧的，剧烈的 *n.* 疮，痛处

【例】Adam has had so many colds and *sore* throats recently. 亚当最近常常感冒而且喉咙痛。

raid [reid] *n./vt.* (突然)袭击；(警察等)突入查抄，突入搜捕；劫掠，劫夺

【记】联想记忆：大雨(rain)突袭(raid)，收衣服啦

【例】Police found weapons when they *raided* his home. 在查抄他家时，警察发现了武器。//The rebels carried out a surprise *raid* on the military camp yesterday. 反叛军昨天对兵营发动了一场突然袭击。

lower [ˈləuə] *adj.* 较低的，下面的 *vt.* 放下，降低

【记】注意lower有动词词性

【例】They *lowered* their voices right down to the floor. 他们下楼时降低了音量。//Not surprisingly, expressing anger and disagreement leads to *lower* marital satisfaction at the beginning. 刚开始时表达愤怒和分歧会导致婚姻满意度的降低，这不足为奇。（2012.6）

comment [ˈkɔment] *n.* 评论，意见；注释；闲话，议论 *v.* 评论

【记】词根记忆：com(共同)+ment(思考，神智)→一起思考→评论

【考】comment on 对…评价

【例】These *comments* from a customer service representative show how an inclusive attitude can improve sales. 一位客户服务代表的评论表明了包容的态度是如何提升销售业绩的。（2009.6）

distress [diˈstres] *n.* 忧虑，痛苦，悲伤，不幸

【记】联想记忆：dis(分开)+tress(看作

dress衣服)→看到衣服睹物思人,悲从中来→悲伤

【例】Two in *distress* makes sorrow less. 同病相怜。

publicity [pʌb'lisiti] *n.* 公众的注意,名声;宣传,宣扬

spin [spin] *v.* 旋转;晕眩;纺(纱),织(网);绞干,(用洗衣机等)甩干 *n.* 旋转,自转

【考】spin out 拖长(谈话、工作等的)时间;使(钱)尽可能多维持些日子

【例】Tina tried to stand up but she felt the room was *spinning*. 蒂娜尝试着站起来,但是她感觉房子好像在旋转。//The Government is trying to *spin out* the conference into next autumn. 政府正试图将会议拖延到明年秋季。

museum [mjuː'ziəm] *n.* 博物馆

outstanding [aut'stændiŋ] *adj.* 突出的,杰出的;未解决的,未偿付的

【记】联想记忆:out+stand(站)+ing→站出来的→突出的

【例】an *outstanding* writer 杰出作家//The area of *outstanding* natural beauty attracted a growing number of people. 该地区景色宜人,吸引了越来越多的人。

rack [ræk] *n.* 挂架,搁架 *vt.* 使苦痛,折磨;使紧张,使努力

【例】Losing lover *racked* Lily with pain. 失去爱人使莉莉痛苦万分。

rent [rent] *v.* 租借,租用;出租,出借 *n.* 租金;出租

【例】Rachel *rents* a house with three other girls. 雷切尔和另外三个女孩合租了一间房子。//The speakers want to *rent* the Smiths' old house. 说话者们想要租史密斯家的老房子。(2007.6)

housing ['hauziŋ] *n.* 房屋,住宅;住房建筑,住房供给;外壳,外罩

complain [kəm'plein] *vi.* 抱怨,诉苦;控告,投诉

【记】联想记忆:com+plain(平常的)→不要抱怨生活的平淡

【考】complain of/about 抱怨…;complain to 向…抱怨、投诉

【例】Please don't *complain about* your math teacher or your math homework. 请别抱怨你的数学老师或你的数学作业。//If the hotel isn't satisfactory, you should *complain to* the Tourist Office. 如果对宾馆不满意的话,你应该到旅游局投诉。

evidently ['evidəntli] *adv.* 明显地,显然

【例】*Evidently*, the builders had finished and gone home early. 很明显,施工人员已经完工回家了。

publicity	spin	museum	outstanding	rack	rent
housing	complain	evidently			

lung ［lʌŋ］*n.* 肺

【参】spleen 脾；heart 心脏；stomach 胃；kidney 肾；intestines 肠

deny ［di'nai］*vt.* 否定，拒绝相信

【记】发音记忆："抵赖"→拒绝相信

【考】deny doing sth. 否认做过某事；deny nothing to sb. 对某人有求必应

【例】Billy *denied* trying to steal the jewelry. 比利否认试图盗窃珠宝。// No one can *deny* the fact that the population is increasing. 没人可以否定人口正在增长的事实。

ownership ［'əunəʃip］*n.* 所有(权)，所有制

rid ［rid］*vt.* 使摆脱，解除…的负担，从…中清除

【考】get rid of 摆脱，摒弃，驱除，除去；rid sb. of sth. 使某人摆脱某物

【例】I walk along the river to *get rid of* my headaches. 我沿着河边散步想减轻我的头痛。

harness ［'hɑːnis］*vt.* 治理；给(马等)上挽具 *n.* 马具，挽具

【记】联想记忆：har(看作hard结实的)+ness→马具通常都很结实

【例】If one can *harness* his energy, he will accomplish a great deal. 如果一个人能控制自己的精力，他将会获得巨大的成功。

acknowledge ［ək'nɔlidʒ］*vt.* 承认，承认…的权威(或主张)；告知收到，确认；对…表示谢忱，报偿

【记】联想记忆：ac+know(知道)+ledge→大家都知道了，所以不得不承认

【例】Claire *acknowledged* that she was guilty. 克莱尔承认自己有罪。

passion ［'pæʃən］*n.* 激情，热情，酷爱

【记】词根记忆：pass(感觉)+ion→有感觉才有激情

【例】burning *passions* 灼热的情感// Tony had a *passion* for music. 托尼酷爱音乐。//The students have a great *passion* for knowledge and life in the future. 学生对知识和未来生活拥有极大热情。

genuine ［'dʒenjuin］*adj.* 真的，真正的，真诚的

【记】词根记忆：genu(出生，产生)+ine(…的)→来源清楚→真正的

【例】If it is a *genuine* Michelangelo drawing, it will sell for millions. 如果这幅画是米开朗基罗的真迹，那么它能卖到数百万。

imaginary ［i'mædʒinəri］*adj.* 想象中的，假想的

【例】I often had *imaginary* fears when I was a teenager. 我十几岁的

lung	deny	ownership	rid	harness	acknowledge
passion	genuine	imaginary			

时候经常杞人忧天。

【辨】**imaginary, imaginable, imaginative**

imaginary意为想象中的、虚幻的，可与ideal互换；imaginable指可以想象的；imaginative则表示富有想象力的。

prompt [prɔmpt] *vt.* 促使，推动；提示 *adj.* 敏捷的，及时的 *n.* (给演员)提白，提示

【记】词根记忆：pro(向前)+mpt→使…向前→促使；提示

【例】The manager *prompts* the subordinate to carry out the plan. 经理提醒下属执行这个计划。//Curiosity *prompted* Cecelia to ask the professor a few questions. 好奇心促使塞西莉亚问了教授几个问题。// a *prompt* response 敏捷的反应

invention [inˈvenʃən] *n.* 发明，创造；捏造

lucky [ˈlʌki] *adj.* 幸运的，侥幸的；吉利的

【例】a *lucky* dog 幸运儿

confidence [ˈkɔnfidəns] *n.* 信任，信赖；信心，自信

【记】词根记忆：con(加强)+fid(相信)+ence→自信，信任

【例】Opinion polls show that voters have lost *confidence* in the administration. 民意测验显示投票者对政府失去了信心。//It took me 10 years to get back the *confidence* I had at 19 and to realize that I didn't want to deal with gender issues. 我花了十年的时间才重获19岁时的自信，并认识到我不想再应对性别问题。(2007.6)

suburb [ˈsʌbəːb] *n.* 郊区，郊外，近郊

【记】词根记忆：sub(靠近)+urb(城市)→靠近城市的地方→近郊

【例】Amy teaches at a primary school in a *suburb* of Atlanta. 埃米在亚特兰大郊区的一所小学里教书。

industrialize [inˈdʌstriəlaiz] *v.* (使)工业化

fearful [ˈfiəfəl] *adj.* 害怕的，可怕的；不安的，忧虑的

【例】Officials are *fearful* that the demonstrations will cause new violence. 官员担心示威游行会导致新的暴力活动。//The story about a *fearful* angel starting first grade was quickly "guided" by me into the tale of a little girl with a wild imagination taking her first music lesson. 这原本是关于一个胆小的天使开始上一年级的故事，却很快在我的"指导"下改成了一个充满新奇幻想的小女孩第一次上音乐课的故事。(2007.12)

intelligence [inˈtelidʒəns] *n.* 智力；理解力；情报

【记】来自intelligent(*adj.* 理智的)

【例】But for many African-American women like me, just a little of

prompt	invention	lucky	confidence	suburb	industrialize
fearful	intelligence				

her poise, confidence and *intelligence* will go a long way in changing an image that's been around for far too long. 但是对于很多像我一样的非裔美国女性而言，她的一点点沉着、自信和智慧对改变长久以来人们心中非裔美国女性的形象都大有帮助。(2009.12)

childhood [ˈtʃaildhud] *n.* 童年，幼年，早期

【记】词根记忆：child(儿童)+hood(时期)→童年

crush [krʌʃ] *vt.* 压碎，碾碎；镇压

【记】联想记忆：碰撞(crash)后被碾碎(crush)

【例】Two people were *crushed* to death in the rush to escape. 有两人在逃亡中被踩死。//Her refusal *crushed* all our hopes. 她的拒绝让我们的希望全破灭了。

intention [inˈtenʃən] *n.* 意图，意向，目的

【记】词根记忆：in(进入)+tent(张开)+ion→他有扩张的不良意图

【辨】intention, attempt, purpose, desire

intention意图，意向，目的；attempt努力，企图；purpose目的，用途；desire愿望

finding [ˈfaindiŋ] *n.* 发现；[常*pl.*] 调查的结果；(陪审团的)裁决

A man is not old as long as he is seeking something. A man is not old until regrets take the place of dreams.

只要一个人还有所追求，他就没有老。直到后悔取代了梦想，一个人才算老。

——美国演员 巴里穆尔(J. Barrymore, American actor)

Word List 6

词根、词缀预习表

sub-	在下面，次一等，副手；接近，靠近	substitute	*n.* 代替人，代用品
fer	带来，结果	suffer	*v.* 遭受，忍受
jur	法律	jury	*n.* 陪审团，评奖团
loc	地方	local	*adj.* 地方性的
neg	否定	negative	*adj.* 否定的，消极的
rot	旋转	rotate	*v.*（使）旋转，（使）转动
rupt	断裂	interrupt	*v.* 打断，打扰
simil	相类似，相同	similar	*adj.* 相似的，类似的

subway [ˈsʌbwei] *n.* 地道，地铁

【记】词根记忆：sub（在下面）+way（路）→在下面的路→地铁

【例】a crowded *subway* station 拥挤的地铁站

magnet [ˈmægnit] *n.* 磁铁，磁体；有吸引力的人或事物

【记】联想记忆：mag（看作magic有魔力的）+net（互联网）→网络像磁石一样有魔力→吸引人的事物

magnet

defect [diˈfekt] *n.* 缺点，缺陷，欠缺 *v.* 变节，叛变

【记】词根记忆：de（变坏）+fect（做）→没做好→缺点

【例】a genetic *defect* 基因缺陷//One of our spies has *defected* to the enemy. 我们的一名特工已叛变投敌。

attribute [əˈtribjuːt] *vt.* 把…归因于 [ˈætribjuːt] *n.* 属性

【记】词根记忆：at（加强）+tribute（给予）→一再给予→归于

【例】I *attributed* this to my creative genius. 我将这归功于我的创造力。

【辨】attribute to, attend to, contribute to, devote to

attribute to 归因于，因为；attend to 留心于；contribute to 贡献，导致；devote to 献身于

release [riˈliːs] *vt.* 释放，排放；解除，解脱；放开，松开；发布，发行

【记】联想记忆：re(一再)+lease(出租)→发行

【题1】The energy ______ by the chain reaction is transformed into heat.（2002.6）

A）transferred　B）released　C）delivered　D）conveyed

【解】选B。句意：链式反应所释放出的能量被转变成了热能。transfer：转移，变换，转让；deliver：投递，发表，分娩；convey：运送，传达，表达。

【题2】Don't ______ this news to the public until we give you the go-ahead.（1990.1）

A）release　B）relieve　C）relate　D）retain

【解】选A。句意：在我们同意之前，你们不要向大众公布这条消息。relieve：减轻，解除；relate：讲述，叙述；retain：保留，保持。

succession [səkˈseʃən] *n.* 连续；一连串；接替，继任，继承

【记】来自succeed(*v.* 成功)的另一个意思(*v.* 继任，继承)

【例】Tim fired two shots in quick *succession*. 蒂姆快速地连开了两枪。//Should you look at the same word in rapid *succession*, or look at the word and then have some delay before you look at it again? 你应该快速连续地看同一个单词，还是应该看了这个单词之后过一阵再看？（2009.6）//the queen's *succession* to the throne 王后继承了王位

chip [tʃip] *n.* 屑片，碎片；炸土豆条；集成电路片，集成块；缺口，瑕疵

【记】大家对KFC的炸薯条一定不陌生

【例】silicon *chip* 硅片

similar [ˈsimilə] *adj.* 相似的，类似的

【记】词根记忆：simil(相类似)+ar→相似的

maintain [menˈtein] *vt.* 维持；维修，保养；主张；赡养

【记】词根记忆：main(主要)+tain(保持)→保持大体上的完好→维持，维修

【例】Even the traditional chefs are aware of the need to adapt to local tastes and customs, while *maintaining* the Britishness of their cuisine. 即便是传统的厨师，也意识到了需要在保持英式烹饪风格的前提下，迎合当地的口味和风俗。（2011.6）

advertisement [ˌædvəˈtaizmənt] *n.* 广告，公告；广告活动，宣传

privilege [ˈprivilidʒ] *n.* 特权，优惠

【记】词根记忆：priv(单个)+i+leg(法律)+e→法律上的独享权→特权

【例】It's unequal for the famous people to be given special *privileges*. 名人拥有一些特权是不公平的。//The manager told me I can enjoy all the benefits and *privileges* of club membership. 经理告诉我我能享受俱乐部会员的一切福利和特权。

dull [dʌl] *adj.* 乏味的，单调的；(色彩等)晦暗的；(天气等)阴沉的；(声音等)低沉的；笨的；钝的

【记】联想记忆：和充实的(full)相反的是乏味的(dull)

【例】a *dull* movie 一部乏味的电影//It's easy to imagine that life in a small village could be deadly *dull*. 不难想象，小乡村的生活十分枯燥。

provoke [prəˈvəuk] *vt.* 对…挑衅，激怒；激起，引起

【记】词根记忆：pro(在前)+voke(呼喊)→在某人前面呼喊→激怒，煽动

【例】The criticisms of the teacher *provoked* John to study harder. 老师的批评激励约翰更加努力学习。//The new published book *provoked* a heated discussion in mathematics. 这本新出版的书在数学界引发了一场激烈的讨论。

function [ˈfʌŋkʃən] *n.* 功能；职务；函数；重大聚会 *vi.* 运行

【记】发音记忆："放颗心"→公务员的职务就是让人民放心→职务

【例】The nervous system regulates our bodily *functions*. 神经系统调节着我们的身体功能。//They record where you're going, how fast you're traveling and whether everything on your airplane is *functioning* normally. 它们(黑匣子)会记录你的目的地、飞行速度，以及飞机上的一切是否运作正常。(2010.6)

substitute [ˈsʌbstitjuːt] *n.* 代替人，代用品 *vt.* 用…代替

【记】参考：institute(*n.* 学会，学院)

【考】substitute for 代替，替代

【例】I *substituted for* Edward, who was off sick. 我接替了爱德华，因为他病了。//There is no kind of milk powder can *substitute* breast milk. 没有任何一种奶粉能替代得了母乳。

extreme [iks'triːm] *adj.* 极度的；最后的 *n.* 极端，过分

【记】联想记忆：extre(看作extra以外的)+me(我)→在我忍受的极限以外→极端，过分

【考】go to extremes 走极端；in the extreme 非常，极其，最；to an extreme 极度地，非常地

【例】They took *extreme* measures to conserve fuel. 他们采取极端的手段节约燃料。//In dealing with the problem the general manager was cautious *to an extreme.* 总经理在处理这个问题时过分谨慎了。

orbit ['ɔːbit] *n.* 轨道 *v.* 绕轨道运行

【例】Gravitation keeps the Moon *orbiting* around the Earth. 引力作用使月亮绕地球轨道运行。

correspondent [ˌkɔri'spɔndənt] *n.* 通讯员，记者

fashionable ['fæʃənəbl] *adj.* 流行的，时髦的

【例】This is the latest style of hat worn by *fashionable* women in Milan. 这是米兰时髦女士戴的最新款式的帽子。

allowance [ə'lauəns] *n.* 津贴，补贴，零用钱

【记】联想记忆：allow(允许)+ance→允许自由支配的钱→零用钱

【例】I have a good retirement *allowance* that will make it easy for me to buy a nice house. 我有一笔丰厚的退休金，足够让我轻松地买一栋漂亮的房子。

component [kəm'pəunənt] *n.* 组成部分，部件，组件 *adj.* 组成的，构成的

【记】词根记忆：com(共同)+pon(放)+ent(物)→放到一起的东西→部件

【例】A *component* is picked up by the mechanical hands. 机械手抓起了一个零件。

【辨】**component, element**

component指混合物或化合物中相对独立的单个物质；element指构成事物不可或缺的元素。

interrupt [ˌintə'rʌpt] *v.* 打断，打扰，中止

【记】词根记忆：inter+rupt(断)→中断，打断

【考】interrupt sb./sth. with sth. 用另一件事来打断某人/某事

【例】The construction of the building was *interrupted* by the war. 这座大厦的建设由于战争而中止了。//It was frequently *interrupted* by commercials. 它总是被商业广告打断。(2007.6)

successive [sək'sesiv] *adj.* 连续的，接连的

【例】The team has had five *successive* victories. 这个团队连续五次获得胜利。//It is unusual that there has been high rainfall for two

□ extreme	□ orbit	□ correspondent	□ fashionable	□ allowance	□ component
□ interrupt	□ successive				

successive years. 这个地方的降雨量已经连续两年居高不下了，这很不寻常。

external [ekˈstəːnl] *adj.* 外部的，外面的

【记】联想记忆：ex(出)+tern(看作term界限)+al→出了界限→外部的

【例】influences from the *external* environment 外部环境的影响//Mason failed to notice that the medicine is only for *external* use. 梅森没有注意到这种药只能外用。

somehow [ˈsʌmhau] *adv.* 由于某种原因，以某种方式；不知怎么地

【例】*Somehow* I knew Edgar would tell me the truth. 不知为什么，我知道埃德加会告诉我真相的。

declaration [ˌdekləˈreiʃən] *n.* 宣布，宣告；宣言，声明(书)；申报

【记】来自declare(*v.* 宣布)

【例】*Declaration of Independence* 《独立宣言》// a *declaration* of taxable earnings 可征税收入的申报//The series of *declarations* and conventions adopted by the United Nations have won the support and respect of many countries. 联合国正式通过的一系列宣言和公约得到了许多国家的支持和尊重。

distribute [ˈdistribjuːt] *vt.* 分发，分送；分布

【记】词根记忆：dis(分开)+tribute(赠与)→分开赠与→分发，分送

【例】Clothes and blankets have been *distributed* among the refugees. 衣物与毯子已经发放到难民手中。//Make sure the weight of the load is evenly *distributed*. 确保货物的重量分布均匀。//The manager hires several people to *distribute* leaflets in shopping centers. 经理雇了一些人到购物中心去发传单。

specialist [ˈspeʃəlist] *n.* 专家

【记】词根记忆：special(专门的)+ist(人)→专家

rotate [ˈrəuteit] *v.* (使)旋转，(使)转动；(使)轮流

【记】词根记忆：rot(旋转)+ate(使…)→旋转，轮流

【例】They *rotate* their positions and change their points of view. 他们交换位置，交流彼此的观点。

rod [rɔd] *n.* 杆，棒

【记】联想记忆：拿着木棒(rod)打劫(rob)

suck [sʌk] *v.* 吸，吮；吸收

【记】联想记忆：吃完烤鸭(duck)吮吮(suck)指头，回味无穷

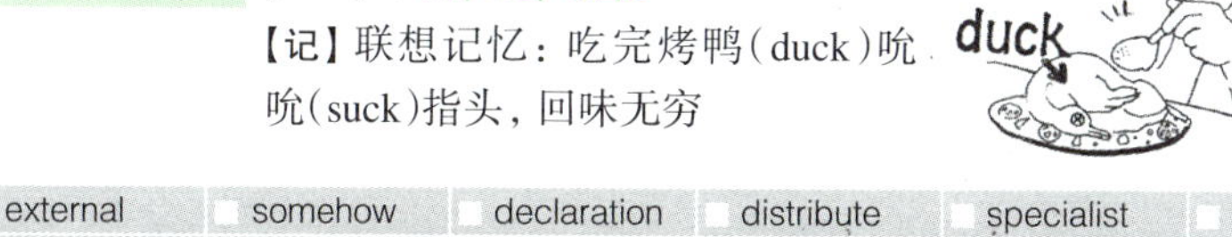

external	somehow	declaration	distribute	specialist	rotate
rod	suck				

【考】suck up 奉承，拍马屁

【例】Don't *suck* your thumb, dear. 亲爱的，别吮你的大拇指。

negative [ˈnegətiv] *adj.* 否定的，消极的；负的；阴性的 *n.*（照相的）负片，底片；负数

【记】词根记忆：neg（否定）+ative（…的）→否定的

【例】The boy was confused with the transfer of positive and *negative* electrical charge. 这个小男孩被正负电荷的转变弄糊涂了。

【参】阅读题中出现的表态度的词：negative（*adj.* 否定的）；positive（*adj.* 肯定的）；neutral（*adj.* 中立的）；critical（*adj.* 批评的）；indifferent（*adj.* 漠然的）；cautious（*adj.* 谨慎的）

suffer [ˈsʌfə] *v.* 遭受，忍受，容许；痛苦，受损

【记】词根记忆：suf（在下面）+fer（拿来）→被放在最下面→受痛苦

【考】suffer from 遭受；suffer for 为…而受苦

【例】Many have *suffered for* talking; none ever *suffered for* keeping silence. 多言吃苦，缄默少祸。

sufficient [səˈfiʃənt] *adj.* 足够的，充分的

【辨】sufficient, enough

sufficient可与enough互换，但前者稍正式。

【题】The European Union countries were once worried that they would not have ______ supplies of petroleum.（2002.6）

A）proficient B）efficient C）potential D）sufficient

【解】选D。sufficient supply of sth.：对某物充足的供给。句意：欧盟国家曾担心它们没有充足的石油供应。proficient：熟练的，精通的；efficient：效率高的，有能力的；potential：潜在的，可能的。

court [kɔːt] *n.* 法院，法庭；庭院；宫廷；球场

curl [kəːl] *n.*（一绺）鬈发；卷曲，卷曲物 *v.* 卷，（使）卷曲；扭曲；（烟）缭绕，盘绕

【例】a little boy with beautiful blond *curls* 一个长着一头金色卷发的小男孩//Ivy *curled* round the tree. 常青藤盘绕着树生长。//The singer's hair *curls* naturally, which is in fashion. 这名歌手的头发是自然卷，这正是现在流行的。

bureau [ˈbjuərəu] *n.* 局，司，处，社，所

【记】法语词，意为：办公室

【例】I'm an investigator for the Confidential *Bureau.* 我是机要局的调查员。

moist [mɔist] *adj.* 湿润的，潮湿的

【记】联想记忆：薄雾(mist)中湿润的(moist)城市很美

【例】*moist* air 潮湿的空气

relative [ˈrelətiv] *adj.* 有关系的，相对的 *n.* 亲属，亲戚

【考】relative to 有关，关于

【例】Tyler's failure is *relative to* his bad health. 泰勒的失败与他身体不好有关。

suggestion [səˈdʒestʃən] *n.* 建议，意见；细微的迹象；暗示

【记】来自suggest(*v.* 建议)

【例】Does anyone have any other *suggestions*? 还有其他的意见吗？// Poetry achieves its finest effects by *suggestion*. 诗歌借助暗示达到其最佳意境。//Telling myself that I was merely an experienced writer guiding the young writer across the hall, I offered *suggestions* for characters, conflicts and endings for her tales. 我告诉自己，我只是一位有经验的作家，引领了这位年轻作家入门，对她故事里的角色、冲突和结局给出了建议。(2007.12)

restless [ˈrestləs] *adj.* 焦躁不安的；静不下来的，运动不止的

【例】Kay noticed that several students seemed *restless* that morning. 凯注意到那天早晨有几个学生似乎不太安静。

delivery [diˈlivəri] *n.* 投递，交付；分娩；讲话方式；投递的邮件

【例】The laundry makes *deliveries* on Wednesday. 洗衣店星期三送衣服。// You'll have to work on your *delivery*. 你必须改进自己的讲话方式。

claim [kleim] *v.* 声称，主张；对…提出要求，索取；(灾难等)使失踪或死亡；需要，值得 *n.* 要求，认领，索赔；声称，断言

【记】本身为词根，意为"大叫"→声称，要求

【考】lay claim to 声称对…有权；claim for 要求

【例】Fishermen and sailors sometimes *claim* to have seen monsters in the sea. 渔民和水手有时声称他们在大海上看到过怪物。//You can *claim* on the insurance if you have an accident while on holiday. 度假期间发生事故可以索赔。

suicide [ˈsuːisaid] *n.* 自杀，自取灭亡

【例】commit *suicide* 自杀

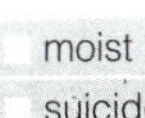

moist relative suggestion restless delivery claim suicide

dip [dip] *n./v.* 浸，蘸

【记】发音记忆：发音像"deep"→在深水里浸一浸

【考】dip into 浏览；探讨(问题)，研究

【例】It's the kind of book you can *dip into* now and then. 这种书你随时都可以翻上几页。

profit [ˈprɔfit] *n.* 益处，利润，收益 *vt.* 有益于，有利于

【考】profit by/from 得益

【例】Many search engines *profit by* revealing people's identities. 许多搜索引擎靠透露用户的身份获利。(2008.6)

【辨】**profit, benefit, advantage**

profit常指金钱上的利益，也指所获得的有价值的东西；benefit指广义的利益，包括精神上、物质上、社会的和个人的收益；advantage指因地位和客观条件的优越而获得的利益。

lease [liːs] *n.* 租约，租契 *vt.* 出租；租得，租有

【记】联想记忆：l+ease(安心)→有了租约才安心→租约

【题】The ______ on this apartment expires in a year's time. (2000.6)

A) treaty　B) lease　C) engagement　D) subsidy

【解】选B。句意：这所公寓的租期为一年。treaty：条约，谈判；engagement：约会，婚约；subsidy：津贴，补助金。

disposal [diˈspəuzəl] *n.* 丢掉，销毁；处理；排列，布置

【记】词根记忆：dis(分开)+pos(放)+al→分开放→处理；布置

【考】at one's disposal 任某人处理，供某人使用

【题】The rest of the day was entirely at his ______ for reading or recreation. (2003.6)

A) dismissal　B) survival　C) disposal　D) arrival

【解】选C。dismissal：免职，解雇；survival：生存，幸存，残存；arrival：到来，到达。

appeal [əˈpiːl] *v.* 呼吁，恳求；申诉，上诉；有吸引力 *n.* 感染力，吸引力；呼吁，上诉

【记】联想记忆：ap(加强)+peal(鸣响)→呼吁

【考】appeal to 吸引；向…上诉；appeal against 向…上诉；appeal to sb. for help 向某人求助

【例】Teachers could encourage boys to enjoy reading and writing with "boy-focused" approaches such as themes and characters that *appeal* to them. 教师可以通过"以男孩为中心"的教学方法鼓励男孩享受阅读和写作，比如让他们读或者写那些能吸引他们的主题或人物。

(2011.12)

【题】Since my childhood I have found that ______(没有什么比读书对我更有吸引力).(2006.12)

【解】nothing is more appealing to me than reading

cart [kɑːt] *n.* 大车

【记】联想记忆：car(小车)+t→小车加t变大车

stable [ˈsteibəl] *adj.* 稳定的，不变的；沉稳的，持重的 *n.* 厩，马厩，牛棚

【记】联想记忆：s(音同：似)+table(桌子)→就像桌子一样四平八稳

【例】The society will remain *stable* over the long term. 社会将保持长期稳定。//They are both very *stable* people. 他们都是很稳重的人。

married [ˈmærid] *adj.* 已婚的，婚姻的

【例】a *married* woman 已婚妇女 // *married* bliss 婚姻的快乐

reckon [ˈrekən] *vt.* 认为，估计；指望，盼望；测算，测量

【记】联想记忆：re(又)+ck(一种著名时尚品牌)+on→又见CK没钱买，指望工资快点来→指望，盼望

【考】reckon on 指望，盼望；reckon with 估计；预料到；处理，对付

【例】I *reckon* William could have been telling the truth. 我觉得威廉已经说出了事实。

practically [ˈpræktikəli] *adv.* 几乎，简直；实际上

【记】来自practice(*n.* 实际)

【例】It's *practically* impossible to predict what will happen. 几乎不可能预知将要发生什么事。

reception [riˈsepʃən] *n.* 招待会，欢迎会；接受，接纳；接待，迎接；(无线电、电视等的)接收效果

【记】来自receive(*v.* 接待，接见)

【例】The delegates gave Tony a warm *reception*. 代表们热情地接待了托尼。//There would be 140 guests and it's hard to find a proper place for the wedding *reception*. 将有140位客人，因此很难找到合适的婚宴场所。

jury [ˈdʒuəri] *n.* 陪审团，评奖团

【记】词根记忆：jur(法律)+y→陪审团

glory [ˈglɔːri] *n.* 光荣，荣誉的事；美丽

【记】词根记忆：glor(光荣)+y→光荣

【例】It was not fair that I did all the work and he got all the *glory*. 工作都是我做的，而他却得到了所有的荣耀，这不公平。

cart	stable	married	reckon	practically	reception
jury	glory				

mist [mist] *n.* 薄雾 *v.* (使)蒙上薄雾，(使)模糊

【记】联想记忆：思念(miss)的泪水令她的双眼蒙上了一层薄雾(mist)

【例】Alice's eyes were *misted* with tears. 泪水模糊了艾丽斯的双眼。

congratulate [kənˈgrætjuleit] *vt.* 祝贺，向…道喜

【记】词根记忆：con(共同)+grat(喜好)+ulate→同喜同喜→向…道喜

【考】congratulate on/upon 祝贺，向…道喜

【例】Father *congratulated* me *on* having won the competition. 父亲祝贺我赢了这场比赛。

sum [sʌm] *n.* 总数；金额；算术 *vi.* 共计

【考】in sum 简言之，一言以蔽之；sum up 计算…的总数；概括，总结

【例】Peter owes me a large *sum* of money. 彼得欠我一大笔钱。// There is too much; let me *sum up*. 太多了，让我先计算一下总数。

execute [ˈeksikjuːt] *vt.* 将…处死；实施

【记】联想记忆：exe(电脑中的可执行文件)+cute→执行，实施

【例】We *execute* company policy for homeowners. 我们执行公司针对业主的政策。

essay [ˈesei] *n.* 短文，散文，小品文

【记】联想记忆：ess(存在)+(s)ay(说)→把想说的话用写的形式保存下来→散文，短文

【例】An *essay* differs in form from a poem. 散文与诗歌的形式不同。

route [ruːt] *n.* 路线，路程

merit [ˈmerit] *n.* 长处，优点，价值；功劳，成绩 *vt.* 值得，应受

【记】发音记忆："marry it"→嫁给它→值得

【例】Studies show *merit* aid also tends to benefit disproportionately students who could afford to enroll without it. 研究表明，奖学金也不成比例地倾向于使那些没有奖学金也能负担起学费的学生受益。(2009.12)

local [ˈləukəl] *adj.* 地方性的，本地的；局部的；狭隘的

【记】词根记忆：loc(地方)+al(…的)→地方性的

【例】a *local* custom 地方风俗 //a *local* point of view 褊狭的见解// This enables him to reinterpret British cuisine depending on what is available in the *local* markets. 这使他能够依据在当地市场可获得的食材来重新诠释英国菜。(2011.6)

compromise [ˈkəmprəmaiz] *n.* 妥协，和解，折中办法 *v.* 妥协；危及，放弃(原则、理想等)

mist	congratulate	sum	execute	essay	route
merit	local	compromise			

【记】联想记忆：com(共同)+promise(保证)→相互保证→妥协

【例】To stop the argument they decided on a *compromise*. 为了结束争吵他们决定和解。//Their conclusion was different so they *compromised*. 他们得出的结论不同，所以他们折中了一下。

rally [ˈræli] *n.* 集会，(群众)大会；公路汽车赛 *v.* 集合；团结；恢复，重新振作

【记】联想记忆：r+all(全部)+y→从r到y全部过来→集会

【例】Rock will *rally* soon, and be happy with others. 罗克很快就会复原，会很高兴和其他人在一起的。//Thousands of people held a *rally* to mark International Human Rights Day. 上千人集会纪念国际人权日。

feather [ˈfeðə] *n.* 羽毛，翎毛

【记】和father(*n.* 父亲)一起记

characterize [ˈkæriktəraiz] *vt.* 成为…的特征，以…为特征；描绘（人或物）的特性，描述

【例】I find it healthy never to *characterize* people I don't know. 我发现不对陌生人妄加评论益处颇多。

explode [ikˈspləud] *v.* (使)爆炸；激增；发怒

【记】联想记忆：探险(explore)遭遇爆炸(explode)

词源：该词源于拉丁语中的explodere，意为"把演员、歌手等轰下台"，该词义沿用至17世纪，今意为"使爆炸"。

【例】The terrorists *exploded* a bomb in a store. 恐怖分子在一家商店引爆了一枚炸弹。//Bombs' *exploding* around the city is a nightmare for many people. 对许多人来说，炸弹在城中四处爆炸是一个噩梦。

aware [əˈwɛə] *adj.* 知道的，意识到的

【考】be aware of 明白，知道

【例】Mike *was* always *aware of* the innermost mystery of beauty. 迈克总是能领会到美最深处的神秘感。

Word List 7

a-	不，无，非；在…，…的；加强意义	aside	*adv.* 在旁边，到旁边
em-, en-	进入…之中，包围；使…进入状态	enclose	*vt.* 围住，圈起
geo	地	geology	*n.* 地质学，地质情况
mit	放出	emit	*vt.* 散发，发射
sol	独特的	sole	*adj.* 单独的，唯一的
stru, struct	建筑	construct	*vt.* 建造；构思
-ary	（名词后缀）人、物、场所	boundary	*n.* 分界线，边界
-ent	（形容词后缀）具…性质，关于…的；（名词后缀）人、物	resident	*n.* 居民
-ure	（名词后缀）行为、状态	structure	*n.* 建筑，结构

grain ['grein] *n.* 谷物，谷粒；颗粒；少量，微量

【记】和brain（*n.* 大脑）一起记

kettle ['ketl] *n.* 水壶

【记】发音记忆："开透"→水壶里的水开透了

【例】The pot calls the *kettle* black. 五十步笑百步。

summarize ['sʌməraiz] *vt.* 概括，概述，总结

【记】来自summary（*n.* 概略）

【例】First I'd like to *summarize* the work we have done last week. 首先我想把我们上周所做的工作总结一下。

faulty ['fɔːlti] *adj.* 有错误的，有缺点的

【记】来自fault（*n.* 过错）

【例】We do not have enough money to repair the *faulty* equipment. 我们没有足够的钱来修理出故障的设备。

highly ['haili] *adv.* 高度地，极，非常赞许地

【例】a *highly* successful politician 一名非常成功的政治家

summary ['sʌməri] *n.* 摘要，概要，一览 *adj.* 即刻的，立即的

【记】联想记忆：sum（总和）+mary→摘要，概要

【考】in summary 总之，概括起来

【例】Betty made a *summary* of the case. 贝蒂为这个案件做了一个摘要。//The government took *summary* action to aid the earthquake victims. 政府立即采取行动救济地震灾民。

conservation [ˌkɔnsəˈveiʃən] *n.* 保存，(对自然资源的)保护；避免浪费

【记】联想记忆：con(加强)+serv(e)(服务)+ation→一再为其服务→保护

【例】We tend to look on nature *conservation* as some kind of favour that human beings are granting to the natural world. 我们通常将自然保护区看成是人类给予大自然的某种帮助。(2010.12)

summit [ˈsʌmit] *n.* (山等的)最高点，峰顶；最高级会议

【例】I shall not be present at this historic *summit* meeting. 我不会出席这次历史性的峰会。

【辨】**summit, top, peak**

summit指山顶，可比喻为巅峰，能达到的最高点；top为普通用语，范围广，可指山、树、塔、房等的顶部；peak特指山的尖形顶。

reward [riˈwɔːd] *n.* 报答，奖赏；报酬，酬金 *vt.* 报答，酬谢，奖励

【记】联想记忆：re+ward(看作word话语)→再次发话给予奖赏

【例】The real *reward* of good teaching is seeing students learn. 优质教学的真正回报是看到学生们学有所获。(2011.12)

【辨】**reward, award, prize**

reward指应得的报酬、奖金，不强调荣誉；award指授予奖章或奖金，常表荣誉；prize常指因某事或比赛而赢得的奖品或奖金，也含荣誉的意味。

available [əˈveiləbəl] *adj.* 现成可使用的，通用的；可取的；联系的；可得到的

【记】词根记忆：avail(效用，利益)+able(可…的)→可取的

【题1】Convenience foods which are already prepared for cooking are ________ in grocery stores. (1997.1)

A) ready B) approachable C) probable D) available

【解】选D。句意：可供随时烹调的方便食品可以在杂货店买到。ready：准备就绪的；approachable：可靠近的，可接近的；probable：很可能的，大概的。

【题2】In general, the amount that a student spends for housing should be held to one-fifth the total _______ for living expenses. (1997.6)

A) acceptable B) available C) advisable D) applicable

【解】选B。句意：一般而言，一名学生用于住房的费用应该控制在他全部生活费用的五分之一。acceptable：可接受的；advisable：可取的，适当的，贤明的；applicable：能应用的，合适的，适用的。

specialize [ˈspeʃəlaiz] *vi.* 成为…专家，专攻

【记】来自special(*adj.* 特别的，特定的)

【考】specialize in 专攻，专门研究

【例】Jeffery quickly decided to *specialize in* AIDS research. 杰弗里很快就决定要专门研究艾滋病。

structure [ˈstrʌktʃə] *n.* 结构，构造 *vt.* 建造

【记】词根记忆：struct(建筑)+ure→构造；建造

【例】The chemical *structure* of this molecule is very unusual. 这个分子的化学结构很特别。//Along with the new *structure* came a more demanding academic program; the percentage of freshmen taking biology jumped from 17 to 95. 伴随这个新结构出现的还有一个更加严格的课程体系；而选择生物学的新生比例从17%涨到了95%。(2012.6)

resident [ˈrezidənt] *n.* 居民，定居者；住院医生 *adj.* 居住的，定居的；住校的，住院的

【记】联想记忆：resi(看作rest休息)+d+ent(人，物)→居民，定居者

【例】Sean moved to New York to live with his daughter, who had been *resident* in America since 2000. 肖恩搬到纽约和他女儿一起住了——他女儿从2000年起就在美国定居了。//"I've experienced roommate conflicts between interracial students that have both broken down stereotypes and reinforced stereotypes," said one Penn *resident* advisor. "我经历过不同种族的室友之间发生的冲突，这些冲突中有的打破了成见，也有的使成见更加根深蒂固，"宾夕法尼亚大学的一位舍监说。(2011.6)

boundary [ˈbaundəri] *n.* 分界线，边界

【记】词根记忆：bound(界限)+ary(表场所)→界限

【例】*Boundary* dispute between neighboring countries is one of the reasons of the world instability. 邻国间的边境争端是世界不安定的原因之一。

【辨】**boundary, distance, scope, range**

boundary指边界；distance是距离；scope表示活动范围、机会、余地；range常指认知、能力方面的范围。

radical [ˈrædikəl] *adj.* 根本的，基本的；激进的，激进派的 *n.* 激进分子

【记】词根记忆：radi(光线)+cal→光是生物生长之本→根本的

【例】This area needs a period of calm without more surges of *radical* change. 这一地区需要一个不再有根本性变革浪潮的和平时期。// They are proposing *radical* changes of the tax system. 他们提议对税收制度进行彻底的改革。

leading ['liːdiŋ] *adj.* 指导的；最重要的；带头的

【例】The *leading* actor on the stage captured our attention. 台上的领衔男主角吸引了我们的注意力。

rag [ræg] *n.* 破布，碎布；[*pl.*]破旧衣服

【记】联想记忆：她的袋子(bag)里除了些破布(rag)一无所有

prescribe [pri'skraib] *v.* 开(药)，吩咐采用(某种疗法)；规定，指定

【记】词根记忆：pre(预先)+scribe(写)→预先写好的→开处方，开(药)；规定

【例】Doctors diagnose before they *prescribe*. 医生在开药方前先对病人进行诊断。

demonstrate ['demənstreit] *vt.* 说明；论证；表露

【记】词根记忆：de(加强)+monstr(表示)+ate(做)→加强表示→论证

【例】We've already *demonstrated* the fact that we're not cowards. 我们已经证明了我们不是胆小鬼。

manner ['mænə] *n.* 方式，态度；[*pl.*]风度，礼貌，规矩

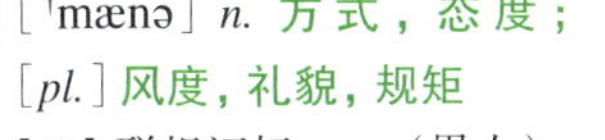

【记】联想记忆：man(男人)+ner→做男人就得有风度→风度，礼貌

【考】all manner of 各种各样的，形形色色的；in a manner of speaking 不妨说，在某种意义上

【题】The rapid development of communications technology is transforming the ______ in which people communicate across time and space. (2003.9)

A) mood　　B) mission　　C) manner　　D) vision

【解】选C。句意：通讯技术的迅速发展正在改变人们的时空交流方式。mood：心情，情绪；mission：任务，使命；vision：视觉，景象。

sunrise ['sʌnraiz] *n.* 日出(时分)；朝霞

【记】组合词：sun(太阳)+rise(上升)→日出

【例】I enjoyed the *sunrise* by the seaside. 我喜欢海边的日出。

construct ［kən'strʌkt］*vt.* 建造；构思

［'kɔnstrʌkt］*n.* 建筑物；构想，观念

【记】词根记忆：con(加强)+struct(建立)→建造

【例】skyscrapers *constructed* entirely of concrete and glass 完全由水泥和玻璃建成的摩天大楼 //social *constructs* 社会观念

railway ［'reilwei］*n.* 铁路

opportunity ［ˌɔpə'tjuːniti］*n.* 机会，良机

【记】联想记忆：op(进入)+port(港口)+unity→进入港口休整是个好机会

【例】All over the world women are demanding equal *opportunities* for work. 全世界的妇女都在要求平等的工作机会。//Yale and Harvard have led the way, offering every undergraduate at least one international study or internship *opportunity*. 耶鲁和哈佛大学一马当先，给每个本科生提供至少一次国际学习或实习的机会。(2007.12)

lag ［læg］*vi.* 走得慢 *n.* 落后

【记】联想记忆：背个大包(bag)当然走得慢(lag)

【例】Peter *lagged* far behind in his studies because of his long illness. 由于病了很久，彼得的学习落下很多。

fade ［feid］*vi.* 褪色；逐渐消失；凋谢

【记】联想记忆：褪色(fade)的记忆何堪以对(face)

【考】fade away 逐渐消失；慢慢减弱

【例】The sound of the footsteps *faded away*. 脚步声渐渐消失了。// The hope of winning the competition seems to be *fading away*. 赢得这场比赛的希望似乎越来越渺茫。

sunset ［'sʌnset］*n.* 日落(时分)；晚霞

【记】组合词：sun(太阳)+set(落，下沉)→日落

【例】The old man sat watching the *sunset*. 老人坐看日落。

singular ［'siŋgjulə］*adj.* 单数的；非凡的，奇特的

【例】The *singular* aim was to avoid a disaster. 唯一的目的是避免一场灾难。

broom ［bruːm］*n.* 扫帚

beneath ［bi'niːθ］*prep.* 在…下方；(地位)低于，次于；在…掩盖下；连…也不值得；有失…的身份 *adv.* 在下方，在底下

construct	railway	opportunity	lag	fade	sunset
singular	broom	beneath			

【记】联想记忆：be(加强)+neath(在…之下)→在…下方

【例】The sun has sunk *beneath* the horizon. 太阳已经落到地平线下了。//Helen acts as if even speaking to us is *beneath* her. 海伦表现得就好像和我们说话就有失身份一样。

recreation [ˌrekriˈeiʃən] *n.* 娱乐活动，消遣

【记】词根记忆：re(一再)+cre(制造)+ation→一遍遍地制造娱乐新闻→娱乐活动

【例】Jack's *recreations* on the weekend include playing golf, playing football and shooting. 杰克周末的休闲活动有打高尔夫球、踢足球，还有射击。

procession [prəˈseʃən] *n.* 队伍，行列

【例】As the music started, a *procession* of children appeared with candles. 音乐响起时，孩子们排成纵队，手持着蜡烛出现了。

tackle [ˈtækəl] *vt.* 对付，处理；与…交涉；(足球等比赛中)阻截，擒抱 *n.* 阻截，擒抱；用具，钓具；辘轳，滑车(组)

【例】There is more than one way to *tackle* the problem. 这个问题有多种解决方法。//John forgot to bring fishing *tackle* with him. 约翰忘了带钓具。

【题】Although many experts agree that more children are overweight, there is debate over the best ways to ______ the problem. (2006.6)

A) relate B) tackle C) file D) attach

【解】选B。句意：尽管许多专家认同更多儿童超重的说法，但在解决这一问题的最佳方法上他们仍存在争论。relate：使联系；file：把文件归档；attach：系上。

combination [ˌkɔmbiˈneiʃən] *n.* 结合(体)，联合(体)；化合

【记】来自combine(*v.* 结合)

hell [hel] *n.* 地狱；极大的痛苦

【考】the hell 到底，究竟；like hell 拼命地，极猛地；to hell with 让…见鬼去吧

proof [pruːf] *n.* 证据，证明；校样，样张 *adj.* 耐…的，能防…的

【记】联想记忆：屋顶(roof)有了p就能防雨→能防…的

【例】The *proof* of the pudding is in the eating. 实践出真知。

resort [riˈzɔːt] *vi.* 求助；凭借；诉诸 *n.* 求助；凭借；诉诸；求助(或

recreation	procession	tackle	combination	hell	proof
resort					

凭借)的对象，采用的手段(或办法)；常去之地，胜地

【记】联想记忆：向上级打报告(report)求助(resort)

【考】resort to 求助，凭借，诉诸

【题】I would never have ______ a court of law if I hadn't been so desperate.(2002.6)

A) sought for　　B) accounted for

C) turned up　　D) resorted to

【解】选D。句意：要不是如此绝望，我也不会诉诸法律。seek for：试图获得，寻觅；account for：提出理由，作出解释；turn up：出现，结果是。

recruit [riˈkruːt] *vt.* 招募(新兵)，吸收(新成员)

【记】词根记忆：re(重新)+cruit(=cres成长)→在部队中重新成长→招募新兵

【例】Dr. Seaborg was *recruited* into the Manhattan Project. 西博格博士被征募到曼哈顿工程中去了。

contrast [ˈkɔntrɑːst] *n.* 对比，对照；反差

[kənˈtrɑːst] *vt.* 对比，对照 *vi.* 形成对比，对比之下显出区别

【记】词根记忆：contra(相反)+st(=stand站)→反着站→相对→对比，对照

【考】by/in contrast (与…)相对照；(in) contrast to/with 与…对比起来，与…形成对比

【例】Meditation techniques, *in contrast*, can teach people to put their shortcomings into a larger, more realistic perspective. 相反，静思的方法能够教人们从更广、更现实的角度去认识他们的缺点。(2010.6)//The snow was icy and white, *contrasting with* the brilliant blue sky. 雪冰冷洁白，映衬着蔚蓝的天空。

sunshine [ˈsʌnʃain] *n.* (直射)日光，阳光

【记】组合词：sun(太阳)+shine(光亮)

【例】The grandmother sat in the garden enjoying the *sunshine*. 祖母坐在花园里晒太阳。

introduction [ˌintrəˈdʌkʃən] *n.* 介绍；引进；引言

【记】词根记忆：intro(入内)+duct(引导)+ion→引导入内→介绍

ancestor [ˈænsestə] *n.* 祖宗，祖先；原型，先驱

【记】联想记忆：ance(看作ante先)+st+or(人)→祖先，先驱

【例】Marty laid his hand over the photograph of his *ancestor*. 马蒂把

手放在他祖先的照片上。//Babbage's invention was the *ancestor* of the modern computer. 巴比奇的发明是现代计算机的原型。

split [split] *v.* 分裂，分离；被撕裂，裂开；分担，分享 *n.* 裂口

【记】发音记忆："死劈了它"→劈开

【考】split up 断绝关系，离婚；划分；split up into 分裂成

【题】His trousers _____ when he tried to jump over the fence.（2003.12）

A）cracked　　B）split

C）broke　　D）burst

【解】选B。句意：他在奋力跃过篱笆的时候把裤子撕裂了。crack：爆裂，断裂；break：打破，断开；burst：爆炸，胀破。

painful [ˈpeinful] *adj.* 疼痛的，引起疼痛的；困难的，令人不快的

【例】*painful* tooth 牙疼 //a *painful* problem 棘手的问题//Applying for university overseas could be a long and *painful* process. 申请海外大学可能是一个漫长而痛苦的过程。

superb [sjuːˈpəːb] *adj.* 极好的，高质量的

【例】*superb* weather 大好的天气

interest [ˈintrist] *n.* 兴趣；[常*pl.*]利益，利害关系；利息 *vt.* 使感兴趣

【考】be interested in... 对…感兴趣；in the interest(s) of sb./sth. 为了…的利益；take/have/feel (an/no) interest in... 对…感/不感兴趣

【例】the public *interests* 公共利益//annual *interest* 年利//What *interests* the tourists is the history of the temple. 游客感兴趣的是这座寺庙的历史。//Just as she will have her critics, she will also have millions of fans who usually *have* little *interest in* the First Lady. 正如她将受到批评一样，她也将拥有数百万粉丝，而他们通常对第一夫人很少感兴趣。（2009.12）

noticeable [ˈnəutisəbəl] *adj.* 显而易见的

【记】词根记忆：notice(注意)+able(能…的)→能被人注意到的→显而易见的

【例】The past 15 years or so have been a *noticeable* period of improvement for food in England. 在过去15年左右的时间里，英国在改善饮食方面取得了令人瞩目的进步。（2011.6）

graduate [ˈgrædʒueit] *n.* 毕业生；研究生 *adj.* 研究生的 *v.*（使）毕业

【例】Jim *graduated* in Physics from Cambridge University. 吉姆毕业

于剑桥大学的物理系。//When next year's crop of high-school *graduates* arrive at Oxford University in the fall of 2009, they'll be joined by a new face. 当2009年秋天下一届的高中毕业生来到牛津大学时，与他们一同前来的会有一个新面孔。(2009.12)

glance [glɑːns] *vi.* 看一下 *n.* 一瞥

【例】Thompson *glanced* at the house that was his home. 汤姆森瞥了一眼自己的房子。

bloody [ˈblʌdi] *adj.* [用于加强语气] 非常的，该死的；流血的；嗜杀的 *adv.* [用于加强语气]非常，很 *vt.* 血染

【例】a *bloody* battle 血腥的战斗//It's *bloody* cold out there! 外面简直冷死了！//The boy punched Jack and *bloodied* his nose. 男孩儿把杰克的鼻子打破了。//The terrorists have halted their *bloody* campaign of violence and put forward their demand once again. 恐怖分子已经停止了他们血腥的暴力运动，并再次提出了他们的要求。

fierce [fiəs] *adj.* 凶猛的；狂热的

【记】发音记忆："飞蛾死"→飞蛾扑火源于对光明的狂热追求→狂热的

【题】Owing to ______ competition among the airlines, travel expenses have been reduced considerably. (2002.12)

A) fierce　B) strained　C) eager　D) critical

【解】选A。fierce competition：激烈的竞争。句意：由于航线竞争激烈，旅行费用已经大大降低了。strained：紧张的，矫饰的，做作的；eager：热心的，渴望的；critical：危机的，批评的，重要的。

paragraph [ˈpærəgrɑːf] *n.* (文章的)段，节

【记】词根记忆：para(半)+graph(写)→分成几半地写→段，节

enquire [inˈkwaiə] *v.* 询问

【记】词根记忆：en(使…)+quire(追求)→追着问→询问

【考】enquire into 调查

【例】I called the railway station to *enquire* about train schedules. 我给火车站打电话询问列车时刻表。

preparation [ˌprepəˈreiʃən] *n.* 准备(工作)，预备；制剂

【例】All the lights are on in *preparation* for the large shindig. 所有的灯光都亮了起来，为那场盛大的狂欢会做准备。

justice [ˈdʒʌstis] *n.* 正义，公正；司法

【记】词根记忆：just(正确)+ice→正义，公正

【考】bring to justice 把…交付审判，使归案受审；do justice to 公平地对待，公正地评判

【例】Where might is master, *justice* is servant. 有强权，就没有正义。

drip [drip] *vi.* 滴下，漏水 *n.* 水滴；滴水声

【记】和drop(*v.* 滴下)一起记

【例】The tap is *dripping*. 水龙头在滴水。

emit [iˈmit] *vt.* 发出，发射；发表

【记】词根记忆：e(出)+mit(放出)→发出，发射

【例】Sounds *emitted* by the dolphins were recorded with an underwater microphone. 水下麦克风录下了海豚发出的声音。//Suddenly, the metal container began to *emit* a strange sound. 突然，这个金属容器开始发出一种奇怪的声音。

superficial [ˌsuːpəˈfiʃəl] *adj.* 表面的，肤浅的

【记】词根记忆：super(在…上面)+fic(做)+ial→表面的

【例】All the other girls seemed silly and *superficial* to Darlene. 在达琳看来，其他女孩都显得傻里傻气，肤浅无知。//At a *superficial* level, relationship between them seems to have remained the same. 表面上看，他们俩的关系好像还跟以前一样。

recommendation [ˌrekəmenˈdeiʃən] *n.* 推荐，推荐信；建议，劝告；优点，长处，可取之处

【例】The boss told us to be clever when making *recommendations* to the client. 经理告诉我们在向客户推荐产品时要机灵点。

sole [səul] *n.* 脚底，鞋底，袜底 *adj.* 单独的，唯一的

【记】词根记忆：sol(太阳)+e→太阳是唯一的

【例】Abel's *sole* motive was to make her happy. 埃布尔唯一的动机就是让她高兴。

【辨】sole, single

sole指"唯一的，单独的"；single与"双"区别，侧重于"单"。

folk [fəuk] *n.* 人们；[*pl.*]家属，亲属；大伙儿，各位

【例】There were always *folks* coming and going. 那儿总是有人来来往往。

rank [ræŋk] *n.* 军衔，职衔；地位，社会阶层；排，行列 *v.* 把…分等，给…评定等级；列入，(在序列中)占特定等级

【记】联想记忆：银行(bank)拥有不同社会阶层(rank)的客户

【例】the *rank* of sergeant 中士职衔//*Ranked* second and third were

justice	drip	emit	superficial	recommendation	sole
folk	rank				

grocery and electronics customers. 排在第二和第三位的分别是杂货顾客和电子产品顾客。(2008.12)

motor [ˈməutə] *n.* 发动机，电动车

【记】词根记忆：mot(移动)+or(表物)→发动机

airport [ˈɛəpɔːt] *n.* 机场，航空港

【记】组合词：air(空中)+port(港口)→航空港

enclose [inˈkləuz] *vt.* 围住，圈起；附上；把…装入信封

【记】联想记忆：en(进入)+close(关闭)→关闭在里面→包住，围住

【例】The yard where the theft hid was *enclosed* by police. 小偷藏身的院子被警察包围了。

bounce [bauns] *v.* (使)弹起，(使)反弹，(使)颠跳 *n.* 弹，反弹

【记】联想记忆：又跳(bound)又弹(bounce)

【例】Prices have *bounced* back from the lowest point. 价格触底反弹。

【辨】**bounce, jump, leap, spring**

bounce指反复地上下跳动，接触面常是有弹性的；jump为普遍用词，常可代替其他同义词；leap指可向任何方向的动作；spring常指有意识的向前动作，它与leap都比jump力度要大。

occasion [əˈkeiʒən] *n.* 场合，时刻；重大(或特殊)活动；时机；起因 *vt.* 引起

【记】联想记忆：occ(看作occur发生，出现)+asion→发生的时机

【考】on occasion(s) 有时，间或；take occasion to 借机

【题】Arriving home, the boy told his parents about all the ______ which occurred in his dormitory. (2003.12)

A) occasions B) matters C) incidents D) issues

【解】选B。matter：事情。occasion：场合，特殊事件或庆典；incident：小事，事件；issue：议题，争端。

determine [diˈtəːmin] *v.* 决定；查明；使下决心

【记】词根记忆：de+term(边界)+ine→决定各自的边界→决定

【例】A survey of traffic accidents *determined* that seat belts reduced serious injuries by up to 90%. 一项交通事故调查显示，安全带可以使遭受严重伤害的可能性降低90%。//Depending on your title, it may not be all that difficult to *determine* who you are once the name of your company is provided. 如果你提供了公司名称，那么根据你的职位查明你是谁并不困难。(2007.6)

advisable [ədˈvaizəbl] *adj.* 明智的；可取的

【记】词根记忆：advis(e)(建议，劝告)+able(能…的)→能够听取别人的劝告是明智的

motor	airport	enclose	bounce	occasion	determine
advisable					

【考】be advisable to 明智的

【例】It would *be advisable* for her *to* renew her passport. 延长护照的有效期对她来说是明智的。

permission [pəˈmiʃən] *n.* **允许，许可，准许**

【记】词根记忆：per(贯穿，自始至终)+miss(送)+ion→自始至终都不允许发送→允许

【例】written *permission* 书面许可证 //People here were refused *permission* to smoke. 这里的人不许吸烟。

Man errs so long as he strives.

人只要奋斗就会犯错误。

——德国诗人、剧作家 歌德

(Johann Wolfgang Goethe, German poet and dramatist)

Word List 8

suc-, suf-, sup-, sur-	在…下面	suppress	*vt.* 压制，镇压
super-	超级，超过，过度；在…上面	superior	*adj.* 上级的，优越的
alter	改变状态；其他的	alternative	*n.* 替换物
ann	年	annual	*adj.* 每年的
priv	私有的；单一	private	*adj.* 私人的，个人的
volve	卷	involve	*vt.* 使卷入，牵涉
-dom	(名词后缀)状态、身份、领域	kingdom	*n.* 王国，领域
-ile	(形容词后缀和名词后缀)属于…的，易于…的；物	mobile	*adj.* 运动的，流动的

statement [ˈsteitmənt] *n.* 陈述，声明；结算单，报表

【记】来自state(*v.* 声明)

【例】The official issued a *statement* to the press. 这位官员向新闻界发表了一项声明。

award [əˈwɔːd] *n.* 奖，奖品，判定 *v.* 授予，给予；判给，裁定

【记】联想记忆：a(一)+ward(看作word话)→这句话是给你的最好的奖品

【题】Three university departments have been ________ $600,000 to develop good practice in teaching and learning. (2003.9)

A) promoted B) included C) secured D) awarded

【解】选D。award：给予，授予，常与to连用。句意：三个系获得600,000美元的奖金以发展良好的教学方法。promote：提升，促进，发扬；include：包括，包含；secure：向…提供保证。

bold [bəuld] *adj.* 勇敢的，鲁莽的；粗(字)体的，黑(字)体的，醒目的

【记】联想记忆：b+old(年长)→年长的人通常不会太鲁莽→鲁莽的

【题】All the key words in the article are printed in ________ type so as to attract readers' attention. (2001.1)

A) dark B) dense C) black D) bold

【解】选D。bold type为固定搭配：粗体字。句意：文章中的所有关键字都是用粗体印刷，以便吸引读者的注意力。dark：黑色的，昏暗的；dense：密集的，浓厚的；black：黑色的，忧郁的。

so-called [ˈsəuˈkɔːld] *adj.* 所谓的，号称的

【例】Is this the *so-called* normalization of production? 这就是所谓的生产标准化吗?

superior [suːˈpiəriə] *adj.* 上级的，(在职位、地位等方面)较高的；优越的；有优越感的，高傲的 *n.* 上级，长官

【记】联想记忆：super(在…上面)+ior→较高的

【考】superior to 比…优越的，超过…的

【例】We still believe in rewarding *superior* achievements and know that these top students truly value the scholarship. 我们仍然相信应该奖励成绩出众的学生，并且我们知道这些尖子生确实十分重视这份奖学金。(2009.12)//immediate *superior* 直属上级

sunlight [ˈsʌnlait] *n.* 日光，阳光

【记】组合词：sun(太阳)+light(光)

【例】Outdoor *sunlight* is very good for the health. 户外的阳光有益健康。

alternative [ɔːlˈtəːnətiv] *n.* 替换物，选择；选择的自由 *adj.* 两者选一的，供选择的；另类的

【记】词根记忆：alter(改变状态，其他的)+native(…的)→其他的→替换物

【例】If payment is not received, legal action will be our only *alternative*. 如果拿不到付款，法律维权将是我们唯一的选择。//We must do it like that, unless you have an *alternative* suggestion. 我们必须这么做，除非你有其他建议。

kingdom [ˈkiŋdəm] *n.* 王国，领域，界

【记】来自king(国王)+dom(领域)→国王统治的领域→王国

mobile [ˈməubail] *adj.* 运动的，流动的；多变的

【记】词根记忆：mob(动)+ile(易…的)→易动的→运动的；多变的

【例】The actor with a very *mobile* face was very funny. 这个脸部表情多变的演员很有趣。

【题】In order to make things convenient for the people, the department is planning to set up some ______ shops in the residential area.（2004.6）

A）flowing B）mobile C）drifting D）unstable

【解】选B。句意：为了方便大家，部里计划在居民区设立一些流动商店。flowing：流动的，平滑的；drifting：漂流的；unstable：不牢固的。

damn [dæm] *adj.* **该死的，可恶的** *adv.* **极，非常** *int.*（**表示愤怒、厌烦、轻蔑等**）**该死，讨厌** *n.* **丝毫，一点点** *vt.*（**用于咒骂**）；**严厉批评**

【例】You know *damn* well what I'm talking about. 你非常清楚我在说什么！// Her promise isn't worth a *damn*. 她的保证不值一钱。//The critics *damned* the play on the first night. 评论家们在这部戏上演的当晚就对其大加指责。//The movie was *damned* by the critics for its violence and the tendency to commit crimes. 这部电影因暴力和诱使犯罪的倾向而受到评论家的严厉批评。

storage [ˈstɔːridʒ] *n.* **贮藏，贮藏量；存贮**

【记】来自store（储存）+age（总称）→储藏量

supplement [ˈsʌplimənt] *n.* **增补（物），补充（物）；增刊，副刊**

[ˈsʌpliment] *vt.* **增补，补充**

【记】联想记忆：supple（看作supply补给）+ment→补充

【例】The story first appeared in the *Times Literary Supplement*. 该短篇小说最早发表在《泰晤士报》文学副刊上。//Tracy got a part-time job to *supplement* the family income. 特雷西找了一份兼职贴补家用。

locate [ˈləukeit] *vt.* **探明，找出；把…设置在，使…坐落于**

【记】词根记忆：loc（地点）+ate（做）→找出，探明

【例】The university is *located* in a quiet community. 大学位于一个安静的社区里。

cabin [ˈkæbin] *n.* **小屋，船舱，机舱**

【记】联想记忆：cab（出租车）+in（在…里）→在出租车里空间很小→小屋

【例】The rescue team will never find the *cabin*. 救援队永远也找不到那间小屋。

【辨】**cabin, cottage, hut**

cabin指设备简陋粗糙的小木屋；cottage指穷人住的小屋，现常指乡间别墅；hut指供遮风避雨的棚屋。

majority [məˈdʒɔriti] *n.* 多数，大多数

receiver [riˈsiːvə] *n.* （电话）听筒；接收器

support [səˈpɔːt] *vt.* 支撑，支持，供养；证实 *n.* 支持，支撑物，支持者

【记】词根记忆：sup（在下面）+port（运送）→运送衣食以支持

【考】support sb. by doing sth. 做某事养活某人

【例】Thompson *supports* the Democratic Party. 汤姆森支持民主党。// But government *support* has failed to keep pace with rising student numbers. 但是政府支持没能跟上学生人数增长的步伐。(2009.12) // official *support* 官方支持

Bible [ˈbaibl] *n.* 基督教《圣经》

assign [əˈsain] *vt.* 指派，分配，布置（作业）；指定（时间、地点等）

【记】联想记忆：as+sign（签名，做记号）→签名委派某人做某事→指派

【例】We are discussing how to *assign* the private sector of the interests. 我们正在讨论如何将利润分配给个人。

episode [ˈepisəud] *n.* （一连串事件中的）一个事件；（剧本、小说等中的）插曲，片段，连续剧的一集

【例】That's an *episode* in my life that I'd rather forget! 那是我一生中宁愿忘记的经历！//It was just an *episode* in Mike's life that he is not proud of. 这只是迈克生活中的一段插曲，他并不引以为豪。

fatal [ˈfeitl] *adj.* 致命的，命运的；重大的，决定性的

【记】来自fate（*n.* 命运）

【题】The boy cycling in the street was knocked down by a minibus and received ________ injuries. (1996.9)

A) fatal B) excessive C) disastrous D) exaggerated

【解】选A。fatal injury：致命伤。句意：男孩在街上骑自行车时被小型巴士撞倒，受到了致命的伤害。excessive：过多的，过分的；disastrous：损失惨重的，悲伤的；exaggerated：夸大的。

pad [pæd] *n.* 垫，衬垫；便笺本；发射台，直升飞机起落场 *vt.* 填塞

【例】The sofa was *padded* with sponge. 沙发塞满了海绵。

excursion [ikˈskəːʃən] *n.* 远足，短途旅行

【记】词根记忆：ex（出）+curs（跑）+ion→跑出去→远足

【例】We are planning for our *excursion* next week. 我们正在为下周的远足做准备。

majority	receiver	support	Bible	assign	episode
fatal	pad	excursion			

ignorant [ˈignərənt] *adj.* 不知道的，无知的

【辨】**ignorant, innocent**

ignorant是“不知道的，无知的”意思；innocent是“天真的，思想简单的”意思。

county [ˈkaunti] *n.* 郡，县

【记】联想记忆：和country(*n.* 国家)一起记

condense [kənˈdens] *vt.* (使)冷凝，使凝结；浓缩，压缩，简缩

【记】联想记忆：con+dense(密集的)→变得密集的→(使)压缩，(使)凝结

【题】The mayor was asked to ________ his speech in order to allow his audience to raise questions. (1997.1)

A) constrain　B) conduct　C) condense　D) converge

【解】选C。句意：市长被要求缩短讲话以留出时间供听众提问。constrain：强迫，勉强；conduct：引导，指挥；converge：收敛，聚集。

heal [hiːl] *v.* 使愈合，治愈，使康复；调停(争吵等)，消除(分歧等)；愈合，痊愈，恢复健康

【例】Time *heals* all sorrows. 时间会治愈一切悲伤。//The wounds are *healing* up. 伤口正在愈合。//This medicine will help *heal* cuts and scratches. 这种药物能帮助治疗刀伤和擦伤。

asset [ˈæset] *n.* 资产，财产；有价值的特性或技能，优点

【记】词根记忆：as(加强)+set(放，置)→不断置办财产

【例】a corporation with $9 billion in *assets* 资产达90亿美元的公司//Mark's *assets* include shares in the company and a house in London. 马克的资产包括他在公司的股份以及在伦敦的一座房子。

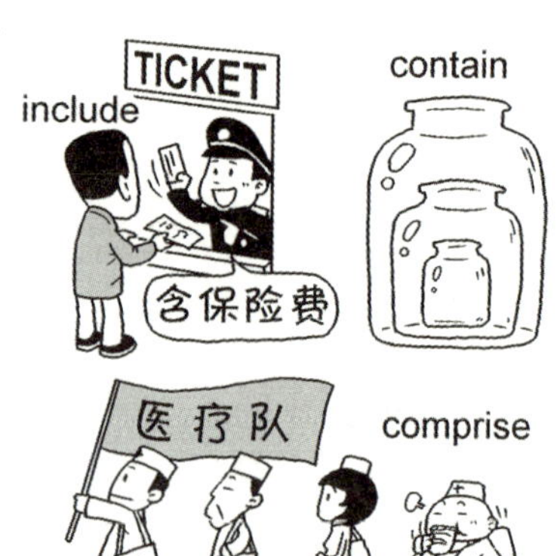

involve [inˈvɔlv] *vt.* 使卷入，牵涉；包含，含有

【记】词根记忆：in(使…)+volve(卷)→使卷入，涉及

【题】Putting in a new window will ________ cutting away

part of the roof. (2000.6)

A) include B) involve C) contain D) comprise

【解】选B。involve：产生某种必然结果。include：包括，包含；contain：包含，控制；comprise：包括，由…构成。

rear [riə] *n.* 后部，尾部，背面；后方 *adj.* 后部的，后面的，背后的 *vt.* 抚养，饲养，种植

【记】和bear(*v.* 支撑)一起记

【考】bring up the rear 处在最后的位置，垫后

【例】Oliver would *bring up the rear* forever. 奥利弗将永远在后面垫底。//My parents believed it's a good place to *rear* young children. 我的父母相信这是个抚养孩子的好地方。

hollow [ˈhɔləu] *adj.* 空的，空洞的；沉闷的；虚伪的

【辨】**hollow, blank, bare**

hollow强调(中)空的；blank指表面空白的；bare表赤裸的、光秃的。

charter [ˈtʃɑːtə] *n.* 宪章，共同纲领；特许状，许可证；(飞机、汽车等的)包租 *vt.* 包，租(飞机、汽车等) *adj.* 包租的，租用的

【记】和chapter(*n.* 章，回)一起记

【例】the UN *charter* 联合国宪章 //They *chartered* a car for traveling here. 他们在这儿租了一辆车旅游。

leadership [ˈliːdəʃip] *n.* 领导

【记】来自leader(领导者)+ship(表身份)→领导

shallow [ˈʃæləu] *adj.* 浅的；浅薄的 *n.* [常*pl.*] 浅滩，浅水处

【记】联想记忆：她整天顾影(shadow)自怜，真是浅薄(shallow)

【例】The obstacle before us is a *shallow* pool of water. 我们的障碍是眼前的这个浅水池。//I think Philip is *shallow*, vain and untrustworthy. 我觉得菲利普浅薄、虚荣，而且靠不住。

procedure [prəˈsiːdʒə] *n.* 程序，手续，步骤

【记】来自proceed(前进)+ure(表行为)

【例】It is very important to follow the safety *procedures* laid down in thc handbook. 遵守手册上的安全程序是很重要的。//They have to go through very complicated application *procedures*. 他们必须经过非常复杂的申请程序。(2007.12)

impressive [imˈpresiv] *adj.* 给人印象深刻的

【例】an *impressive* party 给人印象深刻的晚会 //This is the most *impressive* novel I have ever read in recent years. 这是近年来我读过的最令人印象深刻的小说。

□ rear	□ hollow	□ charter	□ leadership	□ shallow	□ procedure
□ impressive					

controversial [ˌkɔntrəˈvəːʃəl] *adj.* 引起争论的，有争议的

【例】the *controversial* issue of welfare reform 福利改革这个具有争议性的话题//Any research that suggests the abilities to perform certain behaviors are based in biology is *controversial*. 任何暗示人类表现出特定行为的能力源自生物本能的研究都颇受争议。(2010.12)

curve [kəːv] *n.* 曲线，弯，弯曲处 *vt.* 弄弯

【记】联想记忆：雕刻(carve)完美曲线(curve)

【例】The path *curves* to the right. 小径向右转去。//The drunk driver lost control of the car at the *curve* of the road. 这名醉酒司机在路的转弯处没能控制住车子。

spiritual [ˈspiritʃuəl] *adj.* 精神的，心灵的；宗教(上)的

【记】来自spirit(*n.* 精神)

【例】This man served as the nation's *spiritual* counselor. 这个人是国家的精神顾问。

astonish [əˈstɔniʃ] *vt.* 使惊讶，使吃惊

【记】联想记忆：a(一个)+ston(看作stone石头)+ish(使)→一石激起千层浪，怎不叫人惊讶

词源：源于拉丁语extonare，按字面义讲是"雷击"之意，因此astonish最初常作"使震惊"、"使惊呆"等义，后弱化为"使吃惊"、"使惊讶"。

【例】Many of these tricks *astonished* many adults. 许多这样的把戏让很多成年人都很惊讶。

fold [fəuld] *vt.* 折叠，合拢 *n.* 褶，折叠的部分

【记】联想记忆：f+old(旧)→旧东西有许多褶

【例】Maggie *folds* her arms and gloats. 玛吉双臂环抱，得意洋洋。

alert [əˈləːt] *adj.* 警觉的，留神的，注意的 *vt.* 使认识到，使意识到 *n.* 警戒(状态)，戒备(状态)；警报

【记】Red Alert"红色警戒"，风靡全球的电脑游戏

【例】an *alert* driver 一名谨慎的司机 //campaigns to *alert* the public to the dangers of HIV 让人们意识到艾滋病危险性的运动

condition [kənˈdiʃən] *n.* 状况，状态；环境

【考】on condition (that) 如果；out of condition 健康不佳

【题】We can accept your order ________ payment is made in advance. (2003.9)

A) in the belief that B) in order that

C) on the excuse that D) on condition that

controversial	curve	spiritual	astonish	fold	alert
condition					

【解】选D。句意：如果你们预先付款，我们就可以接受你们的订货。in the belief that：相信；in order that：目的是…；on the excuse that：以…为借口。

segment [ˈsegmənt] *n.* 部分，片段；（橘子等的）瓣

【记】词根记忆：seg(=sect部分)+ment→部分，片段

【例】The straight lines divided the special area into several *segments.* 直线将特定区域分成几部分。

cabbage [ˈkæbidʒ] *n.* 洋白菜，卷心菜

【记】联想记忆：cab(出租车)+bag(包)+e→包辆出租车运输卷心菜

词源 cabbage的原意是head(头)，在希腊神话中卷心菜被说成是主神宙斯头上的汗珠变的。它是最古老的蔬菜之一。

condemn [kənˈdem] *vt.* 谴责，指责；判…刑，宣告…有罪

【记】词根记忆：con(加强)+dem(民众)+n→受民众强烈谴责

【例】Henry last week *condemned* the attacks. 亨利上周谴责了那些攻击。

mild [maild] *adj.* 温柔的；温暖的；轻微的

【记】联想记忆：将温柔的(mild)中的m颠倒过来就是野蛮的(wild)

【例】a *mild* answer 温和的回答//*mild* climate 温暖的气候 //a *mild* fever 低烧//Even the *mild* criticism will make Susan out of temper in public. 即使是一点点的批评也会让苏珊在众人面前发脾气。

surgery [ˈsəːdʒəri] *n.* 外科，外科手术；手术室

【记】词根记忆：sur(确定的，安全的)+gery→这个外科手术是安全的→外科手术

【例】The condition is serious, so it will need *surgery.* 情况紧急，需要马上动手术。

leisure [ˈleʒə] *n.* 空闲时间，悠闲

【考】at leisure 有空，闲暇时；不慌不忙地，从容不迫地

【例】Take a brochure home and read *at leisure.* 带一本宣传册回家，有空看一看。//The most popular *leisure* activity in Britain is going for a walk. 在英国，最流行的休闲活动是散步。(2010.12)

accomplish [əˈkɔmpliʃ] *vt.* 达到(目的)，完成

【记】联想记忆：ac+compl(看作complete完成)+ish(使)→完成

segment	cabbage	condemn	mild	surgery	leisure
accomplish					

【例】Many people have *accomplished* a lot of goals by the time they're thirty. 许多人在三十岁的时候就已经实现了很多目标。

【辨】**accomplish, fulfil, complete**
accomplish强调完成任务的过程；fulfil强调圆满地实现目标；finish指结束某件事；complete指通过努力使未完成的任务等圆满结束。

plug [plʌg] *n.* **插头，插座；塞子，栓** *vt.* **把…塞住，用…塞住**
【考】plug in 给…接通电源，连接
【例】All you have to do is to *plug in* and switch on. 你只需要接通电源、打开开关就行了。

presentation [ˌprezən'teiʃən] *n.* **提供，显示；外观，(显示的)图像；授予，赠送(仪式)；报告，介绍；表演**
【例】statistical *presentation* 统计显示 //digital *presentation* 数字显示 //a *presentation* copy 赠送本 //Hong Kong diners are extremely responsive to new ideas or *presentations*, which is good news for new dishes. 香港的就餐者对新想法和新菜式反应非常积极，这对新菜来说是个好消息。(2011.6)

surplus ['səːpləs] *n.* **过剩，剩余，盈余** *adj.* **过剩的，多余的**
【记】联想记忆：sur(超过)+plus(加上)→过剩
【例】trade *surplus* 贸易顺差 //*Surplus* wheat is put in storage and shipped abroad. 剩余的小麦被储存起来运往海外。//At the last day of travel few people have large amounts of *surplus* cash. 旅行的最后一天没有几个人还剩有大笔现金了。

cassette [kæ'set] *n.* **盒式录音带；盒子**

surround [sə'raund] *vt.* **围，围绕，圈住**
【记】联想记忆：sur+round(圆)→在圆的外边→围绕，包围
【例】Listen to the sounds of the summer that *surround* us. 仔细倾听环绕着我们的夏日声息。

private ['praivit] *adj.* **私人的，个人的；秘密的，私下的；私立的，私营的** *n.* **士兵，列兵**
【记】词根记忆：priv(私有的)+ate(具有…的)→私下的
【考】in private 私下地，秘密地

【辨】**private, personal, individual**
private意为私人的、个人的，含有不可公开的意味；personal意为个人的、私人的；individual特指某一类中单个的、个别的。

【题】Mr. Morgan can be very sad _______, though in public he is extremely cheerful. (1997.1)

A) by himself B) in person C) in private D) as individual

【解】选C。句意：摩根先生尽管在公众面前显得非常高兴，但在私下里会很悲伤。by himself：他自己，独自；in person：亲自，本人；as individual：作为个人。

bulb [bʌlb] *n.* 电灯泡，球状物

meaning [ˈmiːniŋ] *n.* 意义，意思，含义；目的，重要性

【例】Humanity also has been obsessed with trying to capture the *meaning* of time. 人类还一直沉迷于试图领会时间的意义。(2011.6)

annual [ˈænjuəl] *adj.* 每年的，一年一次的 *n.* 年报，年鉴；一年生的植物

【记】词根记忆：ann(年)+ual(…的)→每年的

【例】We held our *annual* company blowout last night. 昨晚，我们公司举办了一年一度的盛大宴会。//He will help Wendy prepare her *annual* report. 他会帮温迪准备年度报告。(2014.6)

expansion [ikˈspænʃən] *n.* 扩大，扩充，扩张，膨胀

【记】来自expand(*v.* 扩大)

【例】The rapid *expansion* of cities can cause social and economic problems. 城市的迅速扩张会导致社会和经济问题。

eliminate [iˈlimineit] *vt.* 消灭，消除，排除；淘汰

【记】词根记忆：e(出)+limin(看作limit界限)+ate(做)→划到界限之外→消除，排除

【例】This new process has *eliminated* the need for checking the products by hand. 采用这种新方法后无需再用手工检验产品。

horn [hɔːn] *n.* 角，号角；警报器

responsibility [riˌspɔnsəˈbiliti] *n.* 责任，责任心；职责，义务

【记】来自responsible(*adj.* 有责任感的)

dam [dæm] *n.* 水坝，水堤，障碍物 *v.* 筑堤挡住

【记】发音记忆："担"→水堤担负着阻隔洪水的责任→水堤

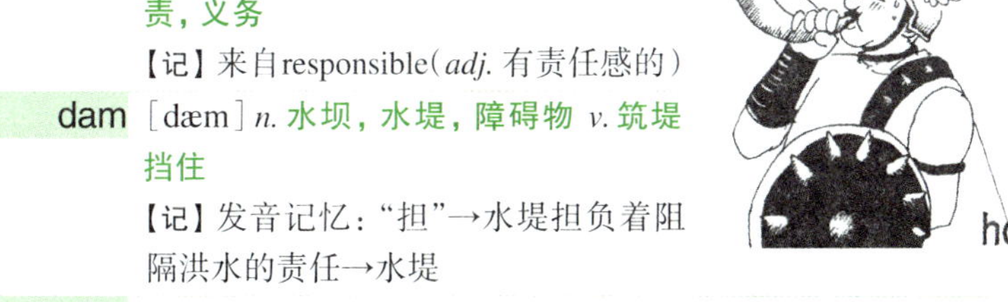

challenge [ˈtʃælindʒ] *n.* 挑战，邀请比赛；艰巨的任务；怀疑，质问 *vt.* 反对，公然反抗；向…挑战；对…质疑

【例】You shouldn't have *challenged* him. 你不应该向他发起挑战。//Viewpoints such as these are strongly *challenged* by environmentalists. 这样的观点受到了环境保护主义者的强烈质疑。//The

bulb	meaning	annual	expansion	eliminate	horn
responsibility	dam	challenge			

challenge to Internet advertisers is to create ads that audience members remember. 互联网广告商面临的挑战就是创作出能让看的人记住的广告。(2008.6)

alike [ə'laik] *adj.* 同样的，相同的 *adv.* 一样地，相似地；同样程度地

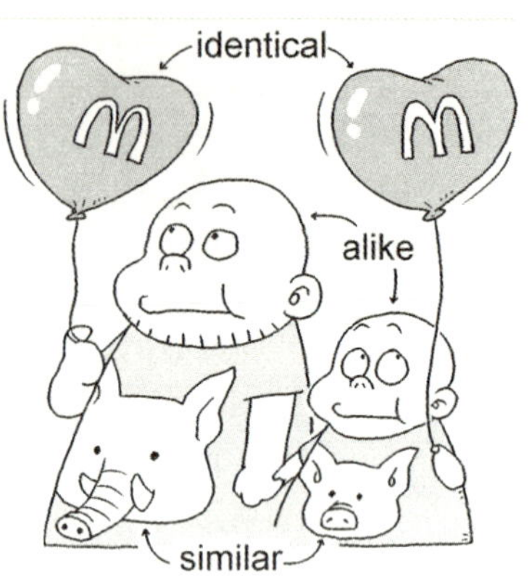

【记】联想记忆：a(加强)+like(相似的)→非常相似→同样的

【考】look alike 看起来像

【例】I mistook you for your brother, for you two are so much *alike*. 我错把你当成了你弟弟，你们两个太像了。

【辨】**alike, identical, similar**

alike强调非偶然的相似关系；identical用来指同一事物或事实；similar强调不同事物的相似之处。

phenomenon [fi'nɔminən] *n.* 现象，迹象；非凡的人(或事物)

【记】发音记忆："费脑迷呢"→他费脑筋琢磨这奇特的现象，但仍迷惑不解→迹象

【例】Language is a social and cultural *phenomenon*. 语言是一种社会和文化现象。//It is a *phenomenon* that causes us many inconveniences. 这是一种给我们造成诸多不便的现象。(2008.6)

survey [səː'vei] *vt.* 俯瞰；检查，测量

['səːvei] *n.* 调查，勘察；测量，勘测；全面审视；概括论述

【记】联想记忆：surve(看作serve服务)+y→前期调查是为后期工作服务的→调查

【例】The scientists *surveyed* the construction site for a moment. 科学家们在建筑工地上勘测了片刻。//a *survey* of modern English literature 一项关于英国现代文学的调查

curtain ['kəːtən] *n.* 门帘，窗帘；帷幕

household ['haushəuld] *n.* 家庭，户；家务 *adj.* 家庭的，家喻户晓的

【记】联想记忆：house(房屋)+hold(拥有)→拥有房屋的一家人→家庭，户

【例】Today, given the job losses of the past year, fewer unhappy couples will risk starting separate *households*. 如今，考虑到去年的失业情况，很少会有不幸福的夫妇冒险开始过单身家庭生活。(2012.6)

survival [sə'vaivəl] *n.* 幸存；幸存者，残存物

【例】A lot of small companies are having to fight for *survival*. 许多小公司不得不努力挣扎以求生存。

If you would go up high, then use your own legs! Do not let yourselves carried aloft; do not seat yourselves on other people's backs and heads.
如果你想要走到高处，就要使用自己的两条腿！不要让别人把你抬到高处；不要坐在别人的背上和头上。

——德国哲学家 尼采(F. W. Nietzsche, German philosopher)

Word List 9

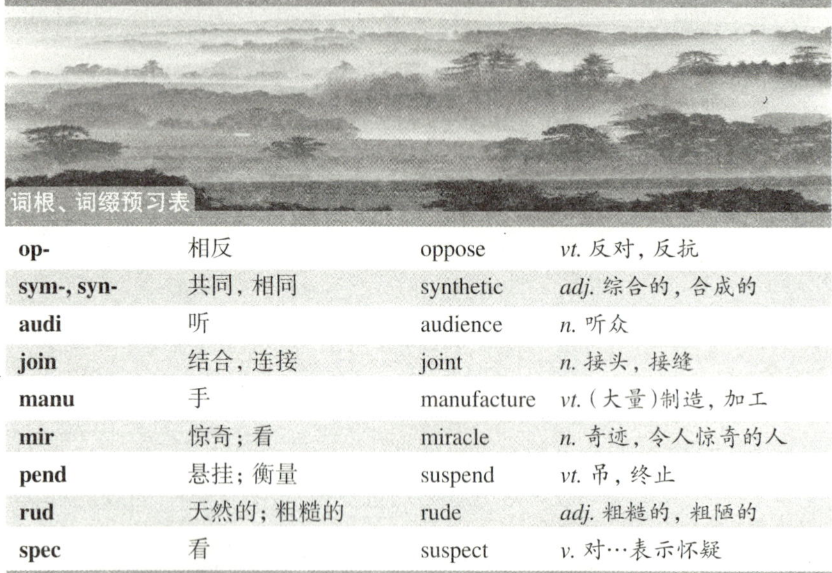

词根、词缀预习表

op-	相反	oppose	*vt.* 反对，反抗
sym-, syn-	共同，相同	synthetic	*adj.* 综合的，合成的
audi	听	audience	*n.* 听众
join	结合，连接	joint	*n.* 接头，接缝
manu	手	manufacture	*vt.* (大量)制造，加工
mir	惊奇；看	miracle	*n.* 奇迹，令人惊奇的人
pend	悬挂；衡量	suspend	*vt.* 吊，终止
rud	天然的；粗糙的	rude	*adj.* 粗糙的，粗陋的
spec	看	suspect	*v.* 对…表示怀疑

medal [ˈmedl] *n.* **奖牌，奖章，勋章**

【记】联想记忆：奖章(medal)一般都是用金属(metal)制成

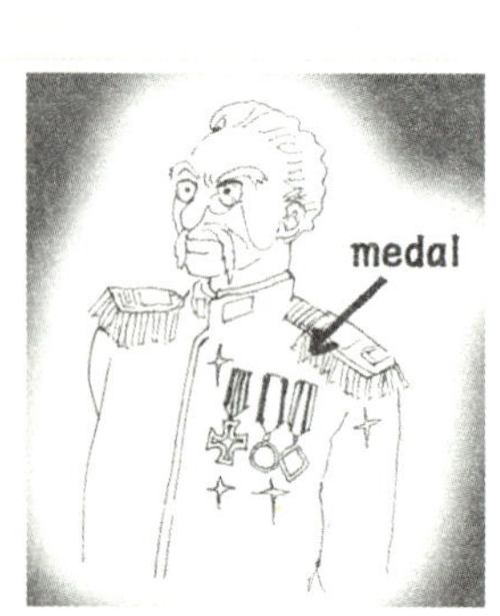

invest [inˈvest] *v.* **投资，投入，授予**

【考】invest in 投资；invest with 赋予

【例】Ask Jack if he wants to *invest* his money *in* a movie. 问问杰克看他是否想把钱投资在电影上。

survive [səˈvaiv] *v.* **活下来，继续存在；从…逃出，幸免于；从(困境等)中挺过来；比…活得长**

【记】联想记忆：sur(在…下面)+viv(生命)+e→在废墟下面活下来→幸存

【题】The victim ______ (本来会有机会活下来) if he had been taken to hospital in time. (2006.12)

【解】could have survived / could have been alive

awkward [ˈɔːkwəd] *adj.* **笨拙的；尴尬的；难操纵的，使用不便的；不灵巧的**

【记】联想记忆：aw(看作awe恐惧)+kward(看作backward向后的)→由于恐惧所以向后退→尴尬的

【例】We are in some sort of an *awkward* position. 我们处于某种尴尬的境地。//The new financial arrangements were *awkward* to manage. 新的财政安排难于运作。

synthetic [sin'θetik] *adj.* 综合的，合成的；虚假的

【记】词根记忆：syn(共同)+thetic(看作thesis论题)→将论题放到一起→综合的，合成的

【例】*synthetic* fibres 合成纤维

manufacture [ˌmænju'fæktʃə] *vt.* (大量)制造，加工 *n.* 制造，制造业

【记】词根记忆：manu(手)+fact(制作)+ure→用手制作→制造，加工

【例】The car was designed and *manufactured* in the company. 这辆车是由这家公司设计并制造的。//The factory is now trying to *manufacture* a new product. 这家工厂现正尝试制造一种新产品。

curse [kəːs] *n./v.* 诅咒，咒骂，天谴；祸害，祸根

【记】发音记忆："克死"→用诅咒克死某人

【例】I sat in my car, *cursing* the heavy traffic. 我坐在车里抱怨拥堵的交通。//The family was *cursed* by a witch for nearly a century. 将近一个世纪以来，这个家庭都受到女巫的诅咒。

suspect [sə'spekt] *vt.* 推测；对…表示怀疑(或不信任)

['sʌspekt] *n.* 嫌疑犯，可疑分子 *adj.* 可疑的，不信任的

【记】词根记忆：sus(在…下面)+(s)pect(看)→在下面偷偷地看→怀疑

【例】Hair analysis accurately identifies criminal *suspects*. 毛发分析能够准确辨认出犯罪嫌疑人。(2009.6)//David is still the chief *suspect*. 戴维仍是主要嫌疑犯。

suspend [sə'spend] *vt.* 暂停，终止；吊，悬

【记】词根记忆：sus+pend(悬挂)→悬挂在下面→吊着

【例】Both of the students were *suspended* from school for two weeks. 这两个学生都被勒令停学两周。

tide [taid] *n.* 潮，潮汐；潮流，趋势 *v.* 涨，落；使随潮水漂浮

【记】联想记忆：潮(tide)起潮落，岁月(time)如歌

词源 英语中有句谚语Time and tide wait for no man. 岁月不待人。tide与time意思几乎相同，都指"时间"。tide的今意"潮水"始用于14世纪，从"时间"一义引申，这是因为潮涨潮落有定时的缘故。后又喻指"潮流"或"趋向"。

【考】tide over 使渡过(困难时期)

【例】We must not ignore the *tide* of popular opinion. 我们切不可忽视舆论的倾向。

crossing [ˈkrɔsiŋ] *n.* 人行横道；交叉口；横渡

tour [tuə] *n./vi.* 旅行，游历

【记】本身是词根：转动

【例】The troupe is on *tour*. 剧团在做巡回演出。//Many Americans *tour* by car in summer. 许多美国人夏天开车旅游。

barely [ˈbɛəli] *adv.* 仅仅，只不过，几乎不

【例】Support for the physical sciences and engineering *barely* kept pace with inflation during that same period. 在同一时期，物理学和工程学的财政支持几乎赶不上通货膨胀的速度。(2007.12)

cope [kəup] *vi.* (成功地)应付，(妥善地)处理

【考】cope with 应付，对付

【题】The United States is trying to _______ the serious problems created by the energy crisis. (1996.1)

A) put up with B) submit to C) comply with D) cope with

【解】选D。句意：美国正努力应对由于能源危机而产生的严重问题。put up with：忍受，容忍；submit to：使服从，使顺从；comply with：照…办。

gap [gæp] *n.* 缺口，间隔；差距；缺陷

【记】联想记忆：地图(map)上它们的间隔(gap)没这么大

【辨】**gap, opening**

gap通常指较宽的、不规则形状的裂缝；opening词义较广，可指任何空隙或无障碍的空间。

oppose [əˈpəuz] *vt.* 反对，反抗

【记】词根记忆：op(相反)+pos(放)+e→摆出相反的姿态→反对，反抗

【例】Bill wished Bob would *oppose* him no more. 比尔希望鲍勃不要再反对他了。

【辨】**oppose, object, resist, withstand**

oppose为普通用词，指反对被认为是错误的计划、看法等等，通常经过深思熟虑；object指突然的、未经深层思考的反对；resist指积极反抗暴力或伤害，也指内心的斗争；withstand暗指成功地抵抗。

deadline [ˈdedlain] *n.* 最后期限

【记】组合词：dead(死)+line(线)→死期，最后期限

【例】The *deadline* for applications is May 27th. 提交申请的最后期限是5月27号。//As the *deadline* draws nearer, we get nervous

crossing	tour	barely	cope	gap	oppose
deadline					

unconsciously. 随着最后期限越来越近，我们都不自觉地紧张起来。

automatic [ˌɔːtəˈmætik] *adj.* 自动的，机械的；不假思索的，无意识的；必然的，自然的 *n.* 自动手枪(或步枪)；有自动装置的汽车

【记】词根记忆：auto(自动)+mat(动)+ic(…的)→自动的

【例】All his movements seem completely *automatic*. 他所有的动作似乎都很机械呆板。//Littering results in an *automatic* fine. 乱扔杂物必然会被罚款。

joint [dʒɔint] *n.* 接头，接缝；关节 *adj.* 连接的；共同的

【记】词根记忆：join(结合，连接)+t→接头，接缝

【考】out of joint 脱臼；出了问题，处于混乱状态

【例】*joint* enterprise 合资企业 //a *joint* declaration 联合声明//But you both need to know what you're doing, who's paying what into the *joint* account and how much you keep separately. 但是你们双方都需要知道你们在做什么，谁向共同账户上存了多少钱，以及你们各自都存了多少钱。(2011.12)

surrender [səˈrendə] *n./v.* 交出，放弃；投降

【记】联想记忆：sur(下面)+render(放弃)→把枪放下→投降，放弃

【考】surrender to 屈服(于)，让步

【例】I'd rather make the gravest of mistakes than *surrender* my own judgment. 我宁可酿成大错，也不愿放弃自己的判断。

rude [ruːd] *adj.* 粗鲁的，不礼貌的；粗糙的，粗陋的

【记】词根记忆：rud(天然的，粗糙的)+e→粗鲁的；粗陋的

【例】Oscar was *rude* to Helen's friends. 奥斯卡对海伦的朋友很粗鲁。//The most common complaints include filled parking lots, cluttered shelves, overloaded racks, out-of-stock items, long check-out lines, and *rude* salespeople. 最常见的投诉包括没有空位的停车场、杂乱的货架、超载的搁物架、商品的缺货、结账的长队以及粗鲁的导购。(2008.12)

faint [feint] *adj.* 模糊的，隐约的；微弱的，微小的；眩晕的 *n./vi.* 昏厥

【记】网上聊天常说的FT，就是faint的缩写，意为"晕倒"

【例】Judy hands it to Jack and *faints* in his arms. 朱迪把它递给杰克，昏倒在他怀里。

conference [ˈkɔnfərəns] *n.* (正式)会议，讨论会；讨论，商谈

【记】词根记忆：con(共同)+fer(带来)+ence→带着问题和观点一起讨论→会议，讨论会

【例】More and more international *conferences* are held in China. 越来越多的国际会议在中国举行。

• issue [ˈiʃjuː] *n.* 问题；发行；分发 *v.* 发行；分发，发出

【例】But while earning my Ph.D. at MIT and then as a post-doctor doing space research, the *issue* started to bother me. 然而当我在麻省理工学院攻读博士学位和之后作为博士后进行太空研究的时候，这个问题就开始困扰我。(2007.6)

【辨】**issue, question, problem**

issue通常指重大的、涉及面广并有争议的问题；question指需要思考和解答的问题；problem指客观存在、等待解决的问题。

swallow [ˈswɔləu] *n.* 燕子；吞，咽 *v.* 吞，咽；轻信，轻易接受；承受，使不流露；(因恐惧等)咽一下口水

【记】联想记忆：sw+allow(承认)→轻易承认→轻信

【例】Emma was surprised that Paul just sat there and *swallowed* all their criticism. 艾玛很惊讶，保罗就坐在那儿忍受着他们对他的批评。//One *swallow* does not make a summer. 一燕不成夏。

interior [inˈtiəriə] *adj.* 内部的，内地的 *n.* 内部

【记】词根记忆：inter(在…之间)+ior→内部的，内地的

【例】an *interior* city 内地城市 //My husband prefers the larger car with wide *interior* room. 我的丈夫更喜欢这辆大点的车，它的内部空间很宽敞。

calculator [ˈkælkjuleitə] *n.* 计算器，计算者

【例】Mike took out his *calculator* to compute the total of the ballots. 迈克掏出计算器计算选票的总数。

analyse [ˈænəlaiz] *vt.* 分析，分解，解析

【记】词根记忆：ana(分开)+lyse(放)→分开放→分解，分析

【例】We must *analyse* every failure to find its cause. 我们必须分析每一次失败，并找出原因。

hazard [ˈhæzəd] *n.* 危险，公害 *vt.* 尝试着做(或提出)，冒…风险

【记】发音记忆："骇人的"→危险

【例】My coworkers have been worrying about health conditions and complaining about safety *hazards* in the workplace. 我的同事一直都在担心健康状况，抱怨工作环境中的安全隐患。(2011.6)

miracle [ˈmirəkl] *n.* 奇迹，令人惊奇的人(或事)

【记】词根记忆：mir(惊奇)+acle(物)→令人惊奇的人(或事)

【例】It'll be a *miracle* if we get to the airport in time. 如果我们能准时到达机场，这将是个奇迹。//There can be numerous *miracles* when you really believe in it. 只要真心相信，就会出现许多奇迹。

□ issue	□ swallow	□ interior	□ calculator	□ analyse	□ hazard
□ miracle					

sway [swei] *v.* 摇，摇动；使改变看法，动摇 *n.* 摇摆，摇动；起支配作用的影响

【记】联想记忆：s+way(路)→走S型的路→(左右)摇摆

【例】The trees *swayed* gently in the breeze. 树木在微风中轻轻摇动。//The *sway* of the pail caused some milk to spill out. 牛奶从摇晃的提桶中溅了出来。

editorial [ˌediˈtɔːriəl] *adj.* 编辑的，主笔的，编者的；社论的，社论式的 *n.* (报刊的)社论，重要评论

【记】来自editor(编辑)+ial(…的)→编辑的

【例】*editorial* comment 编者点评//The magazine's *editorial* staff are highly professional. 该杂志的编辑人员都非常专业。

recognition [ˌrekəgˈniʃən] *n.* 认出，识别；承认，确认，认可；赏识，表彰；报偿

【例】At last our work has received popular *recognition.* 最终我们的工作得到了广泛的认可。

【题】It was in the United States that I made the ______ of Professor Jones. (2003.6)

A) acknowledgement B) acquaintance

C) recognition D) association

【解】选B。make the acquaintance of sb.：结识某人。acknowledgement：承认，确认，感谢；recognition：承认，识别；association：协会，联合。

librarian [laiˈbrɛəriən] *n.* 图书管理员

【记】来自library(*n.* 图书馆)

analysis [əˈnæləsis] *n.* 分析，分析报告；分解，解析

【例】While you're doing the *analysis,* I'm running the lab. 在你进行分析的同时，我在做实验。

kid [kid] *n.* 小孩，年轻人 *v.* 戏弄，(与…)开玩笑

【例】Our *kids* are coming to school in part because they know there are adults here who know them and care for them. 我们的孩子来到学校，在一定程度上是因为他们知道这里有大人了解并关心他们。(2012.6)

partner [ˈpɑːtnə] *n.* 伙伴，合伙人，搭档，配偶 *v.* 做…的搭档

【例】Then there are the psychological benefits of a supportive *partner.* 一个支持你的伴侣会带来心理上的益处。(2010.12)

swear [swɛə] *v.* 宣(誓)；诅咒

【考】swear by 极其信赖；宣誓，发誓；swear in 使宣誓就职；swear off 保证戒掉，放弃

【例】Adults are scared of saying, "Don't *swear*", or asking a child to

sway	editorial	recognition	librarian	analysis	kid
partner	swear				

stand up on a bus. 成人害怕说这样的话“不要说脏话”，或者要一个孩子在公共汽车上让座。(2008.12)

center ['sentə] *n.* 圆心，正中；(活动、注意力等的)中心

【例】As war spreads to many corners of the globe, children sadly have been drawn into the *center* of conflicts. 随着战争在世界各地蔓延，孩子也不幸被卷入到冲突当中。(2007.12)

tidy ['taidi] *adj.* 整洁的，整齐的 *v.* (使)整洁，(使)整齐

【考】tidy away 收起(某物)，放好

【题】After the guests left, she spent half an hour _______ the sitting-room. (1999.6)

A) ordering B) arranging C) tidying up D) clearing away

【解】选C。tidy up：整理。order：点菜，命令，整顿；arrange：安排，筹备，整理；clear away：消散，消失。

passport ['pɑːspɔːt] *n.* 护照

【记】组合词：pass(通过)+port(港口)→通过港口需要的东西→护照

swell [swel] *vi.* 膨胀，隆起；增长，增强，增多，扩大 *n.* 波浪起伏；鼓起，隆起；增强

【例】The population of this city had *swelled* to around 400,000. 这座城市的人口已经增长到了40万左右。//There was a *swell* in the city's population. 该市的人口出现大幅增长。

link [liŋk] *v.* 连接，联系 *n.* 环节，联系，纽带

【例】The new bridge will *link* the island to the mainland. 新的桥梁将把该岛和大陆连接在一起。//Most politicians recognize the *link* between investment in science and national economic strength, but support for research funding has been unsteady. 大多数政治家意识到了科学投资和国家经济实力之间的联系，但对研究费用的支持却摇摆不定。(2007.12)

brave [breiv] *adj.* 勇敢的；华丽的

【记】联想记忆：坟墓(grave)里躺着勇敢的(brave)阵亡士兵

【例】Our *brave* soldiers were ready to fight the enemy. 我们的勇士做好了与敌人作战的准备。

swift [swift] *adj.* 快的，反应快的；敏捷的

【例】Too *swift* arrives too slow. 欲速则不达。

prohibit [prə'hibit] *vt.* 禁止，不准

【记】词根记忆：pro(提前)+hibit(拿住)→提前拿住→禁止

【例】We are strictly *prohibited* from smoking during working hours in our factory. 我们工厂严禁在工作时间内吸烟。

□ center	□ tidy	□ passport	□ swell	□ link	□ brave
□ swift	□ prohibit				

approve [ə'pruːv] *v.* 赞成，称许；批准

【考】approve of 赞成，批准

【例】I'm real sad that you don't *approve of* my lifestyle. 你不赞成我的生活方式，真让我伤心。

swing [swiŋ] *v.* 摇摆，回转；(使)突然转向 *n.* 摇摆；秋千

【记】联想记忆：s+wing(翅膀)→摇摆翅膀，在风中盘旋

【考】in full swing 十分活跃，正在全力进行中

【例】*Swing* the telescope through 180 degrees. 将望远镜旋转180度。// Emma likes playing on the *swings*. 埃玛喜欢荡秋千。

ideal [ai'diəl] *adj.* 理想的；观念的；空想的 *n.* 理想，理想的东西(或人)

【记】联想记忆：idea(想法)+l→想法总是理想的

【考】ideal for sb./sth. 适合…

【例】an *ideal* place *for* a walk 一个适合散步的理想地点//Television provides an *ideal* vehicle *for* this type of communication. 电视为这种交际方式提供了理想媒介。(2008.6)

arrest [ə'rest] *vt.* 逮捕，拘留；停止，阻止；吸引 *n.* 逮捕，拘留，扣留

【记】联想记忆：ar(加强)+rest(休息)→强制休息→拘留，停止

【例】To *arrest* a person, the police have to be reasonably sure that a crime has been committed. 警方要逮捕一个人，必须有理由确信他已经犯了罪。(2014.6) // The mountains are the most *arresting* feature of the glen. 这些山峦是峡谷中最吸引人的地方。

landscape ['lændskeip] *n.* 风景，景色；风景画；全景 *vt.* 美化…的景观

【记】词根记忆：land(陆地)+scape(景色)→风景

【例】A great deal of work was done in enlarging and *landscaping* the park. 人们做了很多工作来扩大和美化公园。//When Anny got off seeing the beautiful *landscape* she was deeply attracted. 当安妮下车看到这样美丽的风景，便被它深深地迷住了。

represent [ˌrepri'zent] *vt.* 作为…的代表(或代理)，表示，象征；描绘，表现

【记】联想记忆：re+present(出席)→作为…的代表→象征

【例】They may *represent* very complex conflicts, values and emotions. 他们可能代表各种极其复杂的冲突、价值观和情感。

audience ['ɔːdiəns] *n.* 听众，观众；读者

【记】词根记忆：audi(听)+ence→听的人→听众

approve	swing	ideal	arrest	landscape	represent
audience					

switch [switʃ] *n.* 开关，电闸；转换，改变 *v.* 转换，改变

【考】switch off 关(电灯、收音机等)；switch on 开(电灯、收音机等)

【题】At first, the speaker was referring to the problem of pollution in the country, but halfway in her speech, she suddenly ______ to another subject. (1996.1)

A) committed　B) switched　C) favoured　D) transmitted

【解】选B。switch to another subject：转换到另一个话题。句意：演讲人一开始谈的是该国的污染问题，但讲到一半时她突然转换到另一个话题。commit：犯，如 commit a crime（犯罪）；favour：赞成，相当于support或prefer；transmit：传送，传递。

sword [sɔːd] *n.* 剑，刀

【记】联想记忆：s+word(字)→字中显剑法(《英雄》)→剑

【例】double-edged *sword* 双刃剑

spot [spɔt] *n.* 点，斑点；地点，处所；少量 *vt.* 认出，发现；玷污

【考】on the spot 在现场；当即，当场

【题】The tomato juice left brown ______ on the front of my jacket. (1999.1)

A) spot　B) point　C) track　D) trace

【解】选A。point：点；track：行踪，小道；trace：踪迹，足迹，痕迹。

symbol [ˈsimbəl] *n.* 象征；符号，标志

【记】联想记忆：符号(symbol)是为了简单的(simple)表达才创造的

【题】Many people like white color as it is a ______ of purity. (2002.6)

A) symbol　B) sign　C) signal　D) symptom

【解】选A。a symbol of：…的象征。句意：很多人都喜欢白色，因为它是纯洁的象征。sign：记号，迹象，征兆；signal：信号，讯号，暗示；symptom：症状，征兆，预兆。

sanction [ˈsæŋkʃən] *vt.* 批准，认可 *n.* 批准，认可；约束因素，约束力；[常*pl.*] 国际制裁

【记】联想记忆：sanc(音似："thank"谢谢)+tion→谢谢批准；词根记忆：sanct(神圣的)+ion→神圣之物，原指教会的法令，引申为"批准，认可"

【例】The king could not enact laws without the *sanction* of Parliament. 未经国会批准，国王无法颁布法律。//If the king wants a second marriage he has to get the church's *sanction*. 如果国王想再婚，他必须要得到教会的批准。

bucket [ˈbʌkit] *n.* 水桶，吊桶；铲斗

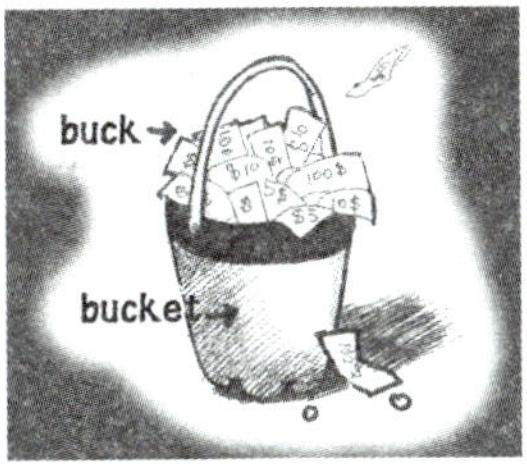

【记】联想记忆：buck（美元）+et→一桶一桶的美元→水桶

【例】The capacity of the *bucket* is eighty liters. 这个桶的容量是80升。

poetry [ˈpəuitri] *n.* 诗，诗歌，诗集

fibre [ˈfaibə] *n.* 纤维，纤维质

【记】联想记忆：多食纤维质（fibre）水果有助消化降火（fire）

【例】Nylon is a man-made *fibre*. 尼龙是种人造纤维。

pension [ˈpenʃən] *n.* 养老金，抚恤金 *vt.* 发给…养老金（或退职金、抚恤金等）

【记】词根记忆：pens（挂，引申为钱）+ion→养老金

【题】The elderly Russians find it hard to live on their state ______. （2000.6）

A) pensions　B) earnings　C) salaries　D) donations

【解】选A。live on pension：靠养老金生活。句意：在俄罗斯，老年人认为单靠养老金生活太艰难了。earning：收入；salary：薪水；donation：捐款，捐赠物。

beggar [ˈbegə] *n.* 乞丐 *v.* 使贫穷

【记】来自beg（*v.* 请求）

illustration [ˌiləˈstreiʃən] *n.* 说明，图解，例证

liable [ˈlaiəbəl] *adj.* 易于…的，可能的

【记】联想记忆：贴上标签（label）易于（liable）观看

【考】liable to 可能的；易于…的；liable for 有法律责任的

【题】When supply exceeds demand for any product, prices are ______ to fall. （2003.1）

A) timely　B) simultaneous　C) subject　D) liable

【解】选D。句意：当供给大于需求时，价格就会有下降的倾向。timely：及时的；simultaneous：同时的；subject：受制于…的。

bunch [bʌntʃ] *n.* 群，伙；束，串，捆 *v.* 集中，挤在一起；使成一束（或一群等）

【例】We'll give them a *bunch* of laundry to do. 我们要让他们洗一大堆衣服。//The children *bunched* together in small groups. 孩子们聚在一起分成了几个小组。

management [ˈmænidʒmənt] *n.* 管理；处理；管理部门，管理人员

【记】联想记忆：man（人）+age（年纪）+ment→一般管理人员年龄都较长→管理

【例】China's large and medium-sized state enterprises need to improve their *management* right now. 目前，中国的大中型国有企业迫切需要提高他们的管理水平。

sympathize [ˈsimpəθaiz] *vi.* 同情，怜悯；体谅，赞同

【例】I *sympathize* with you. 我很同情你。

session [ˈseʃən] *n.* 会议，一届会期；(从事某项活动的)集会(或一段时间)

【记】联想记忆：ses(看作see看见)+sion→会面→会议

delicious [diˈliʃəs] *adj.* 美味的；芬芳的，怡人的；有趣的

breeze [briːz] *n.* 微风，和风 *v.* 飘然而行

【记】联想记忆：和风(breeze)吹化了冰冻(freeze)的河流

词源：西班牙语breza指“东北贸易风”，后引入英语，逐渐变为breeze，最初仅作航海用语，17世纪后转义指“微风”。

【例】A pleasant man in a suit, around 40, *breezes* in. 一个西装笔挺、40岁左右的男子神情愉快地飘然而入。

When an end is lawful and obligatory, the indispensable means to it are also lawful and obligatory.

如果一个目的是正当而必须做的，则达到这个目的的必要手段也是正当而必须采取的。

——美国政治家 林肯(Abraham Lincoln, American statesman)

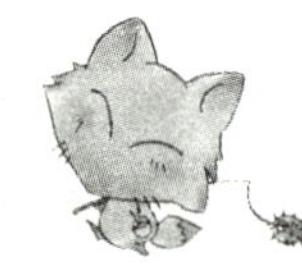

Word List 10

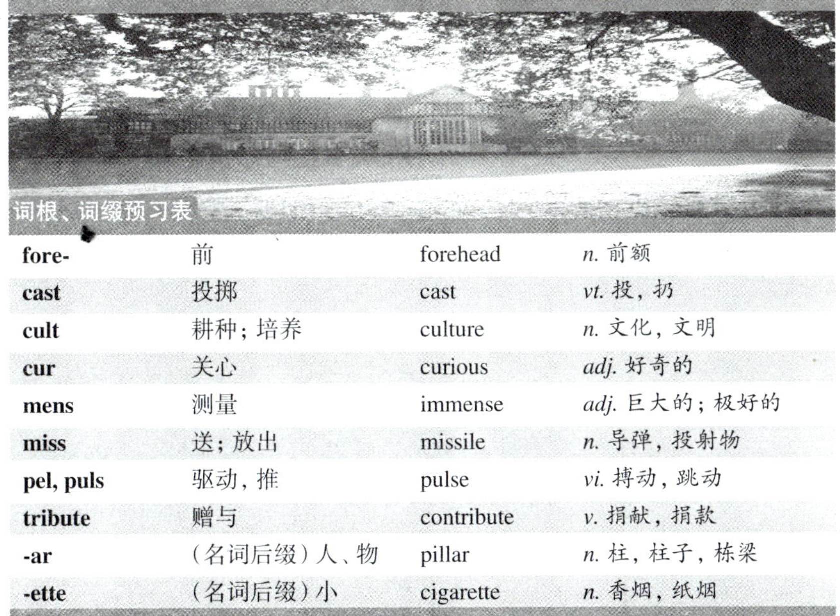

词根、词缀预习表

fore-	前	forehead	*n.* 前额
cast	投掷	cast	*vt.* 投，扔
cult	耕种；培养	culture	*n.* 文化，文明
cur	关心	curious	*adj.* 好奇的
mens	测量	immense	*adj.* 巨大的；极好的
miss	送；放出	missile	*n.* 导弹，投射物
pel, puls	驱动，推	pulse	*vi.* 搏动，跳动
tribute	赠与	contribute	*v.* 捐献，捐款
-ar	（名词后缀）人、物	pillar	*n.* 柱，柱子，栋梁
-ette	（名词后缀）小	cigarette	*n.* 香烟，纸烟

imitate [ˈimiteit] *vt.* 模仿，仿效，仿制

【记】联想记忆：im+it（它）+ate（吃）→它照着别人的样子吃→模仿

【例】Jody *imitates* Sandy in doing this thing. 乔迪仿效桑迪做这件事。

infant [ˈinfənt] *n.* 婴儿 *adj.* 婴儿的，幼稚的

【记】联想记忆：in+fant（看作faint无力的，虚弱的）→处于无力虚弱的状态→婴儿

sympathy [ˈsimpəθi] *n.* 同情，一致；（思想感情上的）支持，赞同

【记】词根记忆：sym（相同）+path（感情）+y→怀有相同的感情→同情

【例】When the essayists were later praised for their *sympathy*, they felt even worse about what they had written. 当这些散文家后来因同情他人而受到称赞时，他们会对自己所写的文章感觉更糟。（2010.6）

advantage [ədˈvɑːntidʒ] *n.* 优点，优势；好处

【记】词根记忆：advant（看作advance前进）+age（行为）→前进，进步→优点；优势

【考】take advantage of 趁…之机，利用…；占…的便宜；欺骗…；to advantage 有利地，使优点突出地

【例】The ability to draw upon every available tool and insight—picked up from science, arts and technology—to solve the problems of the future, and *take advantage of* the opportunities that present themselves, will be helpful to them and the United States. 如果人们有能力利用每一件可利用的工具以及从科学、艺术和技术领域获得的洞察力来解决将来的问题，并充分利用出现的机会，这将对他们自己和美国都大有裨益。(2014.6)

considerable [kən'sidərəbl] *adj.* 相当大(或多)的；重要的

【记】词根记忆：consider(考虑)+able(能…的)→能纳入考虑范围的→重要的

【例】I realize that the company still has *considerable* problems. 我发现这家公司仍存在相当多的问题。

【辨】**considerable, significant, enormous, numerous**
considerable数量相当多(大)的；significant意义重大的；enormous形容体积、量度和程度大得超过通常标准的；numerous指数量多的。

spur [spəː] *n.* 刺激物 *vt.* 刺激，鞭策，激励

【记】联想记忆：美国NBA中2014赛季的总冠军为马刺队Spurs

【考】on the spur of the moment 一时冲动之下，当即

【例】The promise of bonuses can *spur* workers to higher achievement. 允诺红利能激励工人取得更好的业绩。

religious [ri'lidʒəs] *adj.* 宗教的；笃信宗教的，虔诚的

banner ['bænə] *n.* 横幅；旗，旗帜

【记】联想记忆：ban(禁止)+n+er→禁止悬挂横幅

nylon ['nailɔn] *n.* 尼龙

【记】发音记忆："尼龙"

exceedingly [ik'siːdiŋli] *adv.* 极端地，非常

【记】来自exceed(超出)+ingly→超出正常范围→极端地，非常

【例】The center of the sun is *exceedingly* hot. 太阳的核心部分极其热。

symptom ['simptəm] *n.* 症状；征候，征兆

【例】Common *symptoms* of diabetes are weight loss and fatigue. 糖尿病的普遍症状是体重减轻和身体疲劳。

【题】Lung cancer, like some other cancers, often doesn't produce _______ until it is too late and has spread beyond the chest to the

considerable	spur	religious	banner	nylon	exceedingly
symptom					

brain, liver or bones. (2006.6)

A) trails B) therapies C) symptoms D) symbols

【解】选C。句意：和其他癌症一样，肺癌通常没有什么征兆，发现时为时已晚，此时癌症已由胸部扩散到脑部、肝脏或者骨骼中。trail：踪迹；therapy：治疗；symbol：符号。

pillar [ˈpilə] *n.* 柱，柱子，栋梁

【记】发音记忆："劈了"→他一生气把那柱子给劈了→柱子

outcome [ˈautkʌm] *n.* 结果

【记】来自词组come out（出来）

【例】Interracial lodging may have diverse *outcomes*. 不同种族的学生混居可能会有不同的结果。(2011.6)

journey [ˈdʒəːni] *n.* 旅行，旅程 *vi.* 旅行

词源 来自古法语journee(day)，一日的行程就是旅行。journ在现代英文中为词根，表示"一日"的意思。

【例】We have had a safe and pleasant *journey* home from London. 我们从伦敦回家的旅程既安全又愉快。

【辨】journey, voyage, travel, tour, trip

journey为最常用的表示旅行的词，基本上适用于各种情况；voyage指经海上或空中的长途行程；travel是旅行的总称；tour是指或长或短的观光旅游；trip是短期、含返程的观光旅行的通俗说法。

forehead [ˈfɔːhed] *n.* 额头，前额

【记】词根记忆：fore(前)+head(头部)→额头

【例】Sweat stood out on Dick's *forehead*. 迪克的额头上渗出了汗水。

conscience [ˈkɔnʃəns] *n.* 良心，道德心

【记】联想记忆：con+science(科学)→研究科学也要有道德心

【例】I'm not going to go against my *conscience*. 我不想违背自己的良心。

precise [priˈsais] *adj.* 精确的，准确的；严谨的

【例】Could you give me a more *precise* description of what happened? 你能更准确地向我描述一下当时发生的事情吗？

【辨】precise, correct, accurate

precise指在细微处都很精确；correct是表"正确的"一般用语，指按一定标准或规则正确无误；accurate指准确的，努力使之合乎事实。

cable [ˈkeibl] *n.* 缆，索，电缆；(海底)电报

【记】联想记忆：他在工作台(table)上夜以继日地研究电缆(cable)

【例】The other more important adversary to DVD is digital *cable* television. DVD的另一个更重要的对手是数字有线电视。

screw [skruː] *n.* 螺丝(钉) *vt.* 用螺钉固定，拧，拧紧

【记】联想记忆：s+crew(工友)→工友们在流水线上上螺丝钉

【考】put the screw(s) on 对…施加压力，强迫；screw up 拧紧；扭歪，把…弄糟

【例】The teacher *put the screw on* us that we must hand in our papers this weekend. 老师对我们施压，让我们本周末务必交上论文。

gang [gæŋ] *n.* 一帮，一伙 *vi.* 聚集，结成一伙

【记】发音记忆："钢"→大家团结成一伙才能铸就钢铁长城→一伙

【考】gang up 聚集，结成一伙；gang up on sb. 合伙对付某人

favour [ˈfeivə] *n.* 好感；赞同；恩惠 *vt.* 赞同；喜爱，偏爱；有利于

【记】发音记忆："飞吻"→姑娘对那个小伙子很有好感，于是给了他一个飞吻→好感

【考】in favour of 支持，赞同；win sb.'s favour 获得某人的好感；show favour towards sb. 偏袒某人

【例】I talked to Susie about it, and she's all *in favour*. 我和苏茜谈了，她完全赞成。//We *favour* John's plan. 我们赞成约翰的计划。

constitute [ˈkɔnstitjuːt] *vt.* 组成，形成；设立；任命

【记】词根记忆：con(加强)+stitut(建立，放)+e→设立

【例】The rise in crime *constitutes* a threat to society. 犯罪的增长给社会带来了威胁。//There's still no consensus on how much time online *constitutes* too much or whether addiction is possible. 目前，就上网多长时间属于上网过度，以及是否有网络成瘾的可能这两个问题，人们还没有达成共识。(2010.6)

squeeze [skwiːz] *v.* 挤；压榨，榨取；捏，握 *n.* 挤；握手；拮据，紧缺

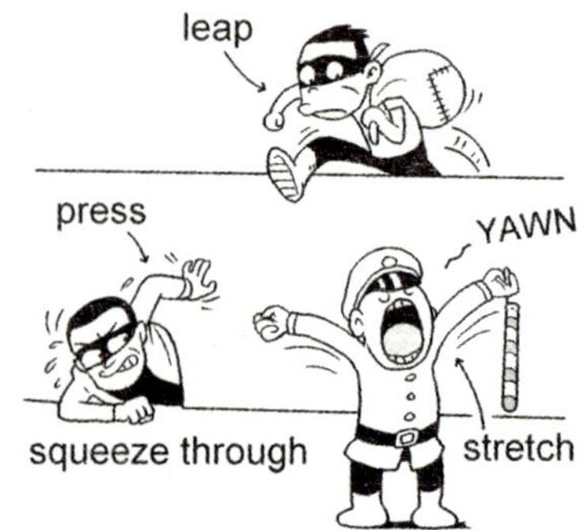

【记】联想记忆：s+quee(看作queen女王)+ze→很荣幸地与女王握手→握手

【考】squeeze through 挤过，勉强通过

【题】The opening between the rocks was very narrow,

but the boys managed to ______ through. (2003.12)

A) press B) squeeze C) stretch D) leap

【解】选B。press：按，压；stretch：伸展，拉；leap：跳。

system [ˈsistəm] *n.* 系统；制度，体制；方法，做法；身体

【记】词根记忆：sy(看作syn一起)+ste(站立)+m→站到一起→体系

【例】a well-designed heating *system* 设计精良的供暖系统

culture [ˈkʌltʃə] *n.* 文化，文明，教养；培养；培养菌

【记】词根记忆：cult(培养)+ure(表状态)→教养，文化

【例】He explained politely that in his *culture* the New Year did not begin January first. 他礼貌地解释道，在他们的文化里新年并不是从1月1日开始的。(2009.6)

missile [ˈmisail] *n.* 导弹，飞弹；投射物

【记】词根记忆：miss(送)+ile(表物体)→投射物

cast [kɑːst] *vt.* 投，扔，抛；浇铸 *n.* 演员表，全体演员；石膏绷带；铸型，铸件；投，抛

【考】cast about/around for 寻求，寻找，想办法；cast aside/away 抛弃，丢掉；cast off 摆脱，抛弃；cast out 开除，赶走

【例】If you were *cast away* on a desert island, what would you miss most? 如果你被丢弃在一个荒岛上，你会最想念什么？//God has *cast out* the demons from your soul. 上帝已经驱逐了你灵魂中的恶魔。//Her father's illness *cast* a shadow over Jean's wedding ceremony. 父亲的病给珍的婚礼蒙上了一层阴影。

Marxist [ˈmɑːksist] *adj.* 马克思主义的 *n.* 马克思主义者

connexion [kəˈnekʃən] 见connection

prior [ˈpraiə] *adj.* 在前的，优先的

【记】词根记忆：pri(第一的，首要的)+or→排在第一的→在前的，优先的

【考】prior to 在…之前

【题】Because of a ______ engagement, Lora couldn't attend my birthday party last Saturday. (2003.12)

A) pioneer B) premature C) prior D) past

【解】选C。句意：由于有约在先，洛拉没能参加我上周六的生日宴会。pioneer：先驱，拓荒者；premature：提前的，过早的，未到期的；past：过去的。

dye [dai] *vt.* 染 *n.* 染料，染色

【记】联想记忆：劣质染料(dye)会导致人死亡(die)

graceful ['greisfəl] *adj.* 优美的，优雅的；得体的

【例】a *graceful* dancer 优雅的舞蹈家//After the speech, Shawn gave a *graceful* bow to the audience. 演讲过后，肖恩向观众优雅地鞠了一躬。

onion ['ʌnjən] *n.* 洋葱，洋葱类植物

【记】联想记忆：on+i+on，记住它的结构就像洋葱的皮，一层一层

Strip Show*

*脱衣舞

Onion

seal [siːl] *n.* 封铅，封条；印，图章；海豹 *v.* (密)封

【记】联想记忆：sea(海洋)+l(看作love 爱)→海水也不会冲走爱的封印

【考】seal off 封闭，封锁；break the seal 拆封

【例】Police *sealed off* the area where the murderer was hiding. 警察封锁了凶手藏匿的地区。

saint [seint] *n.* (基督教正式追封的)圣徒；圣人，道德高尚的人；[S-] 圣(用于人名或地名等前)

hesitate ['heziteit] *vi.* 犹豫，踌躇，含糊；不情愿

【记】词根记忆：hes(黏附)+it+ate(做)→脚像粘住了一样→犹豫

【例】Don't *hesitate* to contact me if you need any more information. 如果需要更多的信息，请与我联系。//And ever since, I have never *hesitated* to head for even the most remote of places. 从那以后，即使要前往最偏远的地方，我也会毫不犹豫地出发。(2008.6)

crawl [krɔːl] *vi.* 爬，爬行；缓慢地行进

【记】联想记忆：c+raw(生疏的)+l→对地形生疏，开车就要缓慢地行进

【考】crawl with 爬满，布满

【例】The baby *crawled* across the floor. 婴儿在地板上爬来爬去。

contribute [kən'tribjuːt] *v.* 捐献，捐款；投稿

【记】词根记忆：con+tribute(给予)→捐献

【辨】**contribute to, attribute to, attend to, devote to**

contribute to 有助于，促成；attribute to 归因于；attend to专注于；devote to 投身于

【题1】Eating too much fat can ______ heart disease and cause high blood pressure. (2001.6)

A) attribute to　B) attend to　C) contribute to　D) devote to

dye	graceful	onion	seal	saint	hesitate
crawl	contribute				

enhance
ic

【解】选C。attribute to：归因于；attend to：留心于；devote to：献身于，致力于。

【题2】The Chinese Red Cross ______ a generous sum to the relief of the victims of the earthquake in Turkey.（2003.9）

A）administered B）elevated C）assessed D）contributed

【解】选D。句意：中国红十字会为救助土耳其地震灾民捐赠了大笔资金。administer：管理；elevate：使提高，提拔；assess：评估。

fascinating ['fæsineitiŋ] *adj.* 迷人的，有极大吸引力的

【例】This is a *fascinating* city full of ancient buildings. 这个迷人的城市里有许多老建筑。//Maldives is absolutely the most *fascinating* place I have ever been to. 马尔代夫绝对是我去过的最迷人的地方。

entertainment [ˌentə'teinmənt] *n.* 娱乐，文娱节目，表演会；招待，款待，请客

【例】Some local *entertainments* are not listed in the newspaper. 一些当地的娱乐活动没有列在报纸上。

cigarette ['sigəret] *n.* 香烟，纸烟，卷烟

【记】来自cigar（雪茄）+ette（小的）→小雪茄→香烟

immense [i'mens] *adj.* 巨大的；极好的

【记】词根记忆：im（不）+mens（测量）+e→不能测量的→巨大的

【例】an *immense* improvement 巨大的改进//There is still an *immense* amount of work to be done this month. 这个月还有大量的工作需要完成。

outer ['autə] *adj.* 外面的，外层的

【例】There was a rocket in the *outer* space. 在外太空有一枚火箭。

revolutionary [ˌrevə'luːʃənəri] *adj.* 革命的，革新的 *n.* 革命者

fabric ['fæbrik] *n.* 织物，纺织品；结构

【记】联想记忆：fab（音似：帆布）+ric→织物，纺织品

【例】These clothes are made of imported *fabrics*. 这些衣服是用进口布料制成的。

ridge [ridʒ] *n.* 脊，山脊；垄，埂，脊状突起

【记】联想记忆：桥梁（bridge）去掉b→脊

mass [mæs] *n.* 众多，大量；团，块，堆；[*pl.*]群众；（物体的）质量 *adj.* 大量的，大规模的 *v.* 聚集，集中

【记】联想记忆：和less（*adj.* 少的）相反

【例】*mass* production 大规模生产 //Troops are *massing* on the frontier. 军队在边境集结。//Television is an attractive medium for advertising because it delivers *mass* audiences to advertisers. 电视是一种有魅力的广告媒介，因为电视为广告商提供了大量的观众。（2008.6）

fascinating entertainment cigarette immense outer revolutionary
fabric ridge mass

competent [ˈkɔmpitənt] *adj.* 有能力的，能胜任的

【记】来自compete(竞争)+ent(…的)→能在竞争中取胜的→有能力的

【例】Two months' work proved that Bill was *competent* enough to lead this department. 两个月的工作证明比尔完全有能力管理这个部门。

conclusion [kənˈkluːʒən] *n.* 结论，推论；结尾；缔结，议定

【记】来自conclude(*v.* 推论出；结束)

【例】draw a *conclusion* 得出结论//But even before its release, the report drew criticism from some experts on climate and risk, who questioned its methods and *conclusions*. 但是该报告在发表前就引发了一些气候和风险专家的批评，他们质疑这一报告使用的方法及其结论。(2011.6)

bang [bæŋ] *n.* 巨响，枪声；猛击 *v.* 猛击，猛撞；发出砰的一声，砰砰地响；砰地敲(或推、扔)

【记】象声词

【例】a *bang* on the head 头部遭受的重击//Michael picks up the broom and *bangs* on the ceiling. 迈克尔拿起扫把，猛击天花板。

curious [ˈkjuəriəs] *adj.* 好奇的，奇怪的

【例】There are always people who are *curious* about others' affairs. 总有一些人对他人的事情充满好奇。(2008.6)

pulse [pʌls] *n.* 脉搏；脉冲 *vi.* 搏动，跳动

【记】词根记忆：puls(驱动)+e→搏动；脉搏

【例】Jim could feel the blood *pulsing* through his veins when he heard the news. 当听到这个消息时，吉姆能感觉到浑身的血液在沸腾。

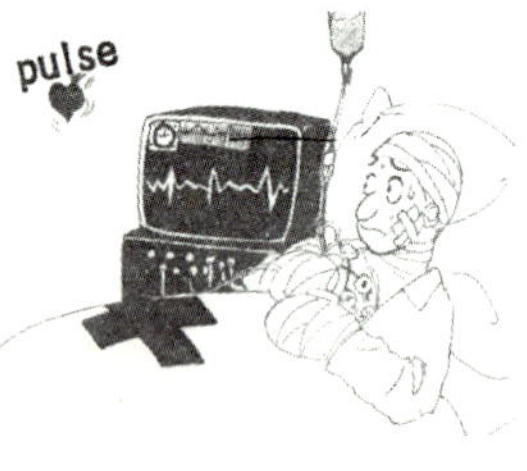

encounter [inˈkauntə] *vt.* 遭遇，遇到 *n.* 遭遇

【记】联想记忆：en(使…)+counter(相反的)→使从两个相反方面来→偶然碰到

【例】They *encountered* serious problems when two members of the expedition were injured. 他们碰到了严重的问题：两名探险队队员受伤了。//According to the research, shoppers who purchased clothing *encountered* the most problems. 根据这次调查，购买衣服的买家遇到了最多的问题。(2008.12)

concern [kənˈsəːn] *n.* 关切的事，有关的事；关心，挂念；关系，关联；公司，企业 *vt.* 涉及，有关于；使关心，使担心

competent	conclusion	bang	curious	pulse	encounter
concern					

【记】词根记忆：con(加强)+cern(搞清)→一定要搞清楚→关心

【考】as/so far as...be concerned 就…而言；concern about/with 从事，忙于；关心

【例】The restaurant is a family *concern*. 这家餐馆是家族企业。//I am reading the passages, which *concern* my elder brother. 我正在读有关哥哥的那些文章。

preposition [ˌprepəˈziʃən] *n.* 介词

【记】词根记忆：pre(…前)+position(地点，位置)→介词通常都是加在方位之前，通常简写成*prep.*

pond [pɔnd] *n.* 池塘

provision [prəˈviʒən] *n.* 供应；准备，预备；条款，规定；[*pl.*]给养，口粮

【记】来自provide(*v.* 供应，提供)

【例】*provisions* of meat 肉类供应 //budget *provision* 预算拨款//The company is responsible for the *provision* of food services. 该公司负责提供餐饮服务。

reinforce [ˌriːinˈfɔːs] *vt.* 增强，加强，增援

【记】来自re+inforce(强化)→加强

【例】They *reinforce* that pressure with political tricks. 他们用政治手腕施压。

systematic(al) [ˌsistiˈmætik(əl)] *adj.* 有系统的，有计划的

【例】This problem cries out for a long-term, open-minded, *systematic* search. 这个问题需要长期的、不带偏见的、系统的研究。//We need to come up with a *systematical* approach to solve the problem. 我们需要想出一个系统的办法来解决这个问题。

rail [reil] *n.* 栏杆，横杆；铁轨，轨道；铁路 *v.* 责骂；抱怨

【记】参考：railway(*n.* 铁路)

【考】rail at/against 咒骂，严厉责备；抱怨

【例】Leo established a forum to *rail against* medicare, gays, social security etc. 利奥创建了一个论坛来抱怨医疗保障制度、同性恋以及社会保险等。

pat [pæt] *n.* 轻拍 *adj.* 非常恰当的，适时的

【记】联想记忆：轻敲(tap)颠倒成轻拍(pat)

【例】There are no *pat* answers to these questions. 关于这些问题没有非常恰当的答案。//The little girl *patted* the puppy on the head with no fear but love. 小女孩并不害怕，而是充满爱意地拍着小狗的头。

rational [ˈræʃənəl] *adj.* 理性的，理智的；合理的

【例】Education helps people to make *rational* decisions. 教育帮助人

preposition	pond	provision	reinforce	systematic(al)	rail
pat	rational				

们作出理性的决定。//You two should have a *rational* conversation for all this. 你们两个应该针对所有这些进行一次理性的谈话。

flee [fliː] *v.* 逃走，逃掉，逃离；避开，逃避

【例】In order to escape capture, he *fled* to the mountains. 为了不被抓到，他逃进了山里。

response [ri'spɔns] *n.* 回答，答复；反应，响应

【记】来自respond(*v.* 回答，答复)

【例】There has been no *response* to Ben's remarks from the government. 政府没有对本的话作出回应。

executive [ig'zekjutiv] *adj.* 执行的 *n.* 执行者

【记】Chief Executive Officer (CEO) 首席执行官

【例】an *executive* committee 执行委员会// The President of the U.S. is the chief *executive*. 美国总统是最高行政官。

tag [tæg] *n.* 附加语，标签 *v.* 给…加上标签；跟随

【记】联想记忆：在包(bag)上贴标签(tag)

【考】tag along 尾随，跟随

【例】Betty spent a whole day *tagging* those clothes. 贝蒂花了一整天给那些衣服贴标签。

means [miːnz] *n.* 方法，手段，工具；金钱，财产

【考】by all means 尽一切办法，务必；肯定；by means of 用，依靠；by no means 决不，无论如何不

【辨】**means, approach, method, way**

means适用于为达到某种目的所使用的任何方法，既可指工具、器械，也可指行动、方法；approach主要指研究、做学问或解决某难题的方法或途径；method指系统、有效的方法或步骤，含有规律性和正规性的意思；way为普通用词，不如method正式，而且多指解决问题或做某事的具体办法和途径。

nephew ['nefjuː] *n.* 侄子，外甥

motivate ['məutiveit] *vt.* 作为…的动机；激励，激发

【记】来自motive(*n.* 动机)

【例】Being surrounded by white peers *motivates* a black student to work harder to succeed. 身边都是白人同学会激励黑人学生更加勤奋学习以获得成功。(2011.6)

flee	response	executive	tag	means	nephew
motivate					

Word List 11

tele-	远	telescope	*n.* 望远镜
cip	拿，抓，握住	anticipate	*vt.* 预料，预期
cogn(i)	知道	recognize	*vt.* 认出，识别
cur	跑	current	*adj.* 当前的；通用的
lev	变轻，举起	elevator	*n.* 电梯，升降机
path	感情	sympathetic	*adj.* 同情的
press	压	compress	*vt.* 压紧，压缩
put	思考	compute	*v.* 计算，估算
-logy	（名词后缀）…学	technology	*n.* 工艺学，工艺
-ish	（形容词后缀和动词后缀）如…的、稍…的；使，造成	selfish	*adj.* 自私的，利己的

failure [ˈfeiljə] *n.* 失败，失败的人；失灵，故障；不履行

【记】来自fail(*v.* 失败)

【例】The new restaurant was a *failure* and soon closed. 那家新饭店经营无方，不久便关门了。

【题】She keeps a supply of candles in the house in case of power ______. (2004.6)

A) drop　　B) lack　　C) failure　　D) absence

【解】选C。power failure：停电。句意：她在家中备有蜡烛以防停电。drop：落下；lack：缺乏；absence：缺席。

consistent [kənˈsistənt] *adj.* 坚持的，一贯的；一致的，符合的

【记】来自consist(一致)+ent(…的)→一致的

【题】It is our ______ policy that we will achieve unity through peaceful means. (2000.1)

A) consistent　　B) continuous　　C) considerate　　D) continual

【解】选A。consistent指政策、言行的一致性和连贯性，consistent policy：一贯的政策。continuous：连续不断的；considerate：考虑周到的，体贴的；continual：连续的，频繁的。

nowhere [ˈnəuweə] *adv.* 任何地方都不

【记】组合词：no(不)+where(地方)

【考】get nowhere 使无进展，使不能成功；nowhere near 肯定不，远远不，远不及

【例】Those products are *nowhere near* good enough. 那些产品根本算不上是好产品。

sympathetic [ˌsimpəˈθetik] *adj.* 同情的；和谐的；赞同的，支持的；合意的

【记】词根记忆：sym(共同)+path(感情)+etic(…的)→有共同感情的→和谐的；赞同的

【考】sympathetic to 赞同的，支持的

【例】For example, when people reflect on hurtful memories, they show negative physiological effects, compared to when they reflect on *sympathetic* perspective-taking and forgiving. 例如，与充满同情的换位思考和宽恕他人相比，当人们回忆伤心的过往时，他们会表现出消极的生理反应。

sketch [sketʃ] *n.* 略图；梗概；素描，速写 *v.* 绘…的略图，画…的素描(速写)；概述

【考】sketch out 简要地叙述

【例】a *sketch* of a soldier 一位士兵的素描 //I asked George to *sketch out* his ideas. 我让乔治简要叙述一下他的想法。

calm [kɑːm] *adj.* 静的，平静的 *v.* (使)平静，(使)镇静

【记】联想记忆：她手心(palm)出汗，内心很不平静(calm)

【例】They'd tell the kids to *calm* down. 他们会告诉孩子们冷静下来。(2008.12)

【辨】**calm, still, quiet**

calm指从混乱状态回到平静中；still强调物理上的平静；quiet指举止、言谈暂时平静或停顿。

tame [teim] *adj.* 驯服的，顺从的；沉闷的，乏味的 *vt.* 制服，控制并利用；驯化，驯服

【例】Don't be afraid—these horses are *tame*. 不要怕，这些马很温顺。//Harsh punishment in childhood has *tamed* Bill and broken his will. 童年时代所受的严厉惩罚让比尔变得唯唯诺诺，缺乏意志。

cancel [ˈkænsəl] *vt.* 取消，撤销，删去

词源 源自拉丁文cancelli（斜条格钩），据说罗马书写员在抄写错误时会用斜条格钩来表明注销，后引入英语，作“取消，撤销”讲。

【题1】As we can no longer wait for the delivery of our order, we have to ______ it. (2000.6)

A) postpone　B) refuse　C) delay　D) cancel

【解】选D。cancel order：取消订单。postpone：推迟，使延期；refuse：拒绝，谢绝；delay：耽搁，延迟，延期。

【题2】Our company decided to ______ the contract because a number of the conditions in it had not been met.（1993.6）

A) destroy　B) resist　C) assume　D) cancel

【解】选D。cancel a contract：取消合同。destroy：毁坏，消灭；resist：抵抗，反抗；assume：假定，设想。

pray [prei] *v.* 祈祷，祈求；请求，恳求

【例】People in sufferings *prayed* to God for an end to the war as soon as possible. 痛苦中的人们向上帝祈祷，希望战争尽快结束。

target [ˈtɑːgit] *n.* 靶，标的，目标 *vt.* 把…作为目标；瞄准，面向

【记】发音记忆："他击的"→是他击中目标的→目标

【例】I set myself a *target* of learning 20 new words each week. 我给自己确定每周学习20个生词的目标。// Facebook then attempts to make money by selling their data to advertisers that want to send *targeted* messages. 脸谱网试图通过将数据出售给想要发送有针对性信息的广告商而牟利。（2012.6）

camel [ˈkæməl] *n.* 骆驼

【例】The *camel* went forward against the wind resistance. 骆驼逆风而行。

technician [tekˈniʃən] *n.* 技术员，技师

【记】词根记忆：techn（技艺）+ician（人）→技术员，技师

【例】Stewart has become an excellent *technician*. 斯图尔特已成为一名非常出色的技师。

setting [ˈsetiŋ] *n.* 环境，（小说等的）背景，（舞台等的）布景；调节，设定的位置

【记】来自set（*v.* 布置）

【例】Children tend to behave differently in various social *settings*. 在不同的社会环境中，孩子们通常有不同的行为表现。

technique [tekˈniːk] *n.* 技术，技巧，技能

【记】词根记忆：techn（技艺）+ique（看作ic，…术）→技术

【例】The manager needs to learn modern management *techniques*. 经理需要学习现代管理技术。

tax [tæks] *n.* 税，税款；负担 *vt.* 对…征税；使负担重，使费尽力气

【例】income *tax* 收入所得税 //Cigarettes are heavily *taxed* in Britain. 在英国，香烟被课以重税。

emerge [iˈməːdʒ] *vi.* 出现，涌现，冒出

【记】联想记忆：e(出)+merge(浸没)→从浸没之中出来→出现

【例】Jack, like a ghost, *emerged* from the dark bathroom. 杰克像鬼魂一样从黑漆漆的浴室里走出来。

capable [ˈkeipəbəl] *adj.* 有能力的，有才能的

【记】词根记忆：cap(握住)+able(能…的)→能握得住的→有能力的

【考】be capable of 做得出(某事)的，有能力的，有本领的

【例】In addition, advertising can influence consumers' moods which, in turn, *are capable of* influencing consumers' reactions to products. 另外，广告可以影响消费者的情绪，而消费者的情绪反过来也可以影响他们对产品的反应。(2007.12)

【辨】**capable, able**

capable和able都表能力，但后者所指能力更强一些。capable作表语时后接of，主语可为有生命物也可为无生命物；able作表语时后接不定式，主语为有生命物。

technology [tekˈnɔlədʒi] *n.* 工艺学，工艺，技术

【记】词根记忆：techn(技艺)+ology(…学)→工艺学

【例】Many people are unwilling to embrace the new *technologies*. 很多人都不愿意接受新技术。

selfish [ˈselfiʃ] *adj.* 自私的，利己的

【记】来自self(自己)+ish(…的)→利己的

definition [ˌdefiˈniʃən] *n.* 定义，释义；清晰(度)，鲜明(度)

【例】The photo lacks *definition*. 这张照片不够清晰。

per [pəː] *prep.* 每，每一

participate [pɑːˈtisipeit] *vi.* 参与，参加，分享

【记】联想记忆：parti(看作party晚会)+cip(抓，拿)+ate(做)→找人参与派对→参与

【考】participate in 参加，参与

【例】China *participated in* the 13th Winter Olympic Games. 中国参加了第十三届冬奥会。

tedious [ˈtiːdiəs] *adj.* 冗长乏味的，沉闷的

【例】The work was tiring and *tedious*. 这项工作沉闷乏味。//Many *tedious* jobs continue to be done manually. 很多枯燥乏味的工作还

□ tax □ emerge □ capable □ technology □ selfish □ definition
□ per □ participate □ tedious

是要靠手工完成。(2009.12)

【题】The lecture which lasted about three hours was so ______ that the audience couldn't help yawning. (2004.6)

A) tedious　B) clumsy　C) bored　D) tired

【解】选A。句意：三个小时的讲座太乏味了，观众不禁打起哈欠。clumsy：笨拙的；bored：无聊的，指人的感觉；tired：疲劳的。

anxious [ˈæŋkʃəs] *adj.* 忧虑的，令人焦急的；渴望的

【例】We were *anxious* for you. 我们为你担心。//The company is *anxious* to improve its image. 这家公司极力想要改善自己的形象。// There are plenty of graduates *anxious* about the future. 很多毕业生都对未来感到焦虑。

famine [ˈfæmin] *n.* 饥荒，严重的缺乏

【记】联想记忆：fa(看作far远)+mine(我的)→粮食离我很远→饥荒

【例】Millions of people are facing *famine*. 数百万人正面临饥荒。

famine

fundamental [ˌfʌndəˈmentl] *adj.* 基础的，基本的 *n.* [*pl.*]基本原则

【记】来自fundament(*n.* 基础)

【例】a *fundamental* law 基本法 //the *fundamental* rules of grammar 语法的基本规则//We begin to realize that some of our conclusions are flawed or contrary to our *fundamental* values. 我们开始意识到，我们的一些结论存在缺陷，或是违背了我们的基本价值观。(2009.6)

plural [ˈpluərəl] *adj.* 复数的 *n.* 复数

【记】通常缩写为：*pl.*

anticipate [ænˈtisipeit] *vt.* 预料，预期，期望；先于…行动，提前使用

【记】词根记忆：anti(先)+cip(拿)+ate(做)→先拿到→先于…行动

【题】The doctors don't ______ that he will live much longer. (2000.1)&(2003.12)

A) articulate　B) anticipate　C) manifest　D) monitor

【解】选B。句意：医生估计他活不了多久了。articulate：清楚明白地说；manifest：显示；monitor：监听。

teenager [ˈtiːneidʒə] *n.* 青少年

【记】联想记忆：teen(看作ten)+age(年龄)+r→十几岁的年龄→青少年

【例】River Phoenix became a famous actor while still a *teenager*. 里弗·菲尼克斯在少年时期就成为著名的演员。

compress [kəm'pres] *v.* 压紧，压缩

【记】词根记忆：com(加强)+press(压)→使劲压→压紧，压缩

【例】Harry's finger *compressed* on the switch button. 哈里的手指按在电门上。//Rehearsal was *compressed* into two evenings because of the bad weather. 由于天气恶劣，排练被压缩到了两个晚上。

pepper ['pepə] *n.* 胡椒，胡椒粉 *vt.* 在…上撒(胡椒粉等)；使布满

【记】发音记忆："拍拍"→做饭沾了一身胡椒粉，拍拍→胡椒粉

【例】The speech is *peppered* with many amusing stories. 演讲充满了很多有趣的故事。

discharge [dis'tʃɑːdʒ] *v.* 释放，排出；卸货 *n.* 释放，放电

【记】词根记忆：dis(离开)+charge(电荷)→让电荷离开→放电

【例】Sewage is *discharged* directly into the sea. 污水被直接排放到了海里。//We should *discard* old beliefs. 我们应该抛弃旧观念。

telescope ['teliskəup] *n.* 望远镜

【记】词根记忆：tele(远)+scope(视野)→望远镜可开拓视野

【例】William looked through his *telescope* at the approaching ship. 威廉通过望远镜看着驶近的轮船。

temper ['tempə] *n.* 韧度；心情，情绪 *vt.* 调和，使缓和；使回火

【记】联想记忆：情绪(temper)会影响体温(temperature)

【考】lose one's temper 发脾气，发怒

【题】The manager lost his _______ just because his secretary was ten minutes late.（1997.1）

A) mood　　B) temper　　C) mind　　D) passion

【解】选B。句意：仅仅因为秘书迟到了十分钟，经理就生气了。mood：心情，情绪；mind：头脑，精神，理智；passion：激情，热情。

extensive [ik'stensiv] *adj.* 广阔的，广泛的

【记】来自extend(*v.* 延长，伸展)

【题】It is quite necessary for a qualified teacher to have good manners and ______ knowledge.（1996.1）

A) extensive　　B) expansive　　C) intensive　　D) expensive

【解】选A。句意：一个称职的教师必须行为端正，知识渊博。expansive：扩大的，膨胀的；intensive：加强的，集中的；expensive：昂贵的。

amuse [ə'mjuːz] *v.* 逗…乐，给…娱乐

【记】联想记忆：a+muse(缪斯，古希腊文艺女神)→给…娱乐

【考】amuse sb. with sth. 用某物逗某人

□ compress　□ pepper　□ discharge　□ telescope　□ temper　□ extensive
□ amuse

开心；amuse oneself by doing sth. 做某事来消遣

【例】Some movies are designed primarily to *amuse* and entertain. 有些电影主要是供人们消遣和娱乐的。

current [ˈkʌrənt] *adj.* 当前的，通用的；流行的，流传的

【例】the *current* growth rate 当前的增长率//However, there are scholarships for *current* college students with exceptional grades as well. 但是，成绩特别优秀的大学生现在也有奖学金。(2009.12)

mask [mɑːsk] *n.* 面具，面罩，口罩；伪装 *vt.* 遮盖，掩饰

【记】联想记忆：电影《变相怪杰》的英文名就是*The Mask*

【例】The guests felt puzzled but *masked* their doubts. 客人们虽然感到困惑，但没有将怀疑表现出来。

musician [mjuːˈziʃən] *n.* 音乐家，乐师

temple [ˈtempəl] *n.* 圣堂，神殿

【记】发音记忆："淡泊"→若不淡泊浮华名利，身在神殿也无济于事→神殿

【例】There is a Buddhist *temple* in this town. 这个镇上有一座佛教寺庙。

decay [diˈkei] *vi.* 腐烂；衰败 *n.* 腐烂

【记】和delay(*v.* 耽误)一起记

【例】If you eat too many sweets, it'll make your teeth *decay*. 如果吃糖太多，牙齿就会被腐蚀。//The ground was scattered with *decaying* leaves. 地上满是腐烂的落叶。//tooth *decay* 龋齿

criticism [ˈkritisizəm] *n.* 批评，批判；评论，评论文章

feedback [ˈfiːdbæk] *n.* 反馈，反应

【记】联想记忆：feed(喂养，馈给)+back(反)→反馈

【例】It is important to give employees regular *feedback* on their performance. 针对雇员的表现适当地给予反馈是非常重要的。//When people get *feedback* which they believe is overly positive, they actually feel worse, not better. 当人们得到他们认为太过积极的反馈信息时，他们实际上会感觉更糟，而不是更好。(2010.6)

accordance [əˈkɔːdəns] *n.* 一致，和谐

【记】来自accord(一致，和谐)+ance(表状态)→和谐

【考】in accordance with 按照，根据，与…一致

【例】The rights of children are protected *in accordance with* the law. 儿童的权利依法受到保护。

perceive [pəˈsiːv] *vt.* 感知，感觉，察觉；认识到，意识到，理解

【记】词根记忆：per(全部)+ceive(拿住)→全部拿住→感知，察觉

current	mask	musician	temple	decay	criticism
feedback	accordance	perceive			

【例】Bob *perceived* his mother's comment as a challenge. 鲍勃认识到母亲的批评是对他的激励。

scarcely [ˈskɛəsli] *adv.* 几乎不，简直不；决不；刚刚，才

【考】scarcely... when 一…就，刚…便

【例】He had *scarcely* got home *when* it began to rain. 他一到家，天就下起雨来。

clay [klei] *n.* 黏土，泥土；肉体

【记】联想记忆：c+lay(层)→泥土成一层一层分布→泥土

【例】Ellen holds up a *clay* model of an orange bird. 埃伦握着一只用黏土捏成的橘黄色鸟。

intelligent [inˈtelidʒənt] *adj.* 聪明的，理智的

【记】词根记忆：intel(在…之间)+lig(选择)+ent(…的)→聪明的

【例】What factors make you more or less bold, *intelligent*, or able to read a map? 是什么因素决定你有多勇敢，多聪明，或者能够看懂地图？（2010.12）

【辨】**intelligent, intellectual**

intelligent泛指反应快、头脑聪明；intellectual只指受过良好教育的，对用脑的科目感兴趣的知识分子或脑力劳动者。

conductor [kənˈdʌktə] *n.* (公共汽车站的)售票员，列车长；(乐队)指挥；导体

【例】Michael is a good *conductor* of the orchestra. 迈克尔是一位出色的交响乐队指挥。

frequency [ˈfriːkwənsi] *n.* 屡次，次数，频率；经常发生

【例】Side effects from prescribed drugs are being reported with increasing *frequency*. 报道处方药副作用的频率在不断增高。//The *frequency* of serious road accidents this month was reported higher than last month. 据报道，本月重大交通事故的发生率高于上月。

attractive [əˈtræktiv] *adj.* 有吸引力的，引起注意的

【例】Everyone says Scofield is an *attractive* guy. 每个人都说斯科菲尔德是一个有吸引力的人。

garlic [ˈgɑːlik] *n.* 大蒜

【记】发音记忆："咖喱"→大蒜和咖喱都有刺激性的气味→大蒜

temporary [ˈtempərəri] *adj.* 暂时的，临时的

【例】Ellen has got a *temporary* job. 埃伦找到一份临时工作。

scarcely	clay	intelligent	conductor	frequency	attractive
garlic	temporary				

【题】Salaries for ______ positions seem to be higher than for permanent ones.（2005.1）

A）legal　　B）optional　　C）voluntary　　D）temporary

【解】选D。句意：临时职位的工资似乎比长期职位更高。legal：法律的；optional：可选择的；voluntary：自愿的。

recognize ［ˈrekəgnaiz］*vt.* 认出，识别；承认，确认，认可；赏识，表彰；报偿

【记】词根记忆：re+cogni(s)(知道)+ze→认出，承认

【例】The receptionist *recognized* Mr. Brown at once. 接待员一眼就认出了布朗先生。//You should *recognize* your own shortcomings. 你应当承认自己的缺点。

puzzle ［ˈpʌzl］*vi.*（使）迷惑，（使）为难；（使）苦思 *n.* 智力测验，智力玩具，谜；难题，令人费解的事（或人）

【考】puzzle out 苦苦思索而弄清楚（或解决）；puzzle over 苦思

【例】I've tried for weeks to *puzzle out* what could have made him so angry. 这几个星期我一直在想，是什么原因让他气成那样。

elevator ［ˈeliveitə］*n.* 电梯，升降机

【记】词根记忆：e+lev(变轻，举起)+ator→电梯将人举起送到楼上→电梯

acquisition ［ˌækwiˈziʃən］*n.* 取得，获得，习得；获得物，增添的人（或物）

【记】来自acquire（*v.* 取得，获得）

【例】the *acquisition* of language 语言的习得

absolute ［ˈæbsəluːt］*adj.* 十足的，地道的；绝对的，完全的；不受任何限制的

【例】But what was perhaps most astonishing about Mr. Jobs was the *absolute* loyalty he managed to inspire in customers. 但是乔布斯先生最令人惊奇之处或许是他设法激发的顾客的绝对忠诚。（2012. 12）//I have *absolute* confidence in her. 我对她绝对有信心。

frank ［fræŋk］*adj.* 坦白的，直率的

【辨】frank, sincere, honest

frank坦率的，指毫无保留地表达自己；sincere指真诚的、发自内心的；honest指品质正直的、真诚的。

hip ［hip］*n.* 臀部，髋部

【记】流行音乐形式Hip-Hop

polish [ˈpɔliʃ] *vt.* 磨光；修改，润色，使优美 *n.* 擦光剂

【记】联想记忆：波兰(Polish)产的擦光剂(polish)；参考：nail polish 指甲油

【考】polish off (飞快地)完成；polish up 润色

【例】The chap can *polish off* three thousand words before lunch. 这个小伙子能在吃午饭前完成3000个单词。

democratic [ˌdeməˈkrætik] *adj.* 民主的，民主政体的

【例】They are aiming to build a *democratic* government in this century. 他们致力于在本世纪成立一个民主政府。

temptation [tempˈteiʃən] *n.* 诱惑(物)，引诱

【记】来自tempt(*v.* 诱惑)

【例】Don't give in to *temptation.* 要经得住诱惑。//I couldn't resist the *temptation* to open the love letter immediately. 我无法抵挡住诱惑，立刻打开了情书。

disguise [disˈgaiz] *vt.* 假扮，化装，伪装；掩盖，掩饰 *n.* 用来伪装的东西(或行动)；伪装，掩饰

【记】词根记忆：dis(加强)+guise(伪装)→伪装，掩饰

【题】She cut her hair short and tried to ______ herself as a man. (2000.6)

A) decorate　B) disguise　C) fabricate　D) fake

【解】选B。句意：她把头发剪短了女扮男装。decorate：装饰，修饰；fabricate：制作，捏造；fake：伪造，捏造。

glue [gluː] *n.* 胶，胶水 *vt.* 胶合

【记】联想记忆：警方终于从那瓶蓝色(blue)胶水(glue)中找到了线索(clue)

【例】Everyone is *glued* to the screens. 每个人都目不转睛地盯着屏幕。

solemn [ˈsɔləm] *adj.* 庄严的，隆重的；严肃的

【记】词根记忆：sol(太阳)+emn→古时把太阳看作神圣庄严的

【例】The adults gazed at us with *solemn* eyes. 成年人用严肃的眼光盯着我们。

tend [tend] *v.* 易于，往往会；趋向，倾向；照管，照料，护理

【例】Overexcited people *tend* to neglect vital things. 人过于兴奋往往会忽略至关重要的事情。//We *tend* to think of the Depression as a time when families pulled together to survive huge job losses. 我们倾向于认为大萧条是一个全家团结一心共渡失业难关的时期。(2012.6)

polish	democratic	temptation	disguise	glue	solemn
tend					

ancient [ˈeinʃənt] *adj.* 古代的，古老的；年老的，看上去很老的

【记】发音记忆："安神的"→那古老的旋律让人心安神宁→古老的

【例】These days, children are robbed of these *ancient* freedoms, due to problems like crime, traffic, the loss of the open spaces. 如今，由于犯罪、交通，以及露天场所的减少等问题，孩子们已被剥夺了从前的这些自由。(2010.12)

effective [iˈfektiv] *adj.* 有效的；有影响的

【记】来自effect(*n.* 影响，效果)

【辨】**effective, efficient**

effective只用于物，着重指可达到预期且长远的效果；efficient可用于人和物，特指高效的。

【题】They took ______ measures to prevent poisonous gases from escaping.(1996.1)

A) fruitful　　B) beneficial　　C) valid　　D) effective

【解】选D。take effective measure：采取有效措施。句意：他们采取有效措施来防止有毒气体的泄漏。fruitful：多产的，富有成效的；beneficial：有益的，有利的；valid：有效的。

channel [ˈtʃænəl] *n.* 海峡，水道，航道；[常*pl.*]渠道，途径；频道

【记】联想记忆：卫视音乐台就是Channel V

【例】Second, there is an increase in the number of television *channels* available to viewers, and thus, advertisers. 第二，观众能收看到的电视频道越来越多，因此广告商的数量也有所增加。(2008.6)//Art provides a *channel* for children's creativity. 艺术为孩子表达自己的创造力提供了途径。

Trouble is only opportunity in work clothes.
困难只是穿上工作服的机遇。
——美国实业家 凯泽(H. J. Kaiser, American businessman)

Word List 12

词根、词缀预习表

ambi-	二	ambition	*n.* 雄心，抱负
magn-	大	magnificent	*adj.* 壮丽的，华丽的
crim	罪行	crime	*n.* 罪，罪行
decor	装饰	decorate	*vt.* 装饰，修饰
gen	基因	gene	*n.* 基因
leg	法律	legal	*adj.* 法律的，合法的
mand	命令	command	*vt.* 命令，指挥
noc	伤害	innocent	*adj.* 清白的，幼稚的
sent	感觉	consent	*vi.* 同意
viron	圆	environment	*n.* 环境，围绕

primitive [ˈprimitiv] *adj.* 原始的，早期的；简单的，粗糙的 *n.* 原始人，原始事物

【记】词根记忆：prim（第一）+itive（具…性质的）→第一时间的→原始的

【题】In ______ times human beings did not travel for pleasure but to find a more favorable climate.（2001.1）

A）prime B）primitive C）primary D）preliminary

【解】选B。in primitive times：远古时候。句意：在远古时候，人类长途跋涉不是为了玩乐，而是为了能找到更适宜的气候。prime：主要的，最初的；primary：第一位的，初级的；preliminary：预备的，初步的。

consent [kənˈsent] *n.* 同意，赞成 *vi.* 同意

【记】词根记忆：con（共同）+sent（感觉）→感觉一致→同意

【考】consent to 准许，同意，赞成

【例】They win the *consent* of their classmates. 他们赢得了同学们的赞成。//Her father reluctantly *consented to* the marriage. 她的父亲极不情愿地同意了这门婚事。

organize [ˈɔːɡənaiz] *vt.* 组织，把…编组；使有条理

【例】Please *organize* the thoughts before speaking. 在说话之前请组织好思路。//Playing *organized* sports is such a common experience in the United States that many children and teenagers take them for granted. 参与有组织的运动在美国是常见的事情，许多儿童和少年都认为其理所应当。(2008.12)

drama [ˈdrɑːmə] *n.* 一出戏剧，剧本；戏剧性事件

【记】发音记忆："装吗"→戏剧也来源于生活，要真实不要太刻意假装→戏剧

miserable [ˈmizərəbəl] *adj.* 痛苦的，悲惨的；令人难受(或痛苦)的

【记】来自misery(*n.* 痛苦)

【例】*miserable* life 悲惨的生活 //a *miserable* climate 令人难受的气候 //The mean boss knows how to make life *miserable* for his employees. 那位吝啬的老板知道怎么让员工的生活痛苦不堪。

fur [fəː] *n.* 软毛；毛皮，裘皮；毛皮衣服

antique [ænˈtiːk] *n.* 古物，古董 *adj.* 古时的；过时的

【记】词根记忆：anti(=ante前)+que→以前的→古时的

【例】He is running an *antique* store, so he can easily find out whether this is real or fake. 因为他经营着一家古董店，所以他能轻易看出这件古董是真品还是赝品。

replacement [riˈpleismənt] *n.* 代替，取代；更换，调换；替代的人(或物)

【例】The store loses the customer, but the shopper must also find a *replacement*. 商店失去了顾客，但顾客也必须找到一个可替代的商店。(2008.12)

inner [ˈinə] *adj.* 内部的，内心的

【记】联想记忆：in(在…里面)+ner→内部的，内心的

【例】Yoga can give people a sense of *inner* calm. 瑜伽可以带给人们内心的平静感。

clerk [kləːk] *n.* 店员，办事员，职员

liquor [ˈlikə] *n.* 酒，烈性酒

【记】词根记忆：liqu(液体)+or(物)→液体→酒

presently [ˈprezəntli] *adv.* 不久，一会儿；现在，目前

【记】词根记忆：pre(…前)+sent(感觉)+ly→很久以前的事恍如刚刚发生→目前

【例】Tea will be served *presently*. 稍等片刻，茶马上就来。

gene [dʒiːn] *n.* 基因

【记】发音记忆："基因"

organize	drama	miserable	fur	antique	replacement
inner	clerk	liquor	presently	gene	

security [siˈkjuəriti] *n.* 安全，保障；抵押品；[*pl.*] 证券

【例】They'll say it's to save, to spend, for *security*, for freedom, to show someone you love them. 他们会说这(金钱)是用来存储的，用来消费的，用来维持安全的，用来获得自由的，或者是用来向他人表达爱意的。(2011.12)

nerve [nəːv] *n.* 神经；勇敢，胆量

【记】联想记忆：军人为人民服务(serve)首先要勇敢(nerve)

【考】get on sb.'s nerves 惹得某人心烦；have nerve to 有勇气；lose one's nerve 失去勇气

【例】Mum's chatter often *gets on his nerves*. 妈妈的唠叨经常让他心烦。

greedy [ˈgriːdi] *adj.* 贪吃的，贪婪的，渴望的

【记】联想记忆：绿色的(green)吸血鬼很贪婪(greedy)

【例】Bill was an ambitious man, selfish and *greedy*. 比尔是个很有野心的人，自私而且贪婪。//I bet Daisy would not marry this selfish *greedy* businessman. 我敢肯定黛西不会嫁给这个既自私又贪婪的商人。

essential [iˈsenʃəl] *adj.* 必要的，本质的 *n.* [常*pl.*]要素；必需品

【记】词根记忆：es+sent(感觉)+ial(…的)→必要的感觉→必要的

【例】Trust is *essential* in any important relationship, whether personal or professional. 信任在所有重要的关系中都是必要的，不论是私人关系还是职业关系。(2011.12) //Our course deals with the *essentials* of management. 我们的课程讲述管理的要点。

decorate [ˈdekəreit] *vt.* 装饰，装潢；修饰

【记】词根记忆：decor(装饰)+ate(做)→装饰，点缀

【例】Children's pictures *decorated* the walls of the classroom. 孩子们的照片点缀着教室的墙壁。//Students *decorated* the classroom with flowers and balloons during Christmas. 圣诞节期间，学生们用鲜花和气球装饰了教室。

excess [ikˈses] *n.* 超越，过量，过度 *adj.* 过量的，额外的

【记】词根记忆：ex(出)+cess(行走)→走出界限→过量，过剩

【考】in excess of 超过；to excess 过度，过分，过量

【例】Don't be an *excess* of enthusiasm. 别过分热心了。

compare [kəmˈpεə] *v.* 比较，对照；把…比作 *n.* 比较

【记】联想记忆：com(一起)+pare(看作pair对)→把这对一起比较

【考】compare... to... 把…比作…；beyond / without compare 无与伦比

【例】Wendy *compared* him *to* a mountain or a tree in her letter. 温迪在信中把他比作山脉或大树。

security	nerve	greedy	essential	decorate	excess
compare					

command [kəˈmɑːnd] *vt.* 命令，指挥，控制 *n.* 命令；掌握

【记】词根记忆：com(共同)+mand(命令)→命令大家一起做→指挥，控制

【例】Every day that they write in their journals puts them a step closer to fluency, eloquence, and *command* of language. 每天写日记使他们距流利、雄辩以及掌控语言更近了一步。(2009.6)

fuel [fjuəl] *n.* 燃料，燃料剂 *v.* 给…加燃料；刺激

【记】联想记忆：加满(full)燃料(fuel)

【例】The ship will put in at this port to *fuel*. 这艘船将停靠在这个港口加油。

plastic [ˈplæstik] *adj.* 塑料(制)的，可塑的 *n.* 塑料，塑料制品；信用卡

【例】toys made of *plastic* 塑料制成的玩具//Limited use on disposable *plastic* bags should be encouraged greatly nationwide. 应当在全国大力鼓励限制使用一次性塑料袋。

characteristic [ˌkæriktəˈristik] *adj.* 特有的，典型的 *n.* 特性

【例】Violent images are a defining *characteristic* of his work. 暴力场景是他作品的突出特点。//It is easy to accept that genes control physical *characteristics* such as sex, race and eye color. 性别、种族以及瞳孔颜色等生理特征是由基因决定的，这很容易被人们接受。(2010.12)

pressure [ˈpreʃə] *n.* 压(力)，压强；压迫 *vt.* 对…施加压力(或影响)，迫使；说服

【记】词根记忆：press(压)+ure(表行为)→对…施压

【例】But there is also *pressure* to buy local and save on food miles. 但是在当地购买食材和节省运输成本也存在一定的压力。(2011.6)

nearby [ˈniəˈbai] *adj.* 附近的 *adv.* 在附近

【例】Another man who was standing *nearby* got into the car and put on the handbrake. 站在附近的另一个人钻进了汽车，松下了手刹。

environment [inˈvaiərənmənt] *n.* 环境，外界；围绕

【记】词根记忆：en(进入)+viron(圆)+ment→进入圆→周围状况→环境

【例】A noisy smoke-filled room is not the best *environment* to work in. 房间里吵吵嚷嚷、乌烟瘴气，不利于工作。

【辨】**environment, surroundings**

environment指自然环境及会影响到人心情的主观环境；surroundings指周围的条件及事物。

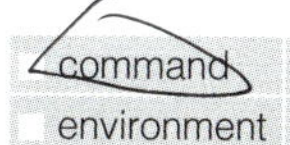

crime [kraim] *n.* 罪，罪行，犯罪

【记】词根记忆：crim(罪行)+e→罪行

【题】Having been found guilty, the man was given a severe _______ by the judge. (1993.6)

A) service　　B) sentence　　C) crime　　D) crisis

【解】选B。give a severe sentence：判处重刑。service：服务，效劳；crime：犯罪，罪行；crisis：危机。

pigeon ['pidʒin] *n.* 鸽子

【记】发音记忆："批准"→禽流感期间，养鸽子也要经过批准→鸽子

cement [si'ment] *n.* 水泥，胶泥 *vt.* 黏结；巩固，使团结

【记】联想记忆：ce+ment(看作mend修补)→修补材料→水泥，胶泥

【例】Hoping to *cement* the friendship, I invited Krista on a vacation with my family. 我邀请克丽丝塔和我的家人一起去度假，希望借此巩固友谊。

magnificent [mæg'nifisənt] *adj.* 壮丽的，华丽的；极好的

【记】词根记忆：magn(大)+ificent→宏伟的，壮丽的

【例】The *magnificent* museum is said to have been built about a hundred years ago. 这座宏伟的博物馆据说建成于大约100年以前。(2010.12)

tendency ['tendənsi] *n.* 趋向，趋势，倾向

【记】词根记忆：tend(趋向)+ency(表状态)→倾向，趋向

【例】The drug is effective but has a *tendency* to cause headaches. 这种药物很有效，但会引起头痛。//There is a growing *tendency* among women to have children later. 越来越多的女性趋向于晚育。

investigate [in'vestigeit] *v.* 调查，调查研究

【记】联想记忆：invest(投资)+i+gate(大门)→想入投资大门先做市场调查

词源 福尔摩斯循着犯罪现场罪犯留下的脚印调查侦破了许多案件。意为"调查"的investigate本来就有"循着脚印"的意义。该词源自拉丁语investigare，由in加vestigium"脚印，足迹"构成。

【例】The matter can't be *investigated* openly. 这件事不能公开调查。

infinite ['infinit] *adj.* 无限的，无数的

【记】词根记忆：in(无)+fin(结束)+ite(…的)→没有结尾的→无限的

□crime □pigeon □cement □magnificent □tendency □investigate □infinite

【例】They are an *infinite* source of human knowledge. 它们是人类知识的无限源泉。(2011.12)

【辨】infinite, constant, prolonged, eternal

infinite指的是无限的,无边无际的;constant强调过程,表示不断的,连续发生的;prolonged指延长的,拖延的;eternal为永恒的,不灭的。

【题】In the Chinese household, grandparents and other relatives play ______ roles in raising children. (2002.1)

A) incapable　　B) indispensable

C) insensible　　D) infinite

【解】选B。play an indispensable role in doing:在…方面起着不可或缺的作用。句意:在中国家庭里,祖父母和其他亲友在育儿方面起着极大的作用。incapable:无能力的,不能胜任的;insensible:无感觉的,无动于衷的;infinite:无穷的,无限的。

painter [ˈpeintə] *n.* 漆工;画家

【记】来自paint(*v.* 描绘)

tender [ˈtendə] *adj.* 嫩的,脆弱的;疼痛的,一触即痛的;温柔的 *v.* (正式)提出 *n.* 投标

【记】联想记忆:tend(照料)+er→婴儿太脆弱了,需要悉心照料→脆弱的

【考】tender for 投标

【题】She cooked the meat for a long time so as to make it ______ enough to eat. (2000.1)

A) mild　　B) slight　　C) light　　D) tender

【解】选D。句意:她把肉煮了很长时间,以使肉变得松软易食。mild:温和的;slight:轻微的;light:轻的。

legal [ˈliːgəl] *adj.* 法律的,合法的

【记】词根记忆:leg(法律)+al→法律的

【例】*legal* affairs 法律事务 //*legal* business operations 合法的生意经营

moderate [ˈmɔdərət] *adj.* 中等的,温和的;稳健的;有节制的

[ˈmɔdəreit] *v.* (使)和缓,(使)减轻

【记】词根记忆:mod(方式)+er+ate(具有…的)→有方式的,不过分的→有节制的

【例】Believe it or not, even *moderate* amounts of the drug could be fatal to one's life. 无论你相信与否,这种药的用量即使不大也可能致命。

atomic [əˈtɔmik] *adj.* 原子的，原子能的，原子武器的

【记】来自atom(原子)+ic(…的)→原子的

词源 表示"原子"的atom一词源自希腊语atomos，意为indivisible(*adj.* 不可分的)。

【例】John was studying the *atomic* theories. 约翰在研究原子理论。

anchor [ˈæŋkə] *n.* 锚；给人安全感之物(或人) *v.* 抛锚，停泊；把…系住，使固定；担任(电视节目等的)主持人；固定，扎根

【记】发音记忆："安客"→船到岸抛锚，客人便安心了→抛锚

【例】*anchor* of the CBC Evening News 加拿大晚间新闻的主播//We *anchored* our ship close to the shore. 我们近岸抛锚停船。

mystery [ˈmistəri] *n.* 神秘，神秘的人或事

【记】联想记忆：my(我的)+stery(看作story故事)→我的故事很神秘

【例】The *mystery* of life could not be resolved. 生命的奥秘是不可解的。(2009.12)

associate [əˈsəusieit] *v.* (在思想上)把…联系在一起；使联合，结合；交往 [əˈsəusiət] *n.* 伙伴，同事 *adj.* 副的

【记】联想记忆：as(加强)+soci(看作social社会的，交际的)+ate(做)→在社会上要学会交往；参考：associate professor 副教授

【考】associate with 结交，交往

【例】I'm not good enough to *associate with* your daughter. 和您的女儿交往，我还不够出色。//business *associates* 生意伙伴

reaction [riˈækʃən] *n.* 反应，反作用

【考】reaction against 反动，对抗

【例】There is a *reaction against* globalization in some regions. 在一些地区，全球化遭到了反对。

affect [əˈfekt] *vt.* 影响；感动

【例】Fat in the diet may *affect* mental ability. 饮食中的脂肪可能影响智力。

【辨】**affect, influence, infect, effect**

affect指产生短暂的、不良的影响；influence通常指通过劝说、行为或树立榜样来对一个人的行为或思想产生潜移默化的影响；infect强调情感上、思想上的影响，以及疾病的传播、传染；effect多用于产生不良影响。

fulfil [fulˈfil] 见 fulfill

【例】Stephen *fulfilled* his childhood wish to become a basketball player. 斯蒂芬实现了他童年时的愿望，成为了一名篮球运动员。

atomic	anchor	mystery	associate	reaction	affect
fulfil					

tense [tens] *n.* （动词的）时态 *adj.* 拉紧的，绷紧的 *v.* （使）拉紧，（使）绷紧

【记】发音记忆：“弹死”→没有弹性了→因为是拉紧的

【例】past *tense* 过去时态 //Throughout this long, *tense* election, everyone has focused on the presidential candidates and how they'll change America. 在这次漫长而紧张的选举期间，每个人都关注着总统候选人以及他们将会如何改变美国。（2009.12）

flour ['flauə] *n.* 面粉，粉，粉状物质

【记】发音记忆：音同“flower”花香→花香（flower）拂面，粉（flour）般轻柔

【例】Mix the *flour* and sugar. 把糖和面粉混合起来。

comedy ['kɔmidi] *n.* 喜剧，喜剧性（事件）

【记】联想记忆：大家一起来（come）看喜剧（comedy）；参考：tragedy（*n.* 悲剧）

【例】We couldn't help laughing out loud when we watched this *comedy* film. 我们看这部喜剧电影时忍不住放声大笑。

directly [di'rektli] *adv.* 直接地；正好地，截然地；立即

collision [kə'liʒən] *n.* 碰撞；冲突，抵触

【记】来自collide（*v.* 冲撞）

【例】We still don't know whether a *collision* might occur. 我们仍然不知道会不会发生冲突。

absent ['æbsənt] *adj.* 缺席的，不在场的；缺乏的，不存在的；心不在焉的

【记】词根记忆：ab（离去）+sent（送）→送走→不在场的

【例】students who are regularly *absent* from school 经常旷课的学生 //an *absent* look 心不在焉的神情//She was *absent* all week owing to sickness. 因为生病，她缺勤了整整一周。（2007.6）

critical ['kritikəl] *adj.* 决定性的；批评的

【例】Foreign trade is of *critical* importance to the economy. 外贸对经济来说具有重要意义。//Making ethical decisions is a *critical* part of avoiding future problems. 进行道德判断是避免将来可能出现问题的关键之一。（2011.12）

【参】在阅读中表明态度的词：critical 批评的；questioning 质问的；approving 满意的；objective 客观的

paw [pɔː] *n.* 爪子 *v.* 用爪子抓，用蹄扒

【记】联想记忆：我看见（saw）雪地上的爪子（paw）印

【例】The boys *paw* frantically through a stack of magazines on the table. 男孩们疯狂地刨着桌上的一堆杂志。

tense　flour　comedy

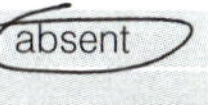

critical　paw

crew [kruː] *n.* 全体船员；一队工作人员

【记】和crow(*n.* 乌鸦)一起记，天下乌鸦一般黑→全体(船员)；发音记忆："可入"→限工作人员进入，闲人免进→工作人员

【例】a *crew* member 一名成员 // Much of the farm work requires a *crew* of temporary workers. 农场的很多工作需要一些临时工。

congratulation [kənˌgrætjuˈleiʃən] *n.* [*pl.*] 贺词；祝贺，恭喜

interference [ˌintəˈfiərəns] *n.* 干涉，干预，阻碍

flesh [fleʃ] *n.* 肉，肌肉，肉体

【考】in the flesh 亲自，本人

【例】The spirit is willing but the *flesh* is weak. 心有余而力不足。

innocent [ˈinəsənt] *adj.* 清白的，幼稚的；没有恶意的

【记】词根记忆：in(不)+noc(伤害)+ent(…的)→不曾受过伤的心灵→幼稚的

【考】innocent of 清白的，无罪的，无辜的

【例】Tom is the *innocent* victim in all of this. 汤姆自始至终都是个无辜的受害者。

excitement [ikˈsaitmənt] *n.* 刺激，激动，兴奋；令人兴奋的事，刺激的因素

【例】The baby's first step caused great *excitement* in the family. 婴儿迈出的第一步让全家都很兴奋。

adult [əˈdʌlt] *n.* 成年人 *adj.* 成年的；成年人的，适宜于成年人的

【例】Jack should think and speak like a mature *adult.* 杰克应该像个成熟的成年人一样思考和说话。//For my entire *adult* life, a good education has been the most important thing for middle-class households. 从我的整个成年生活来看，接受良好的教育一直是中产阶级家庭最重要的事情。(2013.12) //the *adult* population 成年人口

enhance [inˈhɑːns] *vt.* 提高，增加；加强

【题】The republication of the poet's most recent works will certainly _______ his national reputation. (1997.6)

A) magnify B) strengthen C) enlarge D) enhance

【解】选D。enhance one's reputation：提高某人的声誉。magnify：放大，扩大；strengthen：加强，巩固；enlarge：扩大，放大。

arrival [əˈraivəl] *n.* 到达，到来；到达者，到达物

【记】来自arrive(*v.* 到达)

【例】Joe's sudden *arrival* spoiled our plans. 乔的突然到来打乱了我们所有的计划。

brief [briːf] *adj.* 简短的，短暂的 *vt.* 向…介绍基本情况，做…的提要 *n.* 概要，摘要

crew	congratulation	interference	flesh	innocent	excitement
adult	enhance	arrival	brief		

【考】in brief 简言之，简单地说

【例】She'd wake up early, turn on her laptop and chat on Internet dating sites and instant-messaging programs — leaving her bed for only *brief* intervals. 她会很早醒来，在床上打开笔记本电脑，然后通过交友网站和即时消息程序聊天——只有短暂的几次从床上下来。（2010.6）//*In brief,* the President plans to cut defense spending and lower taxes. 简单地说，总统就是计划削减防御开支，降低税收。

ambition [æmˈbiʃən] *n.* 雄心，抱负，野心；期望得到的东西

【记】词根记忆：ambi（二）+tion→期望得到两倍于别人的东西→野心

词源 来自拉丁文ambio（巡回，四处走动）。古罗马的公职候选人为了争取选民投票，必须到处走动以自我宣传。18世纪以后ambition的词义逐渐扩大和升格，现在既指"野心"，也指"雄心"或"抱负"。

【题】Their diplomatic principles completely laid bare their ______ for world conquest.（2001.1）

A）admiration　　B）ambition

C）administration　　D）orientation

【解】选B。句意：他们的外交政策彻底暴露了征服世界的野心。admiration：羡慕，赞美；administration：管理，经营；orientation：方位，定位。

outline [ˈautlain] *n.* 提纲，要点；外形，略图 *vt.* 概述；描…外形（或轮廓）

【记】组合词：out（出）+line（线条）→画出线条→概述；描…外形

【例】I *outlined* their proposals on paper. 我把他们的意见概括起来写在纸上。

【辨】**outline, summary, abstract**

outline指根据原作总结要点，如重点词、短语或句子；summary指异于原文的话来概括书的内容；abstract常指对论文、法律论据等的摘要。

aeroplane [ˈɛərəplein] *n.* 飞机

【记】词根记忆：aero（天空）+plane（飞机）→飞机

fertilizer [ˈfəːtilaizə] *n.* 肥料

【记】来自fertile（*adj.* 肥沃的）

【例】*Fertilizer* will accelerate the growth of these plants. 化肥能加速这些植物的生长。

tension [ˈtenʃən] *n.* 紧张，不安；拉紧；张力，拉力

【例】Exercise is the ideal way to relieve *tension* after a hard day. 锻炼是缓解一天紧张工作的最佳方式。

petrol [ˈpetrəl] *n.* 汽油

【记】发音记忆："派车"→汽车有油才能派出→汽油

distinguish [diˈstiŋgwiʃ] *vt.* 区别，辨别；优秀；接触；荣誉，优待

【记】词根记忆：di(分开)+sting(刺)+uish→将刺挑出来→区别，辨别

【考】distinguish oneself 使杰出，使扬名；distinguish...from... 把…区分出来

【题】It is important to ______ between the rules of grammar and the conventions of written language. (2003.9)

A) determine　B) identify　C) explore　D) distinguish

【解】选D。句意：区分语法规则与书面语言规范是重要的。determine：确定，测定；identify：识别，鉴别；explore：探险，探测。

shortcoming [ˈʃɔːtˈkʌmiŋ] *n.* 短处，缺点

【记】组合词：short(短)+coming→短处

【题】His wife is constantly finding ______ with him, which makes him very angry. (2002.12)

A) errors　B) shortcomings

C) fault　D) flaw

【解】选C。find fault with sb.：挑某人毛病。error：错误，过失，误差；shortcoming：缺点，短处；flaw：瑕疵，缺点。

The supreme happiness of life is the conviction that we are loved.

生活中最大的幸福是坚信有人爱我们。

——法国小说家 雨果(Victor Hugo, French novelist)

Word List 13

词根、词缀预习表

col-, cor-	在同辅音词根前，表示“共同”	colleague	*n.* 同事，同僚
im-, in-	不，无，非；向内，进入	import	*n./vt.* 输入，进口
amat	爱	amateur	*n.* 业余爱好者
cline	倾斜	incline	*vt.* 使倾斜
liber	自由的	liberal	*adj.* 自由的，自由主义的
note	知道	notion	*n.* 概念，观念
numer	数	numerous	*adj.* 众多的
ora	嘴	oral	*adj.* 口头的，口的
sert	插，放	insert	*vt.* 插入，嵌入
-eur	（名词后缀）人	amateur	*n.* 业余爱好者

propose [prəˈpəuz] *v.* 提议，建议，提出；提名，推荐；打算，计划；求婚

【记】词根记忆：pro(提前)+pose(指出)→提议，推荐

【考】propose to do/doing 打算做某事；propose sb. for 推荐某人为…

【例】Tom *proposed* a solution to a problem at the meeting. 汤姆在会上提出了解决问题的方案。//Nobody knows how the company *proposes raising* the money. 没有人知道这家公司打算如何筹集资金。

former [ˈfɔːmə] *adj.* 在前的 *n.* 前者

【记】来自form(形成)+er(人，物)→已形成的东西→在前的

【例】the *former* Soviet Union 前苏联 //As to two men who love you, I hope you'll choose the *former*. 至于这两个爱你的男人，我希望你选择前者。

【辨】**former, preceding, previous, past**

former指过去的，只用作定语；preceding指在前的，也只作定语，是就顺序、时间先后而言的，和following相对；previous后接to表示在…之前；past则指曾经的。

consumption [kən'sʌmpʃən] *n.* 消耗(量)，消费(量)

【题】Over the past ten years, natural gas production has remained steady, but ______ has risen steadily.（2003.6）

A）dissipation B）disposal C）consumption D）expenditure

【解】选C。句意：天然气的产量在过去的十年里保持稳定，但其消耗量却在稳步上升。dissipation：挥霍，浪费；disposal：处置，安排；expenditure：花费，支出。

terminal ['tə:minəl] *adj.* 晚期的，不治的；末端的，终点的；极限的 *n.*（海、陆、空运输路线的）终点(站)；(计算机)终端；接线端

【记】词根记忆：term(边界)+inal→终端

【例】He smoked all his life and now was diagnosed with *terminal* lung cancer. 他抽了一辈子的烟，现在被诊断为肺癌晚期。

casual ['kæʒuəl] *adj.* 偶然的；非正式的；临时的，不定期的；漠不关心的，冷淡的

【记】联想记忆：平常的(usual)时候可以穿非正式的(casual)服装

【例】They fell in love with each other after a *casual* meeting. 一次偶然的相遇，他俩便坠入了爱河。//*casual* clothes 便装 //*casual* work 临时工作

tough [tʌf] *adj.* 困难的，难对付的；坚强的，能吃苦耐劳的；健壮的；坚硬的；严格的；(肉等食物)老的，硬的；粗暴的，充满暴力的

【例】It's a *tough* decision to make for the new promoted manager. 对于刚刚晋升的经理来说，这是个艰难的决定。

pursue [pə'sju:] *vt.* 继续，从事；追赶，追踪；追求

【记】发音记忆："怕羞"→尽管怕羞，她还是追求他到底→追求

【例】Why do some people *pursue* higher paying but demanding careers? 为什么一些人追逐高薪但要求苛刻的职业？（2010.12）

unexpected [ˌʌnik'spektid] *adj.* 想不到的，意外的

【例】We were talking about *unexpected* invitations from England. 我们在谈论来自英国的意外邀请。

governor ['gʌvənə] *n.* 州长；主管人员；理事，董事

【例】the board of *governors* 理事会

oral ['ɔ:rəl] *adj.* 口头的，口的

【记】词根记忆：ora(嘴)+(a)l(…的)→口的

【例】*oral* examination 口试 //the *oral* cavity 口腔

territory ['teritəri] *n.* 领土，版图；领域

【记】词根记忆：terr(地)+it+ory(地点)→地域

【例】The plane was flying over enemy *territory*. 飞机飞过敌军领土。//

consumption	terminal	casual	tough	pursue	unexpected
governor	oral	territory			

That's OK between sisters but becomes dangerous *territory* when you're talking to the children of friends or acquaintances. 这在姐妹间还好，但是当你同朋友或熟人的孩子这么说时，那就成了危险领域。(2008.12)

mere [miə] *adj.* 仅仅的，纯粹的

【记】联想记忆：仅仅(mere)在这儿(here)徘徊是不行的

【例】Now that you've got the job, the so-called interview will be a *mere* formality. 既然你已经得到那份工作了，所谓的面试将不过是形式罢了。

gross [grəus] *adj.* 总的；严重的；粗俗的，臃肿的

【记】联想记忆：草坪(grass)受严重(gross)损害

【例】*gross* language 粗鄙的语言//His *gross* income is £70 per week. 他每周总收入为70英镑。

tone [təun] *n.* 腔调，语气；音调；风格，气度；色调，明暗 *v.* 定调；装腔作势地说

【记】联想记忆：据说含一颗小石子(stone)在嘴里可以纠正发音(tone)

【考】tone down (使)缓和，柔和；tone up 增强

【例】The commander spoke in a *tone* of command. 指挥官以命令的口吻说话。

【辨】**tone, sound, voice, noise**

tone指人或物发出的声音的音调，引申为语气；sound泛指任何人或物发出的声响；voice特指人发出的声音；noise指噪音。

indication [ˌindiˈkeiʃən] *n.* 指示，表示，表明；象征，迹象

【例】If you'd rather hide your actions, that's an *indication* that you're taking a risk and rationalizing it to yourself. 如果你想隐瞒你的行为，这就表明你正在冒险，并且在找理由骗自己说，这么干是对的。(2011.12)

concerning [kənˈsəːniŋ] *prep.* 关于

【例】I'll make the decisions *concerning* my life. 我将作出关乎我一生的决定。

embrace [imˈbreis] *n./vt.* 拥抱，怀抱；包括，包围

【记】联想记忆：em(在…内)+brace(胳膊)→在胳膊里→拥抱

【例】Jack warmly *embraced* his son. 杰克热情地拥抱自己的儿子。// The word "culture" *embraces* both artistic and sociological aspects of a society. "文化"一词包含一个社会的艺术和社会学两个层面。// She held out her arms to *embrace* the little girl. 她伸出双臂来拥抱那个小女孩。

numerous [ˈnjuːmərəs] *adj.* 众多的

【记】词根记忆：numer(数)+ous(…的)→众多的

【辨】**numerous, significant, enormous**

numerous常指数目较多的；significant常作定语或表语，意为相当数量的，如：a significant number of; enormous形容体积、量度和程度大得超过惯常的标准，有异常和不相称的意味。

launch [lɔːntʃ] *v.* 发射，投射，发动；使(船)下水 *n.* 发射，(船)下水

【记】和lunch(*n.* 午饭)一起记

【考】launch into/in 使开始从事

【例】China *launched* its first manned rocket in October, 2003. 中国在2003年10月发射了第一枚载人火箭。

discount [ˈdiskaunt] *n.* (价格、债款等)折扣 *vt.* 把…打折扣；不(全)信；漠视，低估

【记】词根记忆：dis(分离)+count(计算)→不计算在内的部分→折扣

【例】Members get a 15% *discount.* 会员享受15%的折扣。//Experts *discounted* the accuracy of the polls. 专家低估了民意测验的准确性。// Everything will be sold at a *discount* on the arrival of the New Year. 新年到来之际，一切物品都将打折出售。

maintenance [ˈmeintinəns] *n.* 维持；保养；抚养费

【例】Every country plays a role in the *maintenance* of international peace and security. 每个国家在维护国际和平与安全上都发挥着作用。

incline [inˈklain] *n.* 斜坡 *vt.* 使倾斜

【记】词根记忆：in+cline(倾斜)→斜坡

【例】The telescope is *inclined* at an angle of 45 degrees. 这个望远镜的倾斜角度是45度。//I *incline* to the opinion that we should take some actions at this stage. 我倾向于这样的观点：现阶段我们应该采取一些行动。

liberal [ˈlibərəl] *adj.* 心胸宽大的，慷慨的；自由的，自由主义的

【记】词根记忆：lib(自由的)+eral→自由的，自由主义的

【考】liberal arts 文科

【例】a *liberal* donation 慷慨的捐助

lavatory [ˈlævətəri] *n.* 盥洗室，厕所

【记】词根记忆：lav(洗)+at+ory(表地点)→盥洗室

marry [ˈmæri] *v.* 娶，嫁；为…证婚；把…嫁出，为…娶亲；结婚，结合

【记】联想记忆：结婚(marry)快乐(merry)

numerous	launch	discount	maintenance	incline	liberal
lavatory	marry				

constitution [ˌkɔnstiˈtjuːʃən] *n.* 宪法，章程；组成；设立

【例】the *Constitution* of the United States 美国宪法//Congress may propose a new clause to the *Constitution* at the meeting. 在这次会议中，国会可能会提出新的宪法条款。

tolerate [ˈtɔləreit] *vt.* 忍受，容忍；容许，承认

【题】Some old people don't like pop songs because they can't ______ so much noise. (1997.1)

A) resist B) sustain C) tolerate D) undergo

【解】选C。句意：有些年纪大的人因为不能忍受吵闹而不喜欢流行歌曲。resist：抵抗，反抗，抵制；sustain：供养，维持，支持；undergo：经历，遭受。

intellectual [ˌintiˈlektʃuəl] *n.* 知识分子 *adj.* 智力的

【记】词根记忆：intel(中间)+lect(选择)+ual→能从中选择的→智力的

【例】highly qualified *intellectuals* 高级知识分子 //My *intellectual* curiosity was discouraged by my mother's misunderstanding. 我妈妈的误解阻碍了我的求知欲。

amateur [ˈæmətə] *n.* 业余爱好者；外行 *adj.* 业余爱好的，业余(身份)的；外行的

【记】词根记忆：amat(爱)+eur(表人)→有爱好的人→业余爱好者

【例】Compared to those guys, I'm an *amateur.* 与那些人相比我只是个外行。//The tournament is open not to *amateurs* but only to professionals. 这次锦标赛只针对专业选手，业余选手不能参加。

mushroom [ˈmʌʃruːm] *n.* 蘑菇 *vi.* 迅速成长(或发展)

【记】词根记忆：mush(软块)+room(房子)→蘑菇就像一个软软的房子→蘑菇

【例】Many companies *mushroomed* in this small town. 很多公司在这个小城镇里迅速发展起来。

millimetre [ˈmiliˌmiːtə] *n.* 毫米

【记】词根记忆：milli(毫，千分之一)+metre(米)→毫米

mate [meit] *n.* 伙伴，同事；配偶，配对物；(商船上的)大副 *v.* (使)成为配偶，(使)交配

【例】It's quite common for male birds to *mate* with several females. 雄鸟与几只雌鸟交配是很普遍的现象。//A male bird is singing in the tree in order to attract a *mate*. 为了吸引伙伴，一只雄鸟正在树上唱歌。

constitution	tolerate	intellectual	amateur	mushroom	millimetre
mate					

elbow [ˈelbəu] *n.* 肘，(衣服的)肘部 *vt.* 用肘部，用肘挤

【记】联想记忆：el+bow(弓)→手臂在肘部呈弓形→肘部

【例】*Elbowing* me to one side, Mike took hold of the microphone. 迈克用手肘把我推向一边拿起了麦克风。

textile [ˈtekstail] *n.* 纺织品；[*pl.*]纺织业 *adj.* 纺织的

【记】来自text(编织)+ile→纺织品

【例】Their main exports are *textiles,* especially silk and cotton. 他们主要出口纺织品，尤其是丝绸和棉花。

frame [freim] *n.* 框架，框子，构架 *vt.* 给…镶框；陷害，诬告；制定；表达

【记】联想记忆：很有名望(fame)，所以将照片镶在框(frame)里表示尊敬

【例】The man is going to get the picture *framed.* 这个人准备给这张照片镶个框。//Needham's lawyer claimed that he had been *framed* by the police. 尼达姆的律师声称他被警察诬告了。

blend [blend] *n./v.* 混合

【记】联想记忆：b+lend(借)→借来借去都混了

【例】If I went to school, I would *blend* in with everybody else. 如果我去上学，我会跟大家打成一片。

misunderstand [ˌmisʌndəˈstænd] *vt.* 误解，误会

【例】The intentions of the organizer were *misunderstood.* 组织者的意图被误解了。//What she hadn't known at the time of the interview was that the candidate's "different" behavior was simply a cultural *misunderstanding.* 她在面试时还不知道，那位应聘者的"异样"行为只不过源于一种文化误解。(2009.6)

lap [læp] *n.* 膝部；一圈，一段 *v.* (动物)舔；(波浪等)拍打

【考】lap up 热切地接受，欣然接受

【例】The sea *lapped* at their ankles. 海浪轻拍着他们的脚踝。

notion [ˈnəuʃən] *n.* 概念，观念；意图，想法，(怪)念头

【记】词根记忆：not(e)(知道)+ion(性质)→知道了→有一定概念

【题】Do you have any ______ about what living beings on other planets would be like? (1998.6)

A) ideal B) comprehension

C) notion D) intelligence

【解】选C。ideal：理想；comprehension：理解(力)；intelligence：智力，脑力。

elbow	textile	frame	blend	misunderstand	lap
notion					

hatred [ˈheitrid] *n.* 憎恶，憎恨，仇恨

【记】联想记忆：hat（看作hate讨厌）+red（红色）→因为讨厌，脸都红了→憎恨

【参】love 爱；joy 喜悦；delight 高兴；fear 恐惧；anger 怒；jealousy 嫉妒；sorrow 伤心；grief 悲痛；despair 绝望

slippery [ˈslipəri] *adj.* 滑的；狡猾的

【例】Though Oscar is *slippery*, he still gets caught. 尽管奥斯卡很狡猾，但还是被抓住了。

durable [ˈdjuərəbl] *adj.* 耐久的，耐用的

【记】词根记忆：dur（持续）+able（可…的）→持久的

【例】Plastic window frames are more *durable* than wood. 塑料制的窗框比木制窗框的使用寿命要长些。//*Durable* friendships can be very difficult to maintain. 持久的友谊很难维持。（2012.6）

inference [ˈinfərəns] *n.* 推断结果，结论；推论，推理，推断

【例】Don't make any *inferences* before the experiment. 在进行实验前不要做任何推论。

employee [ˌemplɔiˈiː] *n.* 受雇者，雇员，雇工

sausage [ˈsɔsidʒ] *n.* 香肠，腊肠

【记】联想记忆：sa（音似：啥）+us（我们）+age（年代）→我们这个年代吃啥？→香肠

theme [θiːm] *n.* 主题，题目

【记】联想记忆：the+me→就是我→我就是主题

【例】the *theme* song 主题曲//Boys in mixed schools view classical music as feminine and prefer the modern genre in which violence and sexism are major *themes*. 在混合学校中，男生会觉得古典音乐只有女孩子才喜欢，他们更喜欢以暴力和大男子主义为主题的现代音乐。（2011.12）

colleague [ˈkɔliːg] *n.* 同事，同僚

【记】联想记忆：col（共同）+league（联盟）→工作于同一个联盟→同事

【例】Tian Xu directs a research center focused on the genetics of human disease at Shanghai's Fudan University, in collaboration with faculty *colleagues* from both schools. 许田在复旦大学负责一个人类疾病遗传学研究中心，与来自两所院校的教研同事一起合作。（2007.12）

hatred	slippery	durable	inference	employee	sausage
theme	colleague				

dramatic [drəˈmætik] *adj.* 引人注目的，激动人心的；戏剧的

【例】Computers have brought *dramatic* changes to the workplace. 电脑给人们的工作环境带来了翻天覆地的变化。//In the wake of September 11, changes in the visa process caused a *dramatic* decline in the number of foreign students seeking admission to U.S. universities. 911事件之后，签证流程的改变导致申请美国大学的外国学生数量锐减。(2007.12)

patience [ˈpeiʃəns] *n.* 忍耐，耐心

【记】来自patient(*adj.* 耐心的)

【例】This type of medical research requires enormous *patience*. 这种类型的医学研究需要很大的耐心。

spacecraft [ˈspeiskrɑːft] *n.* 航天器，宇宙飞船

【记】组合词：space(太空)+craft(技术)→太空技术→航天器

preserve [priˈzəːv] *vt.* 保护，维持；保存，保藏；腌制

【记】词根记忆：pre(前面)+serve(服务)→提前提供服务→保护，保藏

【例】We write to *preserve* our family histories so our children and grandchildren can learn and appreciate their heritage. 我们通过书面记录来保存家族的历史，以便子孙后代能够学习并充分理解祖先的遗产。(2010.12)

import [imˈpɔːt] *vt.* 输入，进口

[ˈimpɔːt] *n.* 输入，进口；进口商品；意义，重要性

【记】词根记忆：im(进入)+port(拿，运)→进口，输入

【例】Most of the wines in this shop are *imported* from France. 这家商店里的大部分酒都是从法国进口的。

bankrupt [ˈbæŋkrʌpt] *adj.* 破产的

【记】联想记忆：bank(银行)+rupt(打破)→银行里的账户被打破了→破产的

词源 源自意大利文banca rotta，字面意思是破凳子。古代的兑钱者都是在市场、庙宇等公众场合摆个桌子或长条凳子替人换钱。他们同时也放高利贷，如果借高利贷的人还不出钱或者死掉了，兑钱者也无法偿还借资本给他的后台老板，于是后台老板就到市场里把兑钱台砸掉。

【例】The firm went *bankrupt* before the building work was completed. 建筑工程还没有完工这家公司就破产了。

cartoon [kɑːˈtuːn] *n.* 卡通画，幽默画；动画片，卡通片

【记】发音记忆："卡通"

□ dramatic	□ patience	□ spacecraft	□ preserve	□ import	□ bankrupt
□ cartoon					

alliance [əˈlaiəns] *n.* 结盟，联盟

【记】联想记忆：alli(看作ally联盟)+ance(表状态)→结盟，联盟

【例】military *alliance* 军事联盟//Countries seek to become stronger through *alliance*. 各国力求通过结盟而变得更加强大。

romantic [rəˈmæntik] *adj.* 浪漫的，多情的；有浪漫色彩的，传奇性的；不切实际的，空想的

【记】发音记忆："罗曼蒂克"

【例】I wish you'd be more *romantic*, such as giving me some flowers. 我希望你更浪漫一点，比如送我一些鲜花之类的。

barrel [ˈbærəl] *n.* 桶，圆筒；枪管

【记】联想记忆：bar(横木)+rel→横木围住的桶

【例】Ben pored a big *barrel* of water into his mouth. 本把一大桶水倒进自己的嘴里。

theoretical [θiəˈretikəl] *adj.* 理论(上)的

【例】This new teacher has *theoretical* knowledge of teaching, but no practical experience. 这位新教师具备教学方面的理论知识，但是没有实际经验。

stack [stæk] *n.* 堆，垛 *vt.* 堆积，堆放于

【记】联想记忆：库存(stock)一堆(stack)商品

【例】Dishes are *stacked* up in a drying rack. 盘子被叠放在一个烘干架里。

settle [ˈsetl] *v.* 安排，安放；调停；支付，核算；安家；(鸟等)飞落，停留；安定

【记】联想记忆：set(放置)+tle→安放，放置

【考】settle down定居，过安定的生活；平静下来，定下心来；settle for勉强认可；settle in(to)在新居安顿下来；适应新环境(或新工作)；settle up付清(欠账等)，结清(账目)；settle on/upon选定，决定

【例】I think it's time for you to *settle down*. 我认为该是你安定下来的时候了。

hopeful [ˈhəupfəl] *adj.* 有希望的

【例】Everyone is feeling *hopeful* about the future. 每个人对未来都充满希望。

criminal [ˈkriminəl] *n.* 犯人，罪犯，刑事犯 *adj.* 犯罪的，刑事的

【例】habitual *criminals* 惯犯 //*criminal* behaviour 犯罪行为

insert [inˈsəːt] *vt.* 插入，嵌入；登载

【记】词根记忆：in(进入)+sert(插，放)→插入，嵌入

【考】insert... between 在…之间插入(某物)

alliance	romantic	barrel	theoretical	stack	settle
hopeful	criminal	insert			

【例】The manager *inserted* a new clause into the contract. 经理在合同里插入一项新条款。

specifically [spiˈsifikəli] *adv.* 特别地，特定地；明确地，具体地

accuse [əˈkjuːz] *vt.* 指责，归咎于

【记】词根记忆：ac(加强)+cuse(理由)→有理由指责别人

【考】accuse sb. of doing sth. 指控某人…

【辨】**accuse, charge**

accuse最常用，正式或非正式、官方或个人都可用；charge较正式，通常用在法庭上，引申为"谴责"，另外在表示"指控某人…"时，用charge sb. with doing sth.。

【题1】The soldier was _______ of running away when the enemy attacked.（1997.6）

A）scolded B）charged C）accused D）punished

【解】选C。be accused of为固定搭配：被指控。句意：该士兵因敌人来袭时逃跑而受到指控。scold：斥责，后跟for；charge：指责，与with搭配；punish：惩罚，与for搭配。

【题2】The shop assistant was dismissed as she was ______ of cheating customers.（2002.12）

A）accused B）charged C）scolded D）cursed

【解】选A。句意：这名店员由于被控欺骗顾客而被解雇。curse：诅咒，咒骂。

reveal [riˈviːl] *vt.* 揭露，泄露；展现，显示

【记】联想记忆：re(相反)+veal(看作veil面纱)→除去面纱→揭露，展现

【例】A person's hair may *reveal* where they have lived. 一个人的头发可以显示他曾在哪里生活过。（2009.6）

【辨】**reveal, uncover, expose**

reveal指揭示、显示隐藏着的秘密的东西；uncover指暴露隐秘的东西；而expose一般是对丑恶的揭露且会给被揭露者带来不好的影响。

【题】I hate people who _______ the end of a film that you haven't seen before.（1997.6）

A）reveal B）rewrite C）revise D）reverse

【解】选A。句意：我讨厌那种在别人看一部新电影之前就把电影的结局公布于众的人。rewrite：重写；revise：修订，修改；reverse：颠倒。

pack [pæk] *v.* 捆扎，（把…）打包；（使）挤在一起，塞满 *n.* 包，小盒

【考】pack away 把…收起来放好；pack in 停止，放弃，结束；挤进，塞进；pack off 送出，把…打发走；pack up 把…收拾起来放好

【例】The suit has been *packed away* for months, and I can't find it now. 那套衣服已经收起来好几个月了，我现在找不到了。

guilty [ˈgilti] *adj.* 内疚的；有罪的

【例】Cheating destroys self-respect and integrity, leaving the cheater ashamed, *guilty*, and afraid of getting caught. 作弊会摧毁一个人的自尊和诚实，会让作弊者感到惭愧、内疚，以及害怕被抓到。（2011.12）

【辨】**guilty, criminal**

guilty可指行为触犯法律，也可指内心有负罪感；criminal指触犯法律，违法。

payment [ˈpeimənt] *n.* 支付，支付的款项

offensive [əˈfensiv] *adj.* 冒犯的，无礼的，使人不快的；进攻的，攻击性的 *n.* 进攻，攻势

【例】an *offensive* gesture 冒犯性的手势 //*offensive* weapons 攻击性武器

If you put out your hands, you are a laborer; if you put out your hands and mind, you are a craftsperson; if you put out your hands, mind, heart and soul, you are an artist.

如果你用双手工作，你是一个劳力；如果你用双手和头脑工作，你是一个工匠；如果你用双手和头脑工作，并且全身心投入，你就是一个艺术家。

——美国电影 *American Heart and Soul*

Word List 14

arch, archy	统治者，统治；主要的	architect	*n.* 建筑师，缔造者
cap(t), cep(t), ceive, cip	拿，抓，握住	capture	*vt.* 捕获，俘获
junct	连接，联合	conjunction	*n.* 接合，连接
lect	选择	elect	*v.*（进行）选举，推选，选择
liqu	液体	liquid	*adj.* 液体的；流畅的
pon	放置	opponent	*n.* 对手，敌手
-ant	（形容词和名词后缀）…的；人、物	relevant	*adj.* 有关的；切题的
-ward	（形容词、副词后缀）方向，方位	downward	*adj.* 向下的

elect [iˈlekt] *v.* （进行）选举，推选；选择

【记】词根记忆：e(出)+lect(选择)→选举，选出

【例】Members of legislature are *elected* by the people to enact laws. 立法机构的成员由民众选举产生，他们负责制定法律。

【辨】**elect, choose, select, pick**

elect作选择讲时较书面化；choose强调个人意愿的选择；select指从大量事物中精挑细选；pick选择对象一般为物，有"挑剔"的意思。

downward [ˈdaunwəd] *adj.* 向下的 *adv.* 向下地

【记】词根记忆：down(向下的)+ward(方向)→向下的

liquid [ˈlikwid] *n.* 液体 *adj.* 液体的；清澈的；流畅的

【记】词根记忆：liqu(液体)+id→液体的

【例】*liquid* mud 稀泥//a *liquid* sky 明朗的天空

clue [kluː] *n.* 线索，暗示，提示

【记】发音记忆："刻录"→一张刻录光盘给警方新的线索

【例】Read the heading, you'll catch the rough *clue* of this chapter. 读读标题，你就能领会该章节的大致内容。

jazz [dʒæz] *n.* 爵士音乐，爵士舞曲

【记】发音记忆："爵士"

conjunction [kən'dʒʌŋkʃən] *n.* 接合，连接，联合；连(接)词

【记】词根记忆：con(加强)+junct(连接，联合)+ion→连接，联合

【考】in conjunction with 与…共同，连同

【例】Seat belts are more effective when used *in conjunction with* air bags. 安全带和安全气囊一起使用效果更好。

lord [lɔːd] *n.* 领主，君主，贵族

【记】the Lord 指"上帝"

therapy ['θerəpi] *n.* 治疗，理疗

【例】radiation *therapy* for cancer treatment 治疗癌症的放化疗 // There can be no simple *therapy* for psychological problems. 心理问题没有简单的治疗方法。(2010.6)

cease [siːs] *v.* 停止，终止

【记】联想记忆：c+ease(安逸，安心)→生于忧患，死于安乐→停止，终止

【例】The factory will have to *cease* their production next week. 工厂将不得不于下周停产。

variable ['vɛəriəbəl] *adj.* 易变的 *n.* 变量

【例】Interest rates can be highly *variable*. 利率非常易变。// Temperatures are *variable* according to the weather in different seasons. 气温根据不同季节的天气而变化。

identity [ai'dentiti] *n.* 身份；个性，特性；同一性，一致性

【记】词根记忆：i+dent(牙齿)+ity(表性质)→通过牙齿来确定身份

【题】The police are trying to find out the ______ of the woman killed in the traffic accident. (2002.12)

A) evidence B) recognition C) status D) identity

【解】选D。句意：警察正在尽力查出那个在交通事故中丧生的妇女的身份。evidence：证据，根据；recognition：识别，公认；status：(强调社会、职位、法律等的)地位。

obligation [ˌɔbli'geiʃən] *n.* 义务，责任

【记】来自oblige(*vt.* 迫使)

【题】Parents have a legal ______ to ensure that their children are provided with efficient education suitable to their age. (1997.6)

A) impulse B) influence C) obligation D) sympathy

【解】选C。a legal obligation：法律上的责任。impulse：推动，驱使；influence：影响；sympathy：同情心。

jazz	conjunction	lord	therapy	cease	variable
identity	obligation				

relativity [ˌreləˈtiviti] *n.* 相对论；相关性

consult [kənˈsʌlt] *vt.* 请教；查阅；商议

【记】联想记忆：不顾侮辱(insult)，不耻请教(consult)

【例】The president *consults* the new word in the dictionary. 校长在字典里查这个新词。

【题】Please ______ dictionaries when you are not sure of word spelling or meaning. (2004.6)

A) search B) seek C) inquire D) consult

【解】选D。句意：遇到拼写或词义问题时请参照字典。search：搜索；seek：寻找；inquire：询问。

anyway [ˈeniwei] *adv.* 无论如何，至少；不论以何种方式，无论从什么角度

【例】Peter was that much to the good, *anyway*. 总之，彼得就只有这么多优点了。

indirect [ˌindiˈrekt] *adj.* 间接的，婉转的

【记】组合词：in(不)+direct(直接的)→间接的

【例】an *indirect* route 迂回路线//The link between university-based science and industrial application is often *indirect* but sometimes highly visible. 以大学为基础的科学和工业应用间的联系通常是间接的，但有时也会非常明显。(2007.12)

agent [ˈeidʒənt] *n.* 代理人，代理商；政府代表；原因；剂

【记】来自agency(*n.* 代理)；注意：agent 还有"剂"的意思

【例】The *agent* was chewing a cigar and sat behind his desk. 代理商正叼着雪茄，坐在桌子后面。//Soap is a cleansing *agent*. 肥皂是一种清洗剂。

scan [skæn] *vt.* 细看，审视；扫描，浏览 *n.* 扫描

【记】发音记忆："四看"→四处看→扫描

【题】The captain ________ the horizon for approaching ships. (1998.1)

A) scanned B) scrutinized C) explored D) swept

【解】选A。scrutinize：仔细检查；explore：探测；sweep：扫视，搜索。

lemon [ˈlemən] *n.* 柠檬(树); 柠檬黄, 淡黄色

【记】发音记忆:"柠檬"

opponent [əˈpəunənt] *n.* 对手, 敌手, 对抗者

【记】词根记忆: op(相反)+pon(位置)+ent(人)→立场不同的人→对手, 对抗者

【例】Tom taught me how to use an *opponent*'s strength to fight against himself. 汤姆教我如何以其人之道还治其人之身。

climate [ˈklaimit] *n.* 气候; 风土, 地带; 风气, 气氛

【例】*climate* change 气候变化 //Small businesses are finding it hard to survive in the present economic *climate*. 小企业发现在当前的经济形势下很难生存下去。//It was found that human-influenced *climate* change was raising the global death rates from illnesses including malnutrition and heat-related health problems. 据发现, 由人类影响所致的气候变化导致全球疾病死亡率有所上升, 这些疾病包括营养不良以及与高温相关的健康问题。(2011.6)

【辨】**climate, weather**

climate气候, 指地区固有的天气状况; 而weather则指特定地区较短时间内的气候变化。

addition [əˈdiʃən] *n.* 加; 附加物

【记】来自add(加)+ition(表名词)→加, 加法

【考】in addition to 除…之外; in addition 另外, 加之

【例】Alex has to do all the housework *in addition to* holding down a full-time job. 亚历克斯除了全职工作外, 还要操心所有的家务。

architect [ˈɑːkitekt] *n.* 建筑师, 设计师, 缔造者

【记】词根记忆: arch(统治者)+i+tect(遮蔽)→统治修建遮身之处的人→建筑师

integrate [ˈintigreit] *v.* (使)成为一体, (使)合并

【记】词根记忆: integr(完整)+ate→完整化→(使)成为一体

【考】integrate into/with 使与…结合

【例】Transport planning should be *integrated with* energy policy. 运输计划编制应该和能源政策相统一。

exterior [ikˈstiəriə] *adj.* 外部的, 对外的 *n.* 外部, 外表

【记】联想记忆: 金玉其外(exterior), 败絮其中(interior)

【例】The *exterior* walls need a new coat of paint. 外面的墙需要重新粉刷一下。//the *exterior* of the factory 工厂的外观

【辨】exterior, external, outer, outside, outward

exterior指物体表面或其范围之内的区域；external指存在于某物之外的部分；outer指远离中心和内部的外层；outside指物体表皮或外在部分；outward指向外的。

thereby [ˌðɛə ˈbai] *adv.* 因此，从而，由此

【例】Rob bought his sister a gift, *thereby* avoiding her crying. 罗布送给他妹妹礼物才让她停止了哭泣。

therefore [ˈðɛəfɔː] *adv.* 因此，所以

【题】John seems a nice person. ________, I don't trust him.（1997.6）

A）Even though　　B）Even so

C）Therefore　　D）Though

【解】选B。even so：即便如此。句意：约翰看上去是个好人，即便如此，我还是不信任他。even though：尽管（连词，引导让步状语从句）；therefore：因此，所以；though：虽然，尽管。

handful [ˈhændful] *n.* 一把，少数，一小撮

loyal [ˈlɔiəl] *adj.* 忠诚的，忠心的

【记】联想记忆：对皇家的（royal）事情是忠诚的（loyal）

【考】be loyal to 忠诚于…

【例】a *loyal* companion 忠诚的伙伴

furthermore [ˈfəːðəmɔː] *adv.* 而且，此外

【记】组合词：further（更远的；促进）+more→而且

【例】The house is too small, and *furthermore*, it's too far from the school. 这座房子太小，而且离学校太远了。

insurance [inˈʃuərəns] *n.* 保险，保险费

【记】来自insure（*v.* 保险）

【例】I have no money or *insurance* to get professional help; I can't even pay my mortgage and face losing everything. 我没有钱也没有保险来获得专业人士的帮助，我甚至不能支付我的抵押贷款。我面临着失去一切的困境。（2010.6）

category [ˈkætigəri] *n.* 种类，类，类别

【记】词根记忆：cate（下面）+gory→向下细分→类，种类

【例】people in the over-45 age *category* 年龄在45岁以上的人群 // This allows job seekers the same visibility as those in the standard posting *category* without any of their contact information being displayed. 这让求职者简历的可见度与标准发布的简历相同，但不用公开他们的联系方式。（2007.6）

thereby	therefore	handful	loyal	furthermore	insurance
category					

refine [riˈfain] *vt.* 精炼，精制，提纯；使优美，使完善

【记】词根记忆：re(一再)+fine(纯的，精美的)→提纯，精炼

【例】Database helps him *refine* his searches. 数据库可以帮助他简化搜索工作。

thick [θik] *adj.* 厚的，密的，浓的；（说话）不清楚的，口音重的 *adv.* 厚厚地

【例】Mary has *thick*, wavy brown hair. 玛丽留着浓密的棕色卷发。//*thick* and fast 大量而急速地；频频

minority [maiˈnɔriti] *n.* 少数，少数民族

【题】Most nurses are women, but in the higher ranks of the medical profession women are in a ________. (1997.6)

A) scarcity　　B) minority　　C) minimum　　D) shortage

【解】选B。in a minority：占少数。scarcity：缺乏，不足；minimum：最低限度；shortage：缺少，缺乏。

sorrow [ˈsɔrəu] *n.* 悲痛，悲哀，悲伤；伤心事，不幸的事

【例】*Sorrow* is at parting if at meeting there be laughter. 离别多愁绪，相见尽欢颜。

thinking [ˈθiŋkiŋ] *n.* 想法，意见，见解 *adj.* 深思的，有理性的

【记】注意thinking还有形容词“深思的，有理性的”之意

【例】The Administration's *thinking* changed as the war progressed. 政府的想法随着战争的推进而变化着。//All *thinking* people must hate violence. 但凡理性之人都会憎恶暴力行为。//The effects of positive *thinking* vary from person to person. 积极思考的影响因人而异。(2010.6)

quiz [kwiz] *n.* 智力竞赛，问答比赛；小测验 *vt.* 考查，盘问

【记】联想记忆：他最终放弃(quit)了智力竞赛(quiz)

【例】The man has been *quizzed* about the murder by the police, but he has yet been charged. 警方就谋杀案对这个人进行了盘问，但是他并没有被起诉。//As usual the teacher gave us a *quiz* on the knowledge we studied yesterday. 跟平时一样，老师对我们昨天学习的知识进行了一个小测验。

airplane [ˈεəplein] *n.* 飞机

【记】组合词：air(空中)+plane(飞机)→飞机

thirsty [ˈθəːsti] *adj.* 渴的；渴望的

【考】thirsty for 渴望的，渴求的

【例】Although hungry and *thirsty*, all staff kept working overtime. 尽管又渴又饿，所有员工仍然坚持加班工作。

objection [əbˈdʒekʃən] *n.* 反对，异议；反对的理由

【例】That she made no *objection* to my smoking makes me upset. 她没有反对我吸烟，这让我很不安。

platform [ˈplætfɔːm] *n.* 平台，站台，讲台；（政党的）纲领，宣言

【记】词根记忆：plat(平的)+form(形态)→平台，讲台

【例】The train slowly drew into the *platform* crowded with people. 火车缓慢驶入了人潮拥挤的站台。

merchant [ˈməːtʃənt] *n.* 商人

【记】词根记忆：merc(贸易)+hant→商人

fertile [ˈfəːtail] *adj.* 肥沃的，多产的；（想象力或创造力）丰富的

【记】词根记忆：fer(带来，结果)+tile→可带来果实的→多产的

【例】*fertile* imagination 丰富的想象力//This area is a *fertile* breeding ground for political extremism. 这个地区是滋生政治极端主义的温床。

particularly [pəˈtikjuləli] *adv.* 特别，尤其

【记】来自particular(*adj.* 特别的)

【例】The restaurant is *particularly* popular with young people. 这家餐馆尤其受年轻人的欢迎。

division [diˈviʒən] *n.* 分，分配；除法；分歧；分裂

【记】词根记忆：di+vis(看)+ion→能让人看明白的分配方案

【例】Social *divisions* will break down if people get to know each other. 如果人们彼此了解，那么社会分化将不会存在。(2012.6)

crisis [ˈkraisis] *n.* 危机，存亡之际；关键阶段

【记】联想记忆：cri(看作cry哭)+sis(看作SOS求救信号)→哭喊着发求救信号→危机

【例】a major political *crisis* 一场重大的政治危机//Millions of American families may now be in the initial stage of their responses to the current *crisis*. 如今，数百万美国家庭可能正处于应对当前危机的初始阶段。(2012.6)

thorough [ˈθʌrə] *adj.* 彻底的，详尽的

【例】I want to give my room a *thorough* cleaning. 我想把房间彻底打扫一下。

forth [fɔːθ] *adv.* 向前，向外，往外

【考】and so forth 等等

【例】I came to know him, including his habits, his values *and so forth*. 我逐渐了解了他，包括他的习惯、价值观等等。

observer [əbˈzəːvə] *n.* 观察员，观察者

objection	platform	merchant	fertile	particularly	division
crisis	thorough	forth	observer		

retreat [ri'triːt] *n./vi.* 退却，撤退；规避，退缩

【记】词根记忆：re(向后)+treat(=tract拉拽)→向后拉→撤退，退却

【例】Harrison slows down his *retreat*. 哈里森放慢了撤退的脚步。

relevant ['relivənt] *adj.* 有关的，切题的

【记】词根记忆：re(一再)+lev(举)+ant(…的)→不要一再抬高，要切题一些→切题的

【例】The best solution is an email address that is *relevant* to the job you are seeking such as salesmgr2004@provider.com. 最好的解决方法就是使用一个与你求职目标相关的电子邮箱名称，例如salesmgr2004@provider.com。(2007.6)

precision [pri'siʒən] *n.* 精确(性)，精密(度)

admit [əd'mit] *vt.* 承认，供认；准许…进入

【记】词根记忆：ad+mit(送)→能送进去→准许…进入

【例】"We had not been clear about what the new products were and how people could choose to use them or not to use them," Schrage *admits*. 施拉格承认："我们还不明白这些新产品是什么，以及人们如何选择是否使用它们。"(2012.6)

jungle ['dʒʌŋgəl] *n.* 丛林，密林，莽丛；乱七八糟的一堆

thoughtful ['θɔːtful] *adj.* 沉思的；体贴的

【例】a *thoughtful* look 沉思的表情//It's very *thoughtful* of you to send so precious a gift for my birthday. 你真体贴，送了我这么珍贵的生日礼物。

apartment [ə'pɑːtmənt] *n.* 一套公寓房间

【记】联想记忆：apart(分离)+ment→单独分离出来的一套房

【例】But functioning fireplaces remain to this day a powerful selling point in a house or *apartment*. 但是能正常使用的壁炉直到今天仍然是一栋房子或公寓的强大卖点。(2014.6)

afterward ['ɑːftəwəd] *adv.* 后来，以后

【记】词根记忆：after(后面的)+ward(方向)→后来，以后

【例】Susan called him *afterward* a sneaking tradesman. 苏珊后来就叫他地下商人。

entire [in'taiə] *adj.* 全部的，整个的

【记】联想记忆：en(包围)+tire(累的)→整个人都累垮了→整个的

【例】the *entire* human race 全人类

【辨】**entire, complete, whole, total**

entire除有以上词义外，还包含"不可再增加"的意思；complete指整体的各部分完整无缺；whole可与entire互换；total指数目、数量等总额。

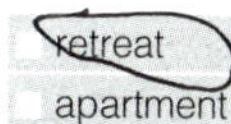

retreat	relevant	precision	admit	jungle	thoughtful
apartment	afterward	entire			

carbon [ˈkɑːbən] *n.* 碳

【例】*carbon* dioxide 二氧化碳

chamber [ˈtʃeimbə] *n.* 会议室，会所；（做特殊用途的）房间；腔，室

【例】When they woke up they found themselves in a vast underground *chamber*. 当他们醒来时，发现自己身处一个巨大的地下室里。

realm [relm] *n.* 界，领域，范围；王国，国度

【记】联想记忆：real（真正的）+m→真正的好东西（如音乐、艺术）无国界→领地，范围

ratio [ˈreiʃiəu] *n.* 比，比率

【例】The *ratios* of 1 to 5 and 2 to 10 are the same. 1与5之比和2与10之比相同。

capture [ˈkæptʃə] *vt.* 捕获，俘获；夺得

【记】词根记忆：capt（抓）+ure（表行为）→抓住→捕获

【例】If you *capture* the fleeting thought and simply share it with the world in raw form, no one is likely to understand. 如果你抓住了这些稍纵即逝的想法，而且只以其原始的形式与世人分享，或许没有人能够理解它们。（2007.6）

baseball [ˈbeisbɔːl] *n.* 棒球

boring [ˈbɔːriŋ] *adj.* 令人厌烦的；乏味的，无聊的

【记】来自bore（*v.* 使厌烦）

【例】Her husband is about the most *boring* person I've ever met. 她的老公是我见过的最无聊的人。//Many students find Prof. Johnson's lectures *boring*. 许多学生都认为约翰逊教授的讲座很枯燥。（2010.6）

crowd [kraud] *n.* 群，一批 *v.* 聚集；挤满

【记】联想记忆：crow（乌鸦）+d→像乌鸦一样成群的

【例】There was a big *crowd* and we had difficulty in getting a taxi. 人群非常拥挤，我们很难叫到计程车。//We all *crowded* round the table. 我们全都围着桌子挤成一团。

sample [ˈsæmpl] *n.* 样品，试样，样本 *vt.* 从…抽样（试验或调查）；品尝，体验

【记】联想记忆：简单的（simple）样品（sample）

【例】Doctors will take *samples* of your blood. 医生将对你的血液进

carbon	chamber	realm	ratio	capture	baseball
boring	crowd	sample			

行采样。//I have little choice but to *sample* your beans. 我几乎别无选择，只能选你的豆作为样品。

estate [iˈsteit] *n.* 土地，住宅区；地产，财产，遗产；庄园，种植园

【记】词根记忆：est(存在)+ate→实物→财产，地产

【例】industrial *estate* 工业区 //real *estate* 房地产

threat [θret] *n.* 威胁，恐吓；凶兆，征兆

【例】The army was forced to *retreat* back down the mountain on account of darkness. 由于天黑，军队被迫撤回到山下。//The ancient temple is under *threat* from new development of the city. 古老的寺庙因城市的新发展而受到威胁。

reliable [riˈlaiəbl] *adj.* 可靠的，可依赖的

【记】来自rely(信赖)+able(能…的)→可依赖的

【例】Mr. White doesn't seem very *reliable*. 怀特先生看上去不那么可靠。//They are looking for someone who is *reliable* and hard-working. 他们在寻找既可靠又勤奋的人。

Jovons saw the kettle boil and cried out with the delighted voice of a child; Marshal too had seen the kettle boil and sat down silently to build an engine.

杰文斯看见壶开了，高兴得像孩子似地叫了起来；马歇尔也看见壶开了，却悄悄地坐下来造了一部蒸气机。

——英国经济学家 凯恩斯(John Maynard Keynes, British economist)

Word List 15

sus-	在…下面	suspect	*vt.* 怀疑，推测
trans-	横过，越过；变换，改变；转移	transmit	*vt.* 传送，传递
craft	技术	aircraft	*n.* 飞机，飞行器
duc, duct	引导，带来	conduct	*n.* 指导，管理
min	伸出，突出	prominent	*adj.* 突出的，杰出的
miss, mit	送，放出	dismiss	*vt.* 解雇，解散
tend, tent	伸展	extend	*v.* 扩大，伸展
-able	（形容词后缀）可…的，能…的，具某种性质的	comparable	*adj.* 可比较的，比得上的

constant [ˈkɔnstənt] *adj.* 经常的，不断的，连续发生的；永恒的；忠实的，忠诚的 *n.* 常数，恒量

【记】词根记忆：con(共同)+stant(站，立)→永远站在一起→永恒的

【例】*Constant* dropping wears away a stone. 滴水穿石。//a *constant* friend 一个忠实的朋友

sustain [səˈstein] *vt.* 保持，使持续下去；供养，维持(生命等)；支持，支撑；经受，遭受

【记】词根记忆：sus(在…下面)+tain(保持)→保持；供养

【例】The floor cannot *sustain* the weight of a piano. 地板无法支撑钢琴的重量。//The company has *sustained* heavy financial losses this year. 这家公司今年遭受了重大经济损失。//The problem is that such an impulse is hard to *sustain*. 问题是，这样的冲劲很难维持。(2012.6)

horsepower [ˈhɔːsˌpauə] *n.* 马力

【记】组合词：horse(马)+power(力量)→马力

suspicion [səˈspiʃən] *n.* 怀疑，疑心，猜疑；一点儿，少量

【例】The thief was wondering how he could leave early without arousing anyone's *suspicions*. 小偷在想该如何提前离开还不让别人起疑心。

prospect [ˈprɔspekt] *n.* 前景，前途，(成功等的)可能性；景象，景色；可能成为主顾的人，有希望的候选人 *v.* 勘探

【记】词根记忆：pro(向前)+spect(看)→向前看→前景

【考】prospect for 勘探，勘察

【题】The ______ of finding gold in California attracted a lot of people to settle down there. (2003.6)

A) prospects B) speculations C) stakes D) provisions

【解】选A。句意：在加利福尼亚找到金子的期望吸引很多人到那里定居。speculation：投机，思索；stake：赌注；provision：供应，预备。

conduct [ˈkɔndʌkt] *n.* 举止，行为；指导；管理(方式)，实施(方式)
[kənˈdʌkt] *vt.* 进行；管理，指挥；引导；传输，传导(热、电等)

【记】词根记忆：con(加强)+duct(引导)→引导

【考】conduct oneself (行为)表现；a man of good conduct 品行端正的人

【例】an inquiry into the *conduct* of the police 对警察行为的调查 // The waiter *conducted* me to the door. 服务生把我领到门口。// Aluminium, being a metal, readily *conducts* heat. 铝作为一种金属具有很好的导热性。

lawn [lɔːn] *n.* 草地，草坪，草场

【记】联想记忆：law(法律)+n(像一个门)→很多人乱踏草坪，所以要运用法律制造一道保护的门→草坪

transmit [trænzˈmit] *vt.* 传送，传递；传染；播送，发射

【记】词根记忆：trans(穿过)+mit(送)→送过去→传送

【题】Some diseases are ______ by certain water animals. (2000.1)

A) transplanted B) transformed
C) transported D) transmitted

【解】选D。句意：某些疾病是由一些水生动物传播的。transplant：(器官的)移植；transform：改变；transport：运输。

pollution [pəˈluːʃən] *n.* 污染，污染物

【例】The association's aim is to strive for reducing levels of environmental *pollution*. 该协会的任务是努力降低环境污染的程度。

slip [slip] *v.* 滑跤，滑落，溜；下降，跌落；悄悄放进 *n.* 疏漏，差错

【记】联想记忆：s+lip(嘴唇)→从唇边滑落→滑落

【考】give...the slip 避开，甩掉；let slip sth. 错过(机会等)；流露；slip up 失误，出差错

【例】I cannot help *letting slip* the happiness in my heart. 我按捺不住

内心的喜悦。//We'll just have to hope that the other teams *slip up*. 我们只能寄希望于其他队伍出现失误。

influential [ˌinfluˈenʃəl] *adj.* 有影响的；有权势的

【记】来自influence(*n./v.* 影响)

【例】an *influential* film critic 一个有影响力的电影评论家//Last year the *influential* trade show Designers & Agents stopped charging its participation fee for young green entrepreneurs. 去年，颇具影响力的“设计师与代理商”贸易展览会不再向年轻的绿色企业家收取入场费。(2009.6)

handle [ˈhændl] *n.* 柄，把手 *v.* 拿，触；操作，处理

【记】来自hand(手)+le→方便手操作的东西→操作

【例】Some customers are quite difficult to *handle*. 一些顾客很难对付。//A new set of considerations has come to the fore as part of the debate about how we *handle* children. 一些新的顾虑已经变得更加重要，成为应该如何对待孩子的争论的一部分。(2008.12)

threaten [ˈθretn] *v.* 威胁，恐吓；预示(危险)快要来临，是…的征兆；构成威胁，可能发生

【例】The lion felt that its offspring were *threatened*. 这头狮子感觉到它的孩子们受到了威胁。

aircraft [ˈɛəkrɑːft] *n.* 飞机，飞行器

【记】组合词：air(空中)+craft(船)→空中的船→飞机，飞行器

thrive [θraiv] *vi.* 兴旺，繁荣，旺盛

【记】联想记忆：th+rive(看作river河)→《清明上河图》描绘了宋代市集的繁荣景象→繁荣

【例】The companies will survive and *thrive*. 这些公司会存活下来，走向繁荣。

harm [hɑːm] *n.* 伤害，损害 *vt.* 损害

【例】The most important consideration is that the environment is not *harmed*. 最重要的考虑事项就是不损害环境。//There are many examples of the vast *harm* that is caused when individuals forget or ignore the effect their dishonesty can have. 人们忘记或忽略他们的不诚实可能造成的影响时，会导致巨大的伤害，这样的例子有很多。(2011.12)

similarly [ˈsimiləli] *adv.* 类似地，相似地

prominent [ˈprɔminənt] *adj.* 突出的，杰出的；突起的，凸出的

【记】词根记忆：pro(向前，在前)+min(伸出，突出)+ent(…的)→突出的

□ influential	□ handle	□ threaten	□ aircraft	□ thrive	□ harm
□ similarly	□ prominent				

【题】The most ________ technological success in the twentieth century is probably the computer revolution.（1996.6）

A）prominent B）prosperous C）solemn D）prevalent

【解】选A。prosperous：繁荣的，兴旺的；solemn：庄严的，肃穆的；prevalent：流行的，普遍的。

signal [ˈsignəl] *n.* 信号，暗号；标志，表示 *vt.*（向…）发信号；标志着 *adj.* 显著的，重大的

【记】来自sign（*n.* 标记）

【例】You mustn't fire without my *signal.* 没有我的指示，你不能开枪。//This is to *signal* a new beginning for you. 这标志着你将有一个新的开始。

encourage [inˈkʌridʒ] *vt.* 鼓励，怂恿；促进，助长，激发

【记】联想记忆：en（使…）+courage（精神）→使有精神→鼓励

【例】Cigarette machines in the streets will only *encourage* more teenagers to smoke. 街旁的香烟贩卖机只会导致更多的青少年开始抽烟。

recession [riˈseʃən] *n.*（经济的）衰退，衰退期

【记】词根记忆：re（反）+cess（行走）+ion→向后走→倒退，衰退

【考】economic recession 经济衰退

【题】We should concentrate on sharply reducing interest rates to pull the economy out of ______.（2003.6）

A）rejection B）restriction C）retreat D）recession

【解】选D。句意：我们应该集中全力大幅降低利率，以阻止经济衰退。rejection：拒绝；restriction：限制，约束；retreat：撤退，退却。

commitment [kəˈmitmənt] *n.* 承诺，许诺，保证；信奉，献身；承担的义务

【题】By signing the lease we made a ______ to pay a rent of $150 a week.（1999.6）

A）conception B）commission C）commitment D）confinement

【解】选C。make a commitment：作出承诺。conception：观念，想法；commission：佣金，回扣；confinement：限制，禁闭。

monitor [ˈmɔnitə] *n.* 班长；监视器，检测器；（计算机）显示器 *vt.* 监听；检测

【记】词根记忆：mon（警告）+itor→给你忠告的物或人→监控器；班长

【例】Doctors often *monitor* patients carefully. 医生经常细心观察病人的情况。

spark [spɑːk] *n.* 火花，火星 *vi.* 发出火花

【记】联想记忆：s+park（公园）→公园是情侣们约会擦出感情火花的地方→火花

【考】spark off 触发，引起

【例】A little *spark* kindles a great fire. 星星之火，可以燎原。

mug [mʌg] *n.* 大杯 *vt.* 对…行凶抢劫

【例】Many people won't go out alone at night because they're afraid of being *mugged*. 很多人不敢在晚上单独出门，因为他们害怕被抢劫。

absence [ˈæbsəns] *n.* 缺席，不在；缺席的时间，外出期；缺乏，不存在

【记】来自absent（*adj.* 缺席的，不在场的）

【例】Ms. Carla will be in charge during my *absence*. 在我外出期间由卡拉女士负责。//in the *absence* of any evidence 毫无证据

appreciate [əˈpriːʃieit] *v.* 重视，赏识；领会，体会；感谢；增值

【记】词根记忆：ap（加强）+preci（价值）+ate→肯定价值→赏识

【题】Those gifts of rare books that were given to us were deeply ________. （1999.6）

A）appreciated　B）approved　C）appealed　D）applied

【解】选A。句意：那些作为礼物送给我们的珍贵图书深受重视。approve：赞成，同意，批准；appeal：诉诸；apply：申请；应用。

bean [biːn] *n.* 豆，蚕豆

【记】联想记忆：搞笑短剧*Mr. Bean*《憨豆先生》

【例】The farmers here usually grow maize and *beans*. 这里的农民通常种植玉米和大豆。

elastic [iˈlæstik] *n.* 松紧带 *adj.* 有弹性的；灵活的

【记】联想记忆：e（出）+last（延长）+ic（…的）→可延长的→有弹性的

【例】Children's bones are far more *elastic* than adults'. 儿童的骨骼远比成人的灵活。//For there are too many uncertainties, we made an *elastic* plan. 由于有太多的不确定性，我们制定了一个灵活的计划。

presumably [priˈzjuːməbli] *adv.* 大概，可能，据推测

【题】He will ________ resign in view of the complete failure of the research project. （1999.1）

A）doubtfully　B）adequately　C）presumably　D）reasonably

【解】选C。doubtfully：怀疑地，含糊地；adequately：充分地；reasonably：适度地，相当地。

bargain [ˈbɑːgin] *n.* 特价商品；协议，交易 *vi.* 讨价还价

【记】联想记忆：bar（看作barter交易）+gain（获得）→交易获得好价

spark	mug	absence	appreciate	bean	elastic
presumably	bargain				

钱，需要讨价还价

【考】bargain for/on 预料到，考虑到；砍价，试图以低价购得；make a bargain with 与…签订合同

【题】Remember that customers don't _______ about prices in that city.（1999.1）

A）debate B）consult C）dispute D）bargain

【解】选D。bargain about price：讨价还价。debate：争论，辩论；consult：商量，商议，请教；dispute：争论，辩论，争夺。

significant [sig'nifikənt] *adj.* 相当数量的；重要的，意义重大的，意味深长的

【记】来自signify(有重要性)+icant(…的)→重要的

【例】The latest "Global Report on Human Settlements" says a *significant* change took place last year. 最新的"全球人类居住报告"显示，去年(人们的定居点)发生了巨大变化。（2010.12）

【题】Research shows that there is no ______ relationship between how much a person earns and whether he feels good about life.（2006.6）

A）successive B）subsequent C）significant D）sincere

【解】选C。句意：研究显示，一个人赚多少钱和他是否感到生活幸福没有很大关系。successive：继承的，连续的；subsequent：后来的；sincere：诚挚的，真实的。

throat [θrəut] *n.* 咽喉，喉咙；嗓音

【记】联想记忆：食物通过(through)咽喉(throat)进入胃部

【例】The singer complained of a sore *throat* after the live show. 现场表演过后，歌手抱怨喉咙痛。

extend [ik'stend] *v.* 延长，扩大；提供；伸展，达到

【记】词根记忆：ex(出)+tend(伸展)→伸展出去→延展，延长

【例】I wonder if it is possible for me to *extend* my stay here for two days. 我想知道是否可以让我在这儿多待两天。

comparable ['kɔmpərəbəl] *adj.* 可比较的，类似的；比得上的

【考】be comparable with/to 与…相似

【例】This dinner *was comparable to* the best French cooking. 这顿饭可以和最好的法国大餐一比高下。

container [kən'teinə] *n.* 容器，集装箱

【记】词根记忆：con(加强)+tain(拿住)+er(物)→拿住(容纳)物体之物→容器，集装箱

chief [tʃiːf] *adj.* 主要的，为首的；总的 *n.* 首领，长官；酋长，族长

【记】发音记忆："欺负"→位高权重的人才能欺负人→首领，长官

【例】*chief* executive officer 首席执行官 //the police *chief* 警长//What is the *chief* consideration of American universities when hiring top-level administrators? 美国高校在聘请高层管理者时，最主要的考虑因素是什么？（2009.12）

instant [ˈinstənt] *n.* 瞬间 *adj.* 立即的；紧急的；可以速食的(食品)

【考】for an instant 片刻，一瞬间；on the instant 立即，马上；in an instant 立即；the instant... 一…就…

【辨】instant, moment, minute

instant指某一时间点，短得不易发觉，无持续；moment也指某一时间点，不可计，但含延续意味；minute指瞬息，延续意味更强。

【题】You see the lightning ______ it happens, but you hear the thunder later.（1997.1）

A）the instant　　B）for an instant

C）on the instant　　D）in an instant

【解】选A。the instant（that）：一…就，引出时间状语从句。for an instant：一瞬间；on the instant：当即，立即；in an instant：很快，马上。

thrust [θrʌst] *v.* 插，刺，戳 *n.* 戳，刺；要点，要旨；推力

【考】thrust at 戳，刺

【例】Kane's face *thrust* in. 凯恩的脸挤了进来。//the main *thrust* of the government's education policy 政府教育政策的要旨

thumb [θʌm] *n.* (大)拇指 *v.* 示意要求搭车；翻阅

【考】all thumbs 笨手笨脚；thumb through 迅速翻阅

【例】Dock gives the *thumbs* up on his companions. 多克称赞他的同伴们。

honey [ˈhʌni] *n.* 蜜，蜂蜜；甜，甜蜜

enforce [inˈfɔːs] *vt.* 实施，执行；强制，强迫，迫使

【记】联想记忆：en(使…)+force(强迫)→强迫，迫使

【例】If the judgment is *enforced*, Scofield will be bankrupted. 如果判决强制执行，斯科菲尔德就会破产。

ease [iːz] *n.* 容易，舒适 *vt.* 缓和

【记】来自easy(*adj.* 容易的)

【考】at ease 安适，不拘束；ease off / up 减轻，减缓

【题】Any donation you can give will help us ______ the suffering and isolation of the homeless this New Year.（2003.9）

A) lift　　B) patch　　C) comfort　　D) ease

【解】选D。ease the suffering：减轻痛苦。lift：提高；patch：修补，掩饰；comfort：安慰，使缓和。

thunder [ˈθʌndə] *n.* 雷，雷声；擂鼓般的响声，轰隆声 *vi.* 打雷，轰隆响；大声喊，吼

【记】联想记忆：th+under→天上打雷，地下人听→打雷

【例】We hear a loud clap of *thunder* inside. 我们听到里面雷鸣般的掌声。//"You must be mad!"Dick *thundered*. 迪克大声喊道："你一定是疯了！"

living room 起居室，客厅

monument [ˈmɔnjumənt] *n.* 纪念碑，纪念馆；历史遗迹

【记】词根记忆：mon(警告)+u+ment(思考)→警告你思考→纪念馆，纪念碑

assess [əˈses] *vt.* 对(财产等)估价；评价，评论

【记】联想记忆：ass+ess→评论ass和ess的区别→评论

【例】We need to find measurable ways to *assess* our employees' efforts. 我们需要找出衡量和考核员工成绩的方法。

panic

panic [ˈpænik] *n.* 恐慌，惊慌，慌乱 *v.* (使)恐慌，(使)惊慌失措

词源 来自Pan，一般音译作"潘"，是希腊神话中的山林、畜牧之神。它人身羊足，头上有角，居住在山林中，常躲在隐蔽处，突然跳出来吓得人魂不附体，它的怪叫声使人产生极大的恐惧感，panic就是指Pan出现时给人们带来的恐惧感。

【例】Lisa *panicked* when she heard she might be fired. 当莉萨听到自己可能会被解雇时变得惊慌失措。

blanket [ˈblæŋkit] *n.* 毛毯，毯子，羊毛毯

词源 据传，毯子是由英格兰布里斯脱(Bristol)的一位名叫Thomas Blanket的织布工于1340年最先织出来的，因此毯子以他的名字命名。

【例】Joey put a *blanket* over Sandy's kids. 乔伊给桑迪的孩子们盖上一床毯子。

drift [drift] *vi.* 漂流，漂泊 *n.* 漂流；大意，主旨；趋势

【记】联想记忆：在大峡谷(rift)漂流(drift)

【例】A tiny fishing boat was *drifting* slowly along. 一只小小的渔船

缓缓地漂走。//a *drift* towards longer working hours 工作时间增长的趋势

normally [ˈnɔːməli] *adv.* 通常，正常

【题】Not ______, the process of choosing names varies widely from culture to culture.（1993.6）

A）obviously　　B）surprisingly

C）particularly　　D）normally

【解】选B。surprisingly：令人惊讶地。obviously：显然；particularly：特别，尤其；normally：通常，在一般情况下。

dismiss [disˈmis] *vt.* 不再考虑；解雇，解散；驳回

【记】词根记忆：dis(分开)+miss(送，放出)→解散

【例】The government has *dismissed* criticisms that the country's health policy is a mess. 有评论说该国的健康方针极不明确，政府对此予以驳斥。

deputy [ˈdepjuti] *n.* 副职，副手；代表，代理人

【记】联想记忆：de+puty(看作duty责任)→代理人应负责→代理人

【例】the *Deputy* Secretary of State 副国务卿

acre [ˈeikə] *n.* 英亩

contract [ˈkɔntrækt] *n.* 契约，合同

[kənˈtrækt] *v.* 缩小；订合同；感染(疾病)，染上(恶习)

【记】词根记忆：con(共同)+tract(拉，拽)→合同将双方损益拉到一起→订合同

【考】cancel the contract 取消合同；contract with 订立合同

【例】They are *contracted* to work 35 hours a week. 他们签订合同一周工作35个小时。//Two-thirds of the adult population there has *contracted* AIDS. 在那里有三分之二的成年人感染了艾滋病。

anniversary [ˌæniˈvəːsəri] *n.* 周年纪念日

【记】词根记忆：anni(年)+vers(转)+ary→每年都会转到的日子→周年纪念日

【例】wedding *anniversary* 结婚周年纪念

mainland [ˈmeinlənd] *n.* 大陆

【记】组合词：main(主要的)+land(陆地)→大陆

expose [ikˈspəuz] *vt.* 使暴露，揭露

【记】词根记忆：ex(出)+pos(放)+e→放出来→使暴露

【例】The report *exposes* the weaknesses of modern medical practice. 报道揭露了现代医疗制度的缺点。//This has also resulted in an increase in the sheer number of advertisements to which audiences are *exposed*. 这也导致了观众看到的广告数量有所增加。（2008.6）

normally	dismiss	deputy	acre	contract	anniversary
mainland	expose				

policy [ˈpɔlisi] *n.* 政策，方针；保险单

【记】联想记忆：警察(police)贯彻国家方针(policy)

【例】The *policy* should spell out how your information will be used, stored and whether or not it will be shared. 该政策应该详细说明你的信息将如何被使用、存储以及是否将被共享。(2007.6)

machinery [məˈʃiːnəri] *n.* 机器，机械

【记】来自machine(*n.* 机器)

exert [igˈzəːt] *vt.* 尽(力)，运用

【记】词根记忆：ex(出)+ert(能量，活动)→发挥，运用

【考】exert oneself 努力，尽力；exert all one's strength 尽某人全力

【例】You must *exert yourself* to pass your exam. 你必须竭尽全力去通过考试。

collection [kəˈlekʃən] *n.* 搜集，聚集；收取；收藏品，收集的东西

【例】a computerized data *collection* system 计算机化的数据收集系统 // What you see is the most valuable *collection* of diamonds. 你所看到的是最有价值的钻石收藏品。

gasoline [ˌgæsəˈliːn] *n.* [美]汽油

【记】联想记忆：gas(气)+oli(看作oil油)+ne→汽油

dispose [diˈspəuz] *v.* 去掉，丢掉，销毁；处理，解决；使倾向于

【考】dispose of 去掉，丢掉，除掉

【例】Nuclear waste can cause serious damage to the environment if not *disposed of* properly. 如果处理不当，核废料会造成严重的环境污染。//All the furniture has been *disposed of*. 所有的家具都被处理掉了。

arouse [əˈrauz] *vt.* 引起；唤起，唤醒

【记】联想记忆：a+rouse(唤醒，激起)→引起；唤起，唤醒

【例】It *aroused* a lot of interest in the scientific circles. 这引起了科学界人士的极大兴趣。(2011.6)

rage [reidʒ] *n.* 狂怒，盛怒；[the ~] 风靡一时的事物，时尚 *vi.* (风)狂吹，(浪)汹涌，(战争等)激烈进行；发怒，发火

【记】联想记忆：r+age(时代)→不同的时代有不同的时尚

【例】Jerry flew into a *rage* at once. 杰里立刻怒火中烧。//"I can't see it's any of your business." Neil *raged*. "这不关你的事。"尼尔愤怒地说。

inward [ˈinwəd] *adj.* 里面的，内心的 *adv.* [-(s)] 向内

【记】词根记忆：in(向内)+ward(方向)→向内

series [ˈsiəriːz] *n.* 一系列，连续；丛书，(电视)连续剧

【例】Process writing explains a *series* of actions that bring about a result. 过程写作可以解释带来某种结果的一系列行动。(2009.12)

【辨】**series, sequence, succession**

series指一系列类似或同类的、其间有联系的事物；sequence指时间、空间、事件等方面的顺序性；succession强调时间上个个相连，一一相接。

roast [rəust] *v.* 烤，炙，烘 *n.* 烤肉 *adj.* 烤过的，烘过的

【记】联想记忆：在海岸(coast)边烤(roast)肉

【例】I'm all ready for *roasting* some potatoes. 我已经做好烤土豆片的准备了。

timber [ˈtimbə] *n.* 木材，原木；大木料，栋木

【记】联想记忆：timb(看作time时间)+er→树苗长成栋梁需要时间→木材；大木料

【例】a bench made of *timber* 木制的长椅子

reluctant [riˈlʌktənt] *adj.* 不情愿的，勉强的

【记】发音记忆："驴拉坦克"→真够勉强的

【考】be reluctant to do sth. 勉强做某事

【例】They *were reluctant to* sacrifice their own economic interests. 他们不情愿牺牲自己的经济利益。

Word List 16

词根、词缀预习表

centi-	一百	centigrade	*adj.* 百分度的，摄氏的
re-	向后，相反，不；一再，重新	renew	*v.* 重新开始，继续
cern, cert	搞清，区别	certificate	*n.* 证件；证书
centr	中心	concentrate	*v.* 集中，聚集
don, dit	给予	donation	*n.* 捐款，捐赠
found	基础	foundation	*n.* 基础，[*pl.*] 地基
maj	大	major	*adj.* 较大的，重大的
mount	登上	mount	*v.* 登上，发起
ply, pli, ple	倍，重	multiply	*v.* 乘积；繁殖

license [ˈlaisəns] *n.* 许可(证)，执照 *vt.* 准许

【记】Drive License 驾驶执照

【例】Turner's is the only shop that is *licensed* to sell tobacco. 特纳商店是唯一一家被特许经营烟草的商店。

【辨】**license, approval, permit, allow**

license较正式，具有一定的强制力；approval有不仅许可而且赞同的意味；permit和allow常可互换，前者稍正式。

upright [ˈʌprait] *adj.* 垂直的；正直的，诚实的 *adv.* 挺直地，竖立地

【例】Gradually raising your body into an *upright* position will help you relax. 逐渐挺直身体将有助于你放松。//They stand *upright*. 他们站得笔直。

author [ˈɔːθə] *n.* 著作家，作者

【记】发音记忆："奥瑟"→奥瑟是一位名作家

mission [ˈmiʃən] *n.* 使命，任务；使团

【记】词根记忆：miss(送)+ion→派送使团；联想记忆：电影《碟中谍》*Mission Impossible*，直译：《不可能完成的任务》

growth [grəuθ] *n.* 增长，增长量；生长，生长物

attack [ə'tæk] *n./vt.* 攻击，进攻；突然发作

【记】联想记忆：at(加强)+tack(看作tank坦克)→用坦克加强进攻

【例】The end result is a destructive *attack* on the quality of your education. 最终的结果是对你所接受的教育质量造成严重的打击。(2011.12)

furnish ['fəːniʃ] *vt.* 供应，提供，装备

【记】联想记忆：fur(皮毛)+nish→用皮毛提供装备

【例】The workers are *furnishing* the boat with care. 工人们正在精心为船只安装设备。

pretend [pri'tend] *vt.* 装作，假装

【记】词根记忆：pre(预先)+tend(趋向)→预先就有了趋向→假装，装扮

【例】Many people *pretend* that they understand modern art. 很多人假装懂得现代艺术。

concentrate ['kɔnsentreit] *v.* 全神贯注，全力以赴；集中，聚集，浓缩 *n.* 浓缩物，浓缩液

【记】词根记忆：con(加强)+centr(中心)+ate(做)→精神放在一个中心→全神贯注

【考】concentrate on sth. /doing sth. 集中精力在(做)某事

【例】He can *concentrate on* his own projects. 他可以集中精力在自己的项目上。(2008.12) //orange juice *concentrate* 浓缩橘子汁

institution [ˌinsti'tjuːʃən] *n.* 协会；制度；习俗

flat [flæt] *adj.* 平的；(价格)固定的；漏气的；单调的，沉闷的；浅的 *n.* 一套房间，单元住宅 *adv.* 平直地；直截了当地

【记】联想记忆：加了盐(salt)的调料再不单调(flat)了

【例】Of course, no one now believes that the Earth is *flat*. 当然现在没有人相信地球是平的。//Lie down *flat* and breathe deeply. 平躺下，做深呼吸。//When she saw him after five years she greeted him in a *flat* voice. 当她五年后见到他时，她语气平静地向他打了个招呼。

tissue ['tisjuː] *n.* 组织；薄绢，薄纸，手巾纸

【例】*tissue* paper 卫生纸

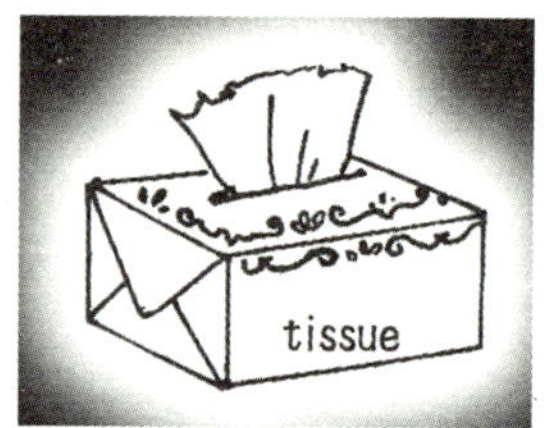

delicate ['delikət] *adj.* 纤细的，易碎的；微妙的；精美的

【题】During the process, great care has to be taken to protect the ______

attack	furnish	pretend	concentrate	institution	flat
tissue	delicate				

silk from damage. (2002.6)

A) sensitive B) tender C) delicate D) sensible

【解】选C。句意：在这一过程中，应特别注意不要损害非常娇贵的丝织品。sensitive：容易感觉的，敏感的，灵敏的；tender：温柔的，软弱的；sensible：有判断力的，明智的，可感觉到的。

upper [ˈʌpə] *adj.* 上面的；地位较高的

【例】the *upper* reaches of the Mississippi River 密西西比河上游// The *upper* reaches of the river winds along the road into the sea. 河流的上游沿公路蜿蜒入海。

gram [græm] *n.* 克

【记】联想记忆：填满(cram)这个圆筒以达到一定克(gram)数

【例】Asians on average eat 20 *grams* of soy per day. 亚洲人平均每人每天能吃掉20克大豆。

crown [kraun] *n.* 王冠，冕

【记】联想记忆：给乌鸦(crow)头上带了一个n→王冠，冕

title [ˈtaitl] *n.* 标题，题目；称号，头衔；权利，权益

【记】发音记忆："抬头"→抬头看见标题

【例】The *title* of this play is "Othello". 这出戏的名字是《奥赛罗》。

【辨】**title, headline**

title指文章、书画、音乐、戏剧等的名称；headline指报纸的标题。

convey [kənˈvei] *vt.* 表达，传递；运送，输送

【记】词根记忆：con+vey(道路)→在路上运输→传递；输送

【题1】Workers in the fine arts ______ thoughts and feelings through their creative works. (2003.9)

A) transmit B) elaborate C) convey D) contribute

【解】选C。convey thoughts and feelings：表达思想感情。transmit：传送，传播；elaborate：精心制作，详细阐述；contribute：贡献，捐献。

【题2】A good teacher must know how to ______ his ideas. (1993.6)

A) convey B) display C) consult D) confront

【解】选A。句意：一个好老师必须知道如何表达自己的思想。display：陈列，展览；consult：查阅，请教；confront：遇到，面对。

mount [maunt] *v.* 登上；发起；安放；增加，加剧 *n.* [M-][用于山名前]山，峰

【记】mount本身是个词根，意为“登上”

【例】Casualties on both sides of the battle have continued to *mount*. 战争双方的人员伤亡数目在持续增加。

toast [təust] *n.* 烤面包；祝酒，祝酒词 *vt.* 烘，烤；向…祝酒，为…干杯

【记】发音记忆：“吐司”→烤面包

词源 源自拉丁语tostus(烤过的)。旧时英国人饮酒时爱把一块有香料的烤面包片加入酒中，据说可以使酒味更美。所以toast既有“烤面包片”的意思，又有“祝酒”的意思。

【例】We all drank a *toast* to the bride and groom. 我们大家向新娘新郎敬酒。//Tom was *toasting* his feet by the fire. 汤姆在火边烘脚。

tolerance [ˈtɔlərəns] *n.* 忍受，容忍，忍耐力

【例】Many old people have a very limited *tolerance* to cold. 许多老年人都怕冷。

amongst [əˈmʌŋst] *prep.* 在…之中

【记】来自among(*prep.* 在…中)

slice [slais] *n.* 薄片，切片；部分 *vt.* 切(片)，削

【记】联想记忆：sl+ice(冰)→把冰块切碎

【例】One move, and I'll *slice* you to bits. 再动一下，我就把你砍成碎片。

dairy [ˈdɛəri] *n.* 牛奶场；乳制品 *adj.* 乳制品的

【记】联想记忆：每天(daily)吃乳制品(dairy)强壮骨骼

consultant [kənˈsʌltənt] *n.* 顾问；会诊医师，专科医生

【记】来自consult(请教，查阅)+ant(人)→供咨询的人→顾问

【题】I think we need to see an investment ________ before we make an expensive mistake. (2000.6)

A) guide　　B) entrepreneur

C) consultant　　D) assessor

【解】选C。句意：我觉得我们应该在付出惨痛代价之前先找个投资顾问。guide：向导，指导者；entrepreneur：企业家；assessor：评估者。

multiply [ˈmʌltiplai] *vt.* (使)增加，(使)繁殖；乘

【例】Smoking *multiplies* the risk of heart attacks. 吸烟增加了患心脏病的危险。//All work and no play *multiply* the risk of people's getting disease. 只工作不休息会加大人们得病的危险。

mount	toast	tolerance	amongst	slice	dairy
consultant	multiply				

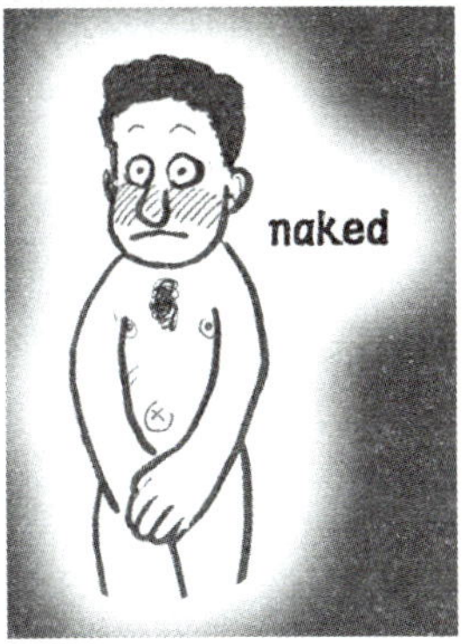

naked [ˈneikid] *adj.* 裸体的，无遮蔽的

【记】和nude(*adj.* 裸体的)一起记

【例】They remain invisible to the *naked* eye. 用肉眼仍然看不到它们。

centigrade [ˈsentigreid] *adj.* 百分度的，摄氏的

【记】词根记忆：centi(一百)+grade(等级)→百分度的

measurement [ˈmeʒəmənt] *n.* 衡量，测量；(量得的)尺寸，大小

precaution [priˈkɔːʃən] *n.* 预防，防备

【记】词根记忆：pre(预先)+caution(小心)→事先小心→预防

【例】Take *precautions* against fire! 谨防火灾！//We must take all reasonable *precautions* to protect ourselves and our family from disease. 我们必须采取一切合理的预防措施，以保护我们自己和我们的家人免受疾病的侵袭。

allocate [ˈæləkeit] *vt.* 分配，分派，把…拨给

【记】词根记忆：al(加强)+loc(地方)+ate(做)→不断把东西发送到各地→分配，分派

【例】It is difficult for me to *allocate* my time to swim. 我发现很难挤出时间去游泳。

certificate [səˈtifikət] *n.* 证书；证件，执照

【记】词根记忆：cert(搞清)+i+fic(做)+ate→做出能够澄清的东西→证件，执照

【例】marriage *certificate* 结婚证

agenda [əˈdʒendə] *n.* 议事日程

【记】词根记忆：ag(做)+enda→需做事情的清单→议事日程

【例】Have you got a copy of the *agenda* for tomorrow's meeting? 你拿到明天会议议程表的复印件了吗？

electronic [iˌlekˈtrɔnik] *adj.* 电子的 *n.* [*pl.*] 电子学；电子设备

【记】来自electric(*adj.* 电的)

【例】*electronic* version 电子版

alongside [əˈlɔŋˈsaid] *adv.* 在旁边，沿着边；并排地 *prep.* 在…旁边，沿着…的边；和…在一起

【记】组合词：along(沿着)+side(边)→沿着边

【例】Charles spent a week working *alongside* the miners. 查尔斯与矿工们一同工作了一个星期。

conventional [kənˈvenʃənəl] *adj.* 普通的；习惯的，常规的；因循守旧的

naked	centigrade	measurement	precaution	allocate	certificate
agenda	electronic	alongside	conventional		

【题】John doesn't believe in ________ medicine; he has some remedies of his own.（2002.12）

A）standard　B）regular　C）routine　D）conventional

【解】选D。conventional medicine：传统医学。standard：标准的，权威的；regular：规则的，有秩序的；routine：例行的，公务的。

topic [ˈtɔpik] *n.* 题目，论题，话题

【记】联想记忆：top（顶部）+ic→文章的上面是题目

【例】We shall return to the *topic* of education in Chapter 7. 让我们回到第七章教育这一话题上来。

renew [riˈnjuː] *v.* 重新开始，继续；（使）更新；恢复；延长（…的）有效期

【记】词根记忆：re（重新）+new（新的）→重新开始

【例】When the two girls met again after the war they *renewed* their friendship. 战后这两个女孩重逢时，她们的友情得以延续。//I want to *renew* some books at the library. 我想续借图书馆里的一些书。

torch [tɔːtʃ] *n.* 火炬，火把；手电筒

【记】联想记忆：在黑暗中摸索（touch）需要手电筒（torch）

【例】the Olympic *torch* 奥运会火炬

clap [klæp] *v.* 拍手，轻拍 *n.* 拍手，鼓掌

【记】联想记忆：c+lap（轻拍）→拍手，鼓掌

【例】You cannot *clap* with one hand. 孤掌难鸣。

conservative [kənˈsəːvətiv] *adj.* 保守的，守旧的；（式样等）不时兴的，传统的 *n.* 保守的人

【题】Although Asian countries are generally more ________ in social customs than Western countries, there have been several notable examples of women leaders in both China and India.（1996.1）

A）conservative

B）confidential

C）comprehensive

D）consistent

conservative

【解】选A。句意：尽管在社会风俗方面，亚洲国家比西方国家保守，但中国和印度都曾有过妇女担当领导人的突出事例。confidential：秘密的，机密的；comprehensive：综合的，广泛的；consistent：一致的，一贯的。

copyright [ˈkɔpirait] *n.* 版权

【记】组合词：copy（复制）+right（权利）→版权

establishment [iˈstæbliʃmənt] *n.* 建立，设立，确立；企业；当权人物

【例】the *establishment* of NATO in 1949 1949年北大西洋公约组织的建立

layout [ˈleiaut] *n.* 布局，安排，设计

【记】来自词组lay out（布置，安排）

【例】All the flats in the building had the same *layout.* 这座大厦所有房间的布局都是一样的。//Retailers can relieve the headaches by redesigning store *layouts.* 零售商可以通过重新设计店铺格局来缓解令人头疼的问题。

√ **auxiliary** [ɔːgˈziljəri] *adj.* 辅助的，附属的；后备的 *n.* 助手；辅助物

【记】联想记忆：aux（看作aug提高）+iliary→帮助提高的→辅助的；备用的

【例】The hospital has an *auxiliary* power system in case of blackout. 这家医院装有备用发电系统以防灯火管制。

√ **major** [ˈmeidʒə] *adj.* 较大的；主要的；重大的 *n.* 少校；专业（学生）*vi.* 主修，专攻

【记】词根记忆：maj（大）+or→较大的

【考】major in 主修

【例】a *major* improvement 卓越的进步 //Tom is *majoring in* Political Science. 汤姆主修政治学。//We discuss here the *major* types of media used in advertising. 我们在这里讨论广告中应用的主要媒体类型。（2008.6）

legislation [ˌledʒisˈleiʃən] *n.* 法律，法规；立法，法律的制定（或通过）

【例】petroleum *legislation* 石油法案 //environmental *legislation* 环境立法 //They build skills so that some day they might write a great novel, a piece of sorely needed *legislation*, or the perfect love letter. 他们培养（写作）技能，为的是将来有一天能写出一部伟大小说，一条非常必要的立法条款，或是完美的情书。（2009.6）

moisture [ˈmɔistʃə] *n.* 潮湿，湿气

nationality [ˌnæʃəˈnæliti] *n.* 国籍，民族

【记】来自nation（国家）+ality（表状态）→民族

foundation [faunˈdeiʃən] *n.* 基础；地基；基金会；建立，创办

【记】词根记忆：found（基础）+ation（表状态）→基础

【例】the *foundation* of the national economy 国民经济的基础 //a stone *foundation* 石基 //Money is the *foundation* of many a happy marriage. 金钱是许多幸福婚姻的基础。（2012.6）

establishment layout auxiliary major legislation moisture nationality foundation

gulf [gʌlf] *n.* 海湾；巨大的分歧

【记】联想记忆：海湾(gulf)国家的富豪们喜欢玩高尔夫(golf)

assistance [əˈsistəns] *n.* 协助，援助

【例】In the wake of the recession, the number of families in need of food *assistance* began to grow. 经济衰退到来之后，需要食物援助的家庭数量开始增长。(2012.6)

combat [ˈkɔmbæt] *n.* 战争，斗争，格斗 *vt.* 与…斗争，与…战斗

【记】词根记忆：com(共同)+bat(打，击)→互相打→格斗

【例】unarmed *combat* 徒手格斗 //new strategies for *combatting* terrorism 打击恐怖主义的新策略

exhibit [igˈzibit] *vt.* 显示，陈列，展览 *n.* 展览品

【记】词根记忆：ex(出)+hibit(拿住)→拿出来→显示，展示

【例】Why don't you *exhibit* Vincent Van Gogh's portrait? 你为什么不展出梵高的画像?

donation [dəuˈneiʃən] *n.* 捐款，捐赠物；捐赠，赠送

【记】词根记忆：don(给予)+ation→给出去→捐款，捐赠物

【例】Any *donation* however small, will be gratefully received. 收到的捐款无论多少我们都会对捐赠者心存感激。

fragment [ˈfrægmənt] *n.* 碎片，破片，碎块

[frægˈment] *v.* (使)成碎片

【记】词根记忆：frag(打破)+ment→碎片

【例】glass *fragments* 玻璃碎片 //The manager's day was *fragmented* by phone calls. 经理的一天都被电话打乱了。//Esther could hear only *fragments* of their conversation through the wall. 埃斯特隔着墙只能听见他们零星的谈话内容。

reverse [riˈvəːs] *v.* 撤销，推翻；使位置颠倒，使互换位置；(使)反向，(使)倒转 *n.* 相反情况，对立面；反面，背面，后面；挫折，逆境 *adj.* 反向的，相反的，倒转的

【记】词根记忆：re+vers(移动，转向)+e→反向的，相反的

【例】The managers have made it clear that they will not *reverse* the decision to increase prices. 经理们已经澄清他们不会推翻提高价格的决定。//The recent land law attempted to *reverse* this situation. 近期颁布的土地法试图扭转这种局势。//The wrong attitude will have the *reverse* effect. 错误的态度会产生相反的影响。

apply [əˈplai] *v.* 应用，实施，使用；适用；申请，请求；涂，敷，施

【记】联想记忆：提供(supply)使用(apply)

【考】apply to 向…提起申请；apply to sb. 适合某人；apply sth. to 把某物敷上

□ gulf	□ assistance	□ combat	□ exhibit	□ donation	□ fragment
□ reverse	□ apply				

【例】At Penn, students are not asked to indicate race when *applying* for housing. 在宾夕法尼亚大学，学生在申请住宿时无需写明种族信息。(2011.6)//These ideas are often difficult to *apply* in practice. 这些想法很难付诸实践。

reform [ri'fɔːm] *n./v.* 改革，改良，改造；改正，改过自新

【记】词根记忆：re(重新)+form(形成)→重新形成→改革，改良

【例】The ultimate aim of imprisonment is to *reform* prisoners. 把犯人关进监狱的最终目的是让他们改过自新。

generally ['dʒenərəli] *adv.* 一般地，通常地；普遍地

【例】*Generally*, part-timers work in low-status, low-wage occupations. 一般说来，兼职者的职业身份都比较低，而且工资也很低。

electron [i'lektrɔn] *n.* 电子

distinct [di'stiŋkt] *adj.* 与其他不同的；清楚的，明显的

【记】词根记忆：di+stinct(刺)→刺眼的→清楚的，明显的

【例】African and Asian elephants are *distinct* species. 非洲象与亚洲象属于不同的种群。//Being handsome gave Tony a *distinct* advantage in job-hunting. 长相英俊让托尼在找工作时拥有明显的优势。

priority [prai'ɔriti] *n.* 优先(权)，重点；优先考虑的事

【例】The security of investment is a high *priority* for the companies. 投资的安全性是公司优先考虑的事情。//She will give *priority* to African-American women's concerns. 她会优先考虑非裔美国女性所关心的问题。(2009.12)

elementary [ˌeli'mentəri] *adj.* 基本的，初级的

【例】an *elementary* school 小学 //Their course of study includes *elementary* hygiene and medical theory. 他们的课程包括基础卫生学和医疗学理论。

towel ['tauəl] *n.* 毛巾，手巾

【记】联想记忆：to+wel(看作well井)→到井边用毛巾洗脸→毛巾

【例】Emma wrapped her hair up in a *towel*. 埃玛用毛巾把头发包起来。

opera ['ɔpərə] *n.* 歌剧

【记】Peking opera 京剧

digital ['didʒitl] *adj.* 数码的，数字的；计数的

【记】数码相机广告语"Olympus, my digital story"→奥林巴斯，我的数码故事→数码的，数字的

artistic [ɑː'tistik] *adj.* 艺术的，艺术家的；富有艺术性的，精美的，精彩的

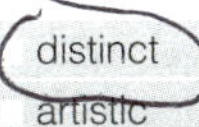

reform generally electron distinct priority elementary
towel opera digital artistic

【记】来自art(*n.* 艺术)

【例】It displayed no particular *artistic* merit. 它没有展示出自身特殊的艺术价值。

elderly [ˈeldəli] *adj.* 较老的，年长的 *n.* (the ~) 到了晚年的人，较老的人

【例】An *elderly* couple was walking hand in hand along the beach. 一对老夫妇手牵手在海滩上散步。

crack [kræk] *n.* 裂缝，裂纹；破裂声 *vi.* 爆裂；噼啪地响；打，击

【记】象声词：爆裂声

【例】There was a sharp *crack* as the branch broke off. 树枝咔嚓一声断了。//Concrete is liable to *crack* in very cold weather. 水泥在寒冷的天气里容易裂开。

【辨】**crack, blank, break, opening**

crack指裂缝；blank指空白；break指破裂或休息；opening指空缺、口子。

Ordinary people merely think how they shall spend their time; a man of talent tries to use it.

普通人只想到如何度过时间，有才能的人设法利用时间。

——德国哲学家 叔本华(Arthur Schopenhauer, German philosopher)

Word List 17

词根、词缀预习表

cess	去，行走，前进	process	*n.* 过程，制作法
cruc	十字形，交叉	crucial	*adj.* 至关重要的，决定性的
domin	支配	dominate	*v.* 在…中占首要地位，支配
mod	方式，模式，风度	modify	*v.* 更改，修改
mot	动	motion	*n.* 运动，动作
tain, ten, tin	拿住	obtain	*vt.* 获得，得到
tract	拉	tractor	*n.* 拖拉机，牵引车
ven, vent	来	revenue	*n.* 收入，收益
voc	声音	advocate	*vt.* 提倡；鼓吹
-ous	（形容词后缀）…的	prosperous	*adj.* 繁荣的

Christ [kraist] *n.* 基督，救世主

evidence [ˈevidəns] *n.* 根据，证据，证人

【记】词根记忆：e+vid(看见)+ence→证实所看见的人或物→证人，证据

【考】in evidence 明显的，显眼的；give evidence for 提供证据

【例】The *evidence* is very shaky. 这证据相当不可信。

【题】There is already clear ______ to show that plants and animals are being affected by climate change.（2006.6）

A）witness　B）certification　C）identity　D）evidence

【解】选D。evidence：证据，不可数名词。句意：有明确的证据表明动植物正受到气候变化的影响。witness：证人，证据，可数名词；certification：证明；identity：身份，特性。

naturally [ˈnætʃərəli] *adv.* 当然；天然地，天生地

【例】Plants grow *naturally* in such a good climate. 在这种气候良好的地方，植物能自然生长。

mechanic [mi'kænik] *n.* 技工，机修工；[*pl.*]力学，机械学；[*pl.*](制作或操作的)过程，方法，技术性细节

【记】来自mechan(机械)+ic(人)→技工

【例】A car *mechanic* is needed when the engine of the vehicle breaks down. 汽车的发动机坏了时，需要找个机修工。

trace [treis] *n.* 痕迹；丝毫，少许 *vt.* 跟踪；追溯，探索；描摹

【例】The archaeologists found some *traces* of an ancient civilization in that area. 考古学家们在那个地区发现了一些古代文明的遗迹。// William's ancestors can be *traced* back to one thousand years ago. 威廉的家族可以追溯到一千年以前。

【辨】**track, trace, trail**

track和trace作名词"痕迹"、动词"跟踪"讲时可互换；trail可指留下的气味。

expand [ik'spænd] *vt.* 扩大，使膨胀

【记】词根记忆：ex(向外)+pand(分散)→向外分散→扩大，扩张

【例】Sydney's population *expanded* rapidly in the 1960s. 在二十世纪六十年代悉尼的人口迅速膨胀。

laughter ['lɑːftə] *n.* 笑，笑声

compass ['kʌmpəs] *n.* 罗盘，指南针；[*pl.*]圆规；界限，范围

【例】This problem is beyond the *compass* of my mind. 这个问题超出了我的智力范围。

lean [liːn] *v.* (使)倾斜，屈身，靠 *adj.* 瘦的，贫瘠的

【记】联想记忆：学习(learn)"靠"(lean)自己

【例】Frank was *leaning* against a tree, having a rest with his eyes closed. 弗兰克靠着树，闭着眼睛休息一下。//Fill in the remaining one quarter with *lean* meat or chicken, fish or eggs. 而剩下那四分之一可以用瘦肉或鸡肉、鱼或鸡蛋填充。(2011.6) //*lean* ore 贫矿

minister ['ministə] *n.* 部长，大臣；公使，外交使节；牧师

duration [djuə'reiʃən] *n.* 持续，持久

【记】词根记忆：dur(持续)+ation(表状态)→持续

【例】The course is of three years' *duration*. 该课程为期三年。//The

mechanic	trace	expand	laughter	compass	lean
minister	duration				

church was used as a temporary hospital for the *duration* of the war. 在战争期间，这座教堂曾被用作临时医院。

comprehension [ˌkɔmpriˈhenʃən] *n.* 理解，理解力，领悟；理解力测验

【记】来自comprehend(*v.* 理解)

【例】The question is even beyond *comprehension*. 这个问题甚至超出了理解力。

tractor [ˈtræktə] *n.* 拖拉机，牵引车

【记】词根记忆：tract(拉)+or(物)→拖拉机

【例】We use *tractors* to pull farm machinery. 我们使用拖拉机牵引农业机械。

tradition [trəˈdiʃən] *n.* 传统，惯例

【例】Some British *traditions* are too sacred to mess with, however, Tomes says. 但是托姆斯说，一些英国传统太神圣而不能被破坏。(2011.6)

compete [kəmˈpiːt] *vi.* 比赛，竞争，对抗

【记】词根记忆：com(共同)+pete(追求，寻求)→共同追求一个目标→竞争

【考】compete against/with 和…竞争；compete in 在某方面竞争

【例】They refused to *compete with* each other in public. 他们拒绝公开相互竞争。

goodness [ˈgudnis] *int.* 天哪 *n.* 善良，美德；好意

tragedy [ˈtrædʒidi] *n.* 悲剧，惨事，惨案；悲剧(艺术)

【例】*Hamlet* is one of Shakespeare's best known *tragedies*. 《哈姆雷特》是莎士比亚最著名的悲剧之一。//*Tragedy* struck the whole family when their son was killed in a car accident. 悲剧降临了，他们的儿子在一次车祸中丧了命。

offend [əˈfend] *vt.* 冒犯，伤害…的感情；使厌恶；违犯

【记】联想记忆：off(离开)+end(最后)→伤害了感情，最后还是离开了

【例】The conduct of the artist has *offended* against humanity. 这位艺术家的行为违反了人性。

instinct [ˈinstiŋkt] *n.* 本能；直觉，生性

【记】词根记忆：in(内)+stinct(刺激)→内在的刺激→本能，天性

【例】survival *instinct* 生存本能 //Caroline seemed to know by *instinct* that something was wrong with him. 卡罗琳似乎凭直觉感到他有些不对劲。

comprehension	tractor	tradition	compete	goodness	tragedy
offend	instinct				

retire [riˈtaiə] *vi.* 退休，退役；退下，退出，撤退；就寝

【记】联想记忆：re+tire(劳累)→不再劳累→退休，退役

【例】The statesman *retired* as the mayor of New York. 那位政治家退休时是纽约市市长。//The player had decided to *retire* at the end of the season. 该运动员已经决定这个赛季结束后就退役。

【辨】retire, retreat, withdraw

retire比较正式，指因公务引退、退下休息或就寝等；retreat带有强迫的意味，常用于军队的撤回；withdraw不够正式，用于一方部队的撤退。

professional [prəˈfeʃənəl] *adj.* 职业的，专业的，专门的 *n.* 自由职业者，专业人员

【例】*professional* knowledge 专业知识 //a *professional* singer 职业歌唱家 //What role does integrity play in personal and *professional* relationships? 诚实在人际关系和职业关系中扮演着什么样的角色？(2011.12)

bullet [ˈbulit] *n.* 枪弹，子弹，弹丸

【记】联想记忆：bull(芝加哥公牛队)+et→芝加哥公牛队队员身手敏捷，如子弹般穿梭在球场中→子弹

【例】The doctor took a *bullet* out of his leg. 医生从他的腿里取出了一颗子弹。

trail [treil] *n.* 痕迹，小径 *v.* 跟踪，追踪

【记】联想记忆：t+rail(铁轨)→像铁轨一样在地上留下痕迹

【考】trail along 没精打采地(跟在后面)走；trail away/off 逐渐减弱，缩小

【例】The hurricane left a *trail* of destruction behind it wherever it went. 台风刮到哪里，哪里便留下一片破败的迹象。//Carol *trails* obediently behind his father. 卡罗尔顺从地跟在他父亲后面。

prosperity [prɔˈsperiti] *n.* 繁荣，兴旺

【记】词根记忆：pro(很多)+sper(希望)+ity→充满希望→繁荣，兴旺

【例】In *prosperity* think of adversity. 居安思危。

pants [pænts] *n.* 长裤，(宽松的)便裤；内裤

minor [ˈmainə] *adj.* 较小的，较少的；次要的 *n.* 未成年人；辅修科目 *vi.* (大学中的)辅修

【记】词根记忆：min(小)+or(表人、物)→未成年人；参考：major(*v.* 主修)

【例】Henry *minored* in Math besides majored in English. 亨利在主修英语以外还辅修数学。

retire	professional	bullet	trail	prosperity	pants
minor					

shortage [ˈʃɔːtidʒ] *n.* 不足，缺少

【记】来自short(缺乏)+age(表结果)→不足

【例】In this age of Internet chat, videogames and reality television, there is no *shortage* of mindless activities to keep a child occupied. 在这个充斥着网络聊天、电子游戏和电视真人秀的时代，供孩子们消遣的无聊活动也不会少。(2007.12)

equality [iˈkwɔliti] *n.* 等同，平等，相等

【记】来自equal(相等的)+ity(表状态)→相等

【例】All people have the right to *equality* of opportunity. 机会面前人人平等。

jealous [ˈdʒeləs] *adj.* 妒忌的，猜疑的；精心守护的

词源 源自希腊语zealos(热心，热情)，英语另一形容词zealous也由此而来。jealous的妒忌之意，在某种意义上也可理解为"过于热心的"。

【例】She was talking to Dylan, only to make me *jealous*. 她跟迪伦说话，只是为了让我嫉妒。

dominate [ˈdɔmineit] *v.* 在…中占首要地位；支配，统治，控制；耸立于，俯视；拥有优势

【记】词根记忆：domin(支配)+ate→支配，控制

【例】The industry is *dominated* by five multinational companies. 该产业掌握在五家跨国公司手中。//The cathedral *dominates* the city. 这座大教堂俯视着整个市区。//There was a time in my life when people asked constantly for stories about what it's like to work in a field *dominated* by men. 在我的生活中曾有这样一段时间，那时人们总是问我在男人主导的领域里工作是什么样的。(2007.6)

inspect [inˈspekt] *vt.* 检查，审查，检阅

【记】词根记忆：in(进入)+spect(看)→进去看→检查，视察

【例】The police had this truck *inspected* before entering this building. 警察在进入这座大楼之前检查了这辆卡车。

【辨】**inspect, examine**

inspect指带着揭示缺陷的目的进行检查；examine为普通用语，可指粗看或全面检查。

generator [ˈdʒenəreitə] *n.* 发电机

lorry [ˈlɔri] *n.* 运货汽车，卡车

cue [kjuː] *n.* 暗示，信号；提示 *vt.* 提示，暗示

【记】联想记忆：线索(clue)有提示(cue)作用

shortage	equality	jealous	dominate	inspect	generator
lorry	cue				

【例】With interest rates, the smaller banks will take their *cue* from the Federal Bank. 小一级的银行会根据从联邦银行获得的信息制定自己的利率。//The studio manager will *cue* you when it's your turn to come on. 轮到你的时候演播室监督会给你暗示。

transfer [ˈtrænsfəː] *v.* 搬，转移；调动；转学；转让，过户；乘车，转乘

【记】词根记忆：trans(转移)+fer(带来)→转移

【题】He hoped the firm would ______ him to the Paris branch. (1998.1)

A) exchange　B) transmit　C) transfer　D) remove

【解】选C。句意：他希望公司能把他调到巴黎的分部。exchange：交流，交换(思想、信息、观点)；transmit：传输(信号、电文等)；remove：清除掉，使移动。

farewell [ˈfɛəˈwel] *n.* 告别，欢送会

【记】联想记忆：fare(看作far远)+well(好)→朋友去远方，说些好听的话→告别

【考】bid farewell to 告别…

【例】a *farewell* speech 告别演说

revenue [ˈrevənjuː] *n.* (尤指大宗的)收入，收益；(政府的)税收，岁入

【记】词根记忆：re(回)+ven(来)+ue→回来的东西→收入

【例】I promise the invention will bring in considerable *revenue* for our family. 我保证这个发明将为我们家带来可观的收入。

transform [træns ˈfɔːm] *vt.* 使改观，改革；变换，把…转换成

【记】词根记忆：trans(改变)+form(形状)→使…变形

【例】They were all at once *transformed* from mere children to grown-up people. 他们都立刻由纯粹的小孩变成了成年人。

hay [hei] *n.* 干草

advocate [ˈædvəkeit] *vt.* 拥护，提倡，主张

[ˈædvəkət] *n.* 拥护者，提倡者；辩护者，律师

【记】词根记忆：ad(加强)+voc(声音，喊叫)+ate(做)→大声喊→拥护，提倡

【题】Mr. Jones holds strong views against video games and ________ the closing of all recreation facilities for such games. (2003.9)

A) acknowledges　B) advocates

C) assists　D) admits

【解】选B。句意：琼斯先生强烈反对电子游戏，主张关闭所有提供这类游戏的娱乐场所。acknowledge：承认；答谢，报偿；assist：援助，帮助；admit：容许，承认，接纳。

modify [ˈmɔdifai] *vt.* 更改，修改；（语法上）修饰

【记】词根记忆：mod+ify（使…）→使…改变方式→修改

【例】It helps them to *modify* their lifestyle. 这能帮助他们改进生活方式。

fantastic [fænˈtæstik] *adj.* 极好的，极出色的；了不起的；极大的；难以相信的；异想天开的，不实际的；奇异的，古怪的

【记】来自fantasy（*n.* 幻想）

【例】That store charges *fantastic* prices. 那家商店要价极高。//Your proposal is utterly *fantastic*. 你的建议一点儿也不实际。

complicated [ˈkɔmplikeitid] *adj.* 复杂的，难懂的

【记】词根记忆：com（共同）+plic（重叠）+ated→重叠在一起的→复杂的

【例】He has done a task far more difficult, *complicated* and abstract than anything he will be asked to do in school, or than any of his teachers has done for years. 他完成了一项比任何学校会要求的，或者比他所有老师多年来做过的事情都更有难度、更复杂、更抽象的任务。（2010.6）

historic [hisˈtɔrik] *adj.* 历史上著名的，具有重大历史意义的

【例】a *historic* spot 古迹//There are a vast number of relatively simple changes that can green older homes, from *historic* ones like Lincoln's Cottage to your own postwar home. 现在，有很多相对简单的整修就能让旧房子变得更加环保，无论是具有历史价值的林肯故居，还是你自己的战后小屋都可以实现这一点。（2010.6）

specify [ˈspesifai] *vt.* 指定；详细说明

【记】词根记忆：spec（看）+ify（使…化）→详细说明能让人看清楚→详细说明

【例】She didn't *specify* the time and place. 她没有具体说明时间和地点。

translation [trænsˈleiʃən] *n.* 翻译；译文，译本

【例】a new *translation* of the *Bible*《圣经》的新译本

prosperous [ˈprɔspərəs] *adj.* 繁荣的，兴旺的

【例】a *prosperous* business 兴旺的事业//Compared with the place where I grew up, this town is more *prosperous* and exciting. 与我生长的地方相比，这个镇子更繁荣、更令人激动。（2008.6）

baggage [ˈbægidʒ] *n.* 行李

【记】联想记忆：bag（包）+g+age（集合名词总称）→一堆包→行李

pour [pɔː] *v.* 灌，倒；倾泻

【记】联想记忆：你倒(pour)了这些东西后就一无所有(poor)了

【考】pour out 倾诉，倾倒；pour into 倒入；pour down 倾盆而下

【题】In developing countries people are ________ into overcrowded cities in great numbers.（1996.1）

A）breaking　B）filling　C）pouring　D）hurrying

【解】选C。pour into：涌入。句意：发展中国家的人们大批涌入拥挤的城市。break into：强行闯入；fill：充满，装满；hurry：赶紧，催促。

transmission [trænzˈmiʃən] *n.* 传播；发射；传送，传递；传染

【记】词根记忆：trans(越过)+miss(放出)+ion→传送；发射

【题】American football and baseball are becoming known to the British public through televised ___ from the United States.（2001.1）

A）transfer　B）deliveries

C）transportation　D）transmissions

【解】选D。句意：美国橄榄球和棒球通过来自美国的电视转播而逐渐被英国公众所熟知。transfer：转交；delivery：传递；transportation：运输。

obtain [əbˈtein] *v.* 获得；通用；流行；存在

【记】词根记忆：ob(附近)+tain(拿住)→触手可及的→获得

【例】Mr. Jordan was helping Mary *obtain* employment in the private sector. 乔丹先生正在帮玛丽获取私营部门的工作。

enthusiasm [inˈθjuːziæzəm] *n.* 热情，热心，热忱；巨大兴趣

【记】词根记忆：enthus(使充满热情)+iasm→热心，热情

【例】The new employee showed great *enthusiasm* to the work. 新员工对工作表现出了极大的热情。

equivalent [iˈkwivələnt] *adj.* 相等的，等量的 *n.* 相等物，等价物

【记】词根记忆：equi(相等)+val(强壮的)+ent→一样强壮→相等的，等量的

【辨】equivalent, uniform

equivalent指相等的，等价的；uniform则表示统一的，一律的。

【题】Physics is ________ to the science which was called natural philosophy in history.（1997.1）

A）alike　B）equivalent　C）likely　D）uniform

【解】选B。be equivalent to：与…相等的，与…相当的，与…等值的。句意：物理相当于历史上所称的自然哲学。alike：同样，相似；likely：很可能的，有希望的；uniform：没有变化的，一律的。

assemble [əˈsembəl] *v.* 集合，召集；装配

【记】联想记忆：as(加强)+semble(类似)→物以类聚→集合

【辨】**assemble, accumulate, gather, collect**

assemble强调为特定目标而聚集；accumulate指通过有规律的增加而聚集；gather词义较广，指把分散的或抽象的事物聚集在一起；collect多指有计划地为一定目的而有选择地收集。

【题1】Everybody _______ in the hall where they were welcomed by the Secretary.（2000.6）

A）assembled　B）accumulated　C）piled　D）joined

【解】选A。句意：人们聚集在大厅里并受到了部长的欢迎。accumulate：累积，积聚；pile：堆起，堆叠；join：联合，结合，参加。

【题2】If the fire alarm is sounded, all residents are requested to ______ in the courtyard.（1997.6）

A）assemble　B）converge　C）crowd　D）accumulate

【解】选A。句意：火警响起时所有的居民都应该聚集到庭院里。converge：会合；crowd：聚集，群集；accumulate：积累，积聚。

slope [sləup] *n.* 倾斜，斜面 *v.*（使）倾斜

【记】联想记忆：slo(看作slow慢慢的)+pe→慢慢地走下斜坡→斜面

【例】Those trees *slope* down the hill. 那些树朝山下倾斜生长。

secondary [ˈsekəndəri] *adj.* 次要的，第二的；（教育、学校等）中等的；辅助的，从属的

【记】来自second(*num.* 第二)

【例】a *secondary* technical school 中等技术学校 //a *secondary* organ 附属机构//After a *secondary* school course, a student should be interested enough in a subject to enjoy gaining knowledge for its own sake. 中学毕业后，学生应为了享受获得知识的乐趣而对某一学科产生浓厚的兴趣。(2008.6)

assume [əˈsjuːm] *vt.* 假定，假设，臆断；承担，担任；呈现

【记】词根记忆：as+sume(拿，取)→承担

【例】I *assume* everyone here is a sophomore. 我猜想这儿的所有人都是大二的。//Whoever they appoint will *assume* responsibility for all financial matters. 无论他们任命了谁，这个人都将负责所有的财政事宜。//Before posting your resume, carefully consider your job search objectives and the level of risk you are willing to *assume*. 发布简历之前，要仔细考虑你的求职目标，以及你愿意承担多大的风险。(2007.6)

【辨】assume, suppose
assume强调未经证实把有分歧的事作为假设；suppose为一般用词，词义广。

awful [ˈɔːful] *adj.* 令人不愉快的，（感到）难过的；非常的，极大的；糟糕的
【记】联想记忆：aw（看作awe恐惧）+ful（…的）→令人恐惧的→令人不愉快的
【例】I can't deny that I was *awful* in the play. 我不能否认在这出戏里我演得很糟糕。

【辨】awful, terrible, horrible, fearful
按恐惧程度由高到低为：terrible，horrible，fearful；而awful主要指可怕或恶劣的情况或局面。

process [ˈprəuses] *n.* 过程；制作法；（法律）程序 *vt.* 加工；办理
【记】词根记忆：pro（向前）+cess（行走）→向前走→过程
【例】Computers give banks the power to *process* millions of transactions a day. 电脑使得银行有能力在一天之内办理数百万笔交易。//The book *Writing Without Teachers* introduced me to one distinction and one practice that has helped my writing *processes* tremendously.《写作无师自通》这本书向我介绍了一种区别和一种练习方法，这对提高我的写作水平大有帮助。（2007.6）

【辨】process, procedure, way, method
process为过程，工序，制法；procedure为程序，手续；way较常用，泛指任何方法；method指科学、系统、合乎逻辑的有效方法。

lick [lik] *vt.* 舔，舔吃；打败，克服；（波浪）轻拍，（火焰）吞卷 *n.* 舔；少量，少许
【例】Nina *licked* the melted chocolate off her fingers. 尼娜舔了舔手指上溶化的巧克力。// Soon the flames were *licking* at the curtains. 很快火焰就吞噬了窗帘。// "It is so sweet!" Mary says, *licking* the honey on the spoon. "真甜！"玛丽舔着勺子上的蜂蜜说。

overcome [ˌəuvəˈkʌm] *vt.* 战胜，克服；（感情等）压倒，使受不了
【记】来自词组come over（战胜，支配）
【例】Gradually all the audience allowed themselves to be *overcome* with enthusiasm. 渐渐地所有的观众都变得热情高涨了。

motion [ˈməuʃən] *n.* 运动；手势，眼色，动作；提议 *v.*（向…）打手势，示意
【记】词根记忆：mot（移动）+ion→动作，运动

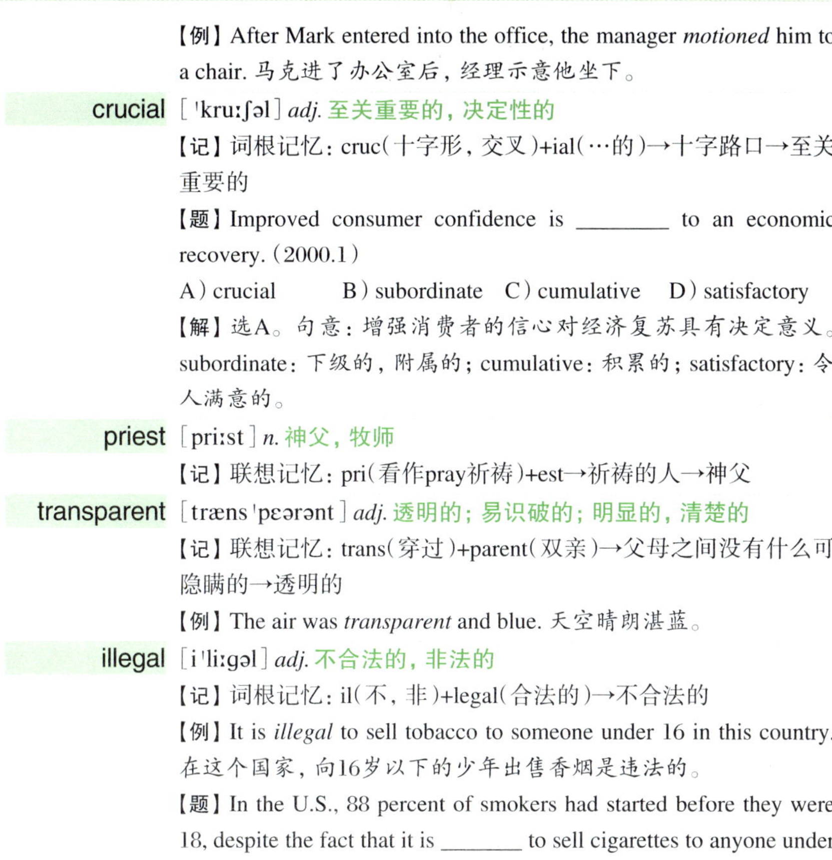

【例】After Mark entered into the office, the manager *motioned* him to a chair. 马克进了办公室后，经理示意他坐下。

crucial [ˈkruːʃəl] *adj.* 至关重要的，决定性的

【记】词根记忆：cruc（十字形，交叉）+ial（…的）→十字路口→至关重要的

【题】Improved consumer confidence is ________ to an economic recovery.（2000.1）

A）crucial B）subordinate C）cumulative D）satisfactory

【解】选A。句意：增强消费者的信心对经济复苏具有决定意义。subordinate：下级的，附属的；cumulative：积累的；satisfactory：令人满意的。

priest [priːst] *n.* 神父，牧师

【记】联想记忆：pri（看作pray祈祷）+est→祈祷的人→神父

transparent [trænsˈpɛərənt] *adj.* 透明的；易识破的；明显的，清楚的

【记】联想记忆：trans（穿过）+parent（双亲）→父母之间没有什么可隐瞒的→透明的

【例】The air was *transparent* and blue. 天空晴朗湛蓝。

illegal [iˈliːgəl] *adj.* 不合法的，非法的

【记】词根记忆：il（不，非）+legal（合法的）→不合法的

【例】It is *illegal* to sell tobacco to someone under 16 in this country. 在这个国家，向16岁以下的少年出售香烟是违法的。

【题】In the U.S., 88 percent of smokers had started before they were 18, despite the fact that it is _______ to sell cigarettes to anyone under that age.（2006.6）

A）liable B）liberal C）irrational D）illegal

【解】选D。句意：在美国，88%的烟民18岁前就开始吸烟，尽管实际上向未满18岁的人出售香烟是违法的。liable：有责任的，有义务的；liberal：慷慨的，宽大的；irrational：无理性的。

fancy [ˈfænsi] *n.* 想象力；设想；爱好 *vt.* 想要；想象，猜想 *adj.* 昂贵的，别致的

【记】联想记忆：fan（迷，狂热者）+cy→像狂热者一样拥护→喜爱

【考】take a fancy to 喜欢上，爱上；fancy doing sth. 喜欢做某事

【例】Ross had a suspicion they *fancied* each other. 罗斯怀疑他们彼此相爱了。

【辨】**fancy, imagination**

fancy和imagination严格意义上讲是对立的：fancy强调一种缥缈的思维游戏；而imagination指高层次、富有创造性的想象能力。

conscious [ˈkɔnʃəs] *adj.* 意识到的，自觉的；神志清醒的；有意的，存心的

【记】词根记忆：con+sci(知道)+ous→知道的→神志清醒的

【考】be conscious of 知道；become conscious 恢复知觉、意识

【例】I *was conscious of* someone watching me. 我意识到有人正盯着我呢。//The driver was still *conscious* when the ambulance arrived. 救护车赶到时这名司机意识尚存。

transport [ˈtrænspɔːt] *vt.* 运输 *n.* 运输，运输工具

【记】词根记忆：trans(穿过)+port(搬运)→穿过隧道搬运→运输

【例】*transport* passengers and luggage 运输乘客和行李

Few things are impossible in themselves; and it is often for want of will, rather than of means, that man fails to succeed.

事情很少有根本做不成的；其所以做不成，与其说是条件不够，不如说是由于决心不够。

——法国作家 罗切福考尔德(La Rocheforcauld, French writer)

Word List 18

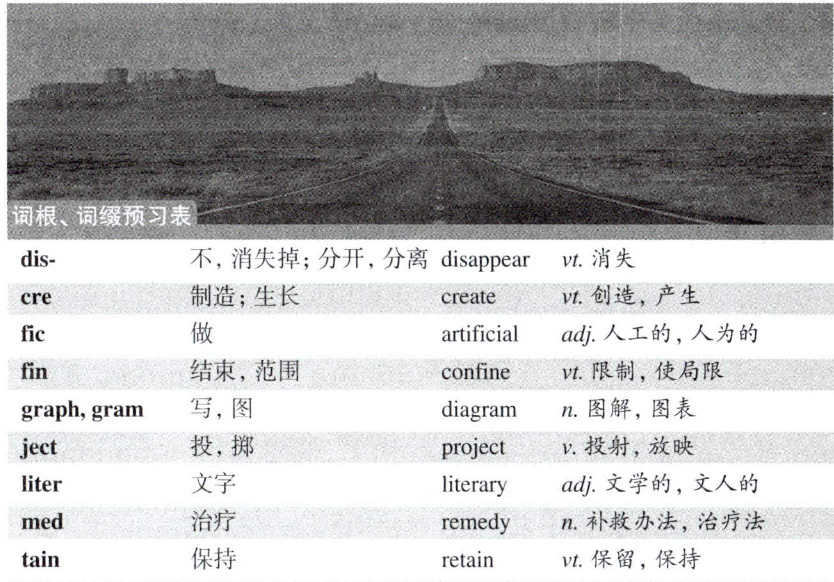

词根、词缀预习表

dis-	不，消失掉；分开，分离	disappear	*vt.* 消失
cre	制造；生长	create	*vt.* 创造，产生
fic	做	artificial	*adj.* 人工的，人为的
fin	结束，范围	confine	*vt.* 限制，使局限
graph, gram	写，图	diagram	*n.* 图解，图表
ject	投，掷	project	*v.* 投射，放映
liter	文字	literary	*adj.* 文学的，文人的
med	治疗	remedy	*n.* 补救办法，治疗法
tain	保持	retain	*vt.* 保留，保持
tri-	三	triangle	*n.* 三角

contemporary [kən'tempərəri] *adj.* 当代的；同时代的 *n.* 同代人，当代人

【记】词根记忆：con(共同)+tempor(时间)+ary(人)→同代人

【例】life in *contemporary* Britain 英国当代的生活//Those works of *contemporary* artists are more popular during youngsters. 那些当代艺术家的作品在年轻人中比较受欢迎。

chill [tʃil] *vt.* 使变冷，使感到冷 *n.* 寒冷，寒气；风寒，寒战

【记】联想记忆：c+hill(小山)→山上→高处不胜寒→寒冷

【例】Put the wine in the fridge to *chill.* 把酒放到冰箱里冰镇。//The sound of his dark laugh sent a *chill* through Mary. 他邪恶的笑声让玛丽打了个寒战。

breadth [bredθ] *n.* 宽度，幅度

【例】I have found out the length and *breadth* of the garden. 我已经弄清了花园的长度和宽度。

flood [flʌd] *n.* 洪水；大量 *vt.* 淹没，涌入

【记】联想记忆：鲜血(blood)大量(flood)涌出

【例】In 1975, the *floods* in that area made 233,000 people homeless.

1975年该地区的洪水使得23.3万人无家可归。//The rice fields were *flooded*. 稻田被淹没了。

species [ˈspiːʃiːz] *n.* 种，类

【例】Learn five *species* of bird, five butterflies, five trees, five bird songs. 了解五种鸟、五种蝴蝶、五种树木以及五种鸟鸣。(2010.12)

necessity [niˈsesiti] *n.* 必需品；必要性，(迫切)需要

【考】of necessity 无法避免地，必定

【例】That small computer will *of necessity* be installed a Microsoft operating system. 那台小电脑必定也要安装微软的操作系统。

scare [skɛə] *n.* 惊恐，惊慌 *v.* 吓，使害怕；受惊吓，感到害怕

【例】It *scared* Charles to realise how close he had come to losing everything. 意识到自己那么接近于一无所有的境地，查尔斯感到害怕。

scientific [ˌsaiənˈtifik] *adj.* 科学(上)的

【记】来自science(*n.* 科学)

【例】I know some of my students worry how they will manage their *scientific* research and a desire for children. 我知道有些学生担心该如何处理科学研究和生儿育女之间的矛盾。(2007.6)

transportation [ˌtrænspɔːˈteiʃən] *n.* 运输，运送，客运

【题】The twentieth century has witnessed an enormous worldwide political, economic and cultural ______. (2002.1)

A) tradition　　B) transportation

C) transmission　　D) transformation

【解】选D。变化，转变，改革。句意：二十世纪全世界政治、经济与文化发生了巨大变化。tradition：传统，传说；transportation：运输；transmission：传送，传播，发射。

regardless [riˈgɑːdlis] *adv.* 不顾后果地；不管怎样，无论如何 *adj.* 毫不在意的

【记】来自regard(关心)+less(少)→很少关心的→毫不在意的

【考】regardless of 不顾，不惜

【题】Every man in this country has the right to live where he wants to, ______ the color of his skin. (1997.6)

A) with the exception of　　B) in the light of

C) by virtue of　　D) regardless of

【解】选D。本题考复合介词辨析。句意：这个国家的每个人都有权生活在他想生活的地方，不管他的肤色如何。with the exception of：除…以外；in the light of：根据，依据；by virtue of：依靠，凭借，由于。

create [kriːˈeit] *vt.* 创造，引起，产生

【例】Some people believe the universe was *created* by a big explosion. 一些人认为宇宙是由大爆炸产生的。//That was the great thing about Facebook — you could *create* your own little private network. 这正是脸谱网的伟大之处——你可以创建自己小小的私人网络。(2012.6)

diagram [ˈdaiəgræm] *n.* 图解，图表，简图

【记】词根记忆：dia(穿过)+gram(写，图)→交叉对着画→图解，图表

【参】signal 信号；label 标签；mark标记

valid [ˈvælid] *adj.* 有效的，正当的；有根据的，有理的

【记】词根记忆：val(价值)+id→有价值的→正当的，有效的

【例】a *valid* contract 具有法律效力的合同

copper [ˈkɔpə] *n.* 铜；铜币，铜制器

【记】联想记忆：cop(警察)+per→警察制服上的铜扣→铜

estimate [ˈestimeit] *vt.* 估计，评价

[ˈestimət] *n.* 估计，评价，看法

【记】词根记忆：est(存在)+im+ate(做)→对存在的东西做评价

【例】I *estimate* there must be at least eight hundred names on the list. 我估计名单上至少有800人。//a rough *estimate* 粗略的估计

【辨】**estimate, assess, evaluate**

estimate指依靠所掌握的知识和经验进行性质及数量方面的估计；assess指财政、资金评估，也指对人、工作的评价；evaluate则是对抽象的能力、表现等的评价。

carriage [ˈkæridʒ] *n.* 客车厢，四轮马车

【记】联想记忆：carri(看作carry运送)+age→用四轮马车运载→四轮马车

mat [mæt] *n.* 席子，垫子

cashier [kæˈʃiə] *n.* 出纳

sensible [ˈsensəbəl] *adj.* 明智的；合情理的

【记】词根记忆：sens(感觉)+ible(可…的)→可感觉到的→明智的，合情理的

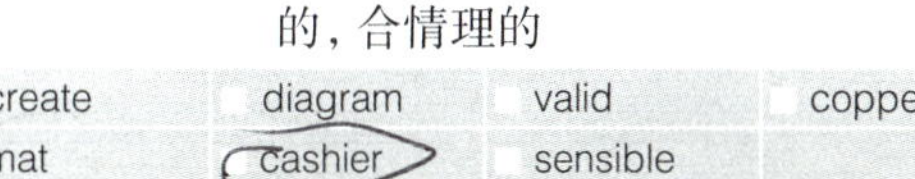

create diagram valid copper estimate carriage
mat cashier sensible

【例】The *sensible* thing is to leave these children alone. 明智的做法是不管这些孩子。//I think taking a taxi home is the most *sensible* choice for us. 我想对我们来说最明智的选择就是打出租车回家。

faithful [ˈfeiθfl] *adj.* 忠诚的；如实的；尽职的

【记】来自faith(*n.* 忠诚)

【例】A *faithful* friend helps in times of trouble. 忠诚的朋友会在困难时帮助你。//Friends should always be *faithful* to each other, to my point of view. 在我看来，朋友应该永远对彼此忠诚。(2008.6)

trap [træp] *n.* 陷阱，捕捉器；圈套，诡计；困境 *vt.* 设陷阱捕捉；诱骗

【例】The criminals knew perfectly well it was a *trap*. 罪犯们很清楚地知道这是一个陷阱。//Six men have been *trapped* in a mine for seventeen hours. 6个人被困在矿井里长达17个小时。

intensity [inˈtensiti] *n.* 强烈，剧烈，强度

【记】不要和density(*n.* 密度)弄混

remedy [ˈremidi] *n.* 补救办法，纠正办法；药品，治疗法 *vt.* 补救，纠正；医治，治疗

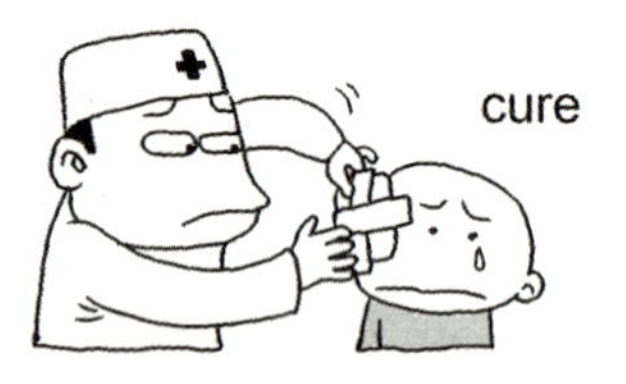

【记】词根记忆：re(加强)+med(治疗)+y→医治，治疗

【例】a good *remedy* for a cold 一剂治疗感冒的良药 // Vernon wished to *remedy* his mistake and please you. 弗农希望能够弥补过失并取悦于你。

hearing [ˈhiəriŋ] *n.* 听力，听觉；听力所及之距离；意见(或证言)听取会，申辩(或发言)的机会

【例】The old man's *hearing* is poor. 那位老人听力不好。//The judge gave both sides a *hearing*. 陪审团听取双方意见。

decent [ˈdiːsənt] *adj.* 像样的，过得去的，体面的；宽厚的，大方的；正派的；合乎礼仪的，得体的

【记】联想记忆：de(离开)+cent(分币)→离开分币，不计较钱→大方的

【例】By then people were just happy to have a *decent* quantity of food in their kitchens. 那时候只要厨房里有了足够的食物，人们就会感到高兴。(2011.6)

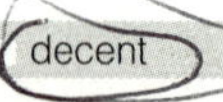

【题】This movie is not ______ for children to see: it contains too much violence and too many love scenes.（2000.1）

A）profound　　B）valid　　C）decent　　D）upright

【解】选C。句意：这部电影少儿不宜，因为它里面有太多暴力和色情镜头。profound：深刻的，意义深远的；valid：有效的，正当的；upright：正直的，诚实的。

historical [his'tɔrikəl] *adj.* 历史的，有关历史的

【例】*historical* discoveries 历史发现

confine [kən'fain] *vt.* 限制，使局限；使不外出，禁闭

【记】词根记忆：con(加强)+fin(范围)+e→限制

【例】They *confined* him in a small room. 他们将他禁闭在一个小房间里。//When the police found her, she had already been *confined* for two months. 警方发现她的时候，她已经被关押了两个月。

gymnasium [dʒim'neiziəm] *n.* 体育馆，健身房

academy [ə'kædəmi] *n.* 研究会，学会，（中等以上）专门学校

词源 传说雅典王子忒修斯(Theseus)看上了美女海伦，于是将她拐回家。海伦的两个哥哥在雅典人阿卡狄姆斯(Akademus)的帮助下才将海伦找到并带回了斯巴达。斯巴达人为了向阿卡狄姆斯致谢，在雅典郊外买了一片园林送给他，取名阿卡狄姆斯园林。后来雅典著名哲学家柏拉图在园林附近定居，每有好学青年向他求教，他总是在园林小径上边走边讲。柏拉图这种讲学方式被称为Academia，后代的教学机构沿用此名。

definitely ['definitli] *adv.* 一定地，明确地

【例】The hotel fitness centre is *definitely* worth a visit. 这家旅馆的健身中心绝对值得一去。

recorder [ri'kɔːdə] *n.* 录音机，录像机；记录装置，记录仪

【记】来自record(*v.* 录音)

sour ['sauə] *adj.* 酸的；馊的，酸味的；脾气坏的 *v.* 使变酸，使变馊；使变得乖戾（或暴躁）

【记】发音记忆："馊啊"→酸的，馊的；联想记忆：馊的(sour)汤(soup)

【例】The milk would not turn *sour* if you had put them in the fridge last night. 如果你昨晚把牛奶放到冰箱里，它就不会变酸了。//An unhappy childhood has *soured* Paula's view of life. 不幸的童年使葆拉对生活的态度扭曲了。

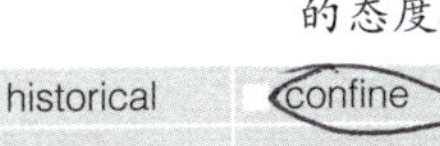
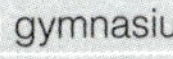
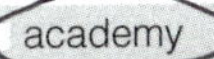

historical　confine　gymnasium　academy　definitely　recorder　sour

fruitful [ˈfruːtfəl] *adj.* 多产的，肥沃的

【记】来自fruit(果实)+ful→硕果累累的→多产的

【例】a *fruitful* author 一名多产的作家 //*fruitful* land 肥沃的土地

expectation [ˌekspekˈteiʃən] *n.* 期待，期望，预期；[*pl.*]前程，成功的前景

【记】来自expect(*v.* 期望)

【例】That is a good book which is opened with *expectation* and closed with profit. 好书开卷引人入胜，闭卷使人得益。

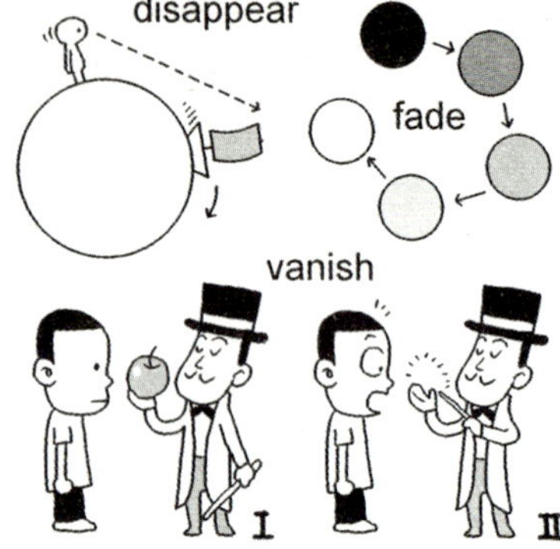

disappear [ˌdisəˈpiə] *vi.* 不见，失踪，消失

【记】词根记忆：dis(不，消失掉)+appear(出现)→不出现→消失

【辨】**disappear, fade, vanish**

disappear着重指消失在视线以外；fade指渐渐消失；vanish则指突然消失或失而不返。

trash [træʃ] *n.* 垃圾，废物；拙劣的文学(或艺术)作品；没用的人，社会渣滓，败类 *vt.* 捣毁，破坏

【记】联想记忆：tr+ash(灰)→像灰尘一样微不足道→垃圾，废物

【例】Please take the bag of *trash* to the garbage can. 请将这袋垃圾扔到垃圾桶去。//The researchers find that their work has been *trashed*. 研究人员发现他们的工作被破坏了。

bleed [bliːd] *v.* 出血，流血；勒索…的钱

【记】联想记忆：流着(bleed)鲜血(blood)

【例】The soldier's wound must be taken care immediately or he would *bleed* to death. 必须立刻处理这名士兵的伤口，否则他会因流血过多而死。//His ex-wife clearly intends to *bleed* him for every last penny. 很明显，他的前妻就是要榨干他最后一分钱。

carrot [ˈkærət] *n.* 胡萝卜

【记】联想记忆：鹦鹉(parrot)爱吃胡萝卜(carrot)

tray [trei] *n.* (浅)盘，托盘，碟

【例】The waiter carried the dishes on a *tray*. 服务生用托盘端菜。

realistic [riə'listik] *adj.* 现实的；实际可行的；现实主义的；逼真的

【例】I will hold on my ideal, but I have to be *realistic* firstly. 我会坚持我的理想，但首先我必须要面对现实。

retain [ri'tein] *vt.* 保留，保持

【记】词根记忆：re+tain(拿住)→保留，保持

【例】It will be important to *retain* independence to work effectively in an interdependent society. 在一个互相依赖的社会里，保持独立性对于高效工作十分重要。

【辨】**retain, maintain, keep**

retain较正式，强调继续保持；maintain强调对某一状态的保持，常用于保养、维护等；keep 较口语化也较常用，指长时间地保持。

fortunately ['fɔːtʃənətli] *adv.* 幸运地，幸亏

【记】来自fortunate(*adj.* 幸运的)

【例】We were late getting to the airport, but *fortunately* our plane was delayed. 我们到达机场已经晚了，但幸运的是飞机也晚点了。// *Fortunately*, educators have access to many online resources that are especially useful when helping children along the path to peace. 幸运的是，教育者在引导孩子们走上和平之路时，能够使用很多十分有用的网络资源。(2007.12)

comb [kəum] *n.* 梳子；肉冠；冠状物 *vt.* 梳理；在…搜寻；彻底搜查

【例】They *comb* the refrigerator to see something eatable. 他们查看冰箱看看有什么能吃的。

reference ['refərəns] *n.* 提到，论及；参考；查阅；引文；参考书目；证明书(或人)，推荐信(或人)

【记】来自refer(*v.* 提及)

【考】with reference to 关于，就…而论

【题】We are writing to the manager ________ the repairs recently carried out at the above address. (1997.1)

A) with the exception of　　B) with the purpose of

C) with reference to　　D) with a view to

【解】选C。with the exception of：除…以外；with the purpose of：以…为目的；with a view to：希望，为了。

treatment ['triːtmənt] *n.* 待遇；治疗，疗法；对待，处理

【记】来自treat(*v.* 对待；治疗)

【考】be under treatment 正在治疗中

【例】The best *treatment* for a cold is to rest and drink lots of water. 治疗感冒最好的方法就是休息，多喝水。

powerful [ˈpauəfəl] *adj.* 强大的，有力的，有权的；强壮的，强健的

【记】来自power(*n.* 力量)

【例】rich and *powerful* nations 富有、强大的国家 //The females are smaller and less *powerful* than the males. 和男性相比，女性身材较小而且不那么强壮。//Internet instead of television has a more *powerful* influence on children. 对孩子影响更强大的是网络而不是电视。

positive [ˈpɔzətiv] *adj.* 确实的，明确的；积极的，肯定的

【记】联想记忆：posit(看作post邮件)+ive→邮件上的地址要写清楚→明确的

【例】a *positive* demand 明确的要求 //a *positive* answer 肯定的答复// You should turn negative thoughts like "I never do anything right" into *positive* ones like "I can succeed." 你应当把"我从来没有做过正确的事情"这类消极的想法转变成"我能成功"这类积极的想法。(2010.6)

owing [ˈəuiŋ] *adj.* 应付的，未付的

【题】Being a pop star can be quite a hard life, with a lot of travelling ________ heavy schedules. (1999.6)

A) with regard to　　B) as to

C) in relation to　　D) owing to

【解】选D。owing to：由于，因为。句意：作为一个明星很辛苦，由于繁重的日程安排，得常常在外奔波。with regard to：关于；as to：关于，至于；in relation to：关于，有关。

appoint [əˈpɔint] *vt.* 任命，委任；约定，指定(时间、地点等)

【记】联想记忆：ap(加强)+point(指向，指出)→指定某人做某事→任命

【例】Green is *appointed* to administer some funds. 格林被指派去管理一些基金。//At this time, too, the judge will *appoint* a court lawyer to defend the suspect if he can't afford one. 与此同时，如果嫌疑人负担不起雇用律师的费用，法官会指派一位法庭律师为其辩护。(2014.6)

artificial [ˌɑːtiˈfiʃəl] *adj.* 人工的，人为的；矫揉造作的；模拟的

【记】词根记忆：arti(技巧)+fic(面)+ial(…的)→在表面使技术的→人为的

【例】We use no *artificial* additives of any kind! 我们不使用任何人工添加剂！//an *artificial* smile 不自然的微笑

project [ˈprɔdʒekt] *n.* 方案，计划；课题，项目；工程
[prəuˈdʒekt] *v.* (使)伸出；投射；预计
【记】词根记忆：pro(向前)+ject(扔)→向前扔→投射
【例】The teacher *projected* the slide onto a screen. 老师把幻灯片投映到屏幕上。//From 2003 to 2050, the world's population is *projected* to grow from 6.4 billion to 9.1 billion, a 42% increase. 从2003年到2050年，世界人口预计将从64亿增加到91亿，涨幅高达42%。(2008.6)

treaty [ˈtriːti] *n.* 条约，协议，协定
【记】联想记忆：treat(处理)+y→处理问题的文件→协议，条约
【例】A *treaty* would be signed between the two countries in near future. 两个国家将在不久的将来签署一份协议。

emphasis [ˈemfəsis] *n.* 强调，重点，重要性
【考】place emphasis on 把重点放在…；强调
【例】The course *places emphasis on* practical work. 该课程强调实践的重要性。//The increasing *emphasis* for the growing population of old people is in quality rather than quantity of years. 随着老年人口的增加，我们越来越关注他们的生活质量，而不是他们能活多少年。(2010.12)

select [siˈlekt] *vt.* 选择，挑选 *adj.* 精选的，挑选出来的；优等的，第一流的
【记】词根记忆：se+lect(选择)→选择，挑选
【例】The movie will be shown in *selected* cities. 电影将在选定的城市上映。//A *select* group of wine critics will also be given a taste. 一批精选的评酒师也将过来品酒。

tremble [ˈtrembl] *vi.* 发抖，哆嗦，摇动 *n.* 颤抖；摇晃，摇动
【记】词根记忆：trem(抖动)+ble→颤抖
【例】Her hands *tremble* as the old woman searches for the money. 找钱的时候，老人的手在哆嗦。//Did you notice a *tremble* in father's voice? 你注意到父亲的声音有一些颤抖吗？

attraction [əˈtrækʃən] *n.* 吸引，吸引力，引力；具有吸引力的事物(或人)
【题】Niagara Falls is a great tourist ______, drawing millions of visitors every year. (2000.1)
A) attention B) attraction C) appointment D) arrangement
【解】选B。a tourist attraction：旅游胜地。attention：注意，注意力；appointment：约会，指定；arrangement：排列，安排。

abundant [ə'bʌndənt] *adj.* 丰富的，富裕的；大量的，充足的

【记】联想记忆：a(无)+bund(看作bound边界)+ant(…的)→多得没边的→丰富的

【考】abundant in 富于，富有

【例】The plaintiff has *abundant* evidence to prove the stealer's guilt. 原告有充分的证据证明这个小偷有罪。

faith [feiθ] *n.* 信任，信心；信仰，信条

【记】联想记忆：屡败(fail)屡战，信心(faith)不倦

【考】lack faith in sth. 对某事缺乏信心

【例】Where love is there is *faith*. 有爱情就有忠诚。

mathematical [ˌmæθi'mætikəl] *adj.* 数学(上)的

navy ['neivi] *n.* 海军

【记】词根记忆：nav(船)+y→驾驶舰船保卫祖国→海军

tremendous [tri'mendəs] *adj.* 极大的，非常的；精彩的，了不起的

【记】词根记忆：trem(抖动)+endous(…的)→让人颤抖的→极大的

【例】The response of this competition was *tremendous*. 这场比赛引起了巨大的反响。

dominant ['dɔminənt] *adj.* 占优势的，支配的，统治的；居高临下的，高耸的

【例】TV is the *dominant* source of information in our society. 在我们的社会中，电视是获取信息的主要来源。//Total independence is a *dominant* theme in our culture. 完全独立在我们的文化中占主导地位。(2011.12)

proposal [prə'pəuzəl] *n.* 提议，建议；求婚

【记】来自propose(*v.* 提议，建议)

【例】Eason's *proposal* that the law system should be changed was rejected. 伊森有关改善法律体系的提议被拒绝了。

magnetic [mæg'netik] *adj.* 磁的；有吸引力的

【例】a *magnetic* smile 醉人的微笑//Eric's enthusiasm and *magnetic* personality attracts a lot of women. 埃里克的热情和具有吸引力的个性吸引了很多女性。

harden ['hɑːdn] *v.* (使)变硬，(使)变得坚强

【例】The deposits *harden* under conditions of heat and pressure. 沉积物会在高温高压下变硬。

trend [trend] *vi.* 伸向，倾向 *n.* 倾向

【记】联想记忆：tend(倾向)加r还是倾向(trend)

【题】Crime is increasing worldwide, and there is every reason to believe the ______ will continue into the next decade. (2003.6)

A) emergency　B) trend　C) pace　D) schedule

□ abundant	□ faith	□ mathematical	□ navy	□ tremendous	□ dominant
□ proposal	□ magnetic	□ harden	□ trend 		

【解】选B。句意：犯罪行为在世界范围内增加，并且有理由相信这种趋势在下一个十年将会继续。emergency：紧急情况，突然事件；pace：步调，速度；schedule：时间表，进度表。

elaborate [iˈlæbərət] *adj.* 复杂的，精心制作的

[iˈlæbəreit] *v.* 详述；精心制作

【记】联想记忆：e(出)+labor(劳动)+ate(使)→辛苦劳动做出来→精心制作

【例】Excuses can get very *elaborate*: "I know I'm looking at another's exam, but that's not cheating because I'm just checking my answers, not copying." 有些借口是煞费苦心的："我知道我在看另一个人的试卷，但这不是作弊，因为我只是核对我的答案，而不是抄袭。"(2011.12)

bat [bæt] *n.* 蝙蝠；球棒，球拍

【记】发音记忆："拍他"→用球拍拍他→球拍

triangle [ˈtraiæŋgl] *n.* 三角(形)

【记】词根记忆：tri(三)+angle(角)→三角

【例】the three sides of a *triangle* 三角形的三条边

literary [ˈlitərəri] *adj.* 文学(上)的；文人的，书卷气的

【记】词根记忆：liter(文字)+ary→文字上的→文学的

【例】*literary* works 文学作品 //a *literary* man 文人

jail [dʒeil] *n.* 监狱，看守所 *vt.* 监禁，拘留

【例】Many of the group's leaders have now been *jailed*. 目前这个组织的很多领导者都被拘留了。//Martin was arrested and sent to *jail* for printing funny money last year. 马丁去年因为印假钞被捕入狱。

design [diˈzain] *vt.* 设计；指定 *n.* 设计，构想；图样；企图

【记】联想记忆：de+sign(标记)→做标记→指定，设计

【例】specially *designed* software 特别设计的软件 //We shall never know whether this happened by accident or by *design*. 我们将永远无法知道这是一起意外事故还是人为设计的。//The idea for its *design* comes from a comic book. 它的设计理念源于一本漫画书。(2010.6)

script [skript] *n.* 剧本，广播稿；文字体系；笔迹，手迹

【例】a film *script* 电影剧本//I have two questions about guarding this original *script*. 对于保管这份原稿我有两个问题。

elaborate	bat	triangle	literary	jail	design
script					

Word List 19

词根、词缀预习表

bi-	两个	combine	*v.* 结合，联合，化合
com-, con-	共同；加强意，引申意	combine	*v.* 结合
ex-	出	export	*vt.* 输出
non-	不，非	nonsense	*n.* 胡说，废话
bene	善，好	benefit	*vi.* 有益于，得益
dent	牙齿	dental	*adj.* 牙齿的，牙科的
init	开始	initial	*adj.* 最初的，开始的
mot	移动	emotion	*n.* 情感，感情
sume	拿，取	resume	*vt.*（中断后）重新开始，继续，恢复

saddle [ˈsædl] *n.* （马）鞍，鞍状物；（自行车）车座 *vt.* 给…装鞍；使承担任务

【记】联想记忆：sad（伤心，非常糟糕的）+dle→骑马没鞍可就糟了→鞍

【考】in the saddle 在职，掌权

【例】Mr. Green has been *in the saddle* for 20 years. 格林先生已经在职20年了。

lest [lest] *conj.* 唯恐，以免

【考】要和as（与…一样；当…之时；因为）、once（一旦）、although（虽然，尽管）、unless（如果不，除非）和if（如果；即使）等相区别

【题】He was punished ______ he should make the same mistake again.（2001.6）

A）unless　　B）provided　　C）if　　D）lest

【解】选D。lest用来引导目的状语从句，从句中谓语动词用虚拟语气，形式为should+动词原形，也可以不用虚拟语气，而用一般现在时或一般过去时。unless，provided，if三个词用来引导条件状语从句，不符合句意。

creep [kriːp] *vi.* 爬行，缓慢地行进

【记】联想记忆：兔子偷懒睡觉(sleep)时乌龟缓慢地行进(creep)

【例】The cat was *creeping* silently towards the mouse. 猫悄悄地朝着老鼠爬过去。//We took off our shoes and *crept* cautiously on the roof. 我们脱掉鞋子，在屋顶上小心地爬行。

afford [əˈfɔːd] *vt.* 担负得起；提供

【记】联想记忆：af+ford(看作Ford美国大财阀福特家族)→财大气粗→担负得起

【辨】**afford, offer, grant, provide**

afford主要指提供得起；offer指主动而自愿地给予所需的东西；grant指正式或依法给予他人某物；provide多指帮助性的提供。

【题】His argument does not suggest that mankind can ______ to be wasteful in the utilization of these resources. (1998.1)

A) resort　B) grant　C) afford　D) entitle

【解】选C。afford to：买得起；经得起。句意：他的论点并不是说人类能经得起在利用这些资源时的浪费。resort用作resort to sth.：求助于或诉诸某物；grant：同意；entitle：给…取名，给予…权利。

trial [ˈtraiəl] *n.* 试，试验；审判；讨厌的人(或事物)

【考】by trial and error 反复试验，不断摸索

【例】Mother told me to cook *by trial and error.* 妈妈要我不断摸索该如何做菜。

inn [in] *n.* 小旅店，小酒店

【记】联想记忆：in(进入)+n(想象成一扇小门)→进入一扇小门→小旅店

choke [tʃəuk] *v.* 使窒息；塞满，塞住；哽塞

【记】联想记忆：喝可乐(coke)给呛着(choke)了→使窒息

【例】The girl found it hard to *choke* back her tears when she heard the bad news. 当听到这个坏消息后，女孩忍不住哭了起来。

dental [ˈdentl] *adj.* 牙齿的，牙科的

【记】词根记忆：dent(牙齿)+al(…的)→牙齿的

council [ˈkaunsəl] *n.* 理事会，委员会

【记】Security Council 联合国安理会

creep	afford	trial	inn	choke	dental
council					

portion [ˈpɔːʃən] *n.* 一部分，一分 *v.* 分配，把…分给

【记】联想记忆：port(看作part部分)+ion→一部分

【考】portion out 分配，把…分给

【例】One new trend involves sourcing *portions* of a research program to another country. 一个新趋势是把研究项目的一部分放在另一个国家进行。(2007.12) //Only a small *portion* of the school's budget was spent on students' new books for library. 学校预算只有一小部分花在了为图书馆购买新书上。

lodge [lɔdʒ] *v.* 暂住，借宿，供…以临时住宿 *n.* 乡间小屋，旅舍

【记】发音记忆："落脚"→暂住，借宿

【例】Are there any rooms to *lodge* me in, I wonder? 我想知道还有房间能让我借宿吗？

troop [truːp] *n.* 军队，部队；一群，大量 *vi.* 成群结队而行

【例】The students started to *troop* into the dinning-room. 学生开始成群结队地拥进食堂。

vague [veig] *adj.* 模糊的，含糊的

【记】词根记忆：vag(漫游)+ue→思路四处游走→含糊的，模糊的

【例】Most public languages are inherently *vague*. 大多数公共语言的含义是含糊不清的。(2008.12)

【辨】**vague, dark, dim**

vague指模糊不清的，轮廓、形状让人无法分辨清楚的；dark指缺少或无阳光而黑暗的；dim指昏暗的，光线不足以看清事物。

tropical [ˈtrɔpikəl] *adj.* 热带的，炎热的

【记】词根记忆：trop(转)+ical(…的)→热得人晕头转向→热带的，炎热的

【例】They lost their way in the *tropical* jungles. 他们在热带雨林里迷了路。

coil [kɔil] *n.* (一)卷，(一)圈；线圈 *vt.* 卷

【记】联想记忆：c+oil(油)→油烧开了就出现一圈一圈的波纹→线圈

【例】a *coil* of rope 一卷绳子 // The machine was *coiled* by wool. 机器被毛线缠住了。

benefit [ˈbenifit] *n.* 利益，恩惠；救济金，保险金，津贴 *v.* 有益于；得益

【记】词根记忆：bene(善，好)+fit→利益，好处

【考】benefit from 从…获益；get benefit from 从…得益

【题】Not only the professionals but also the amateurs will ____ from the new training facilities. (2003.6)

A) derive　B) acquire　C) benefit　D) reward

portion	lodge	troop	vague	tropical	coil
benefit					

【解】选C。derive from：起源；acquire：获得，学到；reward：酬劳，奖赏。acquire和reward都是及物动词，不符合题意。

troublesome [ˈtrʌbəlsəm] *adj.* 令人烦恼的，麻烦的

【例】Compared with girls, boys are those who tend to cause *troublesome* problems. 与女孩子相比，男孩子才更容易制造麻烦问题。

female [ˈfiːmeil] *n.* 雌性的动物，女子 *adj.* 雌的，女(性)的

【记】联想记忆：雌(female)雄(male)相吸

【例】Who on earth is that *female* Tom is with? 和汤姆在一起的那个女人究竟是谁？//the *female* mentality 妇女的心态

pose [pəuz] *v.* 造成，引起(困难等)；提出(问题等)，陈述(论点等)；摆姿势；假装，冒充，装腔作势 *n.* 样子，姿势

【题】He wouldn't answer the reporters' questions, nor would he ________ for a photograph. (2002.1)

A) summon B) highlight C) pose D) marshal

【解】选C。句意：他就是不回答记者的问题，也不让拍照。summon：召唤，召集，请求；highlight：强调，使突出；marshal：排列，安排，统筹。

truly [ˈtruːli] *adv.* 真正地，忠实地

【例】Hemingway was a *truly* remarkable man. 海明威确实是一个非凡的人。

peculiar [piˈkjuːljə] *adj.* 奇怪的，古怪的；特有的

【题】You will not be ____ about your food in time of great hunger. (2003.6)

A) special B) particular C) peculiar D) specific

【解】选B。particular：挑剔的。句意：你饿急了就不会挑食了。special：特别的，专门的；peculiar：奇怪的；specific：详细而精确的，明确的，特效的。

export [ˈekspɔːt] *vt.* 输出，出口，运走 *n.* 出口物

【记】词根记忆：ex(出)+port(运)→把东西运出去→出口；参考：import 进口

【例】Wheat is one of the country's chief *exports*. 小麦是这个国家主要的出口产品之一。

resume [riˈzjuːm] *v.* (中断后)重新开始，继续，恢复
[ˈrezjuːmei] *n.* 摘要，概要；简历
【记】词根记忆：re+sume(拿起)→重新拿起→重新开始
【例】The search is expected to *resume* early today. 预计搜寻工作在今天早上继续。//This is a nice and impressive *resume*. 这是一份既漂亮又让人印象深刻的简历。

【辨】resume, continue
resume指中断后的继续，后接名词或动名词；continue表示持续不断或其间有一定中断的继续，后接不定式或动名词。

portrait [ˈpɔːtrit] *n.* 肖像，画像
【记】联想记忆：por+trait(特点，特性)→描绘某人的特点→肖像，画像
【例】A lot of hard work has to be paid before becoming a *portrait* painter. 要想成为肖像画家需要付出很大的努力。

utter [ˈʌtə] *adj.* 完全的，彻底的 *vt.* 发出，说，讲
【例】That's *utter* nonsense! 那完全是胡说八道！// Some government officials *uttered* the first warnings. 某些政府官员发出了最初警告。

bacteria [bækˈtiəriə] *n.* 细菌
【记】联想记忆：bac(看作back背后)+ter+ia(病)→总是偷偷(背后)让人得病的东西→细菌

idle [ˈaidl] *v.* 游手好闲；虚度，浪费 *adj.* 空闲的；懒散的；无用的
【记】发音记忆："爱斗"→无所事事的才爱斗→空闲的
【考】idle away 虚度(光阴)；idle about 无所事事
【例】Many people *idle away* the hours watching TV. 很多人把时间浪费在看电视上。

【辨】idle, free
idle指不该闲着却闲着；free指自由、无拘无束。

pledge [pledʒ] *n.* 保证，誓言 *vt.* 保证，许诺
【题】He gave a ______ to handle the affairs in a friendly manner.(2003.6)
A) pledge　B) mission　C) plunge　D) motion
【解】选A。give a pledge：保证。句意：他保证会友好解决这件事。mission：使命，任务；plunge：跳进，投入；motion：运动，动作。

exchange [iksˈtʃeindʒ] *n./vt.* 交换，交流；兑换
【记】联想记忆：ex+change(变换)→双方相互交换→交换，交流

resume	portrait	utter	bacteria	idle	pledge
exchange					

【例】They paused and *exchanged* a glance. 他们停下来交换了一下眼色。

【辨】**exchange, transmit, transfer, remove**
exchange 交换，交流；transmit 传送，传播；transfer 传递，转移；remove 移动，移交

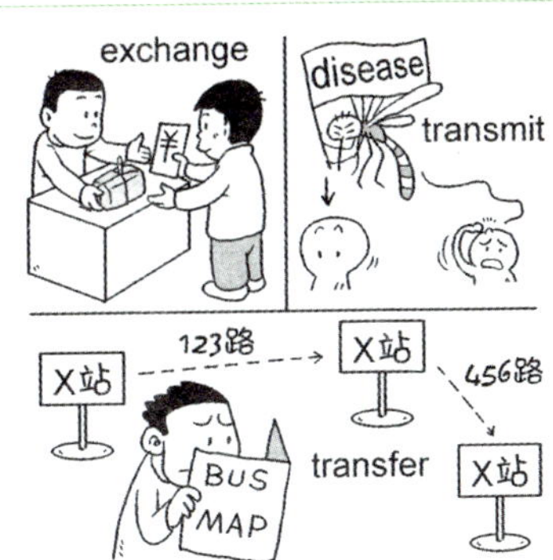

emotion [iˈməuʃən] *n.* 情感，感情，激动

【记】词根记忆：e+mot(动)+ion→容易波动的情绪→感情

【辨】**mood, emotion, attitude, feeling, passion**
mood情绪；emotion爱、恨等情感；attitude对人、事的态度；feeling最普通用词，可指各种内外的感觉；passion指激情。

harsh [hɑːʃ] *adj.* 严厉的；刺耳的；粗糙的

【记】联想记忆：har(看作hard坚硬的)+sh→态度强硬→严厉的

【例】*harsh* terms 苛刻的条件 //*harsh* noise 刺耳的噪音// This reminds me unpleasantly of Sunnyhill School in Streatham, with its *harsh* tarmac, where I used to hang about in corners fantasizing about wildlife. 这唤起了我在斯特雷特姆的桑尼希尔学校就读时的不愉快记忆，那时我常常在粗糙的柏油操场的角落里晃荡，幻想着野生动物。(2010.12)

exposure [iksˈpəuʒə] *n.* 暴露，揭露；曝光

【记】来自expose(*v.* 揭露)

【例】The paint came off as the result of *exposure* to the rain. 油漆因雨淋而剥落了。

saving [ˈseiviŋ] *n.* 节省，节约；[*pl.*]储蓄金，存款

【例】My partner says no because the boiler could go, or the roof fall off, and we have no *savings* to save us. 我的爱人说不去，因为热水器可能会坏，房顶可能会塌，而且我们也没有任何积蓄来养活自己了。(2011.12)

reasonable [ˈriːznəbəl] *adj.* 通情达理的，讲道理的；合理的，有道理的；(价钱)公道的；尚好的，过得去的

【例】a *reasonable* request 合理的要求 // "Children have to learn to negotiate the world on their own, within *reasonable* boundaries,"

White says. "在合理的范围内，孩子们必须学会自己来应对这个世界，"怀特说。(2008.12)

trumpet ['trʌmpit] *n.* 喇叭，小号 *vt.* 大声宣告，鼓吹

【记】来自trump(喇叭)+et(小)→喇叭，小号

【例】Jim plays the *trumpet*. 吉姆吹小号。// The government did not *trumpet* this simple solution. 政府并没有吹嘘这一简单的解决方案。

applause [ə'plɔːz] *n.* 鼓掌，掌声

【记】来自applaud(*v.* 鼓掌欢迎，称赞)

【例】The actor left the stage to enthusiastic *applause*. 演员在热烈的掌声中走下台去。// The new announcement was greeted with a round of *applause*. 人们对新声明报以热烈的掌声。

nonsense ['nɔnsəns] *n.* 胡说，废话；冒失(或轻浮)的行动

【记】联想记忆：non(不)+sense(意义)→无意义的话→废话

【例】It's absolute *nonsense* to say they don't care about the competition. 说他们不在乎比赛，这完全是胡说八道。

fantasy ['fæntəsi] *n.* 想象，幻想；想象的产物

【记】发音记忆："范特西"→听着周杰伦的《范特西》，陷入无限的想象→想象，幻想

【例】Young children sometimes can't distinguish between *fantasy* and reality. 小孩子有时分辨不清幻想与现实。

usage ['juːzidʒ] *n.* 使用，对待，惯用法

【记】词根记忆：us(看作use使用)+age(集合名词)→使用

【例】Water *usage* is increasing. 用水量在增长。

finance ['fainæns] *n.* 财政，金融；[常*pl.*] 财源，财务情况 *v.* 为…提供资金

【记】联想记忆：fin(看作fine好的)+ance→为希望工程筹措资金是一件好事→资金

【例】They used to *finance* long-term projects. 他们过去经常投资长期项目。

exaggerate [ig'zædʒəreit] *v.* 夸大，夸张

【记】词根记忆：ex(出)+agger(堆积)+ate(做)→堆积出界限→夸张，夸大

【例】Amanda had *exaggerated* in her many prior statements. 阿曼达之前的很多陈述都夸张了。

trumpet	applause	nonsense	fantasy	usage	finance
exaggerate					

trunk [trʌŋk] *n.* 树干；大衣箱，皮箱；象鼻

【记】联想记忆：喝醉(drunk)了酒，倒在树干(trunk)上酣睡

【例】We still have bags in the *trunk*. 在汽车后备箱里还有我们的包。

grocer [ˈgrəusə] *n.* 食品商，杂货商

cruise [kruːz] *vi.* 航游，巡航；(出租车、船等)缓慢巡行 *n.* 航游，游弋

【记】联想记忆：汤姆·克鲁斯(Tom Cruise)在巡游(cruise)

【例】We were *cruising* in the Caribbean all winter. 整个冬天我们一直在加勒比海岸巡游。// Tom Cruise intends to spend vacation on a luxury *cruise* ship with his children. 汤姆·克鲁斯计划和他的孩子们乘坐豪华游轮去度假。

initial [iˈniʃəl] *adj.* 最初的，开始的 *n.* [常*pl.*](姓名等的)首字母

【记】词根记忆：init(开始)+ial(…的)→开始的

【例】the *initial* stage of the disease (这种)疾病的最初阶段 // Across the country, many similar families were unable to maintain the *initial* boost in morale. 在全国各地，许多类似的家庭无法保持最初的高昂士气。(2012.6)

railroad [ˈreilrəud] *n.* 铁路 *vt.* 由铁路运输

tube [tjuːb] *n.* 管，电子管，显像管

【记】联想记忆：立方形(cube)管道(tube)

【例】I need a *tube* of toothpaste. 我需要一管牙膏。

attain [əˈtein] *vt.* 达到，获得，完成

【记】词根记忆：at+tain(拿住)→稳稳拿住→获得

【例】We give them every encouragement to *attain* this goal. 我们给他们一切鼓励来达到目标。

devise [diˈvaiz] *vt.* 设计，发明

【记】联想记忆：发明(devise)设备(device)

【例】A teacher *devised* the game as a way of making math fun. 一名教师设计了这个游戏使数学的学习变得有趣。// Scientists have *devised* a way to determine roughly where a person has lived using a strand of hair. 科学家发明了一种方法，可以用一个人的一缕头发确定其曾经大概住在哪里。(2009.6)

density [ˈdensiti] *n.* 密集，稠密；密度

【题】Britain has the highest ______ of road traffic in the world—over 60 cars for every mile of road. (2002.6)

A) popularity　B) density　C) intensity　D) prosperity

【解】选B。句意：英国是世界上道路交通密度最大的国家，每英里路面上行驶的汽车超过60辆。popularity：普及，流行，大众化；intensity：强烈，剧烈，强度；prosperity：繁荣，兴旺。

tune [tjuːn] *n.* 调子；和谐 *vt.* 调整，调节；为(乐器)调音

【记】联想记忆：转动(turn)旋钮调音(tune)

【考】in tune (with) (与…)一致，(与…)协调；out of tune 调不准，走调，不协调；to the tune of 达…之多，共计；tune in (to) 调谐，收听

【例】All of us are quite *in tune with* each other and aim at winning. 我们彼此配合默契，都志在必得。//Please *tune* the television set to Channel 5. 请将电视调到第五频道。

source [sɔːs] *n.* 河的源头，根源；来源，出处

shrug [ʃrʌg] *n./v.* 耸肩(表示冷漠、怀疑等)

【记】联想记忆：shru(像拼音shu：舒)+g(音似：胳)→耸耸肩，舒服舒服胳膊→耸肩

【例】"Fine, I give you space." Asher said with a *shrug* and then walked away. 亚瑟耸耸肩说："好吧，我给你空间"，然后就离开了。

daylight [ˈdeilait] *n.* 白昼，日光，黎明

【记】组合词：day(白天)+light(光)→白昼

tunnel [ˈtʌnl] *n.* 隧道，坑道，地道 *v.* 挖(地道)，开(隧道)

【记】联想记忆：海峡(channel)像条长长的坑道(tunnel)

【例】They wanted to *tunnel* below the lake. 他们想在湖底开凿一条隧道。

site [sait] *n.* 地点，场所 *vt.* 使坐落在，设置

【例】The pilots tried to approximate the original landing *site*. 飞行员们试图接近飞机最初的降落地点。

turbine [ˈtəːbin] *n.* 叶轮机，汽轮机

【记】词根记忆：turb(扰乱)+ine→用于搅拌的机器→叶轮机

【例】wind *turbine* 风力涡轮发电机

handy [ˈhændi] *adj.* 手边的，便于使用的

【例】a *handy* reference book 一本简易参考书 // Facebook is a *handy* site, but I'm upset by the idea that my information is in the hands of people I don't trust. 脸谱网是一个方便的网站，但一想到我的信息会被我不信任的人掌握，我便会感到担忧。(2012.6)

tune	source	shrug	daylight	tunnel	site
turbine	handy				

background ['bækgraund] *n.* 出身背景，经历；背景资料；（画等的）背景，底子

【记】组合词：back（背面的）+ground（范围）→背景

【例】Believe me, with your *background*, it'll be a piece of cake. 相信我，以你的背景，这对你来说轻而易举。

tutor ['tjuːtə] *n.* 导师；家庭教师，私人教师 *v.* 当…导师，当…家庭教师

【例】My parents employed a *tutor* to teach me English. 父母请了一位家庭教师教我英语。//Nick *tutored* the children in mathematics. 尼克教孩子们数学。

sauce [sɔːs] *n.* 调味汁，作料

【记】联想记忆：调味汁（sauce）是香味的来源（source）；发音记忆：即西餐中的"沙司"

combine [kəm'bain] *v.* 结合，联合；化合 *n.* 联合企业（或团体）；联合收割机

【记】词根记忆：com（共同）+bi（两个）+ne→使两个在一起→使结合

【例】British cuisine has come of age in recent years as chefs *combine* the best of old and new. 厨师将新老英国菜肴的优点相结合，使英国菜在近几年日益成熟起来。（2011.6）

pill [pil] *n.* 药丸

【记】联想记忆：瓶子里装满（fill）了药丸（pill）

bay [bei] *n.* 湾；分隔间

【记】联想记忆：baby中间少了一个b就是海湾

【考】keep (hold) sth. at bay 使…无法近身

【例】The waters of the *bay* were dancing in the sunshine. 海湾里的水在阳光下荡漾着。

ceremony ['seriməni] *n.* 典礼，仪式，礼节

【记】联想记忆：cere（蜡）+mony（看作money钱）→古代做典礼，蜡烛和钱是少不了的→典礼

【例】There will be a *ceremony* to install the new governor. 新州长将举行就职典礼。

formula ['fɔːmjulə] *n.* 公式，式；原则，方案；配方

【记】词根记忆：form（形式）+ula（表名词）→形式化的东西→原则

【例】Do you know the proper chemical *formula*? 你知道正确的化学式吗？

background	tutor	sauce	combine	pill	bay
ceremony	formula				

reservoir [ˈrezəvwɑː] *n.* 水库，蓄水池；（知识、人才等的）储藏，汇集

delete [diˈliːt] *vt.* 删除，擦掉

【记】电脑键盘上的Delete（删除）键

pump [pʌmp] *n.* 泵 *vt.* （用泵）抽（水），泵送，打气

backward [ˈbækwəd] *adj.* 向后的，倒的；落后的，进步慢的 *adv.* 倒；[-(s)] 向后，往回

【记】词根记忆：back（后面的）+ward（方向）→向后的

【考】know backward(s) 对…极其熟悉；take a backward step 向后退一步

【例】Kelly practiced her part until she *knew* it *backwards* and forwards. 凯莉一直在练习自己的角色直到完全熟悉才作罢。//The *backward* economy blocks the development of this country. 经济落后阻碍了这个国家的发展。

twist [twist] *v.* 使缠绕，使盘绕；转动，旋动；捻，搓；歪曲，曲解；扭歪，扭伤；曲折前进；转身 *n.* 扭弯；转折，转变；弯曲，曲折处

【记】联想记忆：tw（看作two两个）+ist（人）→两个人扭打在一起→扭弯，拧

【例】The police grabbed a thief and *twisted* his arm behind his back. 警察抓住了一个小偷，把他的胳膊扭到了背后。

range [reindʒ] *n.* 一系列；幅度，范围；射程，距离；（山）脉；射击场 *v.* （在某范围内）变动；漫游，四处搜索；使排列成行

【考】range over 论及，涉及；out of / beyond range 在射程外；range from...to... 从…到…的范围

【题】The price of beer _______ from 50 cents to $4 per liter during the summer season. (1999.6)

A) altered　　B) ranged　　C) separated　　D) differed

【解】选B。句意：夏季每升啤酒的价格从50美分到4美元不等。alter：更改，改变；separate from：将…分开，隔离；differ from：与…相异，有差别，发生分歧。

niece [niːs] *n.* 侄女，外甥女

【记】联想记忆：niece（侄女）去掉e就是nice（美好的）→美丽的侄女

protest [prəˈtest] *v.* 抗议，反对；申明

[ˈprəutest] *n.* 抗议，反对

【记】联想记忆：pro（很多）+test（测验）→考试太多，遭到学生反对、抗议

reservoir	delete	pump	backward	twist	range
niece	protest				

【例】Thousands of people blocked the street, *protesting* against the new legislation. 数千民众涌进街道，抗议新立的法规。// More and more workers learned to *protest* against the poor working conditions by law. 越来越多的工人学会了依靠法律来抗议恶劣的工作环境。

The people who get on in this world are the people who get up and look for circumstances they want, and if they cannot find them, they make them.

在这个世界上，取得成功的人是那些努力寻找他们想要机会的人，如果找不到机会，他们就去创造机会。

——英国剧作家 肖伯纳（George Bernard Shaw, British dramatist）

Word List 20

para-	半，类似，辅助；在旁边；降落伞	parallel	*adj.* 类似的；并列的
dict	说	predict	*v.* 预言，预告
fac, fact, fect, fic	做	manufacture	*vt.*（大量）制造，加工
frac, frag	打碎	fraction	*n.* 小部分，片断
mid	中间	amid	*prep.* 在…中间
lig	绑住	oblige	*vt.* 迫使；施恩于
pos, posit	放	deposit	*vt.* 使沉淀；存放
secut, sequ	跟随	consequence	*n.* 结果，后果
vad	走	invade	*vt.* 入侵，侵略
vict	征服	convict	*vt.*（经审讯）证明…有罪，宣判…有罪

centimetre [ˈsentiˌmiːtə] *n.* 公分，厘米

【记】词根记忆：centi（百分之一）+metre（米）→百分之一米→厘米

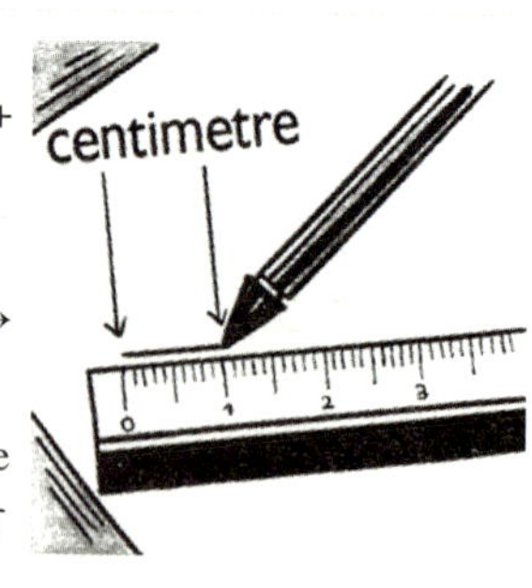

predict [priˈdikt] *vt.* 预言，预告，预测

【记】词根记忆：pre（预先）+dict（说）→预言，预告，预测

【例】The economist always *predicts* the stock market. 这位经济学家总是预言股市的走向。

acquaintance [əˈkweintəns] *n.* 认识，了解；熟人

【记】词根记忆：ac+quaint（知道）+ance→了解

【考】make one's acquaintance of sb. 结识某人；have acquaintance with sb. 与某人相识

【题】It was in the United States that I made the ______ of Professor Jones.（2003.6）

A) acknowledgement　　B) acquaintance

C) recognition　　D) association

【解】选B。句意：我与琼斯教授是在美国相识的。acknowledgement：承认，确认，感谢；recognition：承认，识别，赞誉；association：协会，联合。

learning [ˈləːniŋ] *n.* 学习；学问，知识

spider [ˈspaidə] *n.* 蜘蛛

【记】联想记忆：好莱坞电影*Spiderman*《蜘蛛侠》

counsel [ˈkaunsəl] *n.* 律师，法律顾问；忠告，劝告 *vt.* 劝告；提议

【记】联想记忆：coun(看作court法庭)+sel(看作sell卖)→在法庭上卖弄技巧的人→律师

【例】Helen *counselled* them not to accept this settlement. 海伦建议他们不要接受这个协议。

commit [kəˈmit] *vt.* 犯(错误)，干(坏事)；使承诺；把…托付给；调拨…供使用，拨出

【记】词根记忆：com(共同)+mit(送出)→一起送出→把…托付给

【考】commit oneself 使承担义务，使承诺；commit to 把…托付给，把…置于

【例】*commit* suicide 自杀 //Robinson decided to *commit* himself *to* education. 罗宾森决定献身教育事业。

typewriter [ˈtaipˌraitə] *n.* 打字机

【记】组合词：type(打字)+writer(复写器)→打字机

【例】The secretary rolled a sheet of paper into her *typewriter* and started to type. 秘书将一页白纸卷入打字机内开始打字。

sin [sin] *n.* 罪，罪孽 *vi.* 犯戒律，犯过失

【记】联想记忆：子(son)不教，父之过(sin)

【例】It would be a *sin* to waste these delicious foods like that. 像那样浪费掉这些可口的食物实在是一种罪过。

sow [səu] *v.* 播，播种

【例】Whatever a man *sow*, that shall he also reap. 种瓜得瓜，种豆得豆。

companion [kəmˈpæniən] *n.* 同伴，共事者，伴侣

【记】联想记忆：compani(看作company陪伴)+on→伴侣，同伴

【例】I am not well fit to be his only *companion*. 我不是很适合做他唯一的伴侣。

destination [ˌdestiˈneiʃən] *n.* 目的地，终点，目标

【记】联想记忆：destin（看作destine预定）+ation→预定的地方→目的地

【例】You must try your best to arrive at your *destination* before the appointed time. 你必须尽力在约定的时间之前到达目的地。

typical [ˈtipikəl] *adj.* 典型的，代表性的

【记】联想记忆：typ(e)（类型）+ical（…的）→该类中典型的→典型的

【例】That is a *typical* example of how modern company management system runs. 那是一个关于现代公司管理系统如何运行的典型事例。

corresponding [ˌkɔriˈspɔndiŋ] *adj.* 相应的，符合的

【例】The war, and the *corresponding* fall in trade, have had a devastating effect on the country. 战争以及相应的贸易萧条给这个国家带来了毁灭性的影响。

donkey [ˈdɔŋki] *n.* 驴；笨蛋

【记】联想记忆：猴子（monkey）笑驴（donkey）是笨蛋（donkey）

frontier [frʌnˈtiə] *n.* 边境，边疆；[*pl.*] 新领域

【记】来自front（前方）+ier→边境是祖国的最前方→边境

【例】Lille is in the north of France and close to the *frontier* between France and Belgium. 里尔位于法国的北部，靠近法国与比利时的交界。

outlook [ˈautluk] *n.* 观点，看法；展望，前景

【记】组合词：out+look

【例】*outlook* on life 人生观 //the economic *outlook* 经济前景

typist [ˈtaipist] *n.* 打字员

【例】Mary worked as a *typist* in a law firm. 玛丽在一家律师事务所当打字员。

apart [əˈpɑːt] *adv.* （空间、时间方面）成距离，相间隔；分开，除去 *adj.* 分离的，分隔的

【记】词根记忆：a（…的）+part（分开）→分离的

【考】apart from 除…以外；tell sth. / sb. apart 区别，辨别

【例】*Apart from* going swimming occasionally, I don't get much exercise. 除了偶尔去游泳之外我很少锻炼。// As a result, radio will increasingly attract target audiences who live many miles *apart*. 这样一来，广播将会吸引越来越多居住在数英里之外的目标听众。(2008.6)

destination	typical	corresponding	donkey	frontier	outlook
typist	apart				

additional [ə'diʃənl] *adj.* 附加的，追加的

【例】*additional* costs 额外的费用

consequence ['kɔnsikwəns] *n.* 结果，后果；重要(性)，重大

【记】词根记忆：con+sequ(跟随)+ence→跟随其后→结果

【考】in consequence 因此，后果；in consequence of 由于，因为…的缘故

【例】You have to think about the *consequences* of your decision. 你必须想想你的决定带来的后果。

nevertheless [ˌnevəðə'les] *adv.* 仍然，然而

【例】The manager was tired, *nevertheless* he kept working. 经理虽然很疲惫，但仍然坚持工作。

dirt [dəːt] *n.* 尘，土；污物，污垢

【记】联想记忆：拍拍衬衫(shirt)上的灰尘(dirt)

lobby ['lɔbi] *n.* 大厅，休息室；院外活动集团 *v.* 向(议员等)进行游说(或疏通)

【例】We've been *lobbying* the representative to support the new health plan. 我们一直游说代表支持新的健康计划。

occasional [ə'keiʒənəl] *adj.* 偶尔的，间或发生的

【例】Jim takes an *occasional* glass of wine. 吉姆偶尔喝瓶酒。// That elder spent six years in Paris, with *occasional* visits to Italy. 那位老人在巴黎生活了6年，期间偶尔会去意大利。

doubtful ['dautful] *adj.* 难以预测的；怀疑的

【记】来自doubt(*v.* 怀疑)

【参】在阅读中表示语气的词：doubtful 怀疑的；sympathetic 赞成的；critical 批评的；objective 客观的

committee [kə'miti] *n.* 委员会，全体委员

【记】联想记忆：commit(把…交托给)+tee→把事情交给委员会

【例】the International *Committee* of the Red Cross 国际红十字会 // The decline in government support has made fund-raising an increasingly necessary ability among administrators, and has hiring *committees* hungry for Americans. 政府拨款的减少使管理者更加需要具备筹款能力，也使招聘委员会渴望聘请美国人。(2009.12)

tyre ['taiə] *n.* 轮胎，车胎

【记】联想记忆：轮胎(tyre)半途爆了，又累(tire)又饿

【例】spare *tyre* 备用轮胎

□ additional	□ consequence	□ nevertheless	□ dirt	□ lobby	□ occasional
□ doubtful	□ committee	□ tyre			

ugly [ˈʌgli] *adj.* 丑陋的；可怕的

【例】a very *ugly* man 长相非常丑陋的人 //There were *ugly* scenes in the streets last night as robbery happened. 昨晚，当抢劫案发生的时候，街上满是不堪的景象。

parallel [ˈpærəlel] *adj.* 平行的；类似的；对应的；并列的，并联的 *n.* 可相比拟的事物，相似处；平行线，平行面；纬线 *vt.* 与…相似，与…相当，比得上

【记】词根记忆：para(类似)+llel→类似的；平行的

【例】You are right, only you forget the true *parallel* of us. 你是对的，只是你忘了我们之间真正的相似之处。//Frank's career *parallels* that of his father. 弗兰克的事业与他父亲的事业旗鼓相当。

cooperate [kəuˈɔpəreit] *vi.* 合作，协作；配合

【记】词根记忆：co(共同)+oper(工作)+ate(做)→一起工作→合作，协作

【考】cooperate with sb. (in doing sth.) 与某人合作做某事

【例】It is meaningful for world nations to *cooperate with* each other. 对于世界各国来说，相互合作意义重大。

appetite [ˈæpitait] *n.* 食欲，胃口；欲望

【记】联想记忆：ap(加强)+pet(宠爱，喜爱)+ite→喜爱的东西会勾起人的欲望

【例】My supper by this time was cold, and my *appetite* gone. 我的晚餐这会儿已经凉了，我也没了胃口。

impose [imˈpəuz] *vt.* 把…强加于，征(税)

【记】词根记忆：im(使…)+pos(放)+e→强行放置→强加

【考】impose on/upon 把…强加于

【例】Regulator has no power to *impose* fines but can revoke licenses. 调节员无权罚款，但有权吊销执照。

invade [inˈveid] *vt.* 入侵，侵略，侵袭

【记】词根记忆：in(进入)+vad(走)+e→未经允许走进来→侵略，侵扰

【例】There is no sign that civilization ever *invaded* the place. 该地区没有被文明入侵过的迹象。

controversy [ˈkɔntrəvəːsi] *n.* 争论，辩论

【记】词根记忆：contro(相反)+vers(转)+y→意见转向相反的方向→争论

【例】a political *controversy* 一场政治辩论

ugly parallel cooperate appetite 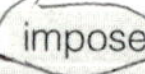 impose 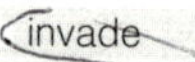 invade
controversy

confident [ˈkɔnfidənt] *adj.* 确信的，肯定的；自信的

【例】I went from being a shy little girl to a *confident* woman. 我从一个害羞的小女孩变成了一个自信的女人。

grateful
sincere

nursery [ˈnəːsəri] *n.* 托儿所，保育室；苗圃

【记】来自nurse(*v.* 看护)

fraction [ˈfrækʃən] *n.* 小部分，片断；分数

【记】词根记忆：frac(碎裂)+tion→碎的部分→(某物的)小部分

【题】We rarely perceive more than a minute ______ of the sights and sounds that fall upon our sense organs; the great majority pass us by. (1998.6)

A) fiction　　B) function　　C) fraction　　D) friction

【解】选C。句意：我们的感觉器官接收到的光线和声音只不过是微小的一部分，大部分从我们身边流失掉了。fiction：小说，虚构；function：功能，作用；friction：摩擦，摩擦力。

cabinet [ˈkæbinit] *n.* 橱，柜；内阁

【记】联想记忆：cab(出租车)+in(里面)+et(小)→出租车里空间很小，就像柜子→柜

词源：小房间是参与机密的一小圈子人如内阁成员开会较合适的地点。据此，该词以后多用以指在小房间内开会的人，即“内阁”或“全体内阁成员”。

【例】Most of the *cabinet* members were against the new tax treaty. 大部分内阁成员都反对新的税收协定。

amid [əˈmid] *prep.* 在…中间，在…之中，被…围绕

【记】词根记忆：a(在…)+mid(中间)→在…中间

【例】The dollar has fallen in value *amid* rumors of weakness in the U.S. economy. 美国经济虚弱的谣言使美元贬值。//She may have put her notebook *amid* the journals. 她可能把笔记本夹在了期刊里。(2008.12)

manufacturer [ˌmænjuˈfæktʃərə] *n.* 制造商，制造厂

independence [ˌindiˈpendəns] *n.* 独立，自主，自立

【记】词根记忆：in(不)+depend(依靠)+ence→不依靠别人→独立

【例】Algeria won *independence* more than thirty years ago. 阿尔及利亚在30多年前赢得了独立。//Cheating undermines confidence and *independence*: the cheater is a fraud, and knows that without dishonesty, he/she would have failed. 作弊会破坏自信心和独立性；作弊者就是骗子，而且他/她知道如果不作弊，就会不及格。(2011.12)

academic [ˌækəˈdemik] *adj.* 学院的；学术的；纯理论的，不切实际的

【记】来自academ(e)(学院)+ic(…的)→学院的，学术的

【例】a program to raise *academic* standards 一项提高学术标准的计划 //purely *academic* 完全不切实际的

evolve [iˈvɔlv] *vt.* 使进化，使发展

【记】词根记忆：e(出)+volve(转)→转出来→(使)进化

【例】Businesses need to *evolve* rapidly. 商业需要快速发展。// Modern society has finally *evolved* into an open society. 现代社会最终发展成为一个开放的社会。(2008.6)

exception [ikˈsepʃən] *n.* 例外，除外

【考】take exception to/against 反对，表示异议；with the exception of 除…以外

【例】We all laughed, *with the exception of* Maggie. 除了玛吉我们都笑了。

【题】It is obvious that this new rule is applicable to everyone without ______. (2005.1)

A) exception B) exclusion C) modification D) substitution

【解】选A。without exception：毫无例外地。句意：很明显，新规定毫无例外地适用于所有人。exclusion：排除；modification：更改；substitution：代替。

dictation [dikˈteiʃən] *n.* 口授，听写

profession [prəˈfeʃən] *n.* 职业；公开表示

【记】词根记忆：pro(很多)+fess(说)+ion→当着许多人的面说→公开表示

【例】We were able to stay in the real estate market much longer than others in the same *profession*. 我们在房地产市场能比同行业的其他公司做得更长久。(2009.6)

authority [ɔːˈθɔriti] *n.* [*pl.*]官方；权力；当权者，行政管理机构；权威，专家

【记】联想记忆：author(作家)+ity→作家是写作领域的权威

【例】You have overreached your *authority*. 你已经越权了。//Mr. Li is a leading *authority* on Chinese food. 李先生是中国饮食方面的权威人士。

deposit [di'pɔzit] *vt.* 使沉淀；存放，储蓄 *n.* 定金，押金；存款；矿藏

【记】词根记忆：de+posit(放)→把财物妥善保管→将钱存入银行→存款

【例】You are advised to *deposit* your valuables in the hotel safe. 你最好将贵重物品存放在旅馆的保险柜里。//mineral *deposits* 矿藏 //Ten yuan is the minimum initial *deposit*. 最低的开户存款金额是十元。

enquiry [in'kwaiəri] *n.* 询问

【记】来自enquire(*v.* 询问)

【例】Local people are calling for an *enquiry* into the accident. 当地居民要求对该事故展开调查。//The police were making *enquiries* in all the neighbouring pubs. 警方正在附近所有酒吧查问情况。

differ ['difə] *vi.* 不同，相异；(在意见方面)发生分歧

【例】People *differ* from one another in their ability to handle stress. 不同的人对压力的承受能力各不相同。//People *differ* greatly in their ability to communicate. 人们的交流能力有着显著的差异。(2008.12)

argument ['ɑːgjumənt] *n.* 争论，辩论；理由；说理，论证

【例】Support your *argument* by quote, please. 请用引文来支持你的论点。

memorial [mi'mɔːriəl] *adj.* 纪念的，悼念的 *n.* 纪念碑，纪念堂，纪念仪式

【记】词根记忆：memor(记忆)+ial→记忆的东西→纪念碑

【例】The museum will be a lasting *memorial* to those dead in the war. 这家博物馆将是对在战争中牺牲的人们的永恒纪念。(2008.12)

faculty ['fækəlti] *n.* 才能，能力；系，科；全体教员

【记】联想记忆：fac(做)+ult(看作cult崇拜)+y→具有才能的人是别人崇拜的对象→才能

【例】*Faculty* of Law 法学系 //In China many newly hired *faculty* members at the top research universities received their graduate education abroad. 在中国，很多受雇于顶尖的研究性大学的教职工都是在国外接受的研究生教育。(2007.12)

dim [dim] *adj.* 昏暗的，朦胧的；（视力等）模糊不清的 *v.* （使）变暗淡

【记】联想记忆：没有目标(aim)的生活很昏暗(dim)

【例】The *dim* outline of a building loomed up out of the mist. 建筑物模糊的轮廓在薄雾中若隐若现。//The lights in the theatre began to *dim*. 剧场中的灯光开始变得昏暗。

【参】形容不同天色的词：dim 昏暗的；light 明亮的；dark 黑暗的

moreover [mɔːˈrəuvə] *adv.* 而且，再者，此外

【例】John won the championship. *Moreover*, he received $1,000. 约翰拿了冠军，此外还得了1000美元。

【辨】**moreover, besides**

moreover和besides意义相同，但用moreover时后加内容比前面内容更重要，而且moreover更正式。

earnest [ˈəːnist] *adj.* 认真的，诚恳的 *n.* 严肃认真；诚挚

【记】联想记忆：earn(挣钱)+est→要想挣钱就得认真地干→认真的

【考】in earnest 认真的(地)，诚挚的(地)，一本正经的(地)

【例】After the war, Kempton began his acting career *in earnest*. 战后，肯普顿认真地开始了自己的演艺事业。

heroic [hiˈrəuik] *adj.* 英雄的，英勇的

【例】*heroic* deeds 英勇事迹

umbrella [ʌmˈbrelə] *n.* 伞，雨伞

【例】It started to rain, so Jane stopped to put up her *umbrella*. 开始下雨了，简停下来撑起伞。

orchestra [ˈɔːkistrə] *n.* 管弦乐队

【记】联想记忆：or+chest(胸腔)+ra→管弦乐队的成员大都需借助胸腔的力气演奏乐器→管弦乐队

arithmetic [əˈriθmətik] *n.* 算术，四则运算

【记】联想记忆：数学(mathematic)里有四则运算(arithmetic)

basically [ˈbeisikəli] *adv.* 基本上，从根本上说

【记】来自basic(*adj.* 基本的)

【例】*Basically* we're looking for someone who can work three afternoons a week. 我们基本上是要找一个能够一周工作三个下午的人。

battery [ˈbætəri] *n.* 电池(组)，蓄电池(组)；排炮，炮组；一系列，一套

【记】联想记忆：batt(看作bat蝙蝠)+ery→给蝙蝠飞行提供能量→电池(组)

dim	moreover	earnest	heroic	umbrella	orchestra
arithmetic	basically	battery			

【例】I think you've got the *battery* in upside down. 我觉得你把电池放反了。//a *battery* of medical tests 一系列医疗测试

heel [hiːl] *n.* 脚后跟，踵，后跟

【记】联想记忆：治愈(heal)脚后跟(heel)

oblige [əˈblaidʒ] *vt.* 迫使；施恩于，帮…的忙；使感激

【记】词根记忆：ob+lig(绑住)+e→绑住某人→迫使

【例】The moral code *obliged* Nick to withdraw. 尼克的道德准则迫使他退却了。//We are much *obliged* to you for your help. 非常感激你给我们的帮助。

convict [kənˈvikt] *vt.* (经审讯)证明…有罪，宣判…有罪

[ˈkɔnvikt] *n.* 囚犯

【记】词根记忆：con+vict(征服)→征服罪犯→定罪，宣判…有罪

【例】So far as I knew, there wasn't enough evidence to *convict* her. 据我所知，没有足够的证据证明她有罪。

respond [riˈspɔnd] *vi.* 回答，答复；作出反应，响应

【记】词根记忆：re+spond(约定)→按约定响应

【考】respond to 作出反应，响应

【例】Businesses and individuals should make plans to *respond to* emergencies. 公司和个人应该制订计划以应对紧急事件。

cite [sait] *vt.* 引用，引证；传唤，传讯；表彰，嘉奖

【记】和bite(*v.* 咬)一起记：家里狗咬(bite)了人，所以被传讯(cite)

【例】Britain is often *cited* as an example of a declining industrial power. 在描述一个衰落的工业帝国时英国总是被拿来用作例子。//Two managers had been *cited* for similar infractions. 两名管理者因类似的违法事件受到法院的传唤。//One such game, called World of Warcraft, is *cited* on many sites by posters complaining of a "gaming addiction." 一款叫做《魔兽世界》的游戏也属于这一类，在许多网站上，发帖人控诉"游戏成瘾"时都用这款游戏来举例。(2010.6)

discard [disˈkɑːd] *vt.* 丢弃，抛弃，遗弃

【记】词根记忆：dis(不)+card(心脏)→婴儿因先天心脏不足被遗弃

【例】*Discard* any old cleaning materials. 把所有旧的清洁用具都扔了。//Once we start to see people as individuals, and *discard* the stereotypes, we can move positively toward inclusiveness for everyone. 当我们开始把人们看作单独的个体，摒弃固有的成见时，我们就会更加包容每一个人。(2009.6)

grab [græb] *v.* 抓住，攫取；抓住(机会)；夺(得) *n.* 抓，夺

【记】联想记忆：螃蟹(crab)用钳子抓(grab)人

【考】grab at 抓住；夺取；grab sb. by... 抓住某人的…

【例】The man *grabbed at* the glass just before it fell. 那个人在玻璃杯掉下的那一刻抓住了它。

deceive [di'siːv] *vt.* 欺骗，蒙蔽，行骗

【记】词根记忆：de(变坏)+ceive(拿，抓)→用不好的手段拿→欺骗，蒙蔽

【例】Who are ready to believe are easy to *deceive*. 轻信的人容易受骗。

senior ['siːniə] *adj.* 资格较老的，地位较高的；年长的 *n.* 较年长者；(中学或大学的)毕业班学生

【记】词根记忆：sen(老的，年长的)+ior→年长的

【例】*senior* officials in the government 政府的高级官员 //It was rough for some, but by *senior* year, two-thirds have moved up to physics. 这对一些学生来说是困难的，但是在高三之前，三分之二的学生已经开始学习物理学了。(2012.6)

modest ['mɔdist] *adj.* 谦虚的；适中的；羞怯的

【记】词根记忆：mod(方式，风度)+est→有风度的→谦虚的

【例】Our company is growing with *modest* rate. 我们的公司以适度的速度增长。

continuous [kən'tinjuəs] *adj.* 连续不断的，延伸的

【记】来自 continue(*v.* 继续，连续)

【辨】**continual, continuous**

continual一般指多次重复的动作，例如：Please stop your continual questions. continuous表示动作或物体继续不停地或不间断地进行下去，例如：a continuous flow of traffic。

Word List 21

de-	去掉；变坏；离开；变慢；向下；使…成为；加强	deduct	*vt.* 扣除，减去
dict	说	dictate	*n./v.* 口授，命令
ceed	行走，前进	proceed	*vi.* 行进，前进
flu	流动	fluid	*n.* 流体，液体
hydro	水	hydrogen	*n.* 氢
lapse	滑倒	collapse	*n./vi.* 倒塌，瓦解
man	手	manual	*adj.* 用手的，手工的
multi-	多	multiple	*adj.* 多重的，多样的
pend, pens, pond	称重量，称银子，引申为花费	expense	*n.* 花费，消费
petro	石	petroleum	*n.* 石油
preci	价值	precious	*adj.* 珍贵的，宝贵的

comprise [kəmˈpraiz] *vt.* 包含，包括，构成

【记】联想记忆：com(共同)+prise(奖赏)→奖赏包含大家的努力→包含

【例】Blacks *comprise* 12% of the American population. 黑人占美国人口的12%。

【辨】**comprise, include, involve, contain**

comprise指许多部分构成一个整体，该整体包含全部内容；include指包括之物为整体的一部分；involve指为整体的一部分，还有卷入的含义；contain指某物内部含有的成分或部分。

revolt [riˈvəult] *v.* 反叛，起义；反抗，违抗；(使)厌恶，(使)生反感 *n.* 反叛，起义

【记】词根记忆：re+volt(转)→反转过来→反叛，反抗

【例】They were ready to *revolt* . 他们准备起义。//Connie *revolted*

against her ballet training at fifteen. 十五岁时康妮反感她的芭蕾训练。

expense [ikˈspens] *n.* **花费，消费，费用；**[*pl.*] **开支，业务费用**

【记】词根记忆：ex(出去)+pens(花费)+e→花费，消费

【考】at the expense of 由…付费；在损害…的情况下

【例】Julie's parents had spared no *expense* for her wedding. 朱莉的父母为她的婚礼不惜花费。//People do it *at the expense of* everything that was a constant in their lives. 人们以生活中那些不变的事物为代价来做这件事。(2010.6)

campus [ˈkæmpəs] *n.* **校园，学校场地**

【记】联想记忆：camp(野营地)+us(我们)→校园是学生们学习的营地→校园

【考】on campus 在校内

【例】A debate was held recently *on* university *campuses*. 最近，大学里开展了一场辩论。

mold [məuld] *n.* **霉，霉菌；模子，模型，铸模；(人的)性格** *vt.* **用模子制作，浇铸，塑造；使形成，影响…的形成，把…塑造成**

【例】A clay *mold* on display was used for casting bronze statues in ancient times. 展出的粘土模型在古代是用来铸造铜像的。

insure [inˈʃuə] *vt.* **给…保险，确保**

【记】联想记忆：in+sure(确定的)→确保

【例】The educators should *insure* that each student truly gains from their education. 教育者必须保证每一个学生都学有所获。

cash [kæʃ] *n.* **现金，现款** *vt.* **把…兑现**

【考】cash down 用现金支付；cash in on 靠…赚钱，乘机利用

【例】I need a million dollars in *cash*. 我需要100万美元的现金。//Where can I get this *cashed*? 我在哪里才能兑换现金？

virtue [ˈvəːtjuː] *n.* **善，美德；优点，长处**

【考】by virtue of 借助，由于

【题】The manager spoke highly of such ______ as loyalty, courage and truthfulness shown by his employees. (1998.1)

A) virtue　　B) features　　C) properties　　D) characteristics

【解】选A。句意：这位经理高度赞扬了员工们所表现出的诸如忠诚、勇敢、守信等美德。feature：特点，容貌；property：性能，特征，财产；characteristic：特征，特点。句中的loyalty(忠诚)，courage(勇气)和truthfulness(诚实)暗示了应该选A。

violent [ˈvaiələnt] *adj.* 暴力引起的，强暴的；猛烈的，剧烈的

【例】the increase in *violent* crime 暴力犯罪的增加 //A natural environment can reduce *violent* behaviour because its restorative process helps reduce anger and impulsive behaviour. 自然环境能够减少暴力行为，因为它的修复过程有助于减少愤怒及冲动行为。(2010.12)

【辨】**violent, fierce, intense**

violent包含意义较广，所指破坏性大；fierce指本性凶残，行为凶猛且有巨大杀伤力；intense指剧烈的，表程度。

react [riˈækt] *vi.* 反应，作出反应

【记】联想记忆：re+act(行动，表现)→作出反应

【考】react against 反对，反动，反其道而行；react with 起化学反应；react on/upon 影响，起作用

【例】I think the movie must *react on* you a lot. 我认为那部电影肯定对你产生了很大的影响。

odd [ɔd] *adj.* 奇特的；临时的；奇数的，单只的；剩余的，挂零的 *n.* [*pl.*] 机会，可能性；优势；区别；不和

【记】联想记忆：奇奇(odd)相加(add)为偶

【考】against all (the) odds 尽管有极大的困难，尽管极为不利；at odds (with) 有争执，不和，不一致；odds and ends 零星杂物，琐碎物品

【例】I don't want to be *at odds with* my neighbors. 我不想与邻居们有什么不和睦的地方。

diverse [daiˈvəːs] *adj.* 不一样的，相异的；多种多样的

【记】词根记忆：di(分开)+vers(转)+e→转开→不一样的

【题】A culture in which the citizens share similar religious beliefs and values is more likely to have laws that represent the wishes of its people than is a culture where citizens come from ____ backgrounds. (2003.6)

A) extensive　B) influential　C) diverse　D) identical

【解】选C。diverse background：多样的背景。句意：一个有共同宗教信仰和价值观的文化比人们信仰不同、价值观不同的文化更加可能会拥有代表人民意愿的法律。extensive：广大的，广阔的；influential：有影响的，有势力的；identical：同一的，同样的。

manual [ˈmænjuəl] *adj.* 用手的，手工的 *n.* 手册，指南

【记】词根记忆：manu(手)+al(…的)→手工的

【例】*manual* labour 手工 //a *manual* for students 学生手册

【题】The ship's generator broke down, and the pumps had to be operated ______ instead of mechanically.（2005.1）

A）artificially B）automatically

C）manually D）synthetically

【解】选C。句意：船上的发动机坏了，只能用手工操纵泵来代替机械操纵了。artificially：人工地；automatically：自动地；synthetically：综合地。

uncover [ʌnˈkʌvə] *vt.* 揭露，暴露；揭开…的盖子

【记】词根记忆：un(打开)+cover(盖子)→揭开盖子→揭露

【例】You'll be able to *uncover* some new clues. 你将会发现一些新的线索。

ban [bæn] *vt.* 取缔，查禁；禁止 *n.* 禁止，禁令

【记】和pan(*n.* 平底锅)一起记

【考】ban sb. from doing sth. 禁止某人做某事

【例】Smoking is *banned* in the building. 这幢建筑物内禁止吸烟。// a total *ban* on cigarette advertising 全面禁止播放香烟类广告 //It is said that the city will *ban* smoking in all public places. 据说该市将在所有的公共场所禁止吸烟。

confront [kənˈfrʌnt] *vt.* 迎面遇到，遭遇；勇敢地面对，正视；使对质，使当面对证

【记】联想记忆：con+front(前面)→在前面出现→迎面遇到

【例】We try to help people *confront* their problems. 我们试着帮助人们正视自己的问题。//The problems *confronting* the new government have reached the most. 新政府面临的问题数量之多，前所未有。

undergo [ˌʌndəˈgəu] *vt.* 经历，经受，忍受

【记】联想记忆：under(在…下)+go(走)→从下面走过→经历

【例】Every form of life *undergoes* evolution. 一切生命形式都要经历进化这一过程。（2009.12）

journal [ˈdʒəːnəl] *n.* 日报，杂志；日志

【记】词根记忆：journ(日)+al→日报；日志；参考：来自法语journal杂志

【例】One great way to do this is by having students write in a *journal* in class every day. 要完成这项任务有一个很好的办法，就是让学生每天在课堂上写日志。（2009.6）

emperor [ˈempərə] *n.* 皇帝

undergraduate [ˌʌndəˈgrædʒuit] *n.* 大学本科生

【记】组合词：under(不足)+graduate(毕业生)→还不是毕业生→大学本科生

uncover	ban	confront	undergo	journal	emperor
undergraduate					

【例】My brother is a Yale *undergraduate*. 我哥是耶鲁大学的本科生。

circular [ˈsəːkjulə] *adj.* 圆的；循环的，兜圈子的 *n.* 通知，通告

【记】词根记忆：circ(圆)+ul+ar(…的)→圆的

【例】There is a *circular* driveway in the near distance. 不远处有一条环形车道。

dictate [ˈdikteit] *n./v.* 口授；命令，规定，要求

【记】词根记忆：dict(说话)+ate(做)→口授

【例】The amount of funds we receive *dictates* what we can do. 我们获得的资金决定我们能够做什么。//teenagers following the *dictates* of fashion 追逐时尚的青少年

inform [inˈfɔːm] *v.* 通知；向…报告，检举

【记】词根记忆：in(进入)+form(形成)→形成文字形式→通知

【考】inform sb. of/about sth. 通知/告诉某人某事

【辨】**inform, notify**

inform强调把事实或资料告诉或传递给某人；notify是以正式的形式公开通知。

【题】We desire that the tour leader _______ us immediately of any change in plans. (1993.6)

A) inform B) informs C) informed D) has informed

【解】选A。desire后面的从句中要用虚拟语气，其形式是动词原形或should+动词原形，所以选inform。

underground [ˈʌndəgraund] *adj.* 地下的；秘密的，不公开的 *n.* 地铁；地下组织(或运动)

[ˌʌndəˈgraund] *adv.* 在地(面)下，往地(面)下；秘密地，不公开地

【记】组合词：under(在…下)+ground(地面)→地下的

【例】The car park is *underground*. 停车场在地下。//Miners work *underground*. 矿工在地下作业。//An *underground* drainage system is found in the ancient building accidently. 人们在这座古建筑里偶然发现了一个地下排水系统。

hook [huk] *n.* 钩，挂钩；陷阱 *vt.* 钩住

【考】hook up 将…接上电源；off the hook 脱离困境

underline [ˈʌndəlain] *vt.* 画线于…之下；强调，使…突出

【记】组合词：under(在…下)+line(画线)→在…下面画线表示强调

【例】Lily *underlined* her disapproval of the proceedings by walking out. 莉莉退席以示反对该诉讼。

male [meil] *adj.* 男的，雄的 *n.* 男子，雄性动物(或植物)

□ circular	□ dictate	□ inform	□ underground	□ hook	□ underline
□ male					

proceed [prə'siːd] *vi.* **继续进行；(沿特定路线)行进，(朝特定方向)前进**

【记】词根记忆：pro(向前)+ceed(前进)→向前前进→前进

【题】The work was almost complete when we received orders to ____ no further with it. (2003.6)

A) progress　B) proceed　C) march　D) promote

【解】选B。句意：当我们接到停止进度的通知时，这份工作都差不多快要完成了。progress：进步(表积极意义)；march：前进(行进当中的)；promote：促进，提升，发扬。

hydrogen ['haidrədʒən] *n.* **氢**

【记】词根记忆：hydro(水)+gen(产生)→参与生成水的物质→氢

force [fɔːs] *v.* **强迫；用力推动，用力打开** *n.* [*pl.*] **军队，兵力；暴力，武力；力，力气；影响力，效力**

【考】in force 有效，生效，在实施中；force sb. to do 强迫某人去做

【例】Of the *forces* shaping higher education none is more sweeping than the movement across borders. 在影响高等教育的各种力量之中，出国留学是影响最广泛的。(2007.12)

fog [fɔg] *n.* **雾，烟雾，尘雾**

【例】We got lost in the thick *fog*. 我们在大雾中迷了路。

【辨】**fog, mist, smoke**

fog指非常浓厚的雾；mist指由空气中的水汽形成的薄雾；smoke指烟尘。

fluid ['fluːid] *n.* **流体，液体** *adj.* **流动的；变化的，不稳定的**

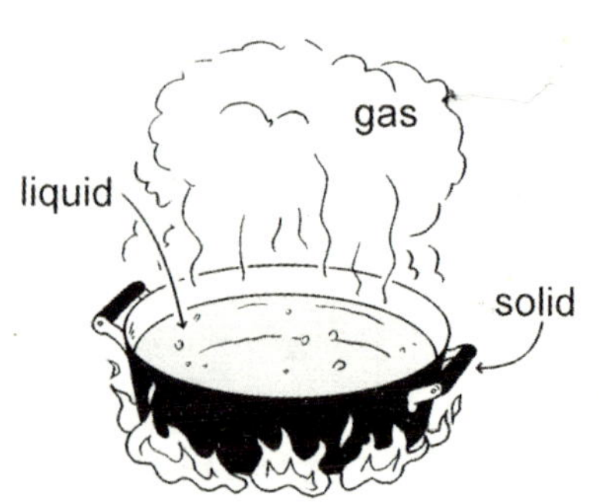

【记】词根记忆：flu(流动)+id→流体；流动的

【例】brake *fluid* 制动液//The situation is still *fluid*. 局势尚不稳定。//The doctor told his family that he is not allowed solid food yet, only *fluids*. 医生叮嘱他的家人，他目前还不能吃固体食物，只能喝些流食。

【参】solid(*n.* 固体)；liquid(*n.* 液体)；gas(*n.* 气体)

drill [dril] *n.* **钻头；操练，训练** *v.* **钻(孔)，打(眼)；训练**

【记】词根记忆：dr+ill(生病)→生病了不能训练

【例】We had a chance to *drill* our English with foreigners. 我们有了一次与外国人练习英语的机会。

understanding [ˌʌndəˈstændiŋ] *n.* 理解，理解力；谅解；(非正式)协议；相互理解，融洽 *adj.* 体谅的，宽容的，通情达理的

【例】Over time, you will get a far better *understanding* of the job. 随着时间的推移，你将会更好地了解这份工作。

nitrogen [ˈnaitrədʒən] *n.* 氮

【记】词根记忆：nitro(含氮的)+gen(产生)→氮

commission [kəˈmiʃən] *n.* 委任状；委员会；佣金，回扣；授权，委托 *vt.* 委任，委托

【记】词根记忆：com(加强)+miss(送)+ion→送交给某人→委任，委托

【例】The dealer takes a 20% *commission* on the sales he makes. 经销商从他的销售额中提取20%的回扣。//The best solution to this problem was to *commission* a famous architect. 解决这个问题的最佳方案是委托一位著名建筑师。

jaw [dʒɔː] *n.* 颌，颚

【记】发音记忆："嚼"→他下颌脱臼了，没法嚼东西→颌

undertake [ˌʌndəˈteik] *v.* 从事，承担；同意，保证

【例】Dad *undertook* to buy me a CD player. 爸爸答应给我买个CD机。

salary [ˈsæləri] *n.* 薪金，薪水

词源：来自于salarium，意指古罗马军队作为军饷配给士兵的盐，这是因为盐在古代被视为珍品。后来这部分军饷被金钱所取代，但这个词被保留下来。14世纪进入英语，用以泛指"薪金"、"薪水"。

skilled [skild] *adj.* 有技能的，熟练的；需要技能的

【例】Your company is fortunate to have such highly *skilled* workers like you. 你的公司能有像你一样技术娴熟的员工真是幸运。

assembly [əˈsembli] *n.* 立法机构，议会；集合，集会的人们；装配，组装

【例】Five years later, Ford invented the first moving *assembly* line. 五年后，福特发明了第一条可移动的流水线。

merry [ˈmeri] *adj.* 欢乐的，愉快的

【记】联想记忆：快结婚(marry)了，自然愉快(merry)

【例】a *merry* evening 一个快乐的夜晚

undo [ʌnˈduː] *vt.* 解开，打开；取消，撤销

【记】联想记忆：un(开)+do(做)→解开

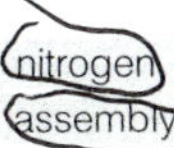

understanding nitrogen commission jaw undertake salary
skilled assembly merry undo

【例】What has done cannot be *undone*. 覆水难收。

undoubtedly [ʌnˈdautidli] *adv.* 毋庸置疑地，肯定地

【例】Technology has *undoubtedly* helped many companies to develop. 毫无疑问，科技使得很多公司得到发展。

globe [gləub] *n.* 地球，世界；地球仪，球体

【记】发音记忆：“哥伦布”→不难联想到地球吧→地球

uneasy [ʌnˈiːzi] *adj.* 心神不安的，忧虑的

【记】词根记忆：un（不）+easy（安心的）→不安心的→心神不安的

【例】Tom talked with his friends in an *uneasy* voice. 汤姆心神不安地和朋友谈着话。

precious [ˈpreʃəs] *adj.* 珍贵的，宝贵的

【记】词根记忆：preci（价值）+ous（…的）→有价值的→珍贵的，贵重的

【例】*precious* stones 宝石 //Even today, clean water is a *precious* commodity in some parts of the world. 即使是在今天，纯净水在世界某些地方也是一种珍贵的商品。

mosquito [məsˈkiːtəu] *n.* 蚊子

【记】发音记忆：“貌似黑头”→蚊子很像鼻子上的黑头→蚊子

petroleum [piˈtrəuliəm] *n.* 石油

【记】词根记忆：petro（石）+leum→石油

favourable [ˈfeivərəbl] *adj.* 有利的，赞成的；顺利的

【记】来自favour（*v.* 赞同）

【例】The book received a *favourable* review. 这本书赢得了好评。// Thus, for example, we should expect to see consumers in a positive mood state evaluate products in more of a *favourable* manner than they would when not in such a state. 所以，举例来说，我们应该期望看到，情绪状态积极的消费者对产品的评价要比他们在情绪不好时的评价更高。（2007.12）

sightseeing [ˈsaitˌsiːiŋ] *n.* 观光，游览

【记】组合词：sight（景色）+seeing（看）→看景色→观光

【例】Did you ever have a *sightseeing* tour of the city you live? 你曾经观光游览过你所生活的城市吗？

economic [ˌiːkəˈnɔmik] *adj.* 经济的，经济学的 *n.* [*pl.*] 经济学；经济状况

【记】来自economy（*n.* 经济）

【例】*economic* reform 经济改革 //The *economic* recovery will see a higher divorce rate. 随着经济的复苏，将出现更高的离婚率。(2012.6)

multiple [ˈmʌltipəl] *adj.* 复合的，多重的，多样的 *n.* 倍数

【记】词根记忆：multi(多)+ple→复合的

【例】Yao planned to establish a *multiple* neighborhood service center. 姚计划建立一个多功能社区服务中心。

poverty [ˈpɔvəti] *n.* 贫穷，贫困

【记】联想记忆：pover(音似：power动力)+ty→贫穷是向上的动力→贫穷

【例】A stable family is the best protection against *poverty*. 安定的家庭是抵抗贫穷最有力的保护措施。(2012.6)

rely [riˈlai] *vi.* 依靠，依赖；信赖，指望

【记】联想记忆：re(一再)+ly(音似："lie"撒谎)→又撒谎了，不值得信赖

【考】rely on/upon 依靠，依赖，指望

【例】You *rely on* the law when you have to *rely on* it. 在不得不指望法律时你才信赖它。

【辨】**rely on, depend on**

rely on强调对别人的能力和品质非常信赖；depend on指希望得到支持和帮助。

effort [ˈefət] *n.* 努力，努力的成果

【例】Only a tiny fraction of Americans change any behaviors in an *effort* to preserve their privacy. 只有一小部分美国人改变了行为方式，试图保护他们的隐私。(2008.6)

accumulate [əˈkjuːmjuleit] *v.* 积累，堆积

【记】词根记忆：ac(不断)+cumul(堆积)+ate(使)→使不断堆积起来→积累

【辨】**accumulate, collect, gather**

accumulate表示一段时间连续不断地收集；collect常指有目的、有计划地收集，如集邮等；gather指按内容有序地收集和整理。

【题】________ energy under the earth must be released in one form or another, for example, an earthquake. (2002.1)

A) Accumulated　　B) Gathered

C) Assembled　　D) Collected

【解】选A。句意：地下积聚的能量必然以一种或它种方式释放出来，比如地震。gather：集合，聚集；assemble：装配；collect：收集，搜集。

cheat [tʃiːt] *v.* 欺骗，骗取；哄，行骗 *n.* 欺骗，欺骗行为；骗子

【例】Worst of all, a *cheater* who doesn't get caught the first time usually cheats again, not only because he/she is farther behind, but also because it seems "easier." 最糟糕的是，第一次作弊没被抓到的作弊者通常还会再犯，这不仅是因为他/她落后太多，还因为作弊似乎"更加简单"。(2011.12)

humorous [ˈhjuːmərəs] *adj.* 富于幽默的，诙谐的

【记】来自humor(幽默)+ous(…的)→幽默的

【例】a *humorous* story 幽默故事 //The writer described their local traditions in a *humorous* way. 这位作家以一种诙谐的方式描述了他们当地的传统。

rare [rɛə] *adj.* 稀有的，罕见的，冷僻的；珍奇的；出类拔萃的；(空气等)稀薄的；(肉)煎得嫩的

【记】联想记忆：稀有的(rare)东西要小心(care)对待

【例】*rare* plants 珍稀植物 //*rare* air 稀薄的空气

【辨】**rare, peculiar, strange, unique, scarce**

rare强调稀有的，罕见的；peculiar强调独特的、与众不同的；strange强调陌生的；unique强调独一无二的；scarce指暂时缺乏而不足的。

rival [ˈraivəl] *n.* 竞争对手；可与匹敌的人(或物) *adj.* 竞争的，对抗的 *v.* 与…竞争；与…匹敌，比得上

【记】联想记忆：对手(rival)隔河(river)相望，分外眼红

【例】This company hopes to *rival* for quality. 这家公司希望能在质量上(与其他公司)一较高下。//The world champion finished more than three seconds ahead of his nearest *rival*. 世界冠军比仅次于他的对手快了3秒多。

echo [ˈekəu] *n.* 回声，反响，共鸣 *v.* 重复，模仿；发出回声

词源：古希腊神话中Echo是居于山林水泽的仙女，因得罪天后赫拉丧失独立说话能力，只能重复尾音。Echo一词进入英语后，被赋予了"回声"、"反响"等义。

【题】Nancy is only a sort of _____ of her husband's opinion and has no ideas of her own.（2004.6）

A）shadow　B）sample　C）reproduction　D）echo

【解】选D。句意：南希只是重复她丈夫的观点，并没有自己的想法。shadow：影子；sample：标本；reproduction：繁殖，再现。

investment [inˈvestmənt] *n.* 投资，投资额；（时间、精力等的）投入

collapse [kəˈlæps] *n./vi.* 倒塌，瓦解；崩溃，突然失败

【记】词根记忆：col（加强）+lapse（滑倒）→彻底滑倒→崩溃；倒塌

【例】The mine *collapsed* with a boom of explosion. 随着一声爆炸声，矿井轰然倒塌。

corridor [ˈkɔridɔː] *n.* 走廊，回廊；通路

despite [disˈpait] *prep.* 不管，不顾

【例】*Despite* international pressure, progress has slowed in the peace talks. 尽管迫于国际压力，但和平谈判的进程依然放慢了。//Yet, *despite* the competition, my 8-year-old daughter Rebecca wants to spend her leisure time writing short stories. 然而，尽管要参加比赛，我8岁的女儿丽贝卡却想用她的业余时间来创作小故事。（2007.12）

pit [pit] *n.* 地洞，坑；煤矿，矿井 *vt.* 使有坑

【记】联想记忆：猪（pig）拱了个大坑（pit）

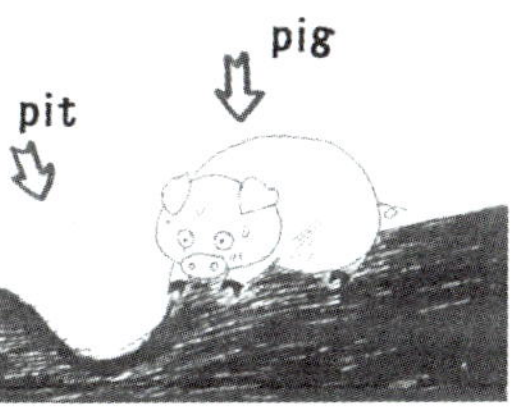

【例】The surface of the Moon is *pitted* with craters. 月球表面布满了凹陷。

counter [ˈkauntə] *n.* 柜台；计数器；筹码

【记】来自count（*v.* 计算）

balcony [ˈbælkəni] *n.* 阳台；（电影院等的）楼厅，楼座

【记】发音记忆："包给你"→把整个楼座都"包给你"→楼座

diplomatic [ˌdipləˈmætik] *adj.* 外交的，从事外交的；策略的，有手腕的

【记】联想记忆：dip（蘸，点）+lomatic（看作romantic浪漫的，有艺术的）→外交活动要讲究艺术性→外交的

【例】The two countries established *diplomatic* relations last year. 这两国于去年建立了外交关系。//Most importantly, salespeople should be *diplomatic* and polite with angry customers. 最重要的是，销售人员对待愤怒的客户应该讲策略并且有礼貌。（2008.12）

cigar [siˈgɑː] *n.* 雪茄烟

【记】发音记忆："雪茄"

bathe [beið] *v.* 给…洗澡；洗澡，游泳

【记】来自bath(*n.* 淋浴)

【例】Peter *bathes* the children and puts them to bed every night at 9 o'clock. 每晚九点彼得会给孩子们洗澡，然后让他们上床睡觉。

conquer [ˈkɔŋkə] *vt.* 征服，战胜；破除，克服

【记】歌手那英《征服》专辑的英文名即为*Conquer*

【例】The world champion *conquered* another challenger at the Olympic Games this year. 在今年的奥运会上，这位世界冠军又征服了一位挑战者。

inflation [inˈfleiʃən] *n.* 通货膨胀；(充气而引起的)膨胀

【记】来自inflate(*v.* 使膨胀)

【例】Adjusted for *inflation*, public funding for international exchanges and foreign-language study is well below the levels of 40 years ago. 由于通货膨胀，国际交流与外语学习的公共基金远远低于40年前的水平。(2007.12)

The man who has made up his mind to win will never say "impossible".
凡是决心取得胜利的人是从来不说"不可能的"。
——法国皇帝 拿破仑(Bonaparte Napoleon, French emperor)

Word List 22

词根、词缀预习表

dem(o)	民众	democracy	*n.* 民主，民主制
form	形成，形状	formation	*n.* 形成，构成
just	正确	adjust	*vt.* 调整，调节
mari	海	marine	*adj.* 海(洋)的，海生的
migr	迁移	immigrant	*n.* 移民，侨民
meter	测量	thermometer	*n.* 温度计
terr	使…惊吓	terror	*n.* 恐怖，惊骇
thermo	热	thermometer	*n.* 温度计，寒暑表
-ify	使…	justify	*vt.* 证明
-ry	(名词后缀)行为，状态，性质，情况；…学，…术，…行业，总称；场所	scenery	*n.* 风景，景色

thermometer [θəˈmɔmitə] *n.* 温度计，寒暑表

【记】词根记忆：thermo(热)+meter(测量)→测量冷热→温度计

【例】clinical *thermometer* 体温计

worthwhile [ˈwəːθˈwail] *adj.* 值得花时间的

【记】组合词：worth(值得)+while(时间)→值得花时间的

【例】He took a 30% salary cut but felt it *worthwhile* for the greater intellectual opportunities. 他降薪了30%，但为了获得更多的施展才智的机会，他觉得这是值得的。(2010.12)

scenery [ˈsiːnəri] *n.* 风景，景色；舞台布景

【记】来自scene(景色)+ry(场所)→景色

【例】Take a weekend break, a day-trip, get out there and do it: for the *scenery*, for the way through the woods, for the birds, for the bees. 周末给自己放个假，只需一天的行程，离开那里就对了：去看美丽的风景，穿过林间小路，与鸟儿、蜜蜂为伴。(2010.12)

terror ［ˈterə］*n.* 恐怖，惊骇；引起恐怖的人(或事)

【记】词根记忆：terr(使…惊吓)+or→恐怖

【例】My elder sister has a *terror* of fire. 我姐姐怕火。//A number of people fled from the explosion of bomb in great *terror*. 许多人害怕极了，纷纷逃离了炸弹爆炸现场。

average ［ˈævəridʒ］*n.* 平均数，平均 *adj.* 平均的；平常的 *v.* 平均

【考】on (the) average 平均，通常地，一般地

【例】The *average* price of all goods and services has risen about 50 percent. 所有商品和服务的均价都上涨了约50%。(2013. 12)

democracy ［diˈmɔkrəsi］*n.* 民主，民主制；民主国家

【记】词根记忆：demo(人民)+cracy(统治)→人民统治→民主，民主制

slap ［slæp］*vt.* 掴，掌击，拍；啪一声(用力)放 *n.* 掴，掌击，拍

【例】I *slapped* Howard hard across the face. 我狠狠地掴了霍华德一掌。//The coach *slapped* me on the back and said "Good job!" 教练拍了拍我的背说："做得好！"

slap

obstacle ［ˈɔbstəkl］*n.* 障碍，障碍物，妨害

【记】联想记忆：ob(在…上)+sta(看作stand)+(a)cle(东西)→站在路中间的东西→障碍物

【题】Not having a good command of English can be a serious _____ preventing you from achieving your goals. (2003.12)

A) obstacle　B) fault　C) offense　D) distress

【解】选A。句意：英语不好会成为实现目标的严重障碍。fault：过错，缺点；offense：冒犯，进攻；distress：悲痛，忧伤。

occur ［əˈkəː］*vi.* 发生，出现，存在；被想起，被想到

【记】联想记忆：oc+cur(跑)→跑过去看发生了什么事→发生

【考】occur to 被想起，被想到

【例】It never *occurs to* the boy to contact his parents. 这个男孩从来也想不起联系他的父母。

nuisance [ˈnjuːsəns] *n.* 讨厌的东西（或状况、行为、人）

【记】联想记忆：讨厌的人（nuisance）总说废话（nonsense）

【题】A lot of ants are always invading my kitchen. They are a thorough ______.（2000.1）

A）nuisance　B）trouble　C）worry　D）anxiety

【解】选A。句意：很多蚂蚁侵犯我的厨房——它们真让人心烦。trouble：麻烦，烦恼（作此义讲时为不可数名词，故不选）；worry：担心，担忧；anxiety：焦虑。

significance [sigˈnifikəns] *n.* 意义，含义；重要性，重大

【例】Through their reading they find a deeper *significance* to life as books acquaint them with life in the world as it was and it is now. 通过阅读，他们会发现生命更深层的意义，因为书籍让他们了解了过去和现在的世间的生命。（2008.12）

up-to-date [ˈʌptəˈdeit] *adj.* 直到最近的，现代的；跟上时代的

【例】I am too classical, not enough *up-to-date* in fashion. 我太传统了，跟不上最新时尚。

justify [ˈdʒʌstifai] *vt.* 证明…是正当的

【记】词根记忆：just（正确）+ify（使…）→证明…是正当的

【例】To *justify* this claim, the arguer provides a lot of evidence. 为了证明这个要求是正当的，那个争辩者提供了许多证据。

neglect [niˈglekt] *n./vt.* 忽视，忽略，疏忽

【记】词根记忆：neg（否定）+lect（选择）→不去选它→忽视，疏忽

【例】Peter has to struggle with the indifference or *neglect* of others. 彼得不得不与别人的漠视或疏忽抗争。

membership [ˈmembəʃip] *n.* 会员身份（或资格、地位），会籍；全体会员，会员数

union [ˈjuːniən] *n.* 工会，联盟；联合，团结；一致

【记】词根记忆：uni（一个）+on（表人或物）→使人都朝着同一个方向走→团结，一致

【例】Two sides' *union* is based on absolute mutual understanding and trust. 双方联盟是基于相互之间的完全理解与信任。

roller [ˈrəulə] *n.* 滚筒，滚轴

【记】来自roll（*v.* 滚动）

formation [fɔːˈmeiʃən] *n.* 形成，构成，形成物；队形，排列

【记】来自form（*n./v.* 形式；形成，构成）

【例】Family environment had a significant influence on the *formation* of one's character. 家庭环境对一个人性格的形成有重要影响。

nuisance　significance　up-to-date　justify 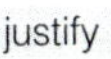　neglect 　membership 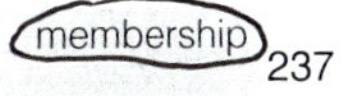
union　roller　formation

punctual [ˈpʌŋktjuəl] *adj.* 严守时刻的，准时的

【记】词根记忆：punct（刺）+ual（…的）→像针刺那么准确→严守时刻的，准时的

【例】Michael's a very *punctual*, reliable man. 迈克尔是个非常守时、可靠的人。//Michael's always very *punctual* for appointments while his girlfriend not. 迈克尔约会时总是非常准时，可他的女朋友却不准时。

relieve [riˈliːv] *vt.* 使轻松，使宽慰，缓解，减轻，解除；使得到调剂；接替，替下

【例】to *relieve* the tension 缓解紧张的局面 //At seven o'clock the night nurse came in to *relieve* Mary. 七点的时候夜班护士来接替玛丽。//This created a double-edged sword: the medications helped *relieve* the pain but caused other problems that could be worse than the pain itself. 这就造就了一把双刃剑：药物帮助减轻了病人的疼痛，但是也引发了可能比疼痛本身更糟糕的问题。（2007.6）

candy [ˈkændi] *n.* 糖果

spokesman [ˈspəuksmən] *n.* 发言人

employer [imˈplɔiə] *n.* 雇佣者，雇主

unique [juːˈniːk] *adj.* 唯一的，独一无二的；极不寻常的；极好的

【记】词根记忆：uni（单一）+que（…的）→唯一的

【题】He is always here. It's ______ you've never met him.（2002.6）

A）unique B）strange C）rare D）peculiar

【解】选B。strange：奇怪的，不平常的，不可思议的。句意：他始终在这里，奇怪的是你从来没碰见过他。unique：独一无二的，唯一的，独特的；rare：罕见的；peculiar：古怪的，怪癖的，独特的。

mathematics [ˌmæθəˈmætiks] *n.* 数学

【记】即math（*n.* 数学）

herd [həːd] *n.* 兽群，牧群 *vt.* 放牧

cheerful [ˈtʃiəful] *adj.* 快乐的，愉快的；使人感到愉快的

【记】来自cheer（欢快，愉悦）+ful（…的）→愉快的

【例】The Spring Festival is a *cheerful* occasion for children. 对孩子们来说春节是个令人高兴的日子。

【辨】**cheerful, pleasant, glad, happy**

cheerful指人乐观的、开朗的；pleasant指令人愉快的；glad指有原因导致一时情绪高涨的；happy指幸福的、快乐的。

punctual	relieve	candy	spokesman	employer	unique
mathematics	herd	cheerful			

advertise [ˈædvətaiz] *vt.* 为…做广告，宣传；（在报刊、电视、广播中）公告；登广告

【记】词根记忆：ad(做)+vert(转)+ise(使…)→通过做广告来转变人们的看法→做广告

reflexion [riˈflekʃən] *n.* 反射，映象，反映；批评；深思，反省

【例】They all look up in a moment of *reflexion.* 他们抬头看着，沉思了一会儿。

unite [ju(ː)ˈnait] *v.* 联合；使联合，使统一

【记】词根记忆：unit(个体)+e→成为一体→(使)联合

【例】Sarah called all the kids in town and told them to *unite* for truth. 萨拉召集了城镇里所有的小孩，告诉他们要为了真理团结起来。

secure [siˈkjuə] *adj.* 安全的，可靠的；牢固的，稳固的；无忧虑的，安心的 *vt.* 得到，获得；使安全，保卫；缚牢

【记】联想记忆：se(看作see看)+cure(治愈)→亲眼看到治愈，确定其是安全的

【例】We shall make sure our home is *secure.* 我们要确定我们的家是安全的。//Eileen felt *secure* and protected when she was with Gavin. 和加文在一起的时候，艾琳感到无忧无虑，备受保护。//The troops *secured* the area before people were allowed to return. 在允许人们回来之前，军队负责保护这一地区。//Keep the tools in a *secure* place where the children cannot reach. 把这些工具放在一个孩子够不到的安全的地方。

mineral [ˈminərəl] *n.* 矿物，矿石，矿物质

【记】来自mine(矿)+ral→矿物

universal [ˌjuːniˈvəːsəl] *adj.* 普遍的；通用的；全世界的

【例】Music is the *universal* language. 音乐是世界通用的语言。

lane [lein] *n.* (乡间)小路，跑道；航道，航线

【记】和line(*n.* 线路，航线)一起记

beloved [biˈlʌvd] *adj.* 所钟爱的，所爱戴的

【记】来自be loved(被爱)→所钟爱的，所爱戴的

【例】Frank never recovered from the death of his *beloved* little daughter. 弗兰克心爱的小女儿去世了，他一直没能从悲痛中恢复过来。

adapt [əˈdæpt] *v.* (使)适应；改编

【记】词根记忆：ad+apt(适当的)→使适应；注意：不要和adopt(*v.* 采用；收养)弄混

□ advertise	□ reflexion	□ unite	□ secure	□ mineral	□ universal
□ lane	□ beloved	□ adapt			

【考】adapt to 适应…；adapt oneself to 使某人适应；adapt...for... 将…改编成…

【题1】The newcomers found it impossible to ______ themselves to the climate sufficiently to make permanent homes in the new country.（1998.1）

A）suit　B）adapt　C）regulate　D）coordinate

【解】选B。句意：这些新来者发现要完全适应这个新国家的气候并定居下来是不可能的。suit：适合，合（某人）之意，合身；regulate：调节，调整，使…有序；coordinate：使…动作协调，使互相配合。

【题2】It is too early to say whether IBM's competitors will be able to ______ their products to the new hardware at an affordable cost.（2003.9）

A）yield　B）stick　C）adapt　D）adopt

【解】选C。句意：现在断定IBM的竞争者能否以合理的价格调整自己的产品以适应新硬件还为时尚早。yield to：屈服，让步；stick to：坚持，固守；adopt：采用，采取。

mislead ［mis'li:d］*vt.* 给…错误印象，使误解；把…带错路；使误入歧途

【记】词根记忆：mis(坏)+lead(引导)→使误入歧途

【例】The vanity did *mislead* Mark. 虚荣心使马克误入歧途。

drag ［dræg］*v.* 拖，拉；迫使，硬拉；拖着脚步走 *n.* 累赘；一吸，一抽

【考】drag on/out（使）拖延；drag sth. out 将某物拖出；drag sb. to 拉某人去；drag oneself out of sth. 缓慢费力地做

【例】Mom *dragged* us *to* a classical music concert. 妈妈硬是拉着我们去听古典音乐会。//Frank took a *drag* on his cigarette. 弗兰克吸了一口烟。//I failed to *drag myself out of* bed on time this morning because of the rain. 由于下雨，今天早上我没能按时起床。

flash ［flæʃ］*n.* 闪光，闪光灯 *vi.* 闪，闪烁；飞驰

【记】我们常说的flash闪客就是这个词

【例】There was a *flash* of lightning a moment ago. 刚才有一道闪电。//The stars *flashed* in the night sky. 夜空中群星闪烁。

immigrant ［'imigrənt］*n.* 移民，侨民

【记】词根记忆：im(在…内)+migr(迁移)+ant(人)→向内迁移的人→移民，侨民

【例】First, the very best of them stay in the States and—like *immigrants* throughout history—strength the nation. 第一，他们中的精英留在美国——就像历史上的移民一样——为这个国家效力。（2007.12）

remarkable [ri'mɑːkəbl] *adj.* 值得注意的，引人注目的；异常的，非凡的

【例】With the help of her classmate, Sophie made *remarkable* progress in this test. 在同学的帮助下，苏菲在这次测试中进步明显。

increasingly [in'kriːsiŋli] *adv.* 日益，越来越多地

【记】来自increase(*v.* 增加)

【题】The international situation has been growing ________ difficult for the last few years. (2001.1)

A) invariably　B) presumably　C) increasingly　D) dominantly

【解】选C。句意：国际形势最近变得愈发严峻了。invariably：不变地，总是；presumably：推测起来，大概；dominantly：支配性地。

indoor ['indɔː] *adj.* (在)室内的

palm [pɑːm] *n.* 手掌，掌状物；棕榈树 *vt.* 把…藏于手掌中

【记】联想记忆：她握紧手心(palm)，心里很不平静(calm)

【考】palm off 用…进行欺骗，用欺骗手段把…卖掉

【例】Jane threw the money which her husband was trying to *palm off* on her. 简把丈夫用来骗她的钱扔掉了。

exclusive [ik'skluːsiv] *adj.* 奢华的，高级的；独有的，独享的；排斥的，排他的；不包括…的，不把…计算在内的 *n.* 独家新闻

【记】来自exclude(*v.* 把…排除在外)

【考】exclusive of 除…外，不计算在内

【题】In general, matters which lie entirely within state borders are the ______ concern of state governments. (1997.1)

A) extinct　B) excluding　C) excessive　D) exclusive

【解】选D。句意：一般情况下，州内的事务由州政府自己处理。extinct：熄灭的，灭绝的；excluding为exclude的现在分词形式；excessive：过量的，过度的。

namely ['neimli] *adv.* 即，也就是

【例】We are all of the same opinion, *namely*, that he is stupid. 我们的看法都一样，那就是他很愚蠢。

universe ['juːnivəːs] *n.* 宇宙，世界；领域，范围

【记】词根记忆：uni(一个)+vers(转)+e→一个旋转着的整体空间→宇宙

【例】everything in the *universe* 宇宙万物

remarkable　increasingly　indoor　palm　exclusive　namely
universe

burst [bəːst] *v.* 使爆裂，爆炸；挤满；突然打开，突然发作 *n.* 爆炸

【考】burst into 闯入，开出，突然出现

【题】In a sudden ______ of anger, the man tore up everything within reach. (2000.1)

A) attack B) burst

C) split D) blast

【解】选B。a burst of anger：勃然大怒。attack：进攻，攻击；split：裂口，裂痕；blast：爆炸，冲击波。

preferable [ˈprefərəbl] *adj.* 更可取的，更好的，更合意的

【记】来自prefer(更喜欢)+able(…的)→更喜欢的→更可取的，更好的

【题】A dark suit is ______ to a light one for evening wear. (2003.6)

A) favorable B) suitable C) preferable D) proper

【解】选C。句意：作为晚礼服，深色的套装比浅色的要好。favorable：赞成的，赞许的；suitable：适当的，相配的；proper：适当的，正确的，正当的，有礼貌的。

filter [ˈfiltə] *v.* 过滤，透(过)；(消息等)走漏 *n.* 滤纸，过滤嘴

【记】发音记忆："非要它"→香烟的过滤嘴是非要它不可的→过滤嘴

【例】Trees *filter* the light. 光线透过树叶洒下来。

anyhow [ˈenihau] *adv.* 无论如何，不管怎么说；随随便便地，杂乱无章地

【例】*Anyhow* I won't tell you the secret. 总之，我是不会把秘密告诉你的。

score [skɔː] *n.* 得分，比数，成绩；二十 *vt.* (得)分，给…打分，画线于；获胜

【记】联想记忆：s+core(核心)→考试的核心是得分吗？

【考】on that score 在那一点上；score for 打分

【例】*On that score*, you are not too bad. 就那一点来说，你还不算太坏。//Angela had *scored* an average of 146 on three separate IQ tests. 安杰拉三项智力测试的平均分是146分。

qualify [ˈkwɔlifai] *v.* (使)胜任，(使)具有资格，(使)合格；限定

【记】联想记忆：qual(看作quality质量)+ify(使…)→质量过关→胜任，合格

【例】I have applied for the scholarship, but I don't think I *qualify* for that. 我已经申请了奖学金，但我想我不够资格。

global [ˈgləubəl] *adj.* 全球的，全世界的；总的，完整的

【记】来自globe(*n.* 地球，世界)

【例】the *global* sum 总计 //Higher education has become a big and competitive business nowadays, and like so many businesses, it's gone *global*. 如今，高等教育已经变成一桩具有竞争性的大生意，而且像众多行业一样，它也已经日趋全球化。(2009.12)

heave [hiːv] *v.* (用力)举起，提起，拉起，拖；扔；(沉重地)发出(叹息、呻吟等)；(有节奏地)起伏，隆起；呕吐，恶心 *n.* 举起，升降

【记】联想记忆：董存瑞举起(heave)炸药包，直到爆炸也没离开(leave)

【考】heave at/on 举起，拉，拖；heave up 恶心，呕吐

【例】The athlete's chest *heaves* with every breath when running. 在跑步时，运动员的胸部随呼吸而起伏。

unless [ʌnˈles] *conj.* 除非，如果不

【记】词根记忆：un(不)+less(少)→如果不

【题1】I'm sure he is up to the job ______ he would give his mind to it. (1998.1)

A) if only　　B) in case　　C) until　　D) unless

【解】选A。if only只要。句意：只要他用心去做，我相信他能胜任这项工作的。in case：万一；until：直到…才；unless：除非。

【题2】They decided to chase the cow away ______ it did more damage. (1990.1)

A) unless　　B) until　　C) before　　D) although

【解】选C。before：在…之前。句意：他们决定把牛赶走，以免它造成更大的破坏。unless：除非；until：直到…为止；although：虽然。

excessive [ikˈsesiv] *adj.* 过多的，极度的

【例】*excessive* prices 过高的价格 // Concern about *excessive* Internet use isn't something new. 对过度上网的担忧并不是新鲜事。(2010.6)

【辨】**excessive, additional**

excessive指过多的，多得超过了所需，有泛滥的意味；而additional只表示额外的。

marine [məˈriːn] *n.* 海军陆战队士兵 *adj.* 海(洋)的，海生的；海事的，海军的，海运的

【记】词根记忆：mari(海)+ne→海的，海生的

【例】*marine* exploration 海洋探险 //a *marine* chart 航海图 //A *marine* biologist is a scientist who studies life in the sea. 海洋生物学家是研究海洋生物的科学家。

behalf [biˈhɑːf] *n.* 利益；维护；支持

【记】联想记忆：be(使)+half(半)→使两半，一变二当然生利→利益

【考】on / in behalf of / on one's behalf 代表，为了

【例】I'll be accepting this award *on her behalf*. 我将代表她接受这个奖项。

advanced [ədˈvɑːnst] *adj.* 先进的；高级的；年迈的；后阶段的

【记】来自advance(*v.* 前进)

【例】*advanced* weapon systems 先进的武器系统 //Criminals are easily caught on the spot with *advanced* technology. 有了先进的技术，很容易当场抓到犯罪分子。(2008.6)

soda [ˈsəudə] *n.* 碳酸钠，纯碱；汽水，苏打水

【记】发音记忆："苏打"

unlike [ˌʌnˈlaik] *adj.* 不同的 *prep.* 不像…

【题】_______ his sister, Jack is quiet and does not easily make friends with others. (1999.6)

A) Dislike　　B) Unlike　　C) Alike　　D) Liking

【解】选B。句意：和他姐姐不同，杰克很内向，不轻易结交朋友。dislike：不喜欢，厌恶；alike：相似的(地)，相同的(地)；like作动词时意为"喜欢，希望"。

adjust [əˈdʒʌst] *v.* 调整，调节，校正

【记】词根记忆：ad+just(正确)→使正确→校正，调节

【考】adjust(...) to 适应于…，改变…以适应；调节

【例】Frank *adjusted* the clock *to* correct time. 弗兰克把闹钟调到了准确的时间。

unload [ʌnˈləud] *v.* 卸，卸货，下客；退出(枪的)子弹，卸下(相机的)胶卷

【记】词根记忆：un+load(负荷，重担)→去掉负荷→卸下

【例】The policemen start to *unload* these boxes from their truck. 警察们开始从他们的卡车上卸下这些箱子。

marine　behalf　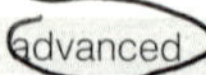advanced　soda　unlike　adjust　unload

leader ['liːdə] *n.* 领袖，领导人，首领

【记】来自lead(*v.* 领导)+er(表人)→领导人

spelling ['speliŋ] *n.* 拼字，拼法，拼写法

accordingly [ə'kɔːdiŋli] *adv.* 因此，所以，照着

【例】Kelly still considered him as a child and treated him *accordingly*. 凯利仍然把他看作一个孩子，因此就像对待孩子那样对待他。

anxiety [æŋ'zaiəti] *n.* 焦虑，忧虑；渴望，热望

【记】来自anxious(*adj.* 担忧的；渴望的)

【例】Once again, Paul relieved her of fear and *anxiety*. 保罗再次缓解了她的恐惧与焦虑。

【辨】**anxiety, worry, trouble**

anxiety强调因害怕事情易变而产生的苦恼，但不消极失望；worry强调露于言表的内心烦恼；trouble强调困难、烦恼的原因或带来麻烦的人。

ridiculous [ri'dikjuləs] *adj.* 荒谬的，可笑的

【记】词根记忆：rid(笑)+icul+ous(…的)→被人嘲笑的→荒谬的，可笑的

【例】We now realize that's an absolutely *ridiculous* price for the sweater. 我们现在意识到这件毛衣的要价有多么荒唐了。

unusual [ʌn'juːʒuəl] *adj.* 不平常的，少有的；独特的，与众不同的

【记】词根记忆：un(不)+usual(平常的)→不平常的

【例】It was not *unusual* for me to come home late. 回家晚对我来说并不稀奇。

scholarship ['skɔləʃip] *n.* 奖学金；学问，学识

divorce [di'vɔːs] *n.* 离婚，离异 *v.* 离婚；分离，脱离

【例】It is very difficult to *divorce* sport from politics. 把体育和政治分开很难。

divorce

headquarters ['hedˌkwɔːtəz] *n.* 司令部，总部

【记】联想记忆：head(头)+quarters(部分)→总部

commerce ['kɔməːs] *n.* 商业，贸易；社交

【记】词根记忆：com(共同)+merce(贸易)→贸易，商业

【例】It can only help to increase U.S. *commerce* with the region. 这只会促进美国与这一地区的贸易往来。

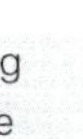
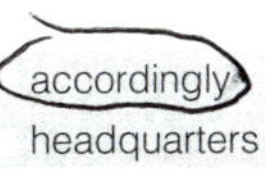
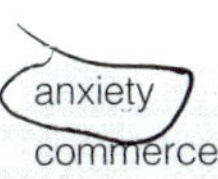

leader　spelling　accordingly　anxiety　ridiculous　unusual
scholarship　divorce　headquarters　commerce

Word List 23

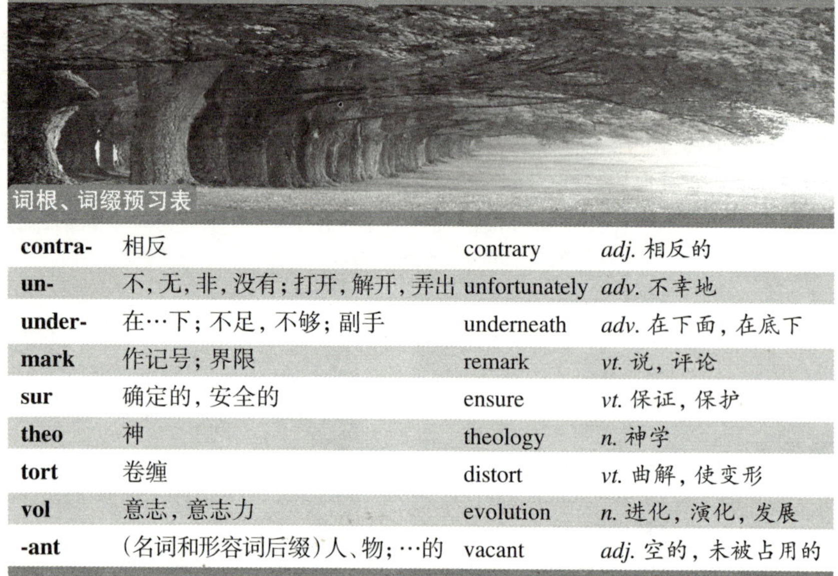

contra-	相反	contrary	*adj.* 相反的
un-	不，无，非，没有；打开，解开，弄出	unfortunately	*adv.* 不幸地
under-	在…下；不足，不够；副手	underneath	*adv.* 在下面，在底下
mark	作记号；界限	remark	*vt.* 说，评论
sur	确定的，安全的	ensure	*vt.* 保证，保护
theo	神	theology	*n.* 神学
tort	卷缠	distort	*vt.* 曲解，使变形
vol	意志，意志力	evolution	*n.* 进化，演化，发展
-ant	（名词和形容词后缀）人、物；…的	vacant	*adj.* 空的，未被占用的

torture [ˈtɔːtʃə] *n.* 拷问，折磨 *vt.* 拷打

【记】联想记忆：tort（卷缠）+ure→用绳子卷缠起来拷打

【例】The waiting must be *torture* for you. 等待对于你来说一定是种折磨。//I feared Nick was going to *torture* me by unsatisfactory replies. 我害怕尼克会用令人不满意的答复来折磨我。

fashion [ˈfæʃən] *n.* 样子，方式，风尚；流行款式

【记】发音记忆："发型"→发型是时尚的风标→风尚；联想记忆：f+ash（灰）+ion→我的灰头土脸和流行时尚格格不入→风尚

【例】a *fashion* designer 时装设计师

incident [ˈinsidənt] *n.* 发生的事，事件

【记】词根记忆：in+cid（落下）+ent（物）→从天而降的东西→发生的事

【例】Such *incidents* take a tremendous toll on our nation's economy and our individual well-being. 这样的事件对我国的经济和个人的幸福造成了严重的损失。（2011.12）

【辨】**incident, event, case, affair**

incident常指政治性的事变；event可指有重要意义的历史性事件，也可指比赛项目；case着重于案件；affair常指事务，也当风流韵事讲。

upset [ʌp'set] *vt.* 使心烦意乱，使苦恼，使不适；扰乱；弄翻，倾覆 ['ʌpset] *n.* 翻倒，扰乱，不安；（肠胃等）不适 *adj.* 心烦的，苦恼的；(肠胃等)不适的

【记】词根记忆：up(上)+set(放置)→把上面的放在下面了→弄翻，倾覆

【例】A handful of criminals *upset* the public order. 少数犯罪分子扰乱了公共秩序。//Debbie was horribly *upset* over her boyfriend's illness. 男朋友的病令黛比忧心忡忡。

underneath [ˌʌndə'niːθ] *adv.* 在下面，在底下 *prep.* 在…下面，在…底下 *n.* 下部，底部

【记】词根记忆：under+neath(在…之下)

【例】The baby liked to sit *underneath* the table. 这个婴儿喜欢坐在桌子底下。//The *underneath* of the car was covered with rust. 汽车底部锈迹斑斑。

recover [ri'kʌvə] *v.* 重新获得，挽回；恢复

【记】词根记忆：re(重新)+cover(包括)→重新获得

【例】Eric *recovers* quickly and his face takes on a calm, almost indifferent look. 埃里克很快就恢复了，脸上露出平静甚至是冷漠的表情。

theory ['θiəri] *n.* 理论，原理；学说；意见，看法

【记】词根记忆：theo(神)+ry→从理论上讲神是不存在的→理论

【例】Darwin's *Theory* of Evolution 达尔文的进化论 //Many scientists accept the *theory* that the universe is growing larger. 许多科学家接受这样的看法：宇宙在不断增大。//After all, I don't study sociology or political *theory*. 毕竟我不是研究社会学或政治学理论的。(2007.6)

evolution [ˌevə'luːʃən] *n.* 进化，演化；发展

【记】词根记忆：e+vol(意志，意志力)+ution→人类的进化史就是一部意志战胜自然的史诗→进化

【例】the Theory of *Evolution* 进化论 //Just as the expert said, every form of life undergoes *evolution*. 正如那位专家所说，每种生命形式都会经历进化。

myth [miθ] *n.* 杜撰出来的人(或事物)；神话

trim [trim] *adj.* 整齐的 *vt.* 使整齐

【例】a *trim*, neatly dressed young man 穿着整齐干净的年轻男士 //Do you want me to *trim* your moustache? 要我为您修剪一下胡子吗？

mud [mʌd] *n.* 泥，泥浆

unfortunately [ʌnˈfɔːtʃənətli] *adv.* 不幸地

【记】词根记忆：un(不，无)+fortunate(幸运的)+ly→不幸地

【例】*Unfortunately*, the accident left an irreparable injury to Jack. 不幸的是，那次车祸给杰克留下了无法恢复的伤害。

relate [riˈleit] *v.* 有关联；适应，和睦相处；使互相关联；讲述，叙述

【记】联想记忆：re+late(新近的)→和新近的事件有关联

【考】relate to 有关联；relate with 联系

【例】Wealth is seldom *related to* happiness. 财富与幸福关系不大。

extraordinary [iksˈtrɔːdinəri] *adj.* 非同寻常的，特别的

【记】组合词：extra(以外的)+ordinary(平常的)→平常之外的→不同寻常的

【例】Karen's behavior that morning was quite *extraordinary*. 那天早上卡伦的行为非常异常。//An *extraordinary* achievement was finally made by the team after long years of hard work. 经过多年的努力奋斗，团队终于取得了卓越的成就。

debt [det] *n.* 债，债务，欠债

【记】发音记忆："贷的"→因债务向银行贷款→债

【考】in debt 欠债，负债；in sb.'s debt 欠某人的人情

urge [əːdʒ] *vt.* 鼓励；推进，催促；竭力主张，强烈要求 *n.* 冲动，强烈的欲望

【例】The paper provides support for newer forms of psychotherapy that *urge* people to accept their negative thoughts and feelings rather than fight them. 这份研究报告为较新形式的心理疗法提供了支持，这种新疗法鼓励人们接受他们的消极思想和情绪，而不是与其抗争。(2010.6) //The vacation is coming and I have an *urge* to travel. 假期快到了，我很想外出旅行。

【题】Being out of work, Jane can no longer _______ friends to dinners and movies as she used to. (2006.6)

A) urge　B) treat　C) appeal　D) compel

【解】选B。treat：款待。句意：没了工作，简不能再像以前那样招待朋友吃饭、看电影了。urge：催促；appeal：求助；compel：迫使，强迫。

trim	mud	unfortunately	relate	extraordinary	debt
urge					

urgent [ˈəːdʒənt] *adj.* 紧急的；强求的

【题】Since the matter was extremely ______, we dealt with it immediately.（1998.1）

A）tough B）tense C）urgent D）instant

【解】选C。句意：事出紧急，我们立即处理了它。tough：坚韧的，难对付的；tense：绷紧的，紧张的；instant：立即的，迅速的。句末的immediately暗示了情况紧急，故选C。

qualification [ˌkwɔlifiˈkeiʃən] *n.* 资格，资格证明，合格证书；限制，限定

【记】来自qualify（*v.* 限制，限定）

【例】professional *qualifications* 职业资格证明 //In some cases, students may need to be recommended by their school or a teacher as part of the *qualification* process. 有些时候，学生在资格认定的过程中可能需要学校或教师的推荐。（2009.12）

satellite [ˈsætəlait] *n.* 卫星，人造卫星

【记】联想记忆：sat（坐）+ellite（看作elite精英）→人造卫星里坐的是人类的精英→人造卫星

publication [ˌpʌbliˈkeiʃən] *n.* 出版，发行；公布，发表

【记】来自public（公开的）+ation（表动作）→公布

cliff [klif] *n.* 悬崖，峭壁

【记】联想记忆：cli（看作climb爬）+ff（像两个钩子）→用钩子攀岩→悬崖，峭壁

restrain [riˈstrein] *vt.* 阻止，控制；抑制，遏制

【记】词根记忆：re+strain（拉紧）→重新拉紧→阻止，抑制

【例】I don't know how to *restrain* her tears. 我不知道怎样才能止住她的眼泪。

【题】You should try to _____ your ambition and be more realistic.（2004.6）

A）restrain B）retain C）reserve D）replace

【解】选A。句意：你应该试着遏止自己的野心，变得现实一点儿。retain：保留；reserve：储备；replace：替换。

commander [kəˈmaːndə] *n.* 司令官，指挥员

carpet [ˈkaːpit] *n.* 地毯

【记】联想记忆：car（小汽车）+pet（宠物）→汽车与宠物都是主人心爱的，要用地毯盖上→地毯

peer [piə] *n.* 同龄人，同等地位的人；贵族 *vi.* 仔细看，费力地看

【考】peer at 凝视；peer through 费力地看

【例】Roger was *peering through* the wet windscreen at the cars ahead. 透过满是雨水的挡风玻璃罗杰费力地看着前面的车辆。//Black students can compete with their white *peers* academically. 黑人学生在学术上能与白人学生相竞争。(2011.6)

highway [ˈhaiwei] *n.* 公路，大路

【记】组合词：high(高速)+way(路)→大路

breed [briːd] *n.* 品种 *v.* 繁殖；养育，培育；酿成，产生

【辨】**breed, cultivate, tame, tend**

breed侧重于为选择繁殖动物的品种而饲养；cultivate侧重于对人文化修养方面的培养；tame主要指驯养、驯服动物；tend主要指看护、照料人。

【题】It is true that _______ a wild plant into a major food crop such as wheat requires much research time. (1998.1)

A) multiplying　B) breeding

C) magnifying　D) generating

【解】选B。句意：的确，把一种野生植物培育成一种主要的农作物，如小麦，需要很长的研究时间。multiply：乘，增多；magnify：放大，夸大；generate：产生。

ensure [inˈʃuə] *vt.* 保证，保护；赋予

【记】词根记忆：en(使…)+sure(确定的)→使确定→保证，保护

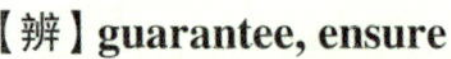

【辨】**guarantee, ensure**

guarantee指担保，表示对产品的质量、某人的行为等提出口头或书面担保；ensure指确保，强调保证得到。

【题】The Car Club couldn't _______ to meet the demands of all its members. (2001.6)

A) assume　B) ensure　C) guarantee　D) confirm

【解】选C。guarantee：担保，确保，保证。句意：汽车俱乐部不能保证满足其所有成员的需要。assume：假设，假定，臆断；ensure：保证，为及物动词；confirm：证实，肯定，批准。

requirement [riˈkwaiəmənt] *n.* 要求，必要条件；需要，需要的东西

attempt [əˈtempt] *v.* 尝试，试图；努力

【记】词根记忆：at(加强)+tempt(诱惑，考验)→试图引诱别人

【例】About 9% *attempted* to conceal "nonessential Internet use," and nearly 4% reported feeling "preoccupied by the Internet when offline." 约有9%的人试图隐瞒"不必要的网络使用"情况，还有将近4%的人感觉"不上网的时候脑子里想的也都是网络"。(2010.6)

flock [flɔk] *n.* 羊群，群；大量

【记】和clock(*n.* 钟表)一起记

【例】a *flock* of children 一群孩子

largely [ˈlɑːdʒli] *adv.* 大部分，大量地

【例】The state of Nevada is *largely* desert. 内华达州大部分是沙漠。

restraint [riˈstreint] *n.* 抑制，限制，克制；约束措施，约束条件

【例】What we need for this job is patience and self-*restraint*. 做这项工作时需要我们有耐心和自制力。

focus [ˈfəukəs] *v.* 聚焦，注视 *n.* 焦点，中心

【记】联想记忆：foc(看作for为了)+us→焦点访谈的宗旨是为人民大众服务→焦点

词源 本词原为拉丁文，保留了原来的拼写形式，在拉丁语中作"壁炉"或"壁炉边"解。古罗马时代认为壁炉边是家庭生活的中心。后来该词用来表示"焦点"、"焦距"，还有动词的意思。

【考】focus on (使)聚集，集中，聚焦

【例】I have been so busy *focusing on* my career. 我一直在忙于自己的事业。

protective [prəˈtektiv] *adj.* 保护的，防护的

【例】It's admirable to be *protective* of our kids, but is it good? 保护孩子是令人钦佩，但是这是好事吗？(2008.12)

utility [juːˈtiliti] *n.* 效用，有用，实用；[常*pl.*]公用事业

【记】词根记忆：util(使用)+ity→效用，有用，实用

【例】public *utility* 公共事业 //He used to own Toyota's Hilux Surf, a sport *utility* vehicle. 他过去有一辆丰田的海拉克斯赛弗款车，那是一辆运动型多用途车。(2009.6)

jet [dʒet] *n.* 喷气式飞机；喷嘴；喷射 *vi.* 乘喷气式飞机

【记】联想记忆：那时候还(yet)没发明喷气式飞机(jet)呢

coordinate [kəuˈɔːdineit] *vt.* 协调，调节 *n.* 坐标 *adj.* 同等的，并列的

【记】词根记忆：co(共同)+ordin(顺序)+ate(使…)→使…顺序一致→协调

【例】The agencies are working together to *coordinate* policy on food safety. 各机构相互协调、相互合作以贯彻食物安全方针。// *coordinate* clauses joined by "and" 由"and"连接的并列句

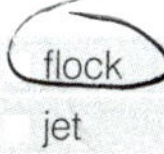

flock largely restraint focus protective utility jet coordinate

restore [riˈstɔː] *vt.* 恢复，(使)回复；修复，整修；归还，交还

【记】词根记忆：re+store(储存)→身体重新储存能量→恢复；修复

【例】Doctors will *restore* her to health but it may take time. 医生们能让她恢复健康，但这可能需要时间。//I know how to make him *restore* your money. 我知道怎样让他还你的钱。

receipt [riˈsiːt] *n.* 发票，收据；[*pl.*] 收入，进款；收到，接到

【记】来自receive(*v.* 收到)

【例】They must send the *receipts* to the insurance company promptly. 他们必须立即把收据送到保险公司。(2007.12)

contrary [ˈkɔntrəri] *adj.* 相反的 *n.* 相反

【记】词根记忆：contra(相反)+ry→相反；相反的

【考】on the contrary 正相反；to the contrary 相反的(地)；be contrary to 与…相反的

【题】This is not an economical way to get more water; ______, it is very expensive. (2004.6)

A) or else　　　　B) in short

C) on the contrary　　　　D) on the other hand

【解】选C。句意：用这种方法来获得更多水资源并不经济；相反，这种方法十分昂贵。or else：否则；in short：简而言之；on the other hand：另一方面。

Christian [ˈkristiən] *n.* 基督教徒，信徒 *adj.* 基督教(徒)的

hardware [ˈhɑːdwεə] *n.* 五金器具，硬件

【记】组合词：hard(坚硬的)+ware(部件)→硬件，五金器具

bloom [bluːm] *n.* 花，开花，开花期；青春焕发(的时期) *v.* 开花

【记】联想记忆：杜鹃花开(bloom)鲜红如血(blood)

【例】The plants usually begin to *bloom* in spring. 植物通常在春天开花。

dragon [ˈdrægən] *n.* 龙

【记】参考：dragonfly(*n.* 蜻蜓)

specimen [ˈspesimən] *n.* 样本，标本，样品

chew [tʃuː] *v.* 咀嚼，嚼碎；思考

【记】chewing gum 口香糖

【考】chew over 沉思，玩味

【例】*Chewing over* all the facts, I made the decision. 仔细考虑所有的事实后，我做了决定。

utmost [ˈʌtməust] *adj.* 最远的 *n.* 极限

【记】联想记忆：ut(看作at)+most(最多)→到达最多→极限

restore	receipt	contrary	Christian	hardware	bloom
dragon	specimen	chew	utmost		

【考】do one's utmost 竭力，尽全力

【例】Climate change is an important problem requiring our *utmost* attention. 气候变化是需要我们迫切关注的重要问题。(2011.6)

original [ə'ridʒənəl] *adj.* 最初的；新颖的；原版的 *n.* 原件，原作

【题】This is the _______ piano on which the composer created some of his greatest works. (1998.1)

A) true　　B) original　　C) real　　D) genuine

【解】选B。the original piano：最初的钢琴。true：真实的，真正的；real：真实的，真的；genuine：真正的，真实的。

religion [ri'lidʒən] *n.* 宗教，宗教信仰

【记】词根记忆：re(一再)+lig(绑)+ion→绑缚思想的巨大力量→宗教

communication [kəˌmjuːni'keiʃən] *n.* 通讯，交流，交际；[*pl.*]通信(或交通)工具，交通联系

【例】Telephones and email have made *communication* between people more personal. 电话和电子邮件使得人与人之间的交流更加私人化了。

beyond [bi'jɔnd] *prep.* 在…的那边，远于；迟于；越出 *adv.* 在更远处；再往后

【记】发音记忆："不一样的"→不一样自然就超出其他的→越出；联想记忆：香港红极一时的乐队"Beyond"就是这个词

【例】Smart eating goes *beyond* analyzing every bite of food you lift to your mouth. 科学饮食并不仅仅是分析我们送到嘴里的每一口食物的成分。(2011.6)

【题1】Finding a job in such a big company has always been _______ his wildest dreams. (1997.1)

A) under　　B) over　　C) above　　D) beyond

【解】选D。beyond dream：超乎想象。其余三项皆不能与dream搭配表达句子意思。

【题2】We take our skin for granted until it is burned _______ repair. (2000.1)

A) beyond　　B) for　　C) without　　D) under

【解】选A。beyond repair：不能修复。take...for granted：不以为然，暗示不好的结果。代入其余三项后句意不通。

vacant ['veikənt] *adj.* 空的，未被占用的；(职位、工作等)空缺的；(神情等)茫然的，(心灵)空虚的

【记】词根记忆：vac(空)+ant(…的)→空的

【题】The neighborhood boys like to play basketball on that ____ lot. (2002.6)

A) valid　　B) vain　　C) vacant　　D) vague

【解】选C。句意：附近的男孩子喜欢在那片空地上打篮球。valid：有效的，正当的，有根据的；vain：无益的，徒劳的，自负的；vague：不清楚的，含糊的。

conclude [kənˈkluːd] *v.* 推断出，推论出；结束，终了；缔结，议定

【记】词根记忆：con(共同)+clud(关闭)+e→全部关闭→(使)结束

【考】conclude from 从…推断出；conclude...with... 以…来结束…

【例】Researchers *concluded* that noise has bad effects on people. 研究人员断定，噪音对人们有不利影响。//Each chapter *concludes with* a short summary. 每一章的结尾都有一小段总结。

restrict [riˈstrikt] *vt.* 限制，约束，限定

【记】词根记忆：re+strict(严格的)→一再对其严格→限制，约束

【例】Discussion at the forum is *restricted* to the agenda. 论坛上的讨论只限于日程上的议题。//Emily was told by the doctor to *restrict* the amount of salt she takes. 医生告诉艾米丽要限制她的食盐摄入量。

respectively [riˈspektivli] *adv.* 各自地，各个地，分别地

fairly [ˈfɛəli] *adv.* 相当，尚可，还；公平地

【记】来自fair(*adj.* 公平的)

【例】The house had a *fairly* large garden. 这个房子有个相当大的花园。

sailor [ˈseilə] *n.* 水手，海员

【记】来自sail(*v.* 航行)

remark [riˈmɑːk] *vt.* 说，评论 *n.* 话语，谈论，评论

【记】词根记忆：re(一再)+mark(做标记)→一再做标记→评论

【考】remark (up) on 议论，评论，谈论

【例】Debbie was very pleased to hear her parents *remark on* her personal improvement. 听到父母对她进步的评价，黛比非常高兴。

assure [əˈʃuə] *vt.* 使确信；确保，向…保证

【记】联想记忆：as+sure(肯定)→一再肯定→使确信

【辨】**assure, ensure, insure**

assure强调从心理上消除疑惑；ensure表示使某行为的结果得以保证；insure与ensure通用。

【题】He was proud of being chosen to participate in the game and he _______ us that he would try as hard as possible. (2003.6)

A) insured　　B) guaranteed　　C) assumed　　D) assured

【解】选D。句意：他为能参加比赛感到自豪，并向我们保证一定会竭尽全力。insure：给…投保；guarantee：担保；assume：假定，假设，设想。

balance [ˈbæləns] *vt.* 使平衡；称；权衡，比较 *n.* 天平；平衡；结存，结欠

【记】联想记忆：bal(看作ball球)+ance→球操选手需要很好的平衡能力→平衡

【考】balance between A and B 两者之间的平衡；in the balance（生命等）在危急状态中；off balance 不平衡

【例】You must ensure you have enough income to *balance* expenditure. 你必须保证自己有足够的收入来支付各种费用。

campaign [kæmˈpein] *n.* 战役，运动 *vi.* 参加(或发起)运动；参加竞选

【记】联想记忆：camp(野营地)+aign→战役，运动

【辨】**campaign, struggle, battle, conflict**

campaign指战役，在某地有固定目的的军事行动；struggle侧重于政治上和精神上的斗争；battle指一场战役中具体的战斗；conflict指冲突。

【题】We have planned an exciting publicity ________ with our advertisers.（2002.12）

A）struggle　B）campaign　C）battle　D）conflict

【解】选B。publicity campaign：广告活动。struggle：竞争，努力，斗争；battle：战役，战争；conflict：斗争，冲突。

psychological [ˌsaikəˈlɔdʒikəl] *adj.* 心理(学)的

【记】词根记忆：psycho（心灵，精神）+log（说）+ical（…的）→心理的

词源：psycho-表"心灵、精神"，出自一个传说：美丽少女Psyche爱上了爱神丘比特，由于犯了禁令，丘比特离开了她。她历经重重磨难，终于与丘比特重聚，并成为灵魂、精神和生命之神。

contradiction [ˌkɔntrəˈdikʃən] *n.* 矛盾，不一致；否认，反驳

【记】词根记忆：contra(反)+dict(说)+ion→反着说→否认，反驳

【例】America is a society rich in *contradiction*. 美国是一个充满了矛盾的社会。//Only I know that her speech is actually in direct *contradiction* to her personal lifestyle. 只有我知道她的演讲与其个人生活方式截然相反。

dose [dəus] *n.* 剂量，用量，一剂

【记】联想记忆：玫瑰(rose)对于生气中的女孩是一剂(dose)良药

【例】Never exceed the recommended *dose* of painkillers. 止痛片的服用一定不要超过建议的剂量。

vacation [vəˈkeiʃən] *n.* 假期，休假

【记】词根记忆：vac(空的)+ation→有空的→休假

【例】I'm going on *vacation* tomorrow. 明天我就要休假了。

immediately [iˈmiːdiətli] *adv.* 立即，马上；直接地；紧接着地

【例】The telephone rang, and Tony answered it *immediately*. 电话响了，托尼马上去接电话。//They can't *immediately* get back the money to pay for their medical cost. 他们不能马上把钱拿回来以支付医药费。

vacuum [ˈvækjuəm] *n.* 真空，真空吸尘器 *v.* 用吸尘器清扫

【记】词根记忆：vacu(空)+um→真空

【例】The porter turned off the *vacuum*. 清洁工关掉真空吸尘器。//I *vacuumed* my room yesterday. 昨天我用吸尘器清扫了房间。

ore [ɔː] *n.* 矿，矿石

【记】联想记忆：ore(矿石)多一个m就是more(多)

clause [klɔːz] *n.* (法律文件等的)条款；从句，分句

【记】联想记忆：because引导从句(clause)

cattle [ˈkætl] *n.* 牛，牲口，家畜

【记】联想记忆：多养牲口(cattle)以备战时(battle)之需

词源：原指“动产”，系拉丁语capitale(资产)的误写。中世纪英国农民主要资产为牛，后来将该词改为catel，最后形式演变为cattle。

barn [bɑːn] *n.* 谷仓，牲口棚

【记】联想记忆：酒吧(bar)多加一个门(n)就成了谷仓(barn)

laser [ˈleizə] *n.* 激光

【记】发音记忆：“镭射”→激光

initiative [iˈniʃiətiv] *n.* 主动性，首创精神；主动的行动，倡议；主动权

【记】来自initial(*adj.* 开始的)

【例】The teacher wished the students would show more *initiative*. 老师希望学生们表现出更多的主动性。//an education *initiative* 一项教学倡议。//This week Wal-Mart is set to announce a major *initiative* aimed at helping cotton farmers go organic. 本周，沃尔玛将宣布一项重要倡议，旨在帮助棉农走上有机路线。(2009.6)

dose	vacation	immediately	vacuum	ore	clause
cattle	barn	laser	initiative		

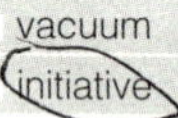

compel [kəm'pel] *vt.* 强迫，迫使屈服

【记】词根记忆：com+pel(驱使)→驱使去做→强迫

【例】Recent reports found that lodging with a student of a different race may decrease prejudice and *compel* students to engage in more ethnically diverse friendships. 近来的报告表明，不同种族的学生混住可能会减少歧视，同时促使学生与更多其他民族的学生成为朋友。(2011.6)

The ideals which have lighted my way, and time after time have given me new courage to face life cheerfully have been kindness, beauty and truth.

有些理想曾为我指引过道路，并不断给我新的勇气以欣然面对人生，那些理想就是——真、善、美。

——美国科学家 爱因斯坦(Albert Einstein, American scientist)

Word List 24

semi-	半	semiconductor	*n.* 半导体
alt	高	altitude	*n.* 海拔，高度
aug	提高	augment	*vt.* 增加
cre	制造，生长	decrease	*v.* 减少
form	形态	format	*n.* 格式，版式
labor	劳动	laboratory	*n.* 实验室，研究室
metr	测量	metric	*adj.* 公制的，米制的
spond	约定	correspond	*vi.* 相符合，相当
-ate	（动词、形容词、名词后缀）做、使…；具有…的；表人、职位	considerate	*adj.* 考虑周到的，体贴的
-oon	（名词后缀）物	balloon	*n.* 气球，玩具气球

basis [ˈbeisis] *n.* 基础，根据；原则

【例】Small grains, hay, and forage crops form the *basis* for raising cattle. 小谷粒、干草和农作物饲料构成了饲养家畜的基本饲料。

contact [ˈkɔntækt] *n.* 接触，联系，交往 *vt.* 与…接触，与…取得联系

【记】词根记忆：con(共同)+tact(接触)→接触

【例】During one interview, she noticed that the candidate never made direct eye *contact*. 在一场面试中，她发现这位应聘者从没有与她对视过。(2009.6)

guarantee [ˌgærənˈtiː] *n.* 保证，担保物 *vt.* 保证，担保

【记】联想记忆：guar(看作guard保卫)+antee→保证

semiconductor [ˌsemaikənˈdʌktə] *n.* 半导体

【记】词根记忆：semi(半)+conduct(传导)+or(物)→半导体

rib [rib] *n.* 肋骨

obvious [ˈɔbviəs] *adj.* 明显的

【记】词根记忆：ob(靠近)+vi(道路)+ous(…的)→靠近路边，容易被人看见→明显的

【例】The attraction of distant learning for students might at first seem *obvious*, but later faded away. 起初远程教学对学生的吸引力似乎是显而易见的，但后来便渐渐减弱了。

geometry [dʒiˈɔmitri] *n.* 几何，几何学

【记】词根记忆：geo(地)+metr(测量)+y→测量地表的有关学科→几何

butcher [ˈbutʃə] *n.* 肉商，肉贩，屠夫 *vt.* 屠宰；残杀

【例】They *butchered* the prisoners. 他们残杀囚犯。

triumph [ˈtraiəmf] *n.* 凯旋，胜利 *vi.* 成功

【记】联想记忆：胜利(triumph)之后吹喇叭(trump)

【例】The football team achieved a complete *triumph*. 足球队大获全胜。//A large animal will *triumph* over a smaller animal. 大的动物会战胜比它小的动物。

maid [meid] *n.* 女仆，侍女

【记】联想记忆：m+aid(帮助)→来帮忙干活的女仆

eyesight [ˈaisait] *n.* 视力

【记】组合词：eye(眼睛)+sight(视力)→视力

【例】I have poor *eyesight*. 我的视力不好。

interview [ˈintəvjuː] *n./v.* 接见，会见，面谈；采访

【记】词根记忆：inter(相互)+view(看)→相互观察→面试

【例】At the end of the race the winner was *interviewed* by the reporter. 赛跑结束后记者采访了冠军。//After each *interview*, teams will compare notes and discuss any particularly interesting incidents observed. 在每次访谈之后，团队都会将笔记进行比较，并且讨论任何观察到的特别有趣的事情。

vain [vein] *adj.* 徒劳的，自负的

【记】联想记忆：他很自负(vain)，到头来一无所获(gain)

【考】in vain 徒劳，无效；be vain of/about 为…自负

【题】The thief tried to open the locked door but ________. (1999.1)

A) in no way　B) in vain　C) without effect　D) at a loss

【解】选B。句意：这个小偷试图打开锁着的门，但枉费心机。in no way：一点也不，决不；without effect：没有效果；at a loss：困惑，不知所措。

paste [peist] *n.* 糊，糨糊 *vt.* 粘，贴

【记】联想记忆：糨糊(paste)的味道(taste)不太好

【例】I thought you might *paste* the photos into your book. 我以为你会把这些照片贴在你的书里。

geometry	butcher	triumph	maid	eyesight	interview
vain	paste				

soak [səuk] *v.* 浸，泡；吸

【记】联想记忆：在肥皂(soap)水中浸泡(soak)

【考】soak up 吸收，摄取

【例】You can *soak up* enough vitamin if you eat this kind of food. 如果吃这种食物，你就能摄取足够的维生素。

exceed [ik'siːd] *vt.* 超过，胜过，超出

【记】词根记忆：ex(出)+ceed(走)→走出→越出，超过

【例】The results of the competition *exceeded* our expectations. 比赛的结果超乎我们的预料。

boom [buːm] *n.* (营业等的)激增，(经济等的)繁荣，迅速发展；隆隆声，嗡嗡声 *vi.* 激增，繁荣，迅速发展；发出隆隆声

【记】象声词：拟炮、雷、波浪等的隆隆声

【例】By almost any measure, there is a *boom* in Internet-based instruction. 无论以什么标准来衡量，网络授课都在蓬勃发展。(2007.12) //Business was *booming*, and money wasn't a problem. 生意兴隆，资金也就不是问题。

item ['aitəm] *n.* 条，条款，一条

hammer ['hæmə] *n.* 锤，榔头 *v.* 锤击

【考】hammer (away) at 不断强调；不断致力于；hammer out 经过仔细斟酌后得出

【例】The professor kept *hammering away at* this point because it was very important. 这一点很重要，所以教授不断地强调它。

metric ['metrik] *adj.* 公制的，米制的

【记】来自metre(*n.* 米)

jar [dʒɑː] *n.* 罐子，坛子，广口瓶 *v.* (使)感到不快；震动，摇动

【记】联想记忆：酒吧(bar)里摆满了酒坛子(jar)

resource ['riːsɔːs] *n.* [*pl.*]资源，财力；应付方法，谋略

【记】联想记忆：re+source(源泉)→可再用的源泉→资源

compose [kəm'pəuz] *vt.* 组成，构成；创作(乐曲、诗歌等)，为…谱曲；使平静，使镇静

【记】词根记忆：com(共同)+pos(放)+e→放到一起→组成

soak	exceed	boom	item	hammer	metric
jar	resource	compose			

【考】be composed of 由…组成；compose oneself (to do sth.) 静下心来(做某事)

【例】Tom wondered how the little thing *was composed of* three rosebuds. 汤姆想知道这个小玩意是怎么用三个玫瑰花蕾做成的。//Lynn took several deep breaths to *compose herself*. 琳恩深吸了几口气让自己平静下来。

military [ˈmilitəri] *adj.* 军事的，军用的 *n.* [the ~]军队，武装力量

【记】词根记忆：milit(军事)+ary→军事的，军用的

【例】We may have to take *military* actions if further invasion is made by the enemy. 如果敌人进一步入侵，我们可能得采取军事行动。

package [ˈpækidʒ] *n.* 包裹，包装；一揽子交易(或计划、建议等) *vt.* 把…打包(或装箱)；包装

【记】词根记忆：pack(包裹)+age(总称、行为)→把…打包

【例】The books were *packaged* up, ready for distribution. 这些书都打好包了，准备分发。

van [væn] *n.* 大篷车，运货车

【记】联想记忆：运货车(van)像个大铁罐(can)

【例】Furniture is usually moved in a *van*. 家具通常用货车搬运。

besides [biˈsaidz] *adv.* 而且 *prep.* 除…之外

【辨】**besides, except**

besides用于对已知情况的补充说明，宾语已包括在所指事物内；except表示不包括。

【题】The older New England villages have changed relatively little ______ a gas station or two in recent decades. (2001.6)

A) except for　　B) in addition to

C) except　　D) besides

【解】选A。except for：除…之外，其前后是性质不一样的事物或人。句意：在过去的几十年里，古老的新英格兰村落除了新建了一两处加油站外没有什么大的变化。except：除…之外，表示例外、排除，但前后两者是性质一样的事物或人，或者说两者是同属一个整体的；in addition to：加之，又，并且；besides：除…之外(还有)。

injection [inˈdʒekʃən] *n.* 注射，注入；充满

【记】词根记忆：in(向内，进入)+ject(投，掷)+ion→注入

laboratory [ˈlæbərətɔːri] *n.* 实验室，研究室

【记】联想记忆：labor(工作)+at(在)+ory(地点)→工作的地方→研究室

vanish [ˈvæniʃ] *v.* 突然不见，消失；不复存在，绝迹

【记】词根记忆：van(空)+ish→空无一物→消失，不复存在

【例】Victor watches him *vanish* from sight. 维克托看着他消失在视线里。

experimental [ikˌsperiˈmentl] *adj.* 实验的，试验的

【记】来自experiment(*n.* 实验)

【例】This is an *experimental* form of teaching. 这是一种试验性的教学形式。

mysterious [miˈstiəriəs] *adj.* 神秘的，诡秘的

【例】*mysterious* symbols 神秘的符号 //A *mysterious* illness is suddenly infecting all the animals in the village. 一种奇怪的疾病突然正在侵袭村里所有的动物。

sake [seik] *n.* 缘故，理由

【考】for the sake of 为了…起见，看在…的分上

【例】*For the sake of* my grandson, I will give you $30 today. 看在我孙子的分上，今天我给你30美元。

keen [kiːn] *adj.* 热心的；激烈的；敏锐的，敏捷的

【考】be keen on/about 渴望做某事；be keen to do sth. 太想做某事

【例】The old *are* dead *keen on* fishing. 老人们酷爱钓鱼。

vapour [ˈveipə] *n.* (蒸)汽

【记】发音记忆："外喷"→蒸汽都是向外喷的

【例】water *vapour* 水蒸气

haste [heist] *n.* 急速，急忙，草率

【考】in haste 急忙，慌忙

【例】The more *haste*, the less speed. 欲速则不达。

magic [ˈmædʒik] *n.* 魔法，魅力 *adj.* 有魔力的，(似)魔术的

【记】联想记忆：mag(看作magnet磁铁)+ic→像磁铁一样吸引人→魔力

【例】the *magic* of music 音乐的魅力 //a *magic* cube 魔方

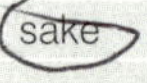

vanish	experimental	mysterious	sake	keen	vapour
haste	magic				

poisonous [ˈpɔizənəs] *adj.* 有毒的；恶毒的

【例】*poisonous* gas 毒气 //*poisonous* ideas 有害的思想 //It's strange that the pretty leaves of certain trees are *poisonous* to cattle. 很奇怪，某些树的漂亮叶子对牛是有毒的。

aid [eid] *n.* 帮助，救护；助手，辅助手段

【例】The *aid* may have quite the opposite effect. 这样的援助可能完全是帮倒忙。

coach [kəutʃ] *n.* 长途公共汽车；教练，指导；(铁路)旅客车厢

vt. 训练；指导，辅导

【记】发音记忆："口吃"→那个长途公共汽车的售票员有些口吃→长途公共汽车

【例】Recommendation for these scholarships is required, since exceptional athletic performance has to be recognized by a *coach* or a referee. 申请这些奖学金需要推荐信，因为出色的运动表现必须要得到教练或裁判的认可。(2009.12)

decrease [diˈkriːs] *n./v.* 减少

【记】词根记忆：de(变慢)+cre(生长)+ase→减少；参考：increase (*n./v.* 增加，增长)

【例】Average house prices *decreased* by 13% last year. 去年住房价格平均下降了13%。//With the increase in the number of TV channels, the cost of TV advertising has *decreased*. 随着电视频道数量的增多，在电视上投放广告的成本有所下降。(2008.6)

relief [riˈliːf] *n.* 轻松，宽慰；(痛苦等)缓解，减轻，解除；接替，替下

【记】联想记忆：坚定的信念(belief)能缓解(relief)痛苦

【题】To our ______, Geoffrey's illness proved not to be as serious as we had feared. (2002.6)

A) anxiety　　B) relief　　C) view　　D) judgment

【解】选B。to one's relief：让某人感到宽慰。句意：让我们感到宽慰的是，杰弗里的病并没有我们担心的那么严重。anxiety：焦虑，挂念；view：观察；景点；观点；judgment：判断；审判；评价。

continual [kənˈtinjuəl] *adj.* 连续的；频频的

【例】five weeks of *continual* rain 一连五个星期的雨天

slight [slait] *adj.* 细长的，轻微的；纤细的，瘦弱的 *n./vt.* 轻视，藐视

【记】联想记忆：s+light(轻的)→轻微的

【例】Richard was not the *slightest* bit worried. 理查德一点儿也不担心。//Professor Ford felt *slighted* by not being consulted. 由于没有和他磋商，福特教授感到自己不受重视。//Although there is a *slight* chance for me to win I'll still do my best. 虽然赢的机会很小，但我仍会全力以赴。

stare [stɛə] *n./vt.* 盯，凝视

【记】联想记忆：凝视(stare)黑夜星(star)空

【例】Corrada looked at them with a cold and critical *stare*. 科拉达看着他们，带着冷淡、挑剔的眼神。

grace [greis] *n.* 优美，优雅；[常*pl.*]风度，魅力；(付款等的)宽限，缓期 *vt.* 使优美

【记】发音记忆："格蕾斯"，著名的影星，最后成为王妃→她是美丽、优雅的代表→优雅

【考】with good grace 欣然地

【例】Kevin smiled and accepted his defeat *with good grace*. 凯文微笑着，欣然接受失败。

band [bænd] *n.* 乐队；群，伙；带；条纹；波段 *vt.* 用带绑扎

【记】和hand(*n.* 手)一起记

mechanical [miˈkænikəl] *adj.* 机械的，机械制造的，机械学的，力学的；呆板的

【例】a *mechanical* toy dog 机器玩具狗 // a *mechanical* speech 一篇呆板的演说 // The breakdown of the car was due to a *mechanical* problem somewhere. 汽车坏了，是因为某处出现了机械故障。

considerate [kənˈsidərit] *adj.* 考虑周到的，体贴的，体谅的

【题】It's very _____ of you not to talk aloud while the baby is asleep. (2003.12)

A) concerned　　B) careful

C) considerable　　D) considerate

【解】选D。It's considerate of sb. to do sth. 结构意为：某人做某事很体贴。concerned：关心的，担心的；careful：细心的；considerable：相当大的。

ditch [ditʃ] *n.* 沟，沟渠，渠道

【记】联想记忆：di(分开)+tch(看作tech技术)→挖渠需要技术→沟渠

ignorance [ˈignərəns] *n.* 无知，愚昧

【记】词根记忆：ig(不)+(g)nor(知道)+ance→什么都不知道→无知

【例】We are in complete *ignorance* of his plans. 我们完全不知道他的计划。//In my *ignorance*, I assumed he had his dates wrong, as the first of January had just passed. 由于我的无知，我以为他把日期弄错了，因为1月1日刚刚过去。(2009.6)

balloon [bəˈluːn] *n.* 气球，玩具气球

【记】词根记忆：ball(球)+oon(表物)→球类玩具

【例】The *balloon* began to descend and landed near an airfield. 气球开始下降，降落在机场附近。

brake [breik] *n.* 闸，刹车 *v.* 制动；刹住(车)，用闸放慢速度

【例】She *braked* sharply to avoid another car. 她为了躲另一辆车而紧急刹车。

data [ˈdeitə] *n.* 数据，资料

【记】联想记忆：数据(data)与日(date)更新

【参】注意有关"信息"的单词的区别：message 消息；information 情报；media 媒体；data 资料

bake [beik] *vt.* 烤，烘，焙

【记】联想记忆：bake ham 烤火腿→音似："贝克汉姆"(英国著名球星)

【例】I'll ask a cook to *bake* you a little cake. 我让厨师给你烤一个小蛋糕。

gear [giə] *n.* 齿轮，传动装置，(排)挡；(从事某项活动所需的)用具，设备；衣服 *vt.* 使适应，使适合

【记】联想记忆：g+ear(耳朵)→用耳朵听声音判断齿轮故障→齿轮

【例】a car with five *gears* 一辆有五个挡位的汽车 //The program is *geared* to the fixed salary increase schedule. 这一方案和固定工资增长相适应。//*Gear* its research towards practical applications. 使其研究适合实际应用。(2010.12)

patient [ˈpeiʃənt] *adj.* 忍耐的，有耐心的 *n.* 病人

【例】Allen was *patient*, listening to the boy's explanation. 艾伦耐心地听着那个小男孩的解释。//When she discusses Internet habits with her *patients*, they often report that being online offers a "sense of belonging, and escape, excitement and fun". 当她和病人讨论上网习惯时，病人们经常提到上网能提供"一种归属感，一种逃避途径，以及刺激和乐趣"。(2010.6)

altitude [ˈæltitjuːd] *n.* 海拔，高度，高处

【记】词根记忆：alt(高)+itude(表状态)→高度，高处，海拔

【例】The *altitude* was so dizzying that I couldn't go down the mountain. 这高度让人如此眩晕，我都下不了山了。

inquiry [inˈkwaiəri] *n.* 询问，打听；调查

【例】Some areas of *inquiry* have few prospects of a commercial return, and Lee's is one of them. 一些研究领域几乎没有商业回报，而李所在的正是其中之一。(2010.12)

implement [ˈimpliment] *vt.* 使生效，履行，实施

[ˈimplimənt] *n.* 工具，器具，用具

【记】词根记忆：im(使…)+ple(满)+ment→(使)圆满→使生效，实施

【例】It took the company a year to *implement* the plan. 该公司花了一年的时间来实施这个计划。

remind [riˈmaind] *vt.* 提醒，使想起

【记】来自re+mind(注意)→使注意→提醒，使想起

【例】Sometimes you *remind* me so much of your sister. 有时你总让我想到你妹妹。

pint [paint] *n.* 品脱

【记】发音记忆："品脱"

engine [ˈendʒin] *n.* 引擎，发动机；机车

【记】发音记忆："引擎"

bid [bid] *n.* 企图，努力；喊价，出价，投标 *v.* 喊价，投标，出(价)；祝，表示；命令

【记】发音记忆："必得"→出价时抱着必得的态度→出价

【考】bid farewell to 告别…

【例】We've made a *bid* of nearly $4 million for the company. 我们出价将近400万美元来收购那家公司。//Competition between the two companies *bidding* for the contract is fierce. 那两家公司竞标的竞争异常激烈。//At least 15 states also offer merit aid, typically in a *bid* to enroll top students in the state's public institutions. 至少有15个州仍在提供奖学金，尤其是一些公立学校，它们把这当成一种招收尖子生的手段。(2009.12)

scout [skaut] *n.* 侦察员(或机、舰)；童子军 *v.* 侦察，寻找

【记】联想记忆：sc+out(外面)→在外面巡逻的侦察员

【例】I want to *scout* that mountain top and be back in an hour. 我想到山顶巡逻，一个小时以后回来。

altitude	inquiry	implement	remind	pint	engine
bid	scout				

mould [məuld] *n.* (也作mold)霉，霉菌；模子，模型，铸模；(人的)性格，气质，类型 *vt.* 用模子做，浇铸；使形成，把…铸造成

【例】Maybe the artist can *mould* a dog out of clay. 或许这位艺术家可以用黏土捏一只狗。

avenue [ˈævənjuː] *n.* 林荫道，道路，大街

【记】the Fifth Avenue 第五大道(纽约一条著名的街道)

【例】The police finally caught the stealer in an *avenue* lined with willows. 警方最后在一条两旁种有柳树的林荫道上抓住了那个小偷。

instance [ˈinstəns] *n.* 例子，实例，事例

【记】联想记忆：in+stan(看作stand站立)+ce→他被罚站就是最好的例子

【考】for instance/example 例如；in the first instance 首先，起初

【例】It was not designed as a dwelling place *in the first instance*. 这个地方起初不是设计用作住处的。

career [kəˈriə] *n.* 生涯，职业；经历

【记】同音词：Korea(*n.* 韩国)

【例】*career* women 职业女性 //The impact of a salary cut is probably less severe for a scientist in the early stages of a *career*. 对于那些处在职业生涯初期的科学家们而言，工资的减少对他们的影响或许还不算太大。(2010.12)

fountain [ˈfauntin] *n.* 泉水，喷泉，源泉

【记】联想记忆：山(mountain)里有喷泉(fountain)

format [ˈfɔːmæt] *n.* 设计，安排；格式，样式，版式 *vt.* 使格式化

【例】The product plays music digitized into the popular MP3 *format*. 该产品可以播放流行的MP3格式的音乐。//I'm going to *format* your disc. 我要将你的磁盘格式化。//In order to attract more readers, they brought out the magazine in a new *format*. 为了吸引更多的读者，他们以全新的版式出版了这份杂志。

correspond [ˌkɔriˈspɔnd] *vi.* 相符合，相当；通信

【记】词根记忆：cor(共同)+respond(反应)→有相同的反应→相符合

【考】correspond with 相符合，成一致；correspond to 相当，相类似

【例】Does the name on the envelope *correspond with* the name on the letter inside? 信封上的名字与里面信上的名字一致吗？//The American Congress *corresponds to* the British Parliament. 美国的国会相当于英国的议会。//Each inch of hair *corresponds to* about two months. 每英寸的头发对应着大约两个月的时间。(2009.6)

mould avenue instance career fountain format correspond

Word List 25

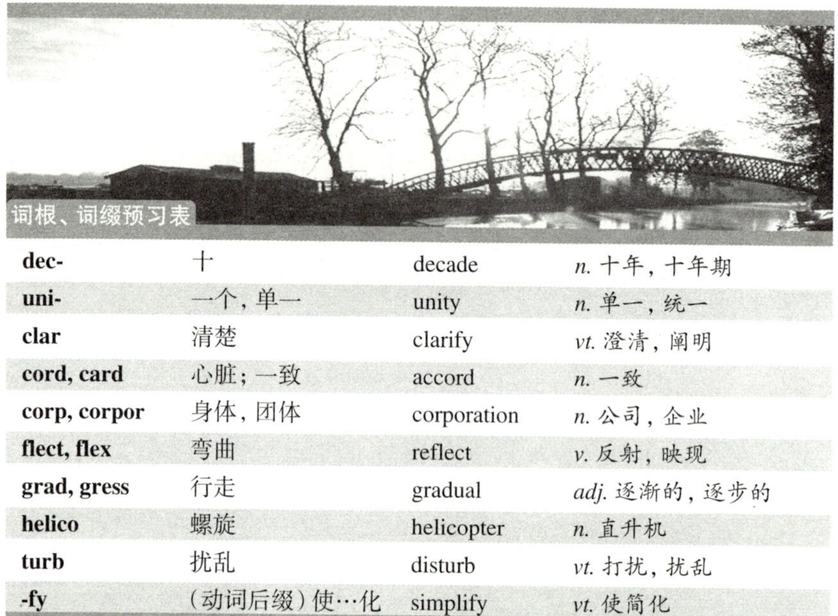

词根、词缀预习表

dec-	十	decade	*n.* 十年，十年期
uni-	一个，单一	unity	*n.* 单一，统一
clar	清楚	clarify	*vt.* 澄清，阐明
cord, card	心脏；一致	accord	*n.* 一致
corp, corpor	身体，团体	corporation	*n.* 公司，企业
flect, flex	弯曲	reflect	*v.* 反射，映现
grad, gress	行走	gradual	*adj.* 逐渐的，逐步的
helico	螺旋	helicopter	*n.* 直升机
turb	扰乱	disturb	*vt.* 打扰，扰乱
-fy	（动词后缀）使…化	simplify	*vt.* 使简化

clarify [ˈklærifai] *vt.* 澄清，阐明

【记】词根记忆：clar(清楚)+ify(使…)→使…清楚→澄清

【例】Maybe you could *clarify* it for me. 或许你能向我解释一下。

mercy [ˈməːsi] *n.* 仁慈，宽容；恩惠，幸运

【记】发音记忆："摩西"→摩西给上帝的子民带去很多恩惠

【考】at the mercy of 任凭…的摆布，完全受…支配；have no mercy to 对…毫不留情

【例】After the boat's motor failed, they were *at the mercy of* the weather. 小船的发动机失灵后，他们只能任凭天气的摆布了。// They are so kind, even showing *mercy* to their hostages. 他们非常善良，即使对他们的人质也心怀仁慈。

expression [iksˈpreʃən] *n.* 词语；表达，表情

【记】来自express(*v.* 表达，表示)

【考】beyond/past expression 无法表达或形容；find expression 在…表现出来

【例】I decided to go to the meeting as an *expression* of support. 我决定出席会议以示支持。//Only in his dreams does the little boy give *expression* to his fears. 只有在梦里，小男孩才会表现出他的恐惧。

exact [ig'zækt] *adj.* 确切的，精确的 *vt.* 强求，索取

【记】词根记忆：ex(出)+act(做)→要做就做出精确的结果→精确的

【例】The manager gave an *exact* description of the structure of the product. 经理精确地描述了该产品的结构。

decade ['dekeid] *n.* 十年，十年期

【记】词根记忆：dec(十)+ade→十年，十年期

dimension [di'menʃən] *n.* [*pl.*]尺寸，尺度；方面；特点；[*pl.*]面积，规模

【记】词根记忆：di+mens(测量)+ion→测量→尺寸

【例】the *dimensions* of life 生活的方方面面

vision ['viʒən] *n.* 想象力，梦幻；视力，视觉

【记】词根记忆：vis(看)+ion→视力，视觉

【例】Alone in the old house, David had many ghostly *visions*. 戴维一个人待在旧房子里，产生了很多可怕的幻想。

unity ['juːniti] *n.* 单一，统一；团结；和睦，协调

【记】词根记忆：uni(单一)+ty→单一

【例】European *Unity* 欧盟

vigorous ['vigərəs] *adj.* 朝气蓬勃的；有力的，用力的

【记】来自vigor(活力)+ous(…的)→有活力的→朝气蓬勃的

【题】The President made a ________ speech at the opening ceremony of the sports meeting, which encouraged the sportsmen greatly. (1997.1)

A) vigorous　　B) tedious　　C) flat　　D) harsh

【解】选A。a vigorous speech：慷慨激昂的讲话。句意：总统在运动会开幕式上做了慷慨激昂的演讲，极大地鼓舞了运动员。tedious：乏味的，单调的，冗长的；flat：单调的；harsh：严峻的，苛刻的；刺耳的，刺目的。

via ['vaiə] *prep.* 经过，通过

【例】We flew to Athens *via* Paris. 我们经由巴黎飞往雅典。

skim [skim] *v.* 撇去，掠过，擦过；浏览，略读

【记】联想记忆：ski(滑雪)+m→从雪地上掠过→掠过，擦过

【题】He didn't have time to read the report word for word: he just ______ it. (2002.6)

A) skimmed　　B) observed　　C) overlooked　　D) glanced

exact	decade	dimension	vision	unity	vigorous
via	skim 				

【解】选A。句意：他没时间逐字逐句地阅读这份报告，只是浏览了一下。observe：观察，注意到；遵守，奉行；overlook：看漏，忽略；俯瞰；glance：扫视，一瞥。

severe [si'viə] *adj.* 严重的；严厉的，严格的；严峻的，艰难的；朴素的，不加装饰的

【记】联想记忆：s+ever(曾经，永远)+e→曾经艰难的日子，一去不复返了→艰难的

【例】a business with *severe* cash flow problems 存在严重现金流问题的生意 //Silence sometimes is the *severest* criticism. 沉默有时是最严厉的批评。

conquest ['kɔŋkwest] *n.* 攻取，征服，克服

【例】We were not talking about battles and *conquests*. 我们不是在讨论战争和征服。

improve [im'pruːv] *v.* 变得更好；改善

【考】improve on/upon 改进，胜过；improve in... 在…方面增长；进步

【例】Helen tried to *improve on* her natural complexion. 海伦想改善自己天生的肤色。

variety [və'raiəti] *n.* 多样化；种类，变种

【记】词根记忆：vari(改变)+ety→变种

【考】a variety of 多种多样的

【例】We ordered the coat in *a variety of* sizes and colours. 我们订购了各种尺码和颜色的外套。

election [i'lekʃən] *n.* 选举，选择权；当选

【记】来自elect(*v.* 选举)

expert ['ekspəːt] *n.* 专家 *adj.* 熟练的

【记】联想记忆：警察期待(expect)谈判专家(expert)的到来

【例】an *expert* in French history 法国历史学方面的专家 //The police are *expert* at handling situations like this. 警察处理这类问题非常有经验。//Career *experts* say that one of the ways job seekers can stay safe while using the Internet to search out jobs is to conceal their identities. 职业专家表示，当求职者在网上找工作时，一个能够保证安全的方法是隐藏他们的身份。(2007.6)

dive [daiv] *vi.* 跳水，潜水；俯冲

【记】联想记忆：我第一次跳水(dive)，给(give)我点儿勇气

various ['vɛəriəs] *adj.* 各种各样的，不同的

【例】There are *various* reasons for the graduates to choose to study abroad. 毕业生选择去国外留学有多种原因。

severe	conquest	improve	variety	election	expert
dive	various				

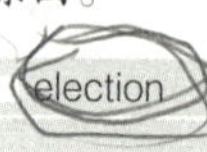

【辨】**various, several**

various指具有广泛代表性的不同事物；several强调两个以上。

rifle [ˈraifl] *n.* 步枪

【记】发音记忆："来复"→来复步枪

stake [steik] *n.* 桩；利害关系；股份；赌金，赌注；奖金 *vt.* 以…打赌，拿…冒险

【记】联想记忆：s+take(带来)→带来奖金

【考】at stake 在危急关头，在危险中；stake...on 拿…打赌

【例】Henry is prepared to *stake* everything he has *on* the outcome. 亨利准备把一切都赌在那个结果上。//They have to win the contract—hundreds of jobs are *at stake*. 他们必须赢得合同——上百名员工的工作很成问题。

corporation [ˌkɔːpəˈreiʃən] *n.* 公司，企业，社团

【记】词根记忆：corpor(团体)+ation→团体，社团

【例】multinational *corporations* 跨国公司

vary [ˈvɛəri] *v.* 改变，使多样化

【辨】**vary, alter**

vary强调摆脱单调、雷同、重复或模仿，而达到多样化；alter强调在某一细节或特点上变化，不会因为变化而失去本性。

【题】The hopes, goals, fears and desires ______ widely between men and women, between the rich and the poor. (2000.1)

A) alter　　B) shift　　C) transfer　　D) vary

【解】选D。句意：男人与女人之间，富人与穷人之间，他们的希望、目标、恐惧与渴望都有很大的区别。alter：改变，变化；shift：替换，转移，改变，转换；transfer：调动，转换。

eagle [ˈiːgl] *n.* 鹰

【记】联想记忆：他渴望(eager)能像雄鹰(eagle)一般翱翔天际

figure [ˈfigə] *n.* 数字；人物；[*pl.*]算术；体形，风姿；轮廓；画像，塑像；(插)图，图形 *v.* (引人注目地)出现；合乎情理；计算；认为，猜想

【记】发音记忆："菲戈"(西班牙皇马著名球星)→人物

【考】figure out 想出，理解，明白

【例】Government *figures* underestimate the problem. 政府官员低估了这个问题。//I can't *figure out* what I'm going to wear. 我实在不知道该穿什么。

【辨】**figure, number**

figure指0~9内的任一数字，强调作为符号的数字；number则指具体数字。

vast [vɑːst] *adj.* 巨大的，大量的；浩瀚的

【记】联想记忆：东方(east)地大物博(vast)

【例】*Vast* areas of the Amazon rainforest have been destroyed. 亚马孙地区大面积的雨林都被破坏了。

simplify [ˈsimplifai] *vt.* 简化，使简明

【例】When it comes to eating smart for your heart, stop thinking about short-term fixes and *simplify* your life with a straightforward approach that will serve you well for years to come. 当谈到为了你的心脏合理饮食时，先不要考虑短期的解决方法，直接的做法就是简化你的生活，这将让你在未来几年里受益。(2011.6)

instead [inˈsted] *adv.* 作为替代；却，反而

【考】instead of 代替

【例】*Instead of* being annoyed, Jim seemed quite pleased. 吉姆看起来没有生气反而很高兴。

shell [ʃel] *n.* 壳，贝壳；外壳，框架；炮弹 *vt.* 剥…的壳；炮击

【记】联想记忆：恐怖分子被一炮弹(shell)轰进地狱(hell)

【例】The rebels *shelled* the suburbs near the port. 反叛者炮轰了靠近码头的郊区。//Some people said that when you hold a *shell* to your ear you could hear the sea. 有人说，当你拿着贝壳放在耳边时，你就能听到大海的声音。

drawer [ˈdrɔːə] *n.* 抽屉

【记】联想记忆：draw(拉)+er→拉开抽屉→抽屉

quote [kwəut] *vt.* 引用，援引 *n.* 引文，引语；报价，牌价；[*pl.*]引号

【例】The professor *quoted* many wisdoms of Nietzsche's in his speech. 这位教授在演讲中引用了很多尼采的名言。

depress [diˈpres] *vt.* 使沮丧；使不景气；按下

【记】词根记忆：de(向下)+press(挤压)→向下压→按下

【例】It *depresses* me that nobody seems to care. 似乎没有人在乎，这让我很沮丧。//People who struggle with excessive Internet use may be *depressed* or have other mood disorders. 与过度使用网络作斗争的人们可能会觉得沮丧，或者出现其他的情绪异常。(2010.6)

vast	simplify	instead	shell	drawer	quote
depress					

schedule [ˈskedʒuːəl] *n.* 时刻表，日程安排表；清单，明细表 *vt.* 安排，排定

【记】发音记忆："筛斗"→古代拿筛漏计时→时刻表

【考】ahead of schedule 提前；on schedule 按照预定时间，准时

【例】He could change his *schedule* to meet John Smith. 为了会见约翰·史密斯，他可以改变日程安排。(2010.6)

limitation [ˌlimiˈteiʃən] *n.* 限制，限度；[常*pl.*] 局限

【例】capital *limitation* 资本限额 //maximum amount *limitations* 最高限额制

disturb [diˈstəːb] *vt.* 打扰，扰乱；弄乱；使不安

【记】词根记忆：dis(分开)+turb(搅乱)→搅开了→弄乱，打乱

【例】Sorry to *disturb* you, but I have an urgent message. 很抱歉打扰您，但我有紧急信息需要转达。//The high rate of teenage pregnancy *disturbs* me a great deal. 少女的高怀孕率令我非常不安。

cancer [ˈkænsə] *n.* 癌，癌症，肿瘤

【记】发音记忆："看色"→谈癌色变→癌症

【例】"When I finally saw him it had already spread and he has since died from lung *cancer*," he says. 他说："当我最后见到他时，他的癌症已经扩散，而他最后也是死于肺癌。"(2008.12)

accord [əˈkɔːd] *n.* 一致，符合；(尤指国与国之间的)谅解，协议 *v.* 相符合，相一致，相和谐；授予，赠与，给予

【记】词根记忆：ac+cord(心脏)→使双方都称心→协议；心心相印→一致

【考】of one's own accord 自愿地，主动地；with one accord 一致地；in accord with 按照，根据，与…一致

【例】Apple's products were designed to *accord* with the boss's tastes and to meet his extremely high standards. 苹果公司的产品是按照老板乔布斯的品位来设计的，需要满足他那极高的标准。(2012.12)

industrial [inˈdʌstriəl] *adj.* 工业的，产业的

【例】*industrial* waste 工业污染 //an *industrial* nation 工业国家 //For some *industrial* scientists, however, the attractions of academia outweigh any financial considerations. 然而，对于一些工业科学家而言，学术的魅力超越了任何财政方面的考量。(2010.12)

preference [ˈprefərəns] *n.* 喜爱，偏爱，优先(权)；偏爱的事物(或人)

【记】来自prefer(更喜欢)+ence(表名词)→偏爱，优先选择

【题】Every culture has developed _____ for certain kinds of food and drink, and equally strong negative attitudes toward others. (2003.12)

A) preferences　　B) expectations

C) fantasies　　D) fashions

【解】选A。句意：每种文化都有其偏爱的某些食物和饮料，以及对其他食物强烈的反感。expectation：期待，预期；fantasy：幻想，荒诞的念头；fashion：流行式样，风尚。

screen [skriːn] *n.* 屏幕，银幕；屏风，帘，纱窗 *vt.* 掩蔽，遮蔽；放映(电影)，播放(电视节目)；审查，甄别

【例】Many parents have strong opinions about violence on the *screen*. 很多家长对银幕上的暴力镜头都有很大意见。//Most of the road behind the shopping mall was *screened* by a block of flats. 购物中心后面的道路大部分都被街区的公寓挡住了。//As the words begin to flow, the ideas will come out from the shadows and let themselves be captured on your notepad or your *screen*. 当文字开始涌动，想法就会明朗，进而跃然纸上或呈现在你的电脑屏幕上。(2007.6)

error [ˈerə] *n.* 错误，谬误，差错

【记】词根记忆：err(犯错)+or(物)→错误

【例】a spelling *error* 拼写错误

【辨】**error, mistake**

error和mistake常可通用，但前者更为正式；注意：在短语中不可互换，如by mistake。

gratitude [ˈɡrætitjuːd] *n.* 感激，感谢，感恩

slam [slæm] *v.* 砰地关上(门或窗)；猛力拉(或扔等)；砰地放下；猛烈抨击 *n.* 砰的一声

【记】发音记忆："死拉门"→使劲关→砰地关上

【例】The doors *slammed* against Green and opened again. 格林身后的门砰地关上，然后又开了。//Connie listened in a mixture of shock and anger before *slamming* the phone down. 康妮既震惊又生气地听着电话，之后猛地把电话挂断了。

evil [ˈiːvəl] *n.* 邪恶，祸害 *adj.* 坏的

【记】联想记忆：live→evil位置颠倒→黑白颠倒，罪恶丛生

【例】The path down to *evil* is easy. 堕入罪恶的道路是很容易的。

accent [ˈæksənt] *n.* 口音，腔调；重音

【记】词根记忆：ac(加强)+cent(百)→说一百遍→强调→重音

【例】The native noticed that this foreigner spoke English with an *accent*. 这名当地人注意到，这个外国人说英语时带有口音。

imagination [iˌmædʒiˈneiʃən] *n.* 想象，想象力，空想；想象出来的事物

elsewhere [ˌelsˈwɛə] *adv.* 在别处，向别处

【记】组合词：else(别的)+where→在别处

champion [ˈtʃæmpiən] *n.* 冠军，得胜者；捍卫者，拥护者

【记】发音记忆："产品"→冠军是无数汗水付出后的"产品"→冠军

【例】Tyson is the boxing *champion* of the world. 泰森是世界拳击冠军。//a *champion* of women's rights 一名女权拥护者

framework [ˈfreimwəːk] *n.* 框架，结构；准则；体系

【记】词根记忆：frame(结构)+work→结构

【例】steel *framework* 钢框架 //legal *framework* 法律体系

social [ˈsəuʃəl] *adj.* 社会的；交际的，社交的

【例】The central aim of this government is *social* stability. 本届政府的首要目标是实现社会稳定。

endure [inˈdjuə] *v.* 忍受，容忍；持久，持续

【记】联想记忆：end(结束)+ure→坚持到结束→忍受；持续

【考】endure to do/doing 忍受做某事

【例】They both *endured* a bad marriage for years for the sake of the children. 为了孩子们，他们将这一段令人不快的婚姻维持了许多年。

gradual [ˈgrædʒuəl] *adj.* 逐渐的，渐进的；坡度平缓的

【记】词根记忆：grad(行走)+ual(…的)→渐进的行走→渐进的

【例】We will witness the *gradual* change in economy. 我们将目睹经济上的渐变。

sleeve [sliːv] *n.* 袖子，袖套

【记】发音记忆："是礼物"→三八节她收到丈夫的礼物：袖套

concession [kən'seʃən] *n.* 让步，妥协；特许，特许权；承认，认可

【记】来自concede(*v.* 让步，承认)

【例】a policy of no *concessions* to terrorists 决不向恐怖分子让步的策略 //the *concession* of autonomy to the universities 大学的自治权 // One of you two must make *concessions* if you do not want a divorce. 如果不想离婚，你们两个当中必须有一个做出让步。

vehicle ['viːikəl] *n.* 车辆，机动车；传播媒介；工具，手段

【记】联想记忆：vehi+cle(看作cycle轮)→车辆一般都有轮子→车辆

【例】Language is the *vehicle* of thought. 语言是表达思想的工具。

register ['redʒistə] *n.* 登记，注册；登记表，注册簿 *v.* 登记，注册；给…注册；(仪表等)指示，自动记下；表示，表达；注意到，记住；把(邮件)挂号

【例】Mike signed the *register* at the hotel. 迈克在酒店登记入住。// Twenty thousand people lined up to *register* to vote. 两万人排队登记投票选举。//Simon's eyes *register* complete disbelief. 西蒙的眼神流露出完全不信任的神情。

apology [ə'pɔlədʒi] *n.* 道歉，认错，谢罪

词源 源自希腊语apologia(辩解)，古希腊哲学家苏格拉底在法庭为自己进行申辩，其学生柏拉图将其辩诉词记录下来流传后世。

【例】David made a graceful *apology* to the lady. 戴维很有礼貌地向这个女士道了歉。

luggage ['lʌgidʒ] *n.* 行李

desperate ['despərət] *adj.* 拼死的，绝望的，不顾一切的；极需要的

【记】词根记忆：de(去掉)+sper(希望)+ate→去掉希望→绝望的

【例】Time was running out and we were getting *desperate*. 时间所剩无几，我们开始感到绝望。//The team is *desperate* for a win. 这支队伍急需一场胜利。//That little girl felt so *desperate* at the failure. 小女孩对这次失败感到十分绝望。

billion ['biljən] *num.* 十亿

venture ['ventʃə] *n.* 风险投资，(商业等的)风险项目 *v.* 冒险，敢于

【记】发音记忆："玩车"→玩车一族追求的就是冒险

【例】joint *ventures* 合资企业 //A disastrous business *venture* made John broken and homeless. 一次损失惨重的商业冒险使约翰身无分文，无家可归。

queue [kjuː] *n.* 行列 *vi.* 排队等候

【记】联想记忆：q站在前面，后面跟着ue+ue→真是一长队

concession	vehicle	register	apology	luggage	desperate
billion	venture	queue			

【考】jump the/a queue 插队；form a queue 排队；queue up for 排队等候

【例】Do not *jump a queue* if you value your pride! 如果在意自己的尊严，就不要插队！

aside [ə'said] *adv.* 在旁边，到旁边

【记】词根记忆：a(在…)+side(旁边)→在旁边

【考】aside from 除…以外(别无)；除…以外(尚有)；put...aside 将某物放在一边；将某事暂停

【例】*Aside from* that unfortunate incident, everything is fine. 除了那件不幸的事情外，一切都很好。

reflect [ri'flekt] *v.* 反映，显示；反射，映现；深思，考虑，反省

【记】词根记忆：re(反)+flect(弯曲)→弯曲过来→反射

【例】They must *reflect* on their own political interest. 他们必须仔细考虑他们的政治利益。

beneficial [ˌbeni'fiʃəl] *adj.* 有利的，有益的

【记】词根记忆：bene(善，好)+fic(做)+ial(…的)→做好事→有益的，有利的

【考】beneficial to 对…有益

【例】The two companies reached a mutually *beneficial* arrangement. 这两家公司达成了一项互利双赢的协议。

repeatedly [ri'piːtidli] *adv.* 一再，再三，多次地

kindergarten ['kindəˌgɑːtn] *n.* 幼儿园

【记】联想记忆：kind(看作kid孩子)+er+garten(看作garden乐园)→孩子的乐园→幼儿园

verify ['verifai] *vt.* 证实，查证，证明

【记】词根记忆：ver(真实的)+ify(使…)→使…真实→证明，证实

【例】I have to call and *verify* the funds. 我不得不打电话确认资金。

reduction [ri'dʌkʃən] *n.* 减少，缩小；下降，降低

【记】来自reduce(*vt.* 减少，缩小)

【例】the *reduction* of armament 减少军备

version ['vəːʃən] *n.* 译文，说法，改写本

【记】词根记忆：vers(转化)+ion→从原文转化而来→译本

【例】a new *version* of the software 新版软件 //Their *versions* conflict of how the accident happened last night. 他们关于昨晚事故如何发生的说法是冲突的。

implication [ˌimpliˈkeiʃən] *n.* 含义，暗示，暗指；卷入，牵连

【记】词根记忆：im+pli(重)+cation→有双重含义→含义，暗示

【例】This election has profound *implications* for the future of U.S. democracy. 这次选举对美国民主政治的未来有着深远的含义。// The *implication* in the interview with her is that she is actually not satisfied with being a housewife. 从对她的采访中可以看出，实际上她不满足于做家庭主妇。

accustomed [əˈkʌstəmd] *adj.* 惯常的，习惯的

【记】联想记忆：ac+custom(习惯，习俗)+ed→习惯的

【考】be accustomed to doing sth. 习惯于做…

【例】I *am* not *accustomed to* going out after dark. 我不习惯在天黑以后外出。

helicopter [ˈhelikɔptə] *n.* 直升机

【记】词根记忆：helico(螺旋)+pter→带螺旋翼的飞机→直升机

normal [ˈnɔːməl] *adj.* 正常的，平常的；正规的，规范的

【记】来自norm(*n.* 规范，标准)

【例】*normal* body temperature 正常体温 //*normal* education 正规教育 //Years ago, doctors often said that pain was a *normal* part of life. 几年前，医生经常说病痛是正常生活的一部分。(2007.6)

And gladly would learn, and gladly teach.
勤于学习的人才能乐于施教。
——英国诗人 乔叟(Chaucer, British poet)

Word List 26

pre-	…前的，预先	previous	*adj.* 以前的
fin	结束	finally	*adv.* 最后，不可更改地
jud	判断	judgement	*n.* 审判，判断
log	说话	apologize	*vi.* 道歉，谢罪
nau, nav	船	navigation	*n.* 航行，航海
rect	竖，直	erect	*vt.* 建造；使竖立
sect	切割	section	*n.* 截面，剖面
vid	看见	video	*n.* 视频，录像
-ity	（名词后缀）表性质、状态	possibility	*n.* 可能，可能的事
-ure	（名词后缀）行为、状态	adventure	*n.* 奇遇，冒险活动

shiver [ˈʃivə] *n./vi.* 战栗，颤抖

【记】联想记忆：shi（音似：she她）+ver→她冻得一直颤抖

【例】A cool breeze from the doorway makes her *shiver*. 门口吹过来的一阵寒风让她颤抖。

stadium [ˈsteidiəm] *n.* 运动场，体育场

【记】联想记忆：stad（看作stand站）+ium（场所）→运动场，体育场

grasp [grɑːsp] *vt.* 抓紧，掌握；理解 *n.* 抓

【记】联想记忆：他见到她宛如抓住（grasp）一根救命稻草（grass）

【例】The company is ready to *grasp* any opportunity to expand the business. 这家公司准备抓住任何机会来扩大生意。//They fail to *grasp* that welcoming foreign students to the United States has two important positive effects. 他们没能理解，欢迎国际学生到美国留学有两个非常重要的正面作用。（2007.12）

economy [iːˈkɔnəmi] *n.* 经济；节约，节省

【记】发音记忆："依靠农民"→中国是农业大国，经济发展离不开农民→经济

rotten [ˈrɔtn] *adj.* 腐烂的；令人不愉快的；糟糕的

【记】来自rot（*v.* 腐烂）

【例】There is a small choice in *rotten* apples. 朽木不可雕。//I personally think it's a *rotten* idea. 我个人认为这是个馊主意。

dash [dæʃ] *v.* 使猛撞，飞奔；溅 *n.* 猛冲；破折号

【记】联想记忆：d+ash（灰尘）→猛冲时扬起灰尘→猛冲

【考】dash off 迅速离去；迅速写（或画）；dash to 猛掷；make a dash 飞奔

【例】Harry *dashed off* before Ann had a chance to thank him. 安还没来得及答谢哈里，哈里便匆匆离去了。//It's pouring with rain—we'll have to *make a dash* for it. 大雨倾盆啊——我们不得不赶快跑。

recently [ˈriːsəntli] *adv.* 最近，新近

concept [ˈkɔnsept] *n.* 概念，观念，设想

【记】*New Concept English*《新概念英语》

【例】Albert Einstein predicted this in 1905, when he introduced the *concept* of relative time as part of his Special Theory of Relativity. 艾伯特·爱因斯坦于1905年预言到了这一点，那时他引入了相对时间的概念作为他狭义相对论的一部分。（2011.6）

rigid [ˈridʒid] *adj.* 严格的，死板的；刚硬的，僵硬的

【例】These colleges have *rigid* rules about student conduct. 这些学院对于学生的品行有严格的规定。//*rigid* plastic containers 硬塑料容器

【题】There is no ______ evidence that people can control their dreams, at least in experimental situations in a lab.（2003.12）

A）rigid　B）solid　C）smooth　D）harsh

【解】选B。solid evidence：可靠的证据。句意：没有可靠的证据表明人们能控制梦境，至少在实验室的实验环境下是如此。rigid：严格的；smooth：光滑的，平稳的；harsh：粗糙的，严厉的。

entertain [ˌentəˈtein] *v.* 使欢乐；招待，请客

【记】联想记忆：enter（进入）+tain（拿住）→拿着东西进去，一般是要招待别人

【例】I need a place to *entertain* my lady friends. 我需要一个场所来招待我的女性朋友们。

vertical [ˈvəːtikəl] *adj.* 垂直的

【记】联想记忆：电影《垂直极限》的英文名*Vertical Limit*

【例】a *vertical* line 垂线

rotten　dash　recently　concept　rigid　entertain　vertical

vessel [ˈvesəl] *n.* 容器；船，飞船；管

【例】a blood *vessel* 血管

evident [ˈevidənt] *adj.* 明显的；明白的

【记】词根记忆：e+vid(看见)+ent(…的)→容易看得见的→明显的

【例】It was *evident* that the boss was unhappy. 很明显，老板不高兴。// It is *evident* that Mike has made a serious mistake in the exam. 很明显，迈克在考试中犯了一个严重的错误。

apologize [əˈpɔlədʒaiz] *vi.* 道歉，谢罪，认错

【记】词根记忆：apo(远)+log(说话)+ize→觉得过意不去，远远地说话→道歉

【例】I want to *apologize* for saying your method was stupid. 我想为自己说你的方法愚蠢而道歉。

scholar [ˈskɔlə] *n.* 学者；奖学金获得者

【记】联想记忆：schol(看作school学校)+ar(人，物)→学者

词源 一个真正的学者要有闲暇时间看书治学、思考问题、进行学术讨论，scholar一词源于意为"闲暇"的希腊语schole。该词进入拉丁语后已有"学校"的含义。

costly [ˈkɔstli] *adj.* 昂贵的，价值高的

【例】a complex and *costly* procedure 复杂且昂贵的手续 //In the Great Depression many unhappy couples chose to stick together because living separately would be too *costly*. 在大萧条时期，许多不幸福的夫妻仍选择在一起是因为分居的花费实在太多。(2012.6)

veteran [ˈvetərən] *n.* 老兵，老手

【记】发音记忆："为他人"→本着为他人的思想，成为光荣的老兵

【例】a Vietnam *veteran* 越战老兵

glimpse [glimps] *v.* 瞥见 *n.* 一瞥，一看

【记】联想记忆：glim(灯光)+pse→像灯光一闪→瞥见

【例】Susan has been waiting for nearly three hours only for a *glimpse* of her favorite star. 为了看一眼她最喜爱的明星，苏珊已经等了将近三个小时。

finally [ˈfainəli] *adv.* 最后，不可更改地

【例】They *finally* realized that the whole thing was a joke. 他们最后意识到整个事件只是场玩笑。

approval [ə'pruːvəl] *n.* 赞成，同意，批准

【记】联想记忆：ap+prov(看作prove证实)+al(表行为)→经过证实才能批准同意

【考】on approval 供试用的，包退包换的；give approval to 批准

【例】Andy was disappointed at her lack of *approval*. 她的不赞成让安迪失望。

judgement ['dʒʌdʒmənt] *n.* 意见；审判，判断

【例】Fatigue may affect a pilot's *judgement* of distances. 疲劳可能会影响到飞行员对于距离的判断力。

regulation [ˌregju'leiʃən] *n.* 规章，规则；管理，控制，调节

【例】The teacher is just following the *regulations*. 这名教师只是在遵循规则。(2010.6)

cord [kɔːd] *n.* 细绳，粗线，索；[*pl.*]灯芯绒裤

【记】本身为词根：心

powder ['paudə] *n.* 粉，粉末

【记】和power(*n.* 力量)一起记

improvement [im'pruːvmənt] *n.* 改进，改善，改进处

remote [ri'məut] *adj.* 遥远的，偏僻的；关系疏远的；脱离的；绝少的；微乎其微的；孤高的，冷淡的

【记】词根记忆：re(反)+mot(移动)+e→向后移动→脱离的

【例】a *remote* village 一个偏远的村庄 //a question *remote* from the subject 与主题不相干的问题 //The man uses a sunscreen whenever there is even a *remote* possibility that he will be in the sun. 只要有一丝见到阳光的可能，那个男人就使用防晒剂。//Nowadays food and clothing problems in *remote* mountainous regions have been solved. 现在，偏远的山区已经解决了温饱问题。

provide [prə'vaid] *vt.* 提供，供给

【记】词根记忆：pro(支持)+vid(看)+e→提供，供给

【考】provide sb. with sth. 提供给某人某物

【辨】provide, supply, afford

provide有"免费供给"的含义；supply则无此含义；前两者都不接双宾语，而afford可接双宾语，一般只用于抽象事物。

rub [rʌb] *vt.* 擦，摩擦

【记】rubber(*n.* 橡皮)的动词形式

【考】rub it in 反复提及令人不快的事

【例】A cat was *rubbing* against my leg. 小猫在我腿上蹭来蹭去。

approval	judgement	regulation	cord	powder	improvement
remote	provide	rub			

【题】I was about to ______ a match when I remembered Tom's warning.（2003.6）

A）rub　　B）hit　　C）scrape　　D）strike

【解】选D。strike a match：划火柴。rub：擦，摩擦；hit：打击，碰撞；scrape：刮，擦伤。

fiction ［ˈfikʃən］*n.* 小说；虚构，杜撰

【记】发音记忆："费口舌"→别费口舌瞎编了→虚构

【例】historical *fiction* 历史小说

occurrence ［əˈkʌrəns］*n.* 发生，出现，发生的事件

【记】来自occur（*v.* 发生）

【例】A link between the *occurrence* of skin cancer and the excessive use of computer has been found recently. 最近，人们发现了罹患皮肤癌与过度使用计算机之间的关系。

adopt ［əˈdɔpt］*vt.* 收养；采用，采取；正式通过，批准

【记】词根记忆：ad+opt（选择）→通过选择→采用

【题】The old couple decided to ______ a boy and a girl though they had three children of their own.（1997.6）

A）adapt　　B）bring　　C）receive　　D）adopt

【解】选D。adopt a boy and a girl：收养一个男孩和一个女孩。adapt：使适应；bring：带来；receive：接收。

navigation ［ˌnæviˈgeiʃən］*n.* 航行（学），航海（术），航空（术）；导航，领航

【记】词根记忆：nav（船）+ig+ation（表状态）→乘船去航行

adventure ［ədˈventʃə］*n.* 奇遇；冒险，冒险活动

【记】词根记忆：ad（做）+vent（来）+ure（表行为）→大家一起来"冒险"

【例】a great *adventure* 大冒险

float ［fləut］*v.*（使）浮动，（使）漂浮，（使）飘动

【记】联想记忆：船（boat）在水里漂浮（float）

【例】The boat *floated* on the placid water of the lake. 小船漂浮在平静的湖面上。

【辨】float, drift

float是相对于sink（下沉），指漂浮或静止状态；drift指随水漂流或随风飘动。

dynamic [dai'næmik] *adj.* 有活力的，动力的；不断变化的 *n.*（原）动力；动力学

【记】词根记忆：dynam（力量）+ic→有活力的

【题】He was such a ______ speaker that he held our attention every minute of the three-hour lecture.（2003.12）

A）specific　B）dynamic　C）heroic　D）diplomatic

【解】选B。句意：他是一个如此有活力的演讲者，使我们在三个小时的演讲中一直全神贯注。specific：详细而精确的，明确的；heroic：英雄的，英勇的；diplomatic：外交的，老练的。

vibrate ['vaibreit] *vt.* 使颤动

【记】词根记忆：vibr（振动）+ate（做）→颤动

【例】The engines make the small cabin *vibrate*. 发动机弄得小屋子直颤。

indifferent [in'difərənt] *adj.* 冷漠的，不积极的；一般的，（表现）平平的

【记】词根记忆：in（不）+different（不同的）→并非与众不同的→一般的

【参】在听力和阅读中表态度的词：indifferent 无关紧要的；positive 肯定的，积极的；negative 否定的，消极的；cautious 谨慎的；critical 批评的；prejudiced 怀偏见的；pessimistic 悲观的；doubtful 疑心的；concerned 关心的

plot [plɔt] *n.* 故事情节；（秘密）计划，密谋；小块土地 *v.* 密谋，计划；绘制…的平面图，在图上标绘…的位置

【记】联想记忆：p+lot（很多的）→内容很多的→故事情节

【例】*Plotting* against the government is punishable by death. 密谋推翻政府的人会被判处死刑。//The story with a conventional *plot* about love and marriage is not popular any more. 有着传统爱情婚姻情节的故事不再流行了。

horror ['hɔrə] *n.* 恐怖，战栗；憎恶；令人恐怖（或讨厌）的事物（或人）

【例】The audience was filled with *horror* when they saw the horrible scene. 观众在看见那种恐怖镜头时吓得发抖。

fatigue [fəˈtiːg] *n.* 疲劳，劳累 *v.*（使）疲劳

【记】联想记忆：fat（胖）+igue→胖的人容易累→疲劳

【题】I suffered from mental ______ because of stress from my job.（2003.6）

A）damage　　B）release

C）relief　　D）fatigue

【解】选D。mental fatigue：脑疲劳。damage：损伤，伤害；mental damage意为"脑损伤"；release：释放，豁免；relief：减轻，免除；安慰。

△ **consideration** [kənˌsidəˈreiʃən] *n.* 考虑，思考，要考虑的事；体贴，关心

【考】in consideration of 考虑到，由于；作为对…的酬报；take into consideration 考虑到，顾及

【例】a payment *in consideration of* their services 付给他们提供的服务的酬劳 //They've got no *consideration* for others. 他们毫不关心别人。

vice [vais] *n.* 罪恶，恶习，缺点；（老）虎钳

【记】联想记忆：罪恶（vice）和美好（nice）只差一个字母

【例】Jealousy is a *vice.* 嫉妒是一种恶习。

notebook [ˈnəutbuk] *n.* 笔记本

【记】组合词：note（笔记）+book（书，本）→笔记本

chop [tʃɔp] *vt.* 砍，劈，切细 *n.* 排骨

【记】联想记忆：到商店（shop）买排骨（chop）；参考：chopsticks（*n.* 筷子）

【例】A couple of old trees have been *chopped* down for road building. 为了道路建设，好几棵古树都被砍伐了。

△ **respect** [riˈspekt] *n./vt.* 尊敬，尊重；[*pl.*]问候；方面

【记】词根记忆：re+spect（看见）→看见问题的方方面面

【考】with respect to 关于，至于；show respect for 尊敬

【例】I have to come to a speedy decision *with respect to* what I was to do next. 我不得不迅速决定自己下一步怎么走。

admission [ədˈmiʃən] *n.* 允许进入；承认；入场费，入场券

【记】词根记忆：ad（加强）+miss（送）+ion→准许送入→允许进入

【例】I took the medical college *admissions* test. 我参加了医学院入学考试。//By her own *admission*, green just isn't yet on her mind. 她自己承认，还没有考虑过绿色环保的问题。(2009.6)

disease [di'zi:z] *n.* 病，疾病；不健全，弊端

【记】联想记忆：dis(不)+ease(安心)→身心不安→疾病；弊端

【例】But prevention is cheaper in the long run than having to treat the *diseases*. 但是从长远来看，预防疾病比治疗更便宜。(2008.12)

ignore [ig'nɔ:] *vt.* 不顾，不理，忽视

【记】联想记忆：ig+nore(看作nose鼻子)→翘起鼻子不理睬

【例】Mark got up to shake her hand, but she *ignored* him. 马克站起来想和她握手，但她不搭理他。

【辨】**ignore, neglect, overlook, disregard**

ignore常指心理上对不愿接受的事情有意回避；neglect指对某人的行为或某事不关心、漠视；overlook指因不小心而疏忽；disregard指不屑一顾、忽视。

infect [in'fekt] *vt.* 传染，感染；影响

【记】词根记忆：in+fect(作)→使…作→影响；感染

【例】People with the virus may feel perfectly well, but they can *infect* others. 感染这种病毒的人可能感觉自己很健康，但是他们却能传染别人。//You should stay away from your baby in case of *infecting* him with virus. 你应该离你的孩子远点，以免把病毒传染给他。

confirm [kən'fə:m] *vt.* 证实，肯定；确认；批准

【记】词根记忆：con(加强)+firm(坚固的)→使…坚固的→证实；确认

【例】A search is now under way to *confirm* the suspected existence of particles of matter move at a speed greater than light. 现在正在进行一项调查，旨在确认一种疑似存在的物质粒子，这种粒子的运动速度超过了光速。(2011.6)

【辨】**confirm, guarantee, ensure**

confirm确认；guarantee指承担，表示主观意愿；ensure表示保证某事物的出现或存在，不包含责任。

harbour ['hɑ:bə] *n.* 海港，港口 *vt.* 庇护；心怀(怨恨等)

【记】联想记忆：德国的汉堡(Hamburg)就是一个非常著名的港口(harbour)城市

【例】Many people *harbour* prejudice against the Party. 很多人对这个政党怀有偏见。

concrete [ˈkɔŋkriːt] *n.* 混凝土；具体物 *adj.* 实在的，具体的

【记】词根记忆：con+crete(产生)→产生具体存在的事物→具体物

【例】Is language itself abstract or *concrete*? 语言本身是抽象的还是具体的呢？

organic [ɔːˈɡænik] *adj.* 有机体的，有机物的

【例】*organic* matter 有机物

phase [feiz] *n.* 阶段；方面；(月)相，相位 *v.* 使同步；分阶段实行

【记】发音记忆："face"→你看你看月亮的脸→月相(即新月、上弦、满月、下弦)

【考】phase in 逐步引入(或采用)；phase out 逐步停止使用

【例】We are going to *phase in* more new technologies. 我们打算逐步引进更多的新技术。

previous [ˈpriːviəs] *adj.* 先的，前的，以前的

【记】词根记忆：pre(预先，…前)+vi(路)+ous(…的)→先的，前面的

【考】previous to 在…之前

【例】on some day *previous to* Christmas 在圣诞节前的某日 //I also know the pressures of trying to live up to a reputation created by *previous* victories. 我也知道想要无愧于以往成功所取得的荣誉需要承受多么大的压力。(2007.12)

helpless [ˈhelplis] *adj.* 无助的，无能的；无法抗拒的

【例】Jim began to feel depressed and *helpless* after he tried many times. 吉姆在努力很多次后开始感到沮丧和无助。//The inconvenient truth is that if we don't solve the engineering problem, we're *helpless*. 一个麻烦的事实是，如果我们不能解决这个工程问题，我们就无能为力。(2008.6)

amaze [əˈmeiz] *vt.* 使惊奇，使惊愕

【记】联想记忆：am(是)+aze(音似："艾滋")→查出是艾滋病→使惊奇，使惊愕

【例】Michelle believed her son had genius that would *amaze* the world. 米歇尔相信自己的儿子拥有让全世界都惊奇的天赋。

despair [diˈspɛə] *n./vi.* 绝望

【记】联想记忆：des(看作dis分开)+pair(一对)→一对情侣被分开→绝望

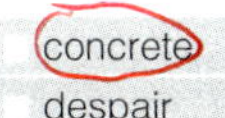 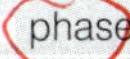 

concrete	organic	phase	previous	helpless	amaze
despair					

【例】You mustn't *despair*. Nothing is impossible. 不要绝望，万事皆有可能！//After this little success, he got rid of the sense of *despair*. 这次小小的成功后，他摆脱了绝望的感觉。

victim [ˈviktim] *n.* 牺牲者，受害者

【记】联想记忆：有胜利者(victor)，就会有受害者(victim)

【例】The *victims* of the explosion were buried last week. 爆炸事故中罹难者的葬礼于上周举行。//In many cases, identity theft not only causes the *victims'* immediate financial losses but costs them a lot to restore their reputation. 在很多案件中，身份盗窃不仅造成受害者直接的经济损失，还令受害者花费许多钱来恢复他们的名誉。(2007.6)

possibility [ˌpɔsəˈbiliti] *n.* 可能(性)；可能的事

【记】来自possible(*adj.* 可能的)+ility(表性质)→可能(性)

【例】There was no *possibility* of changing the voting procedure. 改变选举程序是不可能的事。//Using an email address specifically for your job search also eliminates the *possibility* that you will receive unwelcome emails in your primary mailbox. 使用专门的邮箱账号找工作也可以消除主邮箱收到垃圾邮件的可能性。(2007.6)

video [ˈvidiəu] *adj.* 电视的；视频的 *n.* 电视 *vt.* 制作…的录像

【例】Betty is a star of stage, screen and *video*. 贝蒂是舞台、影、视三栖明星。//A friend *videoed* the wedding. 一个朋友制作了婚礼的录像。

viewpoint [ˈvjuːpɔint] *n.* 观点，看法，见解

【记】组合词：view(见解)+point(点)→观点

【例】We need to seriously consider all the different *viewpoints* on the issue. 关于这个问题我们需要慎重考虑所有不同的观点。

erect [iˈrekt] *vt.* 建造，使竖立 *adj.* 竖直的，挺直的

【记】词根记忆：e+rect(竖，直)→竖直的

【题】The children went there to watch the iron tower ______. (1990.1)

A) to erect B) be erected C) erecting D) being erected

【解】选D。watch用在watch+名词+现在分词或不带to的不定式表示观看、注视，句中iron tower是erect的动作对象，因此要用被动语态。

obey [əˈbei] *v.* 顺从，服从

【记】发音记忆："耳背"→无法顺从

【例】The bank must *obey* its customers' instructions. 银行必须服从消费者的要求。

【辨】**obey, observe, follow**

obey指服从人、法律或规定；observe指按法律、风俗、规定去做；follow指接受并照做自己认为对的事情。

rarely [ˈrɛəli] *adv.* 不常，难得

【例】And that means that for the first time people will have a chance to get up close and personal with the type of African-American woman they so *rarely* see. 那也就意味着人们将第一次有机会近距离亲身接触他们很少见到的非裔美国女性。(2009.12)

vinegar [ˈvinigə] *n.* 醋

【记】联想记忆：vine(藤)+gar(看作jar广口瓶)→把藤放在广口瓶里发酵酿成醋

△ **approach** [əˈprəutʃ] *vt.* 向…靠近 *n.* 靠近

【记】词根记忆：ap(加强)+proach(接近)→一再接近→靠近

【考】approach to 向…靠近；at the approach of 接近

【例】As I *approached* the house, I noticed a light on upstairs. 我走近屋子时发现楼上的灯亮着。

violate [ˈvaiəleit] *vt.* 违反，违背；亵渎；侵犯，妨碍

【记】发音记忆："why late"→违反制度迟到了→违反，违背

【例】Dr. Thomas was condemned for *violating* medical ethics. 托马斯大夫因违背医德受到谴责。//What happens if we lie, cheat, steal, or *violate* other ethical standards? 如果我们说谎、欺骗、盗窃或违反其他的道德标准，将会发生什么呢？(2011.12)

distinction [diˈstiŋkʃən] *n.* 差别，不同，区分

holy [ˈhəuli] *adj.* 神圣的，圣洁的，虔诚的

【记】*Holy Night*《平安夜》，一首好听的圣诞歌曲

【例】the *holy* followers of Buddha 虔诚的佛教信徒

philosophy [fiˈlɔsəfi] *n.* 哲学，哲理，人生哲学

【记】词根记忆：philo(爱)+soph(聪明的；智慧)+y→爱思考的学问→人生哲学

golf [gɔlf] *n.* 高尔夫球运动

【记】联想记忆：grass绿草、oxygen氧气、light阳光、free释放，碧草青青，阳光灿烂，尽情呼吸，释放自己，取这四个词的首字母即为golf→高尔夫球运动不正能给人带来这样轻松、美好的感觉吗？

outward [ˈautwəd] *adj.* 外面的，外表的；向外的

【例】Some people are only interested in *outward* appearance. 有些人只对外表感兴趣。

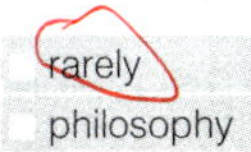

□ rarely	□ vinegar	□ approach	□ violate	□ distinction	□ holy
□ philosophy	□ golf	□ outward			

section [ˈsekʃən] *n.* **部分，章节；部门，科；截面，剖面**

【记】词根记忆：sect(部分)+ion→(事物的)部分

【例】a *section* of a pipe 管子的一段

【辨】**section, part, portion**

section所指的部分之间有明显界限，且包含在整体中；part为普通用词，和整体相对应；portion分配的意义更强，强调经过缜密计算后划分出一部分。

penalty [ˈpenlti] *n.* **处罚，惩罚，罚金**

【考】death penalty 死刑

【题】Some people argue that the death ______ does not necessarily reduce the number of murders. (2006.6)

A) plot　　B) practice　　C) penalty　　D) pattern

【解】选C。句意：一些人争论说死刑不一定能够减少谋杀案的数量。plot：情节，阴谋；practice：实践；pattern：模式。

If you put out your hands, you are a laborer; if you put out your hands and mind, you are a craftsperson; if you put out your hands, mind, heart and soul, you are an artist.

如果你用双手工作，你是一个劳力；如果你用双手和头脑工作，你是一个工匠；如果你用双手和头脑工作，并且全身心投入，你就是一个艺术家。

——美国电影 *American Heart and Soul*

Word List 27

calcul	计算	calculate	*vt.* 计算，计划
circ	环绕	circuit	*n.* 电路，环行
fess	说	confess	*vt.* 供认，坦白
lim	有限的	limited	*adj.* 有限的
put	想	dispute	*v.* 争论，争执
serv	保持	reserve	*vt.* 保留，留存
sist	站	insist	*vi.* 坚持
sol	太阳	solar	*adj.* 太阳的，日光的
spect, spic	看	perspective	*n.* 视角，观点

dump [dʌmp] *vt.* 倾卸，倾倒；倾销 *n.* 垃圾场

【记】发音记忆："当铺"→到当铺去倾销

【例】a campaign to stop cheap European beef being *dumped* in West Africa 一场制止欧洲廉价牛肉倾销到西非的运动 //It is reported that too much waste is *dumped* near the park. 据报道有很多垃圾被倒在了公园附近。

internal [inˈtəːnl] *adj.* 内的，国内的；内心的

【记】词根记忆：inter+nal→在其中的→内部的，国内的

【例】*internal* affairs 国内事务 // *internal* world 内心世界

installation [ˌinstəˈleiʃən] *n.* 安装，装置，设施；就任，就职

【例】Too much space was needed for its *installation*. 要想安装它需要太多空间。(2010.6)

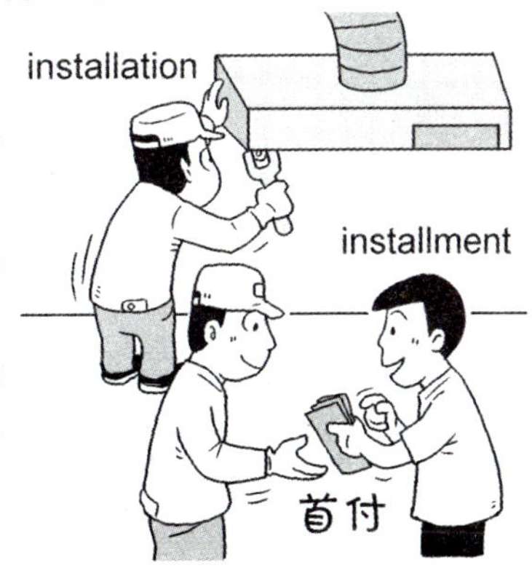

charge [tʃɑːdʒ] *v.* 索价；控告；使充电，使充满；向前冲 *n.* 费用；管理；控告，指责；电荷，充电

【考】in charge (of) 管理，负责；take charge of 负责，接管

【例】He provides oxygen masks to children free of *charge*. 他免费向孩子们发放氧气罩。(2010.12)

【辨】**charge, fee, fare, toll**

charge作费用讲时泛指生活方方面面的花费；fee指支付的服务费、手续费等附加费用；fare指用于交通的花费；toll特指用于通过道路、桥梁需支付的费用。

【题】The price of the coal will vary according to how far it has to be transported and how expensive the freight ______ are. (2002.1)

A) payments　B) charges　C) funds　D) prices

【解】选B。句意：煤的价格会因运输距离以及运费等因素的变化而不同。payment：支付，付款；fund：资金，基金；price：价格，代价。

criticize [ˈkritisaiz] *vt.* 批评，评论，非难

【例】Ronald does nothing but *criticize* and complain all the time. 罗纳德就知道一味地指责和抱怨。//The team is *criticized* for not taking the problem seriously. 由于未能认真对待这一问题，该小组受到了批评。

disorder [disˈɔːdə] *n.* 混乱，杂乱，骚乱；失调

【记】词根记忆：dis(不)+order(顺序)→杂乱

【例】a serious heart *disorder* 严重的心脏病 //Goldberg calls the problem a *disorder* rather than a true addiction. 戈德堡称这个问题是一种失调现象，而不是真正的上瘾。(2010.6)

rocket [ˈrɔkit] *n.* 火箭 *vi.* 迅速上升，猛涨

【记】联想记忆：rock(滚动)+et→火箭晃动着，要发射了→火箭

【例】Unemployment levels have *rocketed* to new heights. 失业率猛然上升至新高。

dessert [di'zəːt] *n.* (餐后)甜食，甜点心

【记】联想记忆：此甜点(dessert)美其名曰"沙漠(desert)飞狐"

dispute [dis'pjuːt] *v.* 争论，争执；对…表示异议 *n.* 争论

【记】词根记忆：dis(不)+put(思考)+e→思考方式不同易产生争论

【考】in dispute 尚未解决，处于争议中

【例】Few would *dispute* that travel broadens the mind. 旅行能够开阔思想，很少有人对此持有异议。//Workers are *in dispute* with management about the redundancies. 劳资双方就裁员问题争执不下。

【题】The test results are beyond ______; they have been repeated in labs all over the world. (2004.6)

A) conflict　　B) dispute　　C) bargain　　D) negotiation

【解】选B。句意：实验的结果毋庸置疑；世界上的实验室已经反复实验过多次了。conflict：冲突；bargain：契约；negotiation：谈判。

butterfly ['bʌtəflai] *n.* 蝴蝶

【记】组合词：butter(黄油)+fly(飞)→颜色像黄油一样会飞的东西→蝴蝶

circuit ['səːkit] *n.* 电路，线路；环行，巡行

【记】词根记忆：circ(环绕)+uit→环行；电路

【例】It is dangerous to make the *circuit* overloaded. 让电路超负荷是很危险的。

frequent ['friːkwənt] *adj.* 时常发生的，常见的 *v.* 常到，常去

【记】联想记忆：fre(看作free自由的)+quent(…的)→人们是自由的，不受控制的→时常发生的

【例】The patient's headaches are becoming less *frequent*. 这名患者的头痛变得没那么频繁了。//Store managers are often the last to hear complaints, and often find out only when their regular customers decide to *frequent* their competitors. 店铺经理通常是最后一个听到抱怨的人，而且只有当他们的常客决定经常光顾对手的店铺时，他们才发现。(2008.12)

depart [di'pɑːt] *vi.* 离开，起程，出发

【记】词根记忆：de(去掉，离开)+part(离开)→离开，起程，出发

【例】Dorothy *departed* for Germany last week. 多萝西上周启程去了德国。//The flight will *depart at* 2:30 p.m. from Terminal 3. 飞机将于下午2:30从第三航站楼起飞。

lens [lenz] *n.* 透镜，镜片，镜头

【记】联想记忆：借(lend)给你透镜(lens)看

sigh [sai] *n.* 叹息(声) *vi.* 叹气，叹息

violence ['vaiələns] *n.* 猛烈，激烈；暴力

【记】发音记忆："为尔冷死"→多么激烈的爱啊

【例】We condemn any act of *violence*. 我们谴责任何暴力行为。// Dr. William Bird suggests in his study that access to nature contributes to the reduction of *violence*. 威廉·博尔德博士在他的研究中提出，接触自然有助于减少暴力。

reserve [ri'zəːv] *vt.* 保留，留存；预订 *n.* 储备(物)；保留；(言语、行动的)拘谨，矜持；替补队员，后备部队；自然保护区

【记】词根记忆：re(反复)+serve(保持)→保留，留存

【例】a forest *reserve* 森林保护区

【题】We'd like to ______ a table for five for dinner this evening. (2002.6)

A) preserve B) reserve C) retain D) sustain

【解】选B。reserve a table：预订一个餐位。preserve：保护，维持；retain：保留，保持；sustain：支撑；供养；经受。

aluminium [ˌæljuː'miniəm] *n.* 铝

【参】金属铝的化学符号是Al；铝aluminium；铁iron；金gold；银silver；铅lead；锡tin；铜copper

hence [hens] *adv.* 因此，所以；今后

【例】The mortgage of your land was paid in full and *hence* you "bought the farm". 你已付清了抵押这块地的全部款项，因此可以说你已经"买下了这个农场"。

pine [pain] *n.* 松树，松木 *v.* 怀念；消瘦；哀悼

【记】联想记忆：松树(pine)叶像针(pin)一样

【考】pine away (因悲哀等)消瘦，衰弱，憔悴；pine for 渴望，思念

【例】Nancy *pined away* gradually because of hard work. 由于工作辛苦，南希日渐消瘦了。

opening ['əupəniŋ] *adj.* 开的，开始的 *n.* 口子，洞，孔；开始，(职位的)空缺

【例】The presider was a little nervous at her *opening* speech. 主持人在开场白中有点紧张。

lens	sigh	violence	reserve	aluminium	hence
pine	opening				

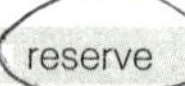

acid [ˈæsid] *n.* 酸 *adj.* 酸的，酸性的

【记】本身为词根：酸的；发音记忆："爱吸的"→爱吸的酸奶→酸的

【例】*acid* rain 酸雨

hen [hen] *n.* 母鸡，雌禽

giant [ˈdʒaiənt] *n.* 巨人，巨物；才智超群的人 *adj.* 巨大的

【记】联想记忆：gi+ant（蚂蚁）→蚂蚁虽小，团结的力量却是巨大的

【例】a *giant* in the field of physics 物理学界的巨人 //a *giant* wave 巨浪

crystal [ˈkristəl] *n.* 水晶，结晶体，晶粒 *adj.* 清澈透明的

【记】联想记忆：cry（哭泣）+stal（看作star星星）→水晶像是星星哭泣掉下的眼泪→水晶

operational [ˌɔpəˈreiʃənl] *adj.* 运转的，可使用的；操作上的

【记】来自operate（*v.* 操作）

【例】*Operational* difficulties, in fact, are beyond our imagination. 实际上，操作上的困难超出了我们的想象。

racial [ˈreiʃəl] *adj.* 种族的，人种的

【记】来自race（*n.* 种族）

【例】Students' *racial* background should be considered before lodging is assigned. 在安排住宿之前，需要考虑到学生们的种族背景。（2011.6）

construction [kənˈstrʌkʃən] *n.* 建造；建筑物；结构

【例】An enormous amount of energy and resources went into the *construction* of those houses. 修建这些房子耗费了大量的能源与资源。（2010.6）

planet [ˈplænit] *n.* 行星

【记】联想记忆：plan（计划）+et（小）→他计划观测小行星

image [ˈimidʒ] *n.* 像，形象；形象的描述

【例】The politician has a very bad *image* among people. 那位政治家在民众中的形象很差。

blade [bleid] *n.* 刀刃，刀片；叶片

【例】The *blade* of the knife flashed in the moonlight. 锋利的刀刃在月光下闪着寒光。

acid	hen	giant	crystal	operational	racial
construction	planet	image	blade		

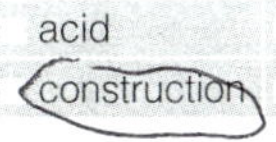
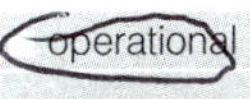

physicist ['fizisist] *n.* 物理学家

【记】来自physics(物理)+ist(从事某职业的人)→物理学家

sack [sæk] *n.* 麻袋，包；[the ~]解雇；洗劫，劫掠 *vt.* 解雇；洗劫，劫掠

【例】The enemies *sacked* our city after their invasion. 敌人入侵以后，把我们的城市洗劫一空。

behave [bi'heiv] *v.* 表现，举止；(机器等)运转，(事物)作出反应

【记】联想记忆：be+have(有)→所拥有的→表现，举止

【例】Kids have finely tuned antennae for how to *behave* in different settings. 孩子们对在不同场合应该有何种表现有着很敏锐的直觉。(2008.12)

organism ['ɔːgənizəm] *n.* 生物；有机体，有机组织

shortly ['ʃɔːtli] *adv.* 立刻，不久；不耐烦地

【例】Adam joined the army *shortly* after the war. 亚当战后不久就参军了。

interval ['intəvəl] *n.* 间隔；幕间休息；间距

【记】词根记忆：inter(在…之间)+val(表名词)→间距

【考】at intervals 每隔一段时间(或距离)，不时

【题1】In the advanced course students must take performance tests at monthly ______. (1993.6)

A) gaps　B) intervals　C) length　D) distance

【解】选B。句意：学生们学习高级课程必须每隔一个月参加一次考核学习情况的测试。gap：间隔，间隙；at length：详尽地；at a distance：在远处。

【题2】Students or teachers can participate in excursions to lovely beaches around the island at regular ______. (1997.1)

A) gaps　B) rate　C) length　D) intervals

【解】选D。句意：学生或老师可以不时地去游览海岛周围美丽的沙滩。gap：间隔，间隙；rate：速率，比率；at length：详尽地。

violet ['vaiəlit] *n.* 紫罗兰 *adj.* 紫色的

【记】联想记忆：vio+let(让)→让紫罗兰花尽情开放吧→紫罗兰；形似：violent(*adj.* 暴力的)

【例】A spotlight threw a pool of *violet* light on the stage. 聚光灯在舞台上洒下了一片紫色光芒。

draught [drɑːft] *n.* 拖，拉；气流

appointment [ə'pɔintmənt] *n.* 任命，约定；约会；委任的职位

【例】Not to let anyone in without an *appointment*. 如果没有预约，不要让任何人进来。(2008.6)

physicist	sack	behave	organism	shortly	interval
violet	draught	appointment			

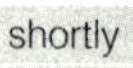
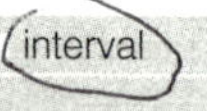

meantime [ˈmiːntaim] *n./adv.* 其时，其间

【例】What should we do in the *meantime*? 与此同时，我们应该做些什么呢？

murder [ˈməːdə] *n./vt.* 谋杀，凶杀

【例】Thousands of civilians were brutally *murdered* during the civil war. 内战中数千平民被残忍地杀害了。

violin [ˌvaiəˈlin] *n.* 小提琴

【例】Amanda plays the *violin* well. 阿曼达小提琴演奏得很好。

perspective [pəˈspektiv] *n.* 视角，观点；远景，景观；透视画法，透视图

【记】词根记忆：per(贯穿)+spect(看)+ive→可以看透事物的方法→透视法

【例】The novel is written from a child's *perspective*. 这部小说是从孩子的角度写的。//a *perspective* of lakes and hills 湖山远景 // Clearly, from the schools' *perspective*, there's a lot of money to be saved. 显然，从学校的角度来说，这样可以省很多钱。(2007.12)

laundry [ˈlɔːndri] *n.* 洗衣房，洗衣店；待洗的衣服，洗好的衣服

【记】联想记忆：laun(看作lau洗)+dry(干)→干洗店→洗衣店

【例】Her household bills piled up, along with the dishes and dirty *laundry*. 她的家庭账单集成一摞，碟子和待洗的脏衣服也堆了一堆。(2010.6)

virtual [ˈvəːtʃuəl] *adj.* 实质上的，事实上的，实际上的

【例】The blizzard caused a *virtual* nightmare for the airport employees. 对机场的员工来说那场暴风雪真是场噩梦。

virtually [ˈvəːtʃuəli] *adv.* 实际上，事实上

【例】They are totally exhausted and *virtually* asleep. 他们全都筋疲力尽，几乎都睡着了。

calculate [ˈkælkjuleit] *vt.* 计算，估计；计划

【记】词根记忆：calcul(计算)+ate(做)→计算，估计

词源 两千多年前罗马商人用拉丁文称之为calculus的小圆石计算损益，今天我们用以表示“计算”的calculate一词正源于此。该拉丁词还用来指“微积分”。

【例】We *calculated* that the trip should take about eight minutes. 我们估计这趟行程大概需花费8分钟。

confess [kənˈfes] *v.* 供认，坦白；承认

【记】词根记忆：con(全部)+fess(说)→全部说出→承认，坦白

【考】confess to sth. / doing sth. 承认(做过)某事

meantime	murder	violin	perspective	laundry	virtual
virtually	calculate	confess			

【例】The prisoner finally *confessed to* having stolen the money. 罪犯最终招认偷了那笔钱。

appearance [ə'piərəns] *n.* 出现，来到；外观

【记】来自appear（出现）+ance（表状态）→出现

【考】judge by appearance 以貌取人

【例】Do not be fooled by its commonplace *appearance*. 不要被它平凡的外表所蒙蔽。

【辨】**appearance, feature**

appearance指人或物的总体印象；feature指面貌、相貌特征。

virus ['vaiərəs] *n.* 病毒；病毒性疾病

【例】a *virus* infection 病毒感染

ambulance ['æmbjuləns] *n.* 救护车；野战医院

【记】词根记忆：ambul（行走）+ance（表性质）→哪里有病人就走到哪里的车→救护车

词源 19世纪来自法语，原指"野战医院"，其实就是一种随军行动、尽快为伤员提供急救的流动医院。今天，该词还可指"救护船"和"救护飞机"。

【例】They called the *ambulance*. 他们叫了救护车。

liberty ['libəti] *n.* 自由；许可，准许；[常*pl.*] 过于随便，放肆

【考】at liberty 有意

【例】Bob is not *at liberty* to hurt his girlfriend. 鲍勃不是有意伤害他的女朋友。

consequently ['kɔnsikwəntli] *adv.* 因此，因而，所以

【辨】**consequently, continuously, constantly, consistently**

consequently因此；continuously指没有间歇地，连续进行地；constantly指某种行为没有变更；consistently指思想、言行前后一致。

【题】The rain was heavy and ______ the land was flooded. (1990.1)

A) consequently　　B) continuously

C) constantly　　D) consistently

【解】选A。前面一个分句the rain was heavy表示原因，后面的分句the land was flooded表示结果，所以需要添加一个表"因而，所以"的词。

insist [in'sist] *v.* 坚持，坚持要求，坚决认为

【记】词根记忆：in（里面）+sist（站）→一直站在里面→坚持

【考】insist on/upon 坚持，强调，坚决要求；注意：该词后跟的宾语从句中多用动词原形来表虚拟语气，有该用法的还有suggest，demand，propose，urge，desire，command，ask等。

【辨】**insist, persist, adhere, stick**

insist指固执己见，甚至坚决要求别人做某事；persist指尽管困难重重仍要坚持做某事，且不一定是正确的；adhere 指坚持原则或规则；stick 指坚持不放弃。

【题】Things might have been much worse if the mother ________ on her right to keep the baby.（2002.1）

A）has been insisting　　B）had insisted

C）would insist　　D）insisted

【解】选B。句意：如果这位母亲坚持她的婴儿抚养权，情况或许要更糟糕。本题考查虚拟语气，对于过去情况的假设，虚拟条件句中用had+过去分词，主句中用would（should, could, might）+have+过去分词。

solar [ˈsəulə] *adj.* 太阳的，日光的；（利用）太阳能的

【记】词根记忆：sol（太阳）+ar→太阳的

【例】*Solar*-heated greenhouses are becoming more common. 太阳能温室正变得越来越普及。

flourish [ˈflʌriʃ] *v.* 繁荣，茂盛，兴旺；挥动（以引起注意）

【记】来自flour（花）+ish（使）→使繁花似锦→繁荣，兴旺

【例】Nicolas's dry-cleaning business really *flourished* this year. 今年尼古拉斯的干洗生意很兴旺。//This year's list of the top 100 high schools shows that today, those with fewer students are *flourishing*. 今年的100所最佳高中排行榜表明，如今那些拥有较少学生的学校正在蓬勃发展。（2012.6）

correspondence [ˌkɔriˈspɔndəns] *n.* 信件，函件；通信，通信联系；符合，一致，相似

【例】Charles had been in *correspondence* with her for two years before they finally met. 在他们最终见面之前，查理与她已经通信两年了。

pronoun [ˈprəunaun] *n.* 代词

【记】词根记忆：pro（在…前）+noun（名词）→代替名词使用→代词

property [ˈprɔpəti] *n.* 财产，所有物；房产；物业；性质，性能

【记】来自proper（固有的）+ty（表物）→固有物→所有物，资产

【例】public *property* 公共财产 //wearing *property* 耐用性 //But there's still an idea that they're the *property* of the parents. 但是还有一个观点是，他们是父母的财产。(2008.12)

shave [ʃeiv] *v.* 剃，刮，刨，削；修面，刮脸 *n.* 修面，刮脸

【记】联想记忆：不要在阴暗处(shade)修面(shave)

【例】After getting up, I *shave* and brush my teeth. 起床后，我就刮脸、刷牙。

selection [si'lekʃən] *n.* 选择，挑选；被挑选出来的人(或物)，精选品；可供选择的东西

【例】Come on, the *selection* of the best poem was a difficult work. 拜托，要挑出一首最好的诗是件挺难的差事。

limited ['limitid] *adj.* 有限的

【考】be limited to 限于

【例】The problem *was* not *limited to* New York. 这种问题不只限于纽约。

enormous [i'nɔːməs] *adj.* 巨大的，庞大的

【记】词根记忆：e(出)+norm(规范)+ous(…的)→超出规范的→巨大的

【例】An *enormous* amount of energy and resources went into the construction of those houses. 修建这些房子耗费了大量的能源与资源。(2010.6)

impact ['impækt] *n.* 影响，作用；冲击

【记】联想记忆：*Deep Impact* 电影《天地大冲撞》

【例】All of these factors have significant *impacts* on the children's education. 所有这些因素对于孩子的教育都有显著的影响。

【题】Professor Taylor's talk has indicated that science has a very strong _______ on the everyday life of non-scientists as well as scientists. (1998.6)

A) motivation B) perspective C) impression D) impact

【解】选D。have an impact on：对…有影响。句意：泰勒教授的谈话表明，科学对科学家及科研领域之外的人的日常生活都具有极大的影响。motivation：动机；perspective：前景；impression：印象。

visible ['vizəbəl] *adj.* 可见的，看得见的；有形的；明显的

【记】词根记忆：vis(看)+ible(可…的)→可见的

【例】There were some *visible* cracks in the old wall. 旧墙上有一些明显的裂缝。//To a consumer, the most *visible* form of e-commerce consists of online ordering. 对于消费者来说，最常见的电子商务形式就是网上订购。(2010.6)

conceal [kən'siːl] *vt.* 把…隐藏起来，掩盖，隐瞒

【记】联想记忆：con+ceal（看作seal密封）→密封起来→隐藏，隐瞒，掩盖

【例】David made efforts to *conceal* those facts. 戴维竭力隐瞒那些事实。

earthquake ['əːθkweik] *n.* 地震，大震荡

【记】组合词：earth（地球）+quake（震动）→地球在震动→地震

curriculum [kə'rikjuləm] *n.* 课程，（学校等的）全部课程

【例】Theatre, one of my favorite subjects, is not in the *curriculum*. 戏剧是我最喜欢的科目之一，不过它不包括在课程里。

feature ['fiːtʃə] *n.* 特征，特色；[*pl.*]面貌；特写，专题节目；故事片 *vt.* 突出；由…主演

【记】联想记忆：我的未来（future）由我主演（feature）

【题】A peculiarly pointed chin is his most memorable facial ______. （1998.6）

A) mark　B) feature　C) trace　D) appearance

【解】选B。句意：他最令人难忘的面部特征是下巴特别尖。mark：记号；trace：痕迹，踪迹；appearance：外貌，相貌。

loaf [ləuf] *n.* （一个）面包 *vi.* 游荡，闲逛

【例】Bill could afford to *loaf* through the land of nothing-to-do. 比尔能够忍受在那片土地上游荡，无所事事。

stain [stein] *vt.* 玷污；给…着色 *n.* 污点，污迹

【记】联想记忆：一下雨（rain），到处都是污点（stain）

【题】Please be careful when you are drinking coffee in case you ______ the new carpet. （1997.1）

A) crash　B) pollute　C) spot　D) stain

【解】选D。crash：碰撞，坠落，坠毁；pollute：污染，强调给人们生活造成的危害；spot：有污点或斑点。

demand [di'mɑːnd] *v.* 要求；需要；询问 *n.* 要求；需要

【记】词根记忆：de（加强）+mand（命令）→一再命令→要求

【考】in demand 非常需要的，受欢迎的；demand to 要求；on demand 一经要求；注意：该词后的宾语从句中多用动词的原形来表示虚拟语气。

【例】The victims' families *demanded* an explanation for the plane crash. 遇难者家属要求知道空难的原因。// These carpets are more *in demand* by the salaried class. 这些地毯更受工薪阶层的欢迎。

media [ˈmiːdiə] *n.* 新闻媒介，传播媒介

【题】This research has attracted wide ____ coverage and has featured on BBC television's *Tomorrow's World*.（2002.6）&（2003.9）

A）message　B）information　C）media　D）data

【解】选C。句意：这项研究被媒体广泛地报道，而且BBC电视台"未来世界"节目还对此做过专题报道。message：消息，启示；information：信息，情报；data：数据，资料。

comparative [kəmˈpærətiv] *adj.* 比较的；相对的

【记】来自compare（*v.* 比较）

【例】I want to take *comparative* anatomy this year. 今年我想学比较解剖学。// After a lifetime of poverty, his last few years were spent in *comparative* comfort. 过了大半辈子的穷苦日子，他最后的几年过得还算舒适。

Histories make men wise; poems witty; the mathematics subtle; natural philosophy deep; moral grave; logic and rhetoric able to contend.

历史使人明智；诗词使人灵秀；数学使人周密；自然哲学使人深刻；伦理使人庄重；逻辑修辞学使人善辩。

——英国哲学家 培根（Francis Bacon, British philosopher）

Word List 28

词根、词缀预习表

frig	冷	refrigerator	*n.* 冰箱，冷藏库
medi	中间	medium	*n.* 媒介，媒介物
ultim	最后的	ultimate	*adj.* 最后的，最终的
urb	城市	urban	*adj.* 都市的，住在都市的
util	使用	utilize	*vt.* 利用
vac, vacu, van, void	空	avoid	*v.* 避免；消除
vari	改变	variation	*n.* 变化，变动
-icity	（名词后缀）性质，状态	simplicity	*n.* 简单，简易
-id	（形容词后缀）…的	vivid	*adj.* 生动的，栩栩如生的

massive [ˈmæsiv] *adj.* 大的，大而重的；大块的；大量的，大规模的

【题】Among all the changes resulting from the ________ entry of women into the work force, the transformation that has occurred in the women themselves is not the least important.（2000.6）

A）massive　B）quantitative　C）surplus　D）formidable

【解】选A。句意：在所有由大量妇女成为社会劳动力带来的变化中，妇女自身的转变颇为重要。quantitative：数量的，定量的；surplus：剩余的；formidable：强大的，可怕的。

ultimate [ˈʌltimit] *adj.* 最后的，最终的 *n.* 终极，顶点

【记】词根记忆：ultim（最后的）+ate（…的）→最后的，最终的

【例】Their *ultimate* destination is Rome. 他们最终的目的地是罗马。// The *ultimate* solution to global warming lies in new technology. 应对全球变暖的最终方案取决于新技术。（2008.6）

extent [ikˈstent] *n.* 广度，范围，程度

【记】词根记忆：ex（出）+tent（伸展）→伸展出的距离→范围，广度

【考】to a certain extent 在一定程度上

【题】The newspaper did not mention the ________ of the damage caused by the fire.（1997.6）

A）range　　B）level　　C）extent　　D）quantity

【解】选C。the extent of the damage：损失的程度。句意：报纸没有提及这次火灾造成的损失的程度。range：范围，幅度；level：水准，级别；quantity：数量。

employment [im'plɔimənt] *n.* 工作，雇佣；使用

【记】来自employ（*v.* 雇用）

【例】full-time *employment* 全职工作 //Another way to protect your privacy while seeking *employment* online is to open up an email account specifically for your online job search. 另一种在上网求职时保护隐私的方法是申请一个专门用于找工作的邮箱账户。（2007.6）

medium ['miːdiəm] *n.* 媒体；媒介物；传导体 *adj.* 中等的

【记】词根记忆：medi（中间）+um→中间的→中等的；媒介

【例】Advertising is a powerful *medium*. 广告是有力的媒介。//The girl is of *medium* height. 这个小姑娘中等身材。//After television, the *medium* attracting the next largest annual ad revenue is newspapers. 继电视之后，诱集了第二大年广告收入量的媒体是报纸。（2008.6）

urban ['əːbən] *adj.* 都市的，住在都市的

【记】词根记忆：urb（城市）+an（…的）→城市的；发音记忆："饿奔"→初到大都市讨生活，饿得狂奔→都市的

【例】In some developing countries more and more people are migrating to *urban* areas. 在某些发展中国家，越来越多的人迁向市区。// A great variety of schools have sprung up in *urban* and suburban areas. 各种各样的学校在城市和郊区涌现。（2012.6）

engineering [ˌendʒi'niəriŋ] *n.* 工程，工程学

【记】来自engineer（*n.* 工程师）

marvelous ['mɑːvələs] *adj.* 奇迹般的，了不起的

【记】发音记忆："马虎了事"→马虎了事就没有了不起的成就→了不起的

【例】There are lots of museums and *marvelous* castles in this city. 这个城市里有很多博物馆和壮观的城堡。

event [i'vent] *n.* 事件，大事，事变

【考】at all events / in any event 不管怎样，无论如何；in the event 结果，到头来；in the event that / of 万一，倘若

【题1】In the _______ of the project not being a success, the investors stand to lose up to $30 million.（2000.6）

A）face　　B）time　　C）event　　D）course

【解】选C。句意：万一这个项目不能成功，投资者将承受高达3000万美元的损失。in the face of：面对；time前用介词in，意为：时期；in the course of：在…过程当中。

【题2】On New Year's Eve, New York City holds an outdoor ______ which attracts a crowd of a million or more people.（2001.1）

A）incident B）event C）case D）affair

【解】选B。句意：在新年之夜，纽约市常举行超过一百万人参加的户外活动。incident：偶发事件；case：案例，事件；affair：事情，风流韵事。

resolve [ri'zɔlv] *v.* 解决，解答；决定，决意；分解，溶解 *n.* 决心；决议

【记】词根记忆：re+solve(解决)→解决

【考】resolve into 分解

【例】You have to find a way to *resolve* these problems before it's too late. 在事情变得太迟之前，你得找到解决这些问题的方法。//The experiment shows how the objects are *resolved into* constituent parts. 实验展示了这些物体如何被分解为其构成要素。

avoid [ə'vɔid] *vt.* 避免，躲开；撤销

【记】联想记忆：a(加强)+void(空旷，空虚)→使空旷→撤销

【考】avoid doing sth. 避免做某事

【例】You'd better *avoid* overtime parking. 你最好不要超时停车。

respective [ri'spektiv] *adj.* 各自的，各个的，分别的

【例】They went into their *respective* apartments. 他们走进了各自的房间。

boast [bəust] *v.* 自夸，吹嘘；以拥有…而自豪 *n.* 自吹自擂，自夸的话

【记】联想记忆：北京的烤鸭(roast duck)值得夸耀(boast)→以拥有…而自豪

【考】boast of/about 自夸，夸耀

【例】He always *boasts about* his rich father. 他总是吹嘘自己富有的父亲。（2009.6）

sew [sjuː] *v.* 缝制；缝纫

【考】sew up 缝合；确保…的成功

【例】The craft villages *sewed up* rural employment. 工艺村解决了农村的就业问题。

indicate ['indikeit] *vt.* 标示，表示，表明

【记】词根记忆：in+dic(说)+ate(作)→说出→指示，指出

【例】Taylor makes hand signals to *indicate* absolute silence. 泰勒打手势要大家保持绝对的沉默。

【辨】**indicate, point out, show**

indicate指无意识地指示；point out指有意识地指示；show是普通用语，是显示、展示的意思。

govern [ˈɡʌvən] *vt.* 统治，治理，支配

【例】The universe is *governed* by the laws of physics. 宇宙万物受到物理学规律的支配。//All his decisions have been entirely *governed* by his emotions. 他所有的决定都是由情绪支配的。

visual [ˈviʒuəl] *adj.* 看的，看得见的 *n.* 视觉资料

【记】词根记忆：vis(看)+ual(…的)→看得见的

【例】Some advertisements can be regarded as *visual* pollution. 有些广告可以被看作是视觉污染。//Instead, I have given them this: the *visual* of their physics professor heavily pregnant doing physics experiments. 相反，我给他们放了一段影片：他们身怀六甲的物理学教授正在做物理实验。(2007.6)

utilize [ˈjuːtilaiz] *vt.* 利用

【记】词根记忆：util(使用)+ize→利用

【例】The agents were able to *utilize* their full potential and experiences to build up the company. 代理人能充分利用他们的潜能和经验促进公司的发展。(2009.6)

chase [tʃeis] *v.* 追逐，追赶，追求

【记】音似："cheese"→谁动了我的"奶酪"，我就去追赶谁→追赶

【考】chase after 追捕，追逐

【例】Our dog always loves *chasing* the mice. 我们家的狗总喜欢追耗子。

prevail [priˈveil] *vi.* 流行，盛行

【考】prevail over 获胜，占优势；prevail on/upon 说服，劝说，诱使

【例】Reason *prevailed* over emotion. 理智战胜了感情。//The *prevailing* theory seems to be that we're all hot-tempered single mothers who can't keep a man. 比较盛行的看法似乎是，我们都是性格暴躁、守不住自己男人的单身母亲。(2009.12)

pillow [ˈpiləu] *n.* 枕头

【记】发音记忆："疲劳"→疲劳至极，想念枕头→枕头

packet [ˈpækit] *n.* 小包，小盒

【记】词根记忆：pack(包)+et(小)→小包，小盒

govern	visual	utilize	chase	prevail	pillow
packet					

heap [hiːp] *n.* (一)堆，大量

【记】联想记忆：通过大量(heap)量变一跃(leap)发生质变

variation [ˌveəriˈeiʃən] *n.* 变化，变动，变异；变奏(曲)

【记】词根记忆：vari(改变)+ation(表状态)→变化，变动，变异

【例】Prices have not shown much *variation* this year. 今年的物价变动不大。//The method relies on measuring how chemical *variations* in drinking water show up in people's hair. 该方法依靠测量饮用水中的化学变化如何在人的头发上呈现。(2009.6)

primary [ˈpraiməri] *adj.* 首要的，主要的；基本的；最初的，初级的

【记】词根记忆：prim(第一，主要的)+ary(具有…的)→主要的

【例】a matter of *primary* importance 至关重要的事情 //*primary* education 初等教育 //His lack of willpower was the *primary* cause of his failure. 缺乏意志力是他失败的主要原因。

dense [dens] *adj.* 密集的，浓厚的，密度大的

【记】和sense(*n.* 感觉)一起记

【例】a *dense* population 密集的人口 //It's worth noting that areas of *dense* population are not always prosperous. 值得注意的是，人口密集地区并不总是繁荣的。

outside [ˈautsaid] *n.* 外部，外表 *adj.* 外部的 *prep.* 在…的外面；向…的外面；除…以外

【题】This crop does not do well in soils ________ the one for which it has been specially developed. (1999.1)

A) outside　　B) other than　　C) beyond　　D) rather than

【解】选B。other than：不同于，除了…以外。句意：这种农作物在其他土壤上都生长不好，但这块土壤除外，因为该土壤是专门为这种作物培育的。outside：在…外；beyond：远于，超出；rather than：而不是。

owe [əu] *vt.* 欠；应把…归功于；感激，感恩

【考】owe to 应该把…归功于；由于，因为

【例】The famous writer *owed* her success *to* the support of her parents. 这位有名的作家把自己的成功归功于父母的支持。

interfere [ˌintəˈfiə] *vi.* 干涉，干预，妨碍

【记】词根记忆：inter(在…之间)+fer(带来)+e→来到中间→介入

【考】interfere with 干扰；interfere in 干涉

heap　variation　primary　dense　outside　owe

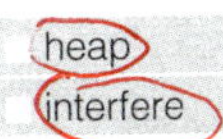
interfere

【例】People should try not to *interfere in* others' affairs. 人们应该尽量不去干涉别人的事。

burden [ˈbəːdn] *n.* 重担，精神负担 *vt.* 加重压于，烦扰；负担，装载

【记】联想记忆：burd（看作bird）+en→鸟负重就飞不动了→重担

【例】I don't like being a *burden* on other people. 我不想成为别人的包袱。//a company *burdened* with debt 一家负债累累的公司

【题】American college students are increasingly ______ with credit card debt and the consequences can be rather serious.（2006.6）

A）boosted　B）burdened　C）discharged　D）dominated

【解】选B。句意：美国大学生的信用卡贷款负担日益增加，其结果可能十分严重。boost：推进；discharge：卸下，放出；dominate：支配，占优势。

scatter [ˈskætə] *v.* 撒，散播；（使）散开，驱散

【例】Rats *scatter* into the shadows ahead of her. 老鼠们散开到她前面的隐蔽处。

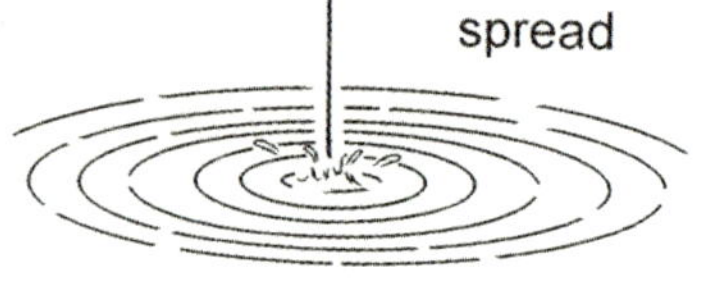

【辨】**scatter, spread**

scatter含有由密到疏的意味；spread则指向四面八方传播开来。

starve [stɑːv] *v.*（使）挨饿，（使）饿死

【记】联想记忆：star（明星）+ve→和明星的生活正相反→挨饿，饿死

【例】They *starve* their people, and that is the reason they must go. 他们让自己的人民忍饥挨饿，这是他们必须离开的原因。

simplicity [simˈplisiti] *n.* 简单，简易；朴素

【记】来自simple（简单的）+icity（表状态）→简单，简易

【例】The design was beautiful in its *simplicity*. 该设计有种简单美。

bare [bɛə] *adj.* 赤裸的；光秃的，无遮盖的；刚刚够的，勉强的 *vt.* 露出，显露

【记】和bear(*n.* 熊)一起记

【辨】**bare, blank, hollow, vacant**

bare指身体某一部分赤裸着；blank指留有空白；hollow指物体中空的；vacant指本应利用但闲置起来。

【题】Although they plant trees in this area every year, the tops of some hills are still ________. (1999.6)

A) blank B) hollow

C) vacant D) bare

【解】选D。bare hill：光秃秃的山。blank：空白的，无表情的；hollow：空的，虚伪的；vacant：闲置的。

compound [ˈkɔmpaund] *n.* 化合物，复合物；复合词 *adj.* 复合的，化合的

[kəmˈpaund] *vt.* 使恶化，加重；使化合，使合成

【记】词根记忆：com+pound(放置)→放到一起→使合成

【例】We can join simple statements together to make *compound* statements. 我们可以把简单的陈述合在一起做一个综合陈述。// John and Val's domestic problems were *compounded* by stress and work. 约翰与瓦尔的家庭问题由于压力和工作恶化了。

orderly [ˈɔːdəli] *adj.* 整洁的；有秩序的

【例】The election for the president was conducted in an *orderly* fashion as usual. 总统选举如从前一样有序地进行。

resolution [ˌrezəˈluːʃən] *n.* 正式决定，决议；决心，决意；解决，解答；分辨率，清晰度

【例】Bonnie made a *resolution* to lose all the weight gained during the Christmas period. 邦妮下定决心减掉圣诞节时增加的体重。// Tracy made a *resolution* to visit her parents more often in the future. 特蕾西下定决心以后要多去看望她的父母。

learned [ˈləːnid] *adj.* 有学问的，学术上的

【考】to be learned in 精通

【例】a *learned* language 学术语言

shelter [ˈʃeltə] *n.* 掩蔽处，躲避处；住所；掩蔽，保护 *vt.* 掩蔽，庇护；躲避

【记】联想记忆：shel（看作shell壳）+ter→像壳一样的地方→掩蔽处，住所

【例】Edgar would be embarrassed to *shelter* tax. 埃德加会为自己的避税行为感到难堪的。

reporter [riˈpɔːtə] *n.* 记者

【记】来自report（*n.* 报道）

profile [ˈprəufail] *n.*（面部或头部的）侧面（像）；传略，人物简介；轮廓，形象；姿态，引人注目的状态 *vt.* 为…描绘（轮廓等），写…的传略（或情况）

【记】联想记忆：pro（很多）+file（文件）→很多文件是关于人物简介的

【例】Merit aid has served primarily as a tool to recruit top students and to improve their academic *profiles*. 奖学金已经成为吸纳尖子生和提高它们学术形象的主要工具。(2009.12)

shed [ʃed] *vt.* 脱落，脱去；流出，流下；发出（光等），散发 *n.* 棚，小屋，货棚

【例】Some trees have *shed* their leaves. 有些树的树叶已经脱落了。//The old parents *shed* a few tears at their daughter's wedding. 年迈的父母在女儿的婚礼上流下了眼泪。

necessarily [ˌnesəˈserəli] *adv.* 必要地；必然

【记】来自necessary（*adj.* 必然的）

【例】Expensive restaurants aren't *necessarily* the best. 昂贵的饭店不一定都是最好的。

vitamin [ˈvaitəmin] *n.* 维生素，维他命

【记】发音记忆："维他命"

词源 波兰裔美国生物化学家芬克创造此词。他用拉丁语vita（生命）加amine（胺）构成vitamine，后去掉e，变为vitamin。

【例】The drink contains *vitamin* C. 这种饮料中含有维生素C。

reproduce [ˌriːprəˈdjuːs] *v.* 复制，再现；繁殖，生殖

【记】词根记忆：re(一再)+produce(生产)→不断生产→繁殖，生殖

【例】An individual worker bee cannot *reproduce* itself. 单个工蜂无法繁殖。

grateful [ˈgreitful] *adj.* 感激的；令人愉快的

【例】a *grateful* letter 感谢信 //a *grateful* rain 一场喜雨 //Since money is known to be one of the things most likely to bring a relationship to its knees, we should be *grateful*. 既然我们知道金钱是最有可能破坏一段关系的因素之一，那么我们就该感到庆幸。(2011.12)

convenience [kənˈviːniəns] *n.* 方便；便利设施

【记】词根记忆：con(共同)+ven(来)+i+ence→共同行动维护便民设施→便利设施

【例】modern *conveniences* 现代化的便利设施 //Primarily, there's the *convenience* promised by courses on the Net: you can do the work, as they say, in your pajamas. 首先，网上课程具有便利性：就像他们说的那样，你可以穿着睡衣听课。(2007.12)

vivid [ˈvivid] *adj.* 鲜艳的；生动的，栩栩如生的

【记】词根记忆：viv(生命)+id→有生命力的→生动的

【例】The old man gave a *vivid* description of the incident. 那位老人生动地描述了该事件。

outset [ˈautset] *n.* 开始，开端

【记】来自词组set out(出发)

【考】at/from the outset 开端，开始

【例】*From her outset* Ella did turn her attention to work. 埃拉的确从一开始就专心工作。

deserve [diˈzəːv] *vt.* 应受，值得

【记】联想记忆：de+serve(服务)→充分享受服务→应受，值得

【例】You get a higher wage this month, and you *deserve* it. 这个月你的薪水比较高，这是你应得的。

assignment [əˈsainmənt] *n.* 任务，指定的作业；分配，指派

【例】Some years ago I was offered a writing *assignment* that would require three months of travel through Europe. 几年前我得到过一个写作任务，这个任务需要我在欧洲旅行三个月。(2008.6)

principal [ˈprinsəpəl] *adj.* 最重要的，主要的 *n.* 负责人，校长；资本，本金；主要演员，主角

reproduce	grateful	convenience	vivid	outset	deserve
assignment	principal				

【记】词根记忆：prin(第一)+cip(取)+al(人，物)→校长享有第一取舍权→校长，负责人

【例】the *principal* points 要点 //the *principal* of a college 院长 // *principal* of a loan 贷款本金 //The *principal* remembers sitting with other teachers watching students file out of a graduation ceremony. 校长还记得他和其他老师坐在一起，看着学生们陆续退出毕业仪式。

enable [iˈneibəl] *vt.* 使能够，使可能

【记】词根记忆：en(使…)+able(能够的)→使能够

【例】Computers *enable* us to communicate with friends all over the world quickly and conveniently. 电脑让我们能够方便快捷地同全世界的朋友通讯联系。

refrigerator [riˈfridʒəreitə] *n.* 冰箱，冷藏库

【记】联想记忆：re(一再)+frig(冷)+era+or(物)→冰箱

keyboard [ˈkiːbɔːd] *n.* 键盘

【记】组合词：key(键)+board(板)→键盘

poison [ˈpɔizən] *n.* 毒，毒药 *vt.* 毒害

【记】联想记忆：毒害(poison)百姓，被送进监狱(prison)

【例】A small amount of lead paint can severely *poison* a child. 很少量的铅涂料都能严重地毒害小孩子。//The fact that my dog was killed by rat *poison* shocked me. 我的狗被老鼠药毒死了，这让我很震惊。

mill [mil] *n.* 磨坊，碾磨机；制造厂，工厂 *v.* 磨，碾

【例】a steel *mill* 钢厂 //All of the flours are *milled* using traditional methods. 所有的面粉都是用传统方法磨成的。

electrical [iˈlektrikəl] *adj.* 电的，电气科学的

【例】*electrical* equipment 电气设备

install [inˈstɔːl] *vt.* 安装，设置；使就职，任命

【记】词根记忆：in(进入)+stall(放)→放进去→安装，安置

【例】Security cameras have been *installed* in the city centre. 在市中心安装了安全监控照相机。//I never thought *installing* this software would be so complicated. 我没想到安装这个软件这么复杂。

output [ˈautput] *n.* 产量；输出，输出功率 *vt.* 输出(信息、数据等)

【记】来自词组put out (产生)

【例】It is reported that local manufacturing *output* has increased by 8%. 据报道，当地的制造业产出增加了8%。

ally [ˈælai] *v.* (使)结盟，(使)联合 *n.* 同盟国，同盟者；支持者

【记】联想记忆：all(全部)+y→把全部人都聚集在一起→(使)结盟

【例】a meeting of the European *allies* 欧洲同盟国间的一次会议

enable	refrigerator	keyboard	poison	mill	electrical
install	output	ally			

vocabulary [və'kæbjuləri] *n.* 词汇表，词汇，语汇

【记】联想记忆：voc(声音)+abul(看作able能够)+ary→能够发出声音朗读的→词汇

【例】Most technical jobs use a specialized *vocabulary*. 大多数技术类工作需用专业词汇。

athlete ['æθliːt] *n.* 运动员，体育家

【记】发音记忆："爱死你的"→运动员体格健美让人喜爱→运动员

honourable ['ɔnərəbəl] *adj.* 诚实的；光荣的，可敬的

【记】来自honour(*n.* 敬意；光荣)

【例】Antony is an *honourable* man and he's been working hard for his community all the time. 安东尼是个值得尊敬的人，他一直在为他的社区努力工作。

brass [brɑːs] *n.* 黄铜，黄铜器，铜管乐器

【记】联想记忆：敲击黄铜(brass)可发出低沉的声音(bass)

merely ['miəli] *adv.* 仅仅，只不过

【例】Bob said that he was *merely* taking a nap. 鲍勃说他只不过是打了个盹儿。

engage [in'geidʒ] *v.* 使从事于，聘用；吸引；占用(时间、精力等)；使订婚

【记】联想记忆：en(使…)+gage(挑战)→使从事于

【考】engage in 参加，从事于；engage sb. as 雇用某人作为…

【例】People *engage in* work to feed themselves. 人们从事工作来养活自己。

sphere [sfiə] *n.* 球，圆体；范围

【记】本身为词根：球

purple ['pəːpl] *n.* 紫色 *adj.* 紫的

【记】联想记忆：很多人(people)喜欢紫色(purple)

volcano [vɔl'keinəu] *n.* 火山

【记】联想记忆：vol(意志力)+can(会)+(n)o→火山爆发不以人的意志为转移→火山

词源：古罗马神话中火与锻冶之神Vulcan在地下，让烟从火山口冒出。volcano一词源于vulcan，在此之前，英语用flaming hell来表示"火山"。

【例】active *volcano* 活火山

decline [di'klain] *n.* 下降，减少；衰退 *v.* 下降，减少；衰退，衰落；谢绝，拒绝

vocabulary	athlete	honourable	brass	merely	engage
sphere	purple	volcano	decline		

【记】词根记忆：de(向下)+cline(倾斜)→向下倾斜→下降；衰落

【例】By 1932, when nearly one-quarter of the work force was unemployed, the divorce rate had *declined* by around 25% from 1929. 到1932年，当有将近四分之一的劳动者失业时，离婚率与1929年相比下降了25%左右。(2012.6)

【题】Last year, the crime rate in Chicago has sharply ______. (1997.6)

A) declined　B) lessened　C) descended　D) slipped

【解】选A。句意：去年，芝加哥的犯罪率急剧下降。lessen：减小，缩小；descend：下降(指物理位置)；slip：滑倒。

classic [ˈklæsik] *adj.* 最优秀的；典型的，标准的；传统式样的，典雅的 *n.* 文学名著，经典作品，杰作；优秀的典范；[*pl.*]古典文学，古典语文研究

【例】Some restaurants are modifying the recipes of British dishes to breathe new life into the *classics*. 一些餐馆正在调整英国菜的菜谱，为传统菜式增添新意。(2011.6)

stale [steil] *adj.* 不新鲜的；陈腐的，过时的

【记】联想记忆：s+tale(传说)→传说说多了就不新鲜了→陈腐的

【例】There was a smell of *stale* vegetables in the air. 空气中有腐烂蔬菜的味道。// Ivan's joke is *stale* and dull. 伊万的笑话陈腐乏味。

And gladly would learn, and gladly teach.
勤于学习的人才能乐于施教。

——英国诗人 乔叟(Chaucer, British poet)

Word List 29

词根、词缀预习表

agri	田地，农业	agriculture	*n.* 农业，农学
glor	光荣	glorious	*adj.* 光荣的；壮丽的
liber	自由的	liberate	*v.* 解放；释放
luxury	丰富；精美	luxury	*n.* 奢侈，奢侈品
sumpt	拿起	assumption	*n.* 担任，承担
volunt	自动	volunteer	*n.* 志愿者
volut	卷，滚	voluted	*adj.* 螺旋形的
-age	（名词后缀）集合名词总称；场所、费用；行为或其结果	marriage	*n.* 结婚，婚姻
-on	（名词后缀）人，物	patron	*n.* 资助人，赞助人

liberate [ˈlibəreit] *vt.* 解放，释放

【例】They try to *liberate* people from poverty. 他们设法让人们摆脱贫困。

standpoint [ˈstændpɔint] *n.* 立场，观点

【记】组合词：stand（站立）+point（观点）→立场，观点

activity [ækˈtiviti] *n.* 活动，活力，行动

【例】Strength training is another important component of physical *activity*. 力量训练是体育活动的另一个重要组成部分。（2013. 6）

volt [vəult] *n.* 伏特，伏

【记】发音记忆："伏特"

【例】Nick removed a medium sized, 20 *volt* battery. 尼克拿掉了一个20伏特的中号电池。

arrange [əˈreindʒ] *v.* 安排，准备；整理

【记】词根记忆：ar（加强）+range（排列）→有顺序地排列→安排

【例】Would you like to *arrange* for a personal interview? 你愿意安排一次私人采访吗？

□ liberate □ standpoint □ activity □ volt □ arrange

canal [kəˈnæl] *n.* 运河，沟渠；管

【记】发音记忆：“可难哦”→古代劳动人民靠双手开挖运河好困难→运河；参考：the Panama Canal 巴拿马运河

【例】The *canals* have been used to water the land. 这些运河已经被用来灌溉土地了。

device [diˈvais] *n.* 器械，装置；设计；手段，策略

【记】词根记忆：de+vice(代替)→器械代替人力→装置，器械

【考】leave to one's own devices 听任…自便，让…自行发展

【例】Their proposal was only a *device* to confuse the opposition. 他们的提议只不过是迷惑对手的伎俩罢了。//Third, digital recording *devices* allow audience members more control over which commercials they watch. 第三，数字录制设备使观众对于看什么样的商业广告更有控制权。(2008.6)

voltage [ˈvəultidʒ] *n.* 电压

【记】来自volt(伏特，电压单位)+age(总称)→电压

【例】The *voltage* made Mary's hair shoot straight out. 电压使得玛丽的头发立了起来。

angle [ˈæŋgl] *n.* 角，角度；观点，立场 *vt.* 谋取；把…放置成一角度；使(新闻、报道等)带上倾向性

【记】联想记忆：爱的天使(angel)丘比特射箭的角度(angle)不能偏

【考】angle for (通过各种方式)打听；获取

【例】I didn't want him to think I was just *angling for* sympathy. 我可不想让他认为我只是为了博取同情。

volume [ˈvɔljuːm] *n.* 卷，册，书卷；容积，体积；响度

【记】联想记忆：volu(看作volut卷)+me→卷

【例】Turn down the *volume* because the music is too loud. 音乐声太吵了，把音量关小点。

voluntary [ˈvɔləntəri] *adj.* 自愿的，志愿的

【记】词根记忆：volunt(自动)+ary(…的)→自己选择的→自愿的

【例】a *voluntary* organization providing help for the elderly 一个为老年人提供帮助的志愿组织

rhythm [ˈriðəm] *n.* 韵律，节奏

【记】联想记忆：音乐好听的理由(reason)是因为有节奏(rhythm)

bore [bɔː] *vt.* 使厌烦；钻，挖 *n.* 令人讨厌的人(或事)

【例】Susan was *bored* with her idle life at home. 苏珊已经厌倦了待在家里的懒散生活。

marriage [ˈmæridʒ] *n.* 结婚，婚姻，婚礼

【记】词根记忆：marri=marry(结婚)+age(表行为)→结婚

bet [bet] *v.* 打赌；敢说，确信 *n.* 打赌；赌金，赌注

【例】I'll *bet* what you said would make her mad! 我敢说你的话一定会让她恼火。//When you lose this *bet*, you'll owe me a thousand. 如果你打赌输了，就会欠我1000块钱。

spade [speid] *n.* 铲，铁锹

【记】联想记忆：sp+ade(看作blade刀刃)→铲子的边缘如刀刃一般锋利→铲

【例】We need a *spade* if we're going to dig a pit. 要挖坑的话，我们需要一把铁锹。

official [əˈfiʃəl] *adj.* 官员的，官方的，正式的 *n.* 官员，行政人员，高级人员

【记】来自office(*n.* 政府机关，部)

【例】an *official* representative 一个官方代表 //government *officials* 政府官员//"They are looking forward to the clean water of their rivers," *officials* say. 官员们说："他们期盼着清澈的河水。"(2007.6)

beast [biːst] *n.* 兽，野兽，牲畜；凶残的人，令人厌憎的人

drum [drʌm] *n.* 鼓，鼓状物；圆桶 *v.* 有节奏地敲击

【记】发音记忆："壮"→他壮得腰和圆桶似的→圆桶

【考】drum up 征集；drum on 敲打

【例】The organization is using the event to *drum up* business. 该组织借机招揽生意。

crash [kræʃ] *v.* 碰撞，坠落；发出撞击声；垮台，破产；冲，闯 *n.* 碰撞；破裂声

【记】象声词：破裂声→碰撞

【例】The jet *crashed* after take-off. 喷气飞机起飞后便坠毁了。//a *crash* of thunder 隆隆的雷声//Early models often failed to withstand *crashes*. 早期的模型通常无法承受碰撞。(2010.6)

rhythm	bore	marriage	bet	spade	official
beast	drum	crash			

boot [buːt] *n.* 靴子，长筒靴；（汽车后部的）行李箱；[the~] 解雇

【记】联想记忆：足（foot）蹬长靴（boot）

【例】The chairman denied that he had been given the *boot*. 主席否认自己被解雇了。

charm [tʃɑːm] *n.* 迷人的特性，魅力；符咒，咒文 *vt.* 吸引，迷住

【记】联想记忆：char（音似：茶）+m（看作man）→被男士约出去喝茶，因为很有魅力

【例】Peter fell victim to her *charms* finally. 彼得最终拜倒在她的石榴裙下。//a story that has *charmed* generations of children 一个吸引了数代儿童的故事

literature [ˈlitərətʃə] *n.* 文学，文学作品，文献，图书资料

【记】词根记忆：liter（文字）+ature（表状态）→文学，文学作品

handbag [ˈhændbæg] *n.* （女用）手提包

【记】组合词：hand（手）+bag（包）→手提包

volunteer [ˌvɔlənˈtiə] *n.* 志愿者；志愿兵 *v.* 自愿（做）；自愿提供；志愿

【例】John *volunteered* his time to help organize the party. 约翰自愿抽出时间帮助组织晚会。

oval [ˈəuvəl] *n.* 椭圆形 *adj.* 椭圆形的

【记】联想记忆：o（音似：喔）+val（音似：哇哦）→发哇哦这些声音，嘴都张成椭圆形

glorious [ˈglɔːriəs] *adj.* 光荣的；壮丽的；令人愉快的

【记】发音记忆："可劳累死"→光荣的桂冠来之不易→光荣的

【例】a *glorious* achievement 辉煌的成就 //a *glorious* holiday 一个令人愉快的假日 //The film won the prize because it looked back at the nation's *glorious* past. 这部电影回顾了这个国家辉煌的过去并因此获奖。

inspire [inˈspaiə] *vt.* 鼓舞；给…以灵感

【记】词根记忆：in（使…）+spir（呼吸）+e→使…呼吸澎湃→激发，鼓舞；联想记忆：电影《勇敢的心》中谈到"His courage inspired a country; his heart defied a king."

【考】inspire sb. with sth. / inspire sth. in sb. 激起某人的…，使某人产生…

【题】The leader of the expedition ______ everyone to follow his example.（2002.6）

A）promoted B）reinforced C）sparked D）inspired

【解】选D。inspire sb. to do：鼓励某人做某事。句意：探险队的头儿鼓励每一个人都向他学习。promote：提升，提拔；reinforce：增强，加强，增援；spark：发出火花，散出火星。

protection [prəˈtekʃən] *n.* 保护，防护

【记】词根记忆：pro（预先）+tect（盖上）+ion→提前盖上→保护，防护

【例】The law provides *protection* for threatened animals and plants. 这项法律为濒危动植物提供了保护。

argue [ˈɑːgjuː] *v.* 争论，争辩，辩论；（坚决）主张；说服

【记】发音记忆："阿Q"→阿Q喜欢和人争论

【例】When you can't cure a disaster by argument, what is the use to *argue*? 如果争论不能消除一场灾难，那争论还有什么用呢？// Croft *argued* that a date should be set for the withdrawal of troops. 克罗夫特主张应该设定撤军日期。

cop [kɔp] *n.* 警察

given [ˈgiv(ə)n] *adj.* 规定的，特定的；假设的，已知的；有癖好的，有倾向的 *prep.* 考虑到

【考】given to 倾向…，惯于…；be given to doing sth. 喜爱做某事

【例】My brother *is given to* lavish spending. 我的弟弟喜欢乱花钱。

chapter [ˈtʃæptə] *n.* 章，回，篇

likely [ˈlaikli] *adj.* 可能的；适合的 *adv.* 可能

【例】"Retailers who're responsive and friendly are more *likely* to smooth over issues than those who aren't so friendly," said Professor Stephen Hoch. "比起那些态度不和善的零售商，反应积极和态度友好的零售商更可能平息事态，"斯蒂芬·霍克教授说。（2008.12）

【辨】likely, probably, possibly

likely为普通用语，指客观上的，一般是好的、把握较大的可能；probably指十有八九；possibly指十有二三。

omit [əuˈmit] *vt.* 省略，遗漏

【记】联想记忆：om（音似："呕"）+it（它）→把它呕出去→省略

【题1】I hope that you'll be more careful in typing the letter. Don't ______ anything.（1999.1）

A）lack B）withdraw C）omit D）leak

【解】选C。lack：缺乏，没有；withdraw：收回；撤退；leak：漏(水)，泄漏(消息等)。

【题2】You would be ______ a risk to let your child go to school by himself. (2002.6)

A) omitting　B) attaching　C) affording　D) running

【解】选D。run a risk to do：冒险做…。omit：省略，疏忽，遗漏；attach：附上，使附属；afford：负担得起。

adequate [ˈædikwit] *adj.* 足够的；可以胜任的

【记】词根记忆：ad(加强)+equ(平等)+ate(…的)→比平等多的→足够的

【例】It's no easy job to provide an *adequate* explanation. 要给出一个充分的解释不是件容易的事情。

departure [diˈpɑːtʃə] *n.* 离开，起程，出发；背离，违反

【例】Their new designs represent a *departure* from their usual style. 他们的新设计与以往的风格不同。

according [əˈkɔːdiŋ] *adv.* 依照

【考】according to 据…所说，按…所载；根据，按照

【例】*According to* American law, if someone is accused of a crime, he is considered innocent until the court proves the person is guilty. 根据美国的法律，如果某个人被指控犯罪，在法庭证明他有罪之前，他会被认为是清白的。(2014. 6)

shift [ʃift] *v.* 移动，转移；改变，转变 *n.* 转换，转变；(轮换)班

【记】联想记忆：电脑键盘上的shift键

【例】The beggar stopped, *shifting* his stick to his left hand. 乞丐停下来，把手杖换到左手。//a *shift* in the wind 风向转变//We need to train ourselves to think differently, *shift* our mindsets and realize that diversity opens doors for all of us, creating opportunities in organizations and communities. 我们需要训练自己从不同角度思考，转变我们的思维方式，还要意识到多元化向我们所有人敞开大门，并在组织和团体中创造机会。(2009.6)

sophisticated [səˈfistikeitid] *adj.* 老于世故的；高级的；精密的，复杂的；高雅的

【记】联想记忆：sophist(诡辩家)+icated→诡辩家都是老于世故的

【例】I mean you're beautiful, smart and *sophisticated*. 我是说你漂亮、聪明、又老练。

damp [dæmp] *adj.* 潮湿的，微湿的 *n.* 潮湿，湿气 *v.* 使潮湿；使沮丧；抑制

【记】联想记忆：dam(水坝)+p→水坝上很潮湿

【考】damp down 减弱，抑制

【例】Andrew knew how to *damp* the flaming fire *down*. 安德鲁知道怎样减弱熊熊燃烧的火焰。

fry [frai] *vt.* 油煎，油炸，油炒

【记】联想记忆：油炸(fry)产生的烟熏得她直流泪(cry)

【例】*fried* chicken 炸鸡

extension [ikˈstenʃən] *n.* 延长部分，伸展；电话分机，分机号码

【例】the *extension* of our foreign trade 我们对外贸易的扩大//My home life is gradually becoming an *extension* of my job. 我的家庭生活逐渐变成了工作的延伸。

instruction [inˈstrʌkʃən] *n.* [常*pl.*]命令，指示，用法说明；教学，教导

【例】It grants degrees entirely on the basis of online *instruction*. 它完全基于网上教学而授予学位。(2007.12)

assumption [əˈsʌmpʃən] *n.* 假定，臆断；担任，承担

【例】Dale's *assumptions* are another example of the well-intentioned but incorrect thinking that limits an organization's ability to tap into the full potential of a diverse workforce. 戴尔的设想是出于好意却未能正确思考的另一个例子，而这限制了一个组织充分发掘多元化团队中不同员工潜力的能力。(2009.6)

potential [pəˈtenʃəl] *adj.* 潜在的，可能的 *n.* 潜力，潜能

【记】词根记忆：po+tent(伸展)+ial→无限伸展的潜能→潜能

【例】*potential* danger 潜在的危险//If you tell your dim friend that he has the *potential* of an Einstein, you're just underlining his faults. 如果你告诉一个比较迟钝的朋友说他有成为爱因斯坦的潜质，你其实是在强调他的缺点。(2010.6)

permanent [ˈpəːmənənt] *adj.* 永久(性)的；固定的

【记】词根记忆：per(自始至终)+man(手)+ent(具…性质的)→人类的劳动创造了世界→永久(性)的(真理)

【例】Everyone here wants to get a *permanent* job. 这儿的每个人都希望得到一份长久的工作。

quit [kwit] *vt.* 停止，放弃；离开，辞(职)

【记】发音记忆："愧的"→因愧疚而辞职；联想记忆：我是不是该安静(quiet)地离开(quit)，还是该勇敢留下来

【例】Mark wants to *quit* his job in the chemistry lab. 马克想辞去他在化学实验室的工作。

region ［ˈriːdʒən］*n.* 地区，地带，区域；范围，幅度

【记】词根记忆：reg（统治）+ion→统治的区域

【考】in the region of 在…左右，接近

【例】Each city *in the region of* this mountain will pay taxes for public transportation. 这一山脉附近的每个城市都得缴纳公共交通税。

overseas ［ˌəuvəˈsiːz］*adv.* 在海外 *adj.* 在海外的

【记】组合词：over+seas（海）→在海外

【例】Most people prefer to adopt children from *overseas*. 大部分人更喜欢从海外领养孩子。（2007.12）

vote ［vəut］*n./v.* 票，选票；选举，投票，表决；表决结果，投票总数

【记】联想记忆：笔记（note）记录了投票（vote）结果

【例】They hope the club will *vote* to help the children. 他们希望俱乐部会投票赞成帮助儿童。

furnace ［ˈfəːnis］*n.* 炉子，熔炉，鼓风炉

【记】联想记忆：fur（毛皮）+nace→坐在火炉旁边就像披着温暖的毛皮→炉子

wagon ［ˈwægən］*n.* 四轮马车，大篷车；铁路货车，客货两用车

agriculture ［ˈægrikʌltʃə］*n.* 农业，农学

【记】词根记忆：agri（田地，农业）+cult（耕种，培养）+ure（表状态）→农业，农学

oven ［ˈʌvn］*n.* 炉，烤箱

【记】发音记忆："爱闻"→爱闻烤箱里的香味

waist ［weist］*n.* 腰，腰部

【例】My mother tied an apron around her *waist*. 我妈将围裙系在腰间。

editor ［ˈeditə］*n.* 编辑，编者，校订者

【记】来自edit（*v.* 编辑）

republican ［riˈpʌblikən］*adj.* 共和政体的；［R-］共和党的 *n.* ［R-］共和党人

【记】来自republic（*n.* 共和国，共和政体）

factor ［ˈfæktə］*n.* 因素，因子；系数

【记】联想记忆：fact（事实，论据）+or→重要论据→要素，因素

【例】Labor is one *factor* of production. 劳动是生产的一个要素。// One *factor* that can influence consumers is their mood state. 影响消费者的一个因素是他们的心情状态。（2007.12）

hint [hint] *n.* 暗示，示意；细微的迹象；[常*pl.*]建议 *v.* 暗示

【记】联想记忆：打(hit)在门(n)上有一些细微的迹象(hint)

【例】The expression on his face gives us a *hint* of bad things to come. 他脸上的表情暗示我们会有不好的事情发生。

【辨】**hint, imply, suggest**

hint指以间接的方式表明，为有意的暗示；imply强调言外之意；suggest含义较广，指事物的表征令人联想。

waken [ˈweikən] *v.* 醒来，弄醒

【记】来自wake(*v.* 唤醒)

【例】The noise *wakened* me. 噪音把我吵醒了。

plunge [plʌndʒ] *n./v.* (使)纵身投入，(使)猛冲，(使)猛跌

【考】take the plunge (经过踌躇)决定冒险一试，决定性步骤；plunge into 纵身跳入；plunge down 冲下

【题】In 1914, an apparently insignificant event in a remote part of Eastern Europe ______ Europe into a great war. (1998.6)

A) inserted B) imposed C) pitched D) plunged

【解】选D。句意：1914年，发生在东欧一个偏僻地区的一件很不起眼的事件使整个欧洲陷入了一场大战。insert(into)：插入；impose (on)：把…强加于；pitch：投掷，扔。

applicable [əˈplikəbəl] *adj.* 能应用的；合适的，适当的

【记】联想记忆：appli(看作apply运用)+cable(…的)→能运用的

【例】These signs are *applicable* only on broad roads. 这些标记只在宽阔的道路上适用。

wander [ˈwɔndə] *vi.* 漫游，闲逛，漫步；偏离正道；走神，(神志)恍惚

【记】联想记忆：徘徊(wander)在十字路口，想知道(wonder)如何选择

【例】I love *wandering* around second-hand bookshops. 我喜欢逛二手书店。

luxury [ˈlʌkʃəri] *n.* 奢侈，奢侈品

【记】词根记忆：luxur(丰富，精美)+y→奢侈品

【题】In this poor country, survival is still the leading industry; all else is ______. (1998.1)

A) luxury B) accommodation

C) entertainment D) refreshment

【解】选A。accommodation：住宿，膳宿；entertainment：娱乐，娱乐表演；refreshment：点心，饮料，精力恢复。

loosen [ˈluːsən] *vt.* 解开，放松，松弛

【例】The government has *loosened* its hold on the media considerably. 政府很大程度上放松了对媒体的控制。//One of the screws had *loosened* a bit and it's too dangerous. 其中一个螺丝钉有点松了，太危险了。

readily [ˈredili] *adv.* 乐意地，欣然地；容易地；很快地，立即

【记】词根记忆：read(y)(有准备的，情愿的)+ily→乐意地

【例】The young man *readily* agreed to help. 小伙子很乐意帮忙。

devil [ˈdevəl] *n.* 魔鬼，恶魔；家伙，人

【记】联想记忆：把devil反过来拼写就是lived(有生命的)→魔鬼不正是把生命颠倒过来的家伙吗→魔鬼；参考：evil(*adj.* 邪恶的)

border [ˈbɔːdə] *n.* 边，边缘，边界 *v.* 给…加上边，围；邻接；与…接壤

【记】联想记忆：b+order(命令)→听从命令不许出边界

【例】*Bordering* the castle is a natural forest. 与城堡毗邻的是一片天然森林。

【辨】**border, margin, edge, interval**

border指边界，国界；margin是指页边的空白；edge表示边缘；interval意为间隔，距离。

warmth [wɔːmθ] *n.* 暖和，温暖；热烈，热情，热心

【记】来自warm(*adj.* 温暖的)

【例】John was touched by the *warmth* of their welcome. 他们的热烈欢迎令约翰感动。

creative [kriːˈeitiv] *adj.* 创造性的，创作的

【例】a *creative* solution to the problem 该问题创造性的解决办法//The distinction is between the *creative* mind and the critical mind. 区别在于创造性思维与批判性思维。(2007.6)

waterproof [ˈwɔːtəpruːf] *adj.* 不透水的，防水的

【记】组合词：water(水)+proof(防…的)→防水的

【例】The watch is *waterproof*. 这块手表是防水的。

loosen	readily	devil	border	warmth	creative
waterproof					

cargo [ˈkɑːgəu] *n.* 船货，货物

【记】联想记忆：car(汽车)+go(走)→载在汽车上被运走的东西→货物

【例】Yesterday, a *cargo* plane crashed into the residential area and caused a great fire. 昨天，一架货运飞机撞入居民区，引起了一场大火。

complaint [kəmˈpleint] *n.* 抱怨，怨言，控告

【例】Sam said nothing and made no *complaint*. 萨姆什么都没说，也不作任何抱怨。

My fellow Americans, ask not what your country can do for you, ask what you can do for your country. My fellow citizens of the world: ask not what American will do for you, but what together we can do for the freedom of man.

美国同胞们，不要问国家能为你们做些什么，而要问你们能为国家做些什么。全世界的公民们，不要问美国将为你们做些什么，而要问我们共同能为人类的自由做些什么。

——美国总统 肯尼迪(John Kennedy, American president)

Word List 30

词根、词缀预习表

per-	贯穿，自始至终；假，坏	persist *vi.* 坚持
ess	存在	essence *n.* 本质，实质
flam	火	flame *n.* 火焰，光辉
gress	行走	progressive *adj.* 前进的，进步的
simil, simul, sembl	类似，一样	resemble *vt.* 像，类似
sist	站立	persist *vi.* 坚持，持续
viv, vit, vig	生命	vital *adj.* 生命的，有生命力的
-ible	（形容词后缀）可…的，能…的，易…的	horrible *adj.* 令人恐惧的，可怕的

explosion [ikˈspləuʒən] *n.* 爆炸，爆发，炸裂；激增，扩大

【记】来自explode（*v.* 爆炸）

【例】Several people were injured in a bomb *explosion*. 在炸弹爆炸中有很多人受伤。

economical [ˌiːkəˈnɔmikəl] *adj.* 节约的；经济学的

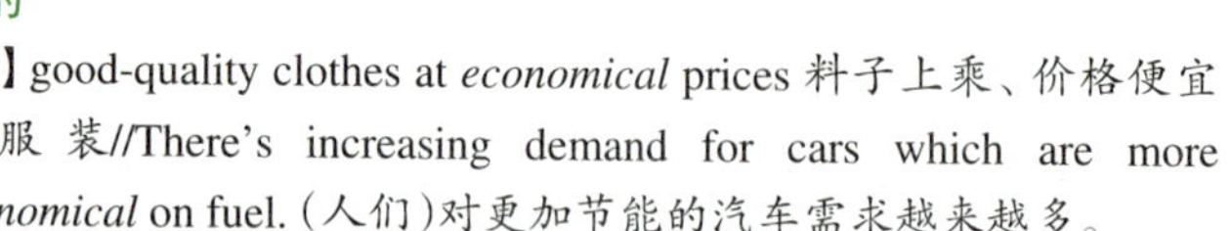

【例】good-quality clothes at *economical* prices 料子上乘、价格便宜的服装//There's increasing demand for cars which are more *economical* on fuel.（人们）对更加节能的汽车需求越来越多。

progressive [prəˈgresiv] *adj.* 前进的；渐进的；（动词）进行式的

【记】词根记忆：pro（向前，在前）+gress（行走）+ive（…性质的）→向前走的→前进的

【例】There is often a *progressive* loss of sight in old age. 上年纪的人视力会逐渐下降。

residence [ˈrezidəns] *n.* 住处，住宅；居住，(合法)居住资格

【记】来自resident(*n.* 居民)

【例】Researchers also observed problems resulting from pairing interracial students in *residences*. 研究者也注意到了宿舍里住不同种族的学生所引起的问题。(2011.6)

resemble [riˈzembəl] *vt.* 像，类似于

【记】词根记忆：re+sembl(类似)+e→类似于

【例】Children usually *resemble* their parents. 孩子们通常长得像父母。

perception [pəˈsepʃən] *n.* 感知(能力)，觉察(力)；认识，观念，看法

【记】来自perceive(*v.* 感知，觉察)

【例】visual *perception* 视觉的感知力 //children's *perceptions* of the world 孩子们对世界的认识//There are a lot of existing *perceptions* about British food and so we can't alter these too much. 对于英国食物有许多固有的看法，所以我们无法改变太多。(2011.6)

annoy [əˈnɔi] *vt.* 使恼怒；打搅

【记】联想记忆：an(一个)+no+y(看作yes)→求婚的时候，一个no或yes使男人们或苦恼或狂喜→使恼怒

【例】His crude behavior *annoyed* her. 他粗鲁的言行惹恼了她。

whichever [witʃˈevə] *adj./pron.* 无论哪个，无论哪些

【例】*Whichever* way you look at it, things are pretty bad. 无论你从哪方面看，情况都非常糟糕。

whereas [wɛərˈæz] *conj.* 然而，但是，尽管

【例】The old system was fairly complicated *whereas* the new system is really very simple. 旧的体系相当复杂，而新的却非常简单。

rob [rɔb] *vt.* 抢劫，盗劫

【考】rob of (非法)剥夺，使丧失；rob sb./somewhere of sth. 从某人/某地抢走某物

【例】I have been *robbed of* my opportunity to show my love for him. 我失去了向他示爱的机会。

recommend [ˌrekəˈmend] *vt.* 推荐，举荐；劝告，建议；使受欢迎

【记】词根记忆：re(一再)+com(共同)+mend(修)→这本书是大家一修再修的成果，强力推荐→推荐

【例】I will *recommend* you to a friend. 我要把你介绍给一个朋友。

residence	resemble	perception	annoy	whichever	whereas
rob	recommend				

pitch [pitʃ] *n.* (板球、足球等的)球场；程度，强度；高度，高音；沥青 *v.* 投掷，使猛然倒下；表达；把…定于特定程度(或标准等)；定调；架设，搭(帐篷)，(扎)营；(船、飞机)颠簸

【考】pitch in 协力，作出贡献

【例】One by one, the kids start to *pitch in*, sifting their way through the wreckage. 孩子们一个接着一个，开始协力在灾难中寻找生路。

perform [pəˈfɔːm] *vt.* 做，履行，完成；表演，演出

【记】词根记忆：per(每)+form(形式)→表演是将各种艺术形式综合起来→表演

【例】Both sides must *perform* their contractual obligations. 双方都必须履行合同规定的义务。//*perform* a play 演一出戏//The research argued that boys often *perform* badly in mixed schools because they become discouraged when their female peers do better earlier in speaking and reading skills. 该研究称，男孩在混合学校经常表现较差，因为他们的女同学在语言表达和阅读方面的优势会较早显现，这让他们备受打击。(2011.12)

connect [kəˈnekt] *vt.* 连接，结合，联系；给…接通电话

【记】词根记忆：con+nect(连接)→连接

【例】*Connect* the speakers to the CD player. 把音箱接在CD播放机上。//The operator *connected* me to the wrong person again. 接线员又把我的电话接错了。

【辨】connect, join, combine, unite, associate

connect强调两者某点上的联系；join指原来无关的事物的结合；combine指两物结合，个体存在；unite指两物合二为一，个体消失；associate指连接及(事务上的)联系。

pilot [ˈpailət] *n.* 引航员；飞行员 *vt.* 驾驶(飞机等)；为(船舶等)引航；试验，试用 *adj.* 实验性的，试点的

【记】发音记忆："派了他"→派了他去引航

【例】The factory director *piloted* us through the large factory. 厂长领我们参观了这个大工厂。//a *pilot* project 试点项目//The tragic accident was caused by a *pilot*'s slight error. 这起悲惨的事故是由飞行员的小错误造成的。

vital [ˈvaitl] *adj.* 生死攸关的，极其重要的；生命的，有生命力的

【记】词根记忆：vit(生命)+al→事关生命的→生死攸关的

【例】The commercial secrecy is *vital* for companies. 商业机密对公司来说极为重要。

scold [skəuld] *v.* 责骂；申斥

【记】联想记忆：s+cold（冷）→语气冰冷→责骂，训斥

【例】You must promise not to *scold* me any more. 你必须答应不再训斥我。

【辨】**scold, blame**

scold指责骂，训斥；blame强调把责任归咎于某人。

intense [in'tens] *adj.* 强烈的；紧张的；认真的；热情的

【记】词根记忆：in+tense（紧张）→紧张的

【题】The music aroused an ______ feeling of homesickness in him.（2003.1）

A) intentional B) intermittent C) intense D) intrinsic

【解】选C。have an intense feeling：有一种强烈的感觉。intentional：有意图的，故意的；intermittent：间歇的，断断续续的；intrinsic：内在的，本质的。

horrible ['hɔrəbəl] *adj.* 令人恐惧的，可怕的，骇人听闻的；极讨厌的，使人不愉快的，糟透的

【例】a *horrible* accident 可怕的事故 //a *horrible* experience 一次不愉快的经历//When he saw the picture he realized that he had made a *horrible* mistake. 当他看到这幅画的时候，他意识到自己犯了一个可怕的错误。

edition [i'diʃən] *n.* 版，版本，版次

【记】来自edit（*v.* 编辑）

【题】The author was required to submit an ______ of about 200 words together with his research paper.（2003.12）

A) edition B) editorial C) article D) abstract

【解】选D。submit an abstract：提交一份摘要。edition：版本；editorial：社论；article：文章。根据together with可得要提交的东西一定与research paper有关。

speculate ['spekjuleit] *v.* 推测，推断；投机，做投机买卖

【例】It wasn't worth *speculating* about possible reasons. 不值得推测其可能的原因。//Gary made his money *speculating* on the New York Stock Exchange. 加里把他的钱投入到纽约股市。//We are all *speculating* about the identity of the stranger. 我们都在猜测那个陌生人的身份。

mechanism [ˈmekənizəm] *n.* 机械装置；机制，机理；办法，途径

dumb [dʌm] *adj.* 哑的，无言的；（因惊恐等）说不出话的

【记】发音记忆："当"→羞愧难当，哑口无言

【例】Mary was struck *dumb* with terror. 玛丽吓得呆住了。

handwriting [ˈhændˌraitiŋ] *n.* 笔迹，手迹，书法

【记】组合词：hand（手）+writing（书写）→手迹

educate [ˈedjukeit] *vt.* 教育，培养，训练

【例】What we're trying to do is *educate* young people to be responsible citizens. 我们致力于教育年轻人使他们成为有责任感的公民。//Overall, it was a group of well-*educated* middle-class families, with married parents both living in the home. 总之，这是一组受过良好教育的中产家庭，已婚的父母都住在家中。（2009.12）

landlord [ˈlændlɔːd] *n.* 地主，房东，店主

【记】组合词：land（土地）+lord（地主）→地主

glove [glʌv] *n.* 手套

【记】联想记忆：g+love（喜欢）→MM如果喜欢GG就给他织手套

scope [skəup] *n.* （活动、影响等的）范围；（发挥能力等的）余地，机会

【记】联想记忆：s+cope（对付，处理）→人处理的事情多了，眼界自然就会开阔→范围，（发挥能力等的）余地

【题】He is looking for a job that will give him greater ______ for career development.（2003.9）

A）insight　B）scope　C）momentum　D）phase

【解】选B。句意：他在寻找一份能为他的事业提供更大发展空间的工作。insight：见解，洞察力；momentum：动量，势头；phase：阶段，时期。

recovery [riˈkʌvəri] *n.* 恢复，痊愈；追回，寻回，收复

【例】The doctors say Lori has no chance of *recovery*. 医生说洛丽不可能康复了。

weaken [ˈwiːkən] *v.* 削弱，变弱

【例】We never *weaken* our efforts in face of difficulties. 我们在困难面前从不松劲。//In the long run, the Depression *weakened* American families, and the current crisis will probably do the same. 从长远来

mechanism	dumb	handwriting	educate	landlord	glove
scope	recovery	weaken			

说，经济大萧条削弱了美国家庭，现在的经济危机也可能将会如此。(2012.6)

refusal [riˈfjuːzəl] *n.* 拒绝

【记】来自refuse(*v.* 拒绝)

【例】Rita's *refusal* of a scholarship to Oxford made everyone surprised. 丽塔拒绝了牛津大学的奖学金，这让每个人都很吃惊。

wealth [welθ] *n.* 财富，财产；丰富

【记】联想记忆：健康(health)是最大的财富(wealth)

【例】It was a period of *wealth* and prosperity. 那是一段富有而繁荣的时期。

overall [ˈəuvərɔːl] *adj.* 全面的，总体的，全部的

【记】组合词：over(从头到尾)+all(所有的)→全部的

【题】The ______ goal of the book is to help bridge the gap between research and teaching, particularly between researchers and teachers. (2002.6)

A) intensive　B) concise　C) joint　D) overall

【解】选D。句意：这本书的总体目标就是要弥合研究与教学之间的差别，特别是研究者和教师之间的差别。intensive：集中的，密集的；concise：精练的，简明的；joint：接合的，联合的。

reputation [ˌrepjuˈteiʃən] *n.* 名誉，名气，名声

【记】词根记忆：re(重新)+put(想)+ation(表状态)→反复想想，名气只是过眼烟云→名气，名声

【考】gain a reputation as sth. 得到…的盛名

【例】The stories ruined this professor's *reputation*. 这些事让这位教授名声扫地。//Apparently the boy had a longstanding *reputation* for bad behaviour. 很显然，这名男孩因为他的恶劣行径早已臭名远扬了。(2008.12)

ending [ˈendiŋ] *n.* 结尾，结局；死亡

spill [spil] *v.* (使)溢出，(使)洒落 *n.* 溢出

【记】联想记忆：s+pill(药丸)→药丸洒了一地

【例】Don't jog me, or you'll make me *spill* the milk. 别碰我，不然我就把牛奶弄洒了。

character [ˈkæriktə] *n.* 性格，特性；性质；人物，角色；符号，(汉)字

【记】联想记忆：char+acter(看作actor演员)→演员刻画人物性格惟妙惟肖

【考】in character (与自身特性)相符；out of character (与自身特性)不相符

□ refusal □ wealth □ overall □ reputation □ ending □ spill □ character

【例】John's politeness wasn't *in character* because he used to be rude. 约翰的礼貌跟他的性格不符，因为他以前举止粗鲁。

notify [ˈnəutifai] *vt.* 通知，告知，报告

【记】词根记忆：not(标识)+ify(使…)→做出标识，使…知道→通知，报告

【例】The passengers will be *notified* immediately if the plane is late. 飞机如果晚点就会立即通知乘客。

pollute [pəˈluːt] *vt.* 弄脏，污染；腐蚀

【例】The rivers had been *polluted* with aluminium. 这些河流已经受到铝的污染。

persist [pəˈsist] *vi.* 坚持，持续

【记】词根记忆：per(始终)+sist(坐)→始终坐着→坚持，继续

【考】persist in 坚持不懈，执意；persist for 持续

【例】If you *persist in* indifference, do not make me your confidante. 如果你坚持这么冷漠，就别让我做你的好朋友。

principle [ˈprinsəpl] *n.* 原则，原理，道义；基本信念，信条

【记】词根记忆：prin(第一)+cip(取)+le→须第一位选取的→原则，原理，主义

【例】the *principles* of political economy 政治经济学原理//There may be some matters of life and death or highest *principle*, which might justify such a risk, but there aren't many things that fall in this category. 可能有一些关乎生死或者最高原则的事情使得这样的冒险行为变得正当合法，但这样的事情毕竟不多。(2011.12)

peak [piːk] *n.* 山顶，顶点，顶峰 *adj.* 最大值的，高峰的 *vi.* 达到高峰，达到最大值

【记】发音记忆："匹克"→奥林匹克精神之一就是挑战极限，达到高峰

【例】Traffic reaches its *peak* between 8 and 9 in the morning and between 5 and 6 in the evening. 交通早高峰在早上8点至9点之间，晚高峰在晚上5点至6点之间。

margin [ˈmɑːdʒin] *n.* 页边空白；差数，差额；余地；边缘

【题】You shouldn't have written in the ______ since the book belongs to the library. (2003.6)

A) interval　　B) border　　C) margin　　D) edge

【解】选C。interval：间隔，距离；border：边界，国界；edge：刀口，边缘。

regarding [riˈgɑːdiŋ] *prep.* 关于

【记】来自regard（*v.* 关心）

【例】I have read one of your articles *regarding* the girl. 我读过你写的关于这位姑娘的一篇文章。

repetition [ˌrepəˈtiʃən] *n.* 重复，反复

【例】I'm sure that continuous practice and *repetition* will help him win the game. 我相信不断的练习和重复会帮助他赢得比赛。

spectacular [spekˈtækjulə] *adj.* 壮观的，引人注目的 *n.* 壮观的演出，惊人之举

【例】*spectacular* views of Rocky Mountain 落基山的壮丽景色//You would not see this *spectacular* sight if you went home yesterday. 如果昨天你回家了就看不到这样壮观的景象了。

humour [ˈhjuːmə] *n.* 幽默，诙谐，幽默感

【记】发音记忆："幽默"

词源 humour原系拉丁文，意为"体液"。人体内有四种体液，其比例决定人的性格气质。16世纪引申出"情绪"、"心境"等义，18世纪出现如今常用的词义"幽默"、"诙谐"。

achievement [əˈtʃiːvmənt] *n.* 完成；成就，成绩

【记】来自achieve（完成）+ment（表行为）→完成

【例】sense of *achievement* 成就感//We treat them as objects whose appearance and *achievements* are something we can be proud of, rather than serve the best interests of the children. 我们把孩子当作物品，他们的外表和成就能让我们自豪，但我们没有从他们的切身利益出发。（2008.12）

salad [ˈsæləd] *n.* 色拉，凉拌菜

【记】发音记忆："色拉"

fare [fɛə] *n.* 车费，船费，票价 *vi.* 进展

【记】联想记忆：若愿与我同行，我不在乎（care）船费（fare）

【例】Air *fares* have shot up by 20%. 机票价格上涨了百分之二十。//How did you *fare* in the examination? 你考得如何？

flame [fleim] *n.* 火焰，光辉；热情

【记】词根记忆：flam（火）+e→火焰

【例】The factory was in *flames*. 工厂失火了。

regarding	repetition	spectacular	humour	achievement	salad
fare	flame				

convention [kən'venʃən] *n.* 习俗，惯例；公约；(正式或定期)会议

【记】词根记忆：con(共同)+vent(来)+ion→大家共同来遵守的东西→公约；习俗，惯例

【例】the *European Convention on Human Rights*《欧洲人权公约》//the city's new *convention* center 该市新的会议中心//By *convention*, a club member should resign in such a situation. 按照惯例，俱乐部成员在这种情况下应该退出。

network ['netwɔːk] *n.* 网状物，广播网，电视网；网络

【记】组合词：net(网)+work→网络

reservation [ˌrezə'veiʃən] *n.* (住处、座位等的)预订；保留；犹豫；(美国印第安部落的)居留地

【记】来自reserve(*v.* 保留)

【例】Daniel went to the desk to make a *reservation*. 丹尼尔走到前台去预订了房间。//The hotel clerk insisted that he didn't make any *reservation*. 酒店的职员坚持说他并没有预定过。(2007.6)

ribbon ['ribən] *n.* 缎带，丝带；(打印机等的)色带

【记】联想记忆：rib(肋骨)+bon(e)(骨头)→狭长像肋骨的条状物→丝带

Ribbon
Pabot Blue Ribbon

plentiful ['plentifəl] *adj.* 丰富的，充足的，大量的

【记】来自plenty(*adj.* 充足的)

【例】a *plentiful* harvest 丰收//In those days a *plentiful* supply of food was in people's urgent need. 那些日子，人们急需充足的食物供应。

classify ['klæsifai] *vt.* 把…分类，把…分级

【记】词根记忆：class(分类)+ify(使…)→分类，归类

【例】I think we can *classify* this as an emergency situation. 我认为我们可以把这归为紧急情况。

weapon ['wepən] *n.* 武器，兵器

【例】They were testing a new *weapon* then. 当时他们在试验一件新武器。

dissolve [di'zɔlv] *v.* 使溶解；解散；消失，减弱；结束

【记】联想记忆：dis(分开)+solve(解决)→分开解决→溶解；解散

【例】The monarch had the power to *dissolve* parliament. 君主有权力解散议会。//Salt *dissolves* more easily in hot water than in cold water. 盐在热水里要比在冷水里更容易溶解。

convention	network	reservation	ribbon	plentiful	classify
weapon	dissolve				

splendid [ˈsplendid] *adj.* 壮丽的；极好的

【记】词根记忆：splend(明亮)+id(…的)→让人眼前一亮的→壮观的

【例】Working here would be a *splendid* opportunity for you to practice English. 在这里工作会为你练习英语提供一个非常好的机会。

scarce [skεəs] *adj.* 缺乏的，不足的；稀少的，罕见的

【记】联想记忆：scar(伤疤)+ce→有伤疤→不完整的→缺乏的

【考】make oneself scarce 溜走，躲开

【题】If this kind of fish becomes ________, future generations may never taste it at all. (2001.1)

A) minimum　B) short　C) seldom　D) scarce

【解】选D。句意：如果这种鱼变得稀有，后代也许再也品尝不到它们的美味了。minimum：最小的；short：短的，短缺的；seldom：很少，不经常。

politics [ˈpɔlitiks] *n.* 政治，政治学；政纲，政见

alphabet [ˈælfəbit] *n.* 字母表，字母系统

词源 由希腊字母表中的头两个字母alpha(α阿尔法)和beta(β贝它)组合而成，从前到后所有的字母就成了字母表。

【例】Ronnie is saying the *alphabet* over and over again. 龙尼一遍又一遍地念着字母表。

performance [pəˈfɔːməns] *n.* 演出；履行，执行，完成；工作情况，表现，(机器等的)工作性能

【例】Academic merit scholarships are based on students' grades, GPA and overall academic *performance* during high school. 学术奖学金是根据学生在高中阶段的分数、平均成绩和综合学术表现而定的。(2009.12)

clumsy [ˈklʌmzi] *adj.* 笨拙的，愚笨的；粗陋的；不得体的

【记】词根记忆：c+lum(亮度)+sy→没有亮光，不灵光→笨拙的

【例】Jim is as *clumsy* and stupid as a baby. 吉姆像小孩一般笨拙愚蠢。

【题】The machine looked like a large, ______, old-fashioned typewriter. (2005.1)

A) forceful　B) clumsy　C) intense　D) tricky

【解】选B。句意：这台机器像一个巨大笨重的老式打字机。forceful：有说服力的；intense：强烈的；tricky：狡猾的。

ax [æks] *n.* 斧子

【记】联想记忆：形似一个健壮的樵夫(a)身背两把交叉的斧子(x)

wealthy [ˈwelθi] *adj.* 富的，富裕的

【例】Many Russians see Jake as the archetype of the *wealthy* businessman. 很多俄罗斯人都把杰克看作是有钱商人的典范。

detect [diˈtekt] *vt.* 察觉，发觉；侦查出

【记】词根记忆：de(去掉)+tect(遮盖)→去除遮盖→发现，觉察

【例】Many forms of cancer can be cured if *detected* early. 如果发现得早，很多癌症都是可以治愈的。//Worst of all, you can't *detect* it until it's probably too late. 最糟的是，等你发觉时可能已经太晚了。(2007.6)

physician [fiˈziʃən] *n.* 内科医生

【记】词根记忆：physic(医学)+ian(人)→内科医生

guy [gai] *n.* 家伙，伙计

administration [ədˌminisˈtreiʃən] *n.* 管理；管理部门，行政机关；实行，执行

【记】联想记忆：ad(做)+ministr(看作minister部长)+ation(表状态、动作)→部长负责管理和执行工作

【例】We're looking for someone with experience in *administration*. 我们正在寻找有管理经验的人。//the *administration* of justice 执法

emphasize [ˈemfəsaiz] *vt.* 强调，着重

【记】联想记忆：em+phas(看作phrase用短语表达)+ize→用短语表达是为了强调

【例】The report *emphasizes* the importance of improving safety standards. 这份报告强调了提高安全标准的重要性。

frost [frɔst] *n.* 冰冻，严寒；霜 *v.* 结霜(于)

ax	wealthy	detect	physician	guy	administration
emphasize	frost				

Word List 31

词根、词缀预习表

di-	两个，双；使…变成，分开，离开(分开)	divide	*v.* 分，分开
dia-	相对，穿过，两者之间	diameter	*n.* 直径
micro-, mini-	小	minimum	*n.* 最小值
clos, clud, clus	关闭	exclude	*vt.* 把…排除在外
cur	关心	curiosity	*n.* 好奇，好奇心
mir	惊奇，看	admire	*vt.* 钦佩，羡慕
radi	根；光线	radiation	*n.* 放射物，辐射能
vers, vert	转	convert	*vt.* (使)转变，(使)转化
-ship	(名词后缀)情况，状态，性质，关系；身份，职位，资格；极限；技艺，技能，…法，…术	relationship	*n.* 关系，关联

contribution [ˌkɔntriˈbjuːʃən] *n.* 贡献，促成作用；捐款，捐献物；(投给报刊登的)稿件

【例】a journal with *contributions* from well-known writers 一份由著名作家投稿的杂志

weave [wiːv] *v.* 织，编

【例】The author *wove* the incidents together into one story. 作者把那些事件编成了一个故事。

crane [krein] *n.* 起重机，摄影升降机；鹤

【记】联想记忆：c+ran(跑)+e→可以上下跑的机器→起重机

muscle [ˈmʌsəl] *n.* 肌肉，体力；力量，实力

【记】发音记忆："马瘦"→瘦马有劲

词源：在富于想象力的人眼里，肌肉就如小老鼠在人的身上上下爬动。muscle一词源于拉丁语musculus(小老鼠)。

admire [əd'maiə] *vt.* **钦佩，羡慕；赞赏，称赞，夸奖**

【记】词根记忆：ad（加强）+mir（惊奇）+e→让人很惊奇→钦佩，赞赏

【例】Tom *admires* the comfortable life of the students there. 汤姆羡慕那里学生们的舒适生活。//It's hard for people to *admire* each other. 人们很难互相钦佩对方。（2008.12）

exclude [ik'skluːd] *vt.* **把…排除在外**

【记】词根记忆：ex（出）+clud（关闭）+e→关出去→把…排斥在外

【例】Young children are *excluded* from the game. 小孩子不能玩这种游戏。

inquire [in'kwaiə] *vt.* **打听，询问，调查**

【记】词根记忆：in+quire（追求）→打听，询问，调查

【考】inquire after/about 问起（某人情况），问候；inquire into 调查；注意：常考到inquire（*v.* 打听，询问）、acquire（*v.* 取得，获得）、request（*v.* 请求，要求）、require（*v.* 需求，要求）的区别

【例】Please allow me to *inquire about* the history of this famous garden, would you? 请允许我们打听一下这个花园的历史，好吗？

【辨】**inquire, ask, question**

inquire较正式，指很礼貌地深入打听欲知对象的消息；ask为普通用语，较口语化；question有较强的审问、质问的意思。

dialect ['daiəlekt] *n.* **方言，土语，地方话**

【记】词根记忆：dia（相对）+lect（讲）→讲方言相对于讲普通话更亲切→方言

weed [wiːd] *n.* **杂草，野草** *v.* **除草**

【记】联想记忆：希望的种子（seed）在一片杂草（weed）中顽强生长

【例】I have been busy with *weeding* in the garden. 我一直在园子里忙着锄草。

accident ['æksidənt] *n.* **意外，事故**

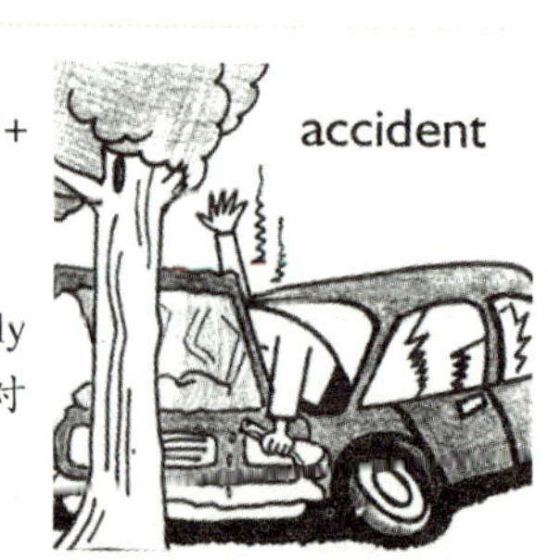

【记】联想记忆：accid（看作acid酸的）+ent→令人感到酸楚的事情→意外

【考】by accident 意外地，偶然地

【例】The car driver was partly responsible for the *accident*. 轿车司机对这起事故负有部分责任。（2013.12）

Negro ['niːgrəu] *n.* **黑人（蔑称）**

identify [aiˈdentifai] *v.* 认出，鉴定；把…等同于

【记】来自identity（*n.* 身份）

【例】The porters may be *identified* by their clothing. 从他们的穿着就可辨认出他们是行李搬运工。//To *identify* risks, we need to know the rules and be aware of the facts. 为了识别危险情况，我们需要了解规则以及注意实际的情况。(2011.12)

instrument [ˈinstrumənt] *n.* 仪器，工具，乐器

【例】surgical *instruments* 外科手术仪器 //electronic *instruments* 电子乐器

scratch [skrætʃ] *v.* 抓，搔，扒；刮擦，刻划 *n.* 抓痕，划痕；抓，搔，刮

【考】from scratch 从零开始，从头做起；up to scratch 合格，处于良好状态

【例】The branches tore at Brian's shirt and *scratched* his hands and face. 树枝弄破了布赖恩的衬衫，划伤了他的手和脸。//I'm going to start a career *from scratch*. 我打算从零开始，着手开展一项事业。

dependent [diˈpendənt] *adj.* 依靠的，依赖的；取决于…的

【记】来自depend(*v.* 依靠)

【考】be dependent on/upon 依靠，依赖

【例】Norway's economy *is* heavily *dependent on* natural resources. 挪威的经济在很大程度上依靠自然资源。//Many European universities, meanwhile, *are* still mostly *dependent on* government funding. 同时，许多欧洲大学仍然主要依靠政府的资助。(2009.12)

moral [ˈmɔrəl] *adj.* 道德的，有道德的 *n.* [*pl.*]品行，道德规范；寓意

【记】词根记忆：mor(风俗，习惯)+al(…的)→中国自古就有循礼法、讲道德的风俗

【例】*moral* standards 道德标准 //*moral* principles 道义

individual [ˌindiˈvidʒuəl] *adj.* 个别的，独特的 *n.* 个人，个体

【记】联想记忆：in(不)+divid(看作divide分，划分)+ual→不可再分的→个体

【例】She was puzzled and somewhat disappointed because she liked the *individual* otherwise. 她感到困惑，同时又有些失望，因为除此以外她还是喜欢这个人的。(2009.6)

【辨】**individual, private, personal, own**

individual指个别的，独特的；private指秘密的，私下的；personal特指个人的，亲自的，涉及隐私的；own则为自有的，特有的。

loan [ləun] *n./vt.* 贷款，借

【记】发音记忆："漏"→账本有漏洞，因为把钱借出去了→借

identify	instrument	scratch	dependent	moral	individual
loan					

【考】on loan 暂借的(地)；approve a loan 批准贷款

【例】The family *loaned* their collection of paintings for the exhibition. 这家人把他们的油画藏品借给展览会。

divide [di'vaid] *v.* 分，分开；分配，分享；除；使产生分歧 *n.* 分歧；分界线，分水岭

【例】There is still a great economic and political *divide* between these two countries. 这两个国家在经济与政治上依然存在着巨大的差异。//There are 5 people here, so the cake should be *divided* into 5 parts. 这里有5个人，因此这个蛋糕应该被分成5份。

chin [tʃin] *n.* 颏，下巴

【记】联想记忆：瘦尖(thin)的下巴(chin)让女孩看起来更秀气；参考：cheek(*n.* 脸颊)

shield [ʃiːld] *n.* 防护物，护罩；盾(状物) *vt.* 保护，防护

【题】This is the nurse who ____ to me when I was ill in hospital. (2003.6)

A) accompanied B) attended

C) entertained D) shielded

【解】选B。attend to：照顾。accompany：陪伴，伴奏；entertain：娱乐，招待，接受；shield：保护，防护。

minimum ['miniməm] *n.* 最低限度，最小量 *adj.* 最低的，最小的

【记】词根记忆：mini(小)+mum→最小量

【例】The *minimum* requirements for the job are a master degree and fluent French. 这份工作的最低要求是拥有硕士学位并能说一口流利的法语。

lump [lʌmp] *n.* 块，肿块 *v.* 结块，将…归并在一起

【例】We can *lump* manufacturing and services together. 我们可以把生产和服务结合起来。

loose [luːs] *adj.* 松的；不精确的，不严密的；散漫的

【记】和lose(*v.* 失去)一起记

【例】a *loose* package 松散的包裹 //*loose* talk 闲谈//Joy wore a pink dress tonight with her hair *loose* around the shoulders. 乔伊今晚穿了一件粉色的连衣裙，头发松散地披在肩上。

scissors [ˈsizəz] *n.* 剪刀

【记】词根记忆：sciss(分开，分裂)+ors→能把物品分开的东西→剪刀

diameter [daiˈæmitə] *n.* 直径

【记】词根记忆：dia(相对)+meter(测量)→量到对面的线→直径

soar [sɔː] *vi.* 猛增，剧增；高飞，升腾；(情绪、期望等)高涨；高耸，屹立

【记】发音记忆："烧"→发烧了，体温猛增→猛增，剧增

【例】Wendy watched the dove *soar* above the apple trees. 温迪看着鸽子飞过苹果树。

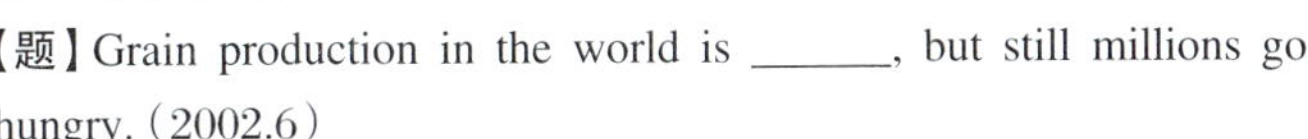

【题】Grain production in the world is ______, but still millions go hungry. (2002.6)

A) staggering　B) shrinking

C) soaring　D) suspending

【解】选C。stagger：使退缩，畏缩；shrink：减少；suspend：暂停。

molecule [ˈmɔlikjuːl] *n.* 分子

【记】词根记忆：mol(摩尔，克分子)+ecule→分子

gaze [geiz] *n./vi.* 凝视，盯，注视

【记】发音记忆："盖茨"→比尔·盖茨令世人瞩目→注视

【辨】**gaze, glance, glare, peep, stare, observe, witness**

gaze指因惊讶、欣赏而专注地、忘乎所以地凝视；glance指匆忙中很快一瞥；glare指怒目而视；peep指偷看；stare指因惊奇、迷茫或恐惧而睁大眼看，也可指侮辱、不尊重的眼神；observe观察；witness目击。

relationship [riˈleiʃənʃip] *n.* 关系，关联

【记】来自relation(关系)+ship(表性质、状态)→关系

reality [riˈæliti] *n.* 现实，实际；真实

【考】in reality 实际上，事实上

【例】Steven seemed frank, but *in reality* he was a cheat. 史蒂文看起来很老实，但实际上是个骗子。

scissors　diameter　soar　molecule　gaze　relationship

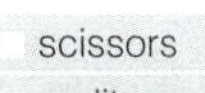
reality

risk [risk] *n.* 危险，风险；引起危险的事物（或人）*vt.* 冒…的风险，使遭受危险

【考】at risk 处境危险；at the risk of 冒着…的危险

【例】*At the risk of* his own life, Jim rushed into the fire once more. 冒着生命危险，吉姆又一次冲进了大火之中。//Janet *risked* her own life to help a disabled woman. 珍妮特冒着生命危险帮助一位残疾妇女。

fee [fiː] *n.* 费，酬金，赏金

【记】发音记忆："费"

【例】The insurance company paid all my medical *fees*. 保险公司支付了我全部的医药费。

mature [məˈtjuə] *adj.* 成熟的，成年人的；深思熟虑的；（票据等）到期的，应支付的 *v.*（使）成熟

【记】联想记忆：自然（nature）中的n更换成m就是成熟的（mature）

【例】These experiences have *matured* us greatly. 这些经历使我们成熟了很多。

provided [prəˈvaidid] *conj.* 假如，若是

【题】We'll visit Europe next year ________ we have enough money.（1999.1）

A）lest　　B）until　　C）unless　　D）provided

【解】选D。句意：如果有足够的钱，我们明年将去欧洲旅行。lest：唯恐，以免；until：直到…才（一般用作not...until）；unless：除非。

curiosity [ˌkjuəriˈɔsiti] *n.* 好奇，好奇心；奇物，奇事，珍品

【记】联想记忆：cur（关心）+iosity→"家事、国事、天下事，事事关心"→好奇心

【例】I opened the packet just to satisfy my *curiosity*. 出于好奇我打开了这个小包裹。//a house full of old maps and other *curiosities* 一间挂满了旧地图并摆放着其他珍品的房间//I opened the letter which is not addressed to me out of *curiosity*. 出于好奇心，我打开了这封并不是寄给我的信。

organ [ˈɔːgən] *n.* 器官；机构；管风琴；新闻媒介

grind [graind] *v.* 磨（碎）；苦干

【记】联想记忆：将一块大（grand）石头磨碎（grind）

【考】grind out 费力地做出；grind into 把…碾成

【例】*grind* wheat *into* flour 把小麦磨成面粉

harmony [ˈhɑːməni] *n.* 调和，协调，和谐

【考】in harmony（with）（与…）协调一致，（与…）和睦相处

【例】We can work *in harmony*. 我们能协调一致地工作。

risk	fee	mature	provided	curiosity	organ
grind	harmony				

【题】There was once a town in this country where all life seemed to live in _______ with its surroundings. (1998.1)

A) coincidence B) harmony C) uniform D) alliance

【解】选B。coincidence：一致，巧合；uniform：制服；alliance：结合，联盟。

lamb [læm] *n.* 羔羊，小羊；羔羊肉

【记】联想记忆：烤箱的灯(lamp)灭了，羔羊肉(lamb)烤好了

column [ˈkɔləm] *n.* 柱，支柱，圆柱；纵队，直行；栏，专栏(文章)

【例】I wanted to have my own *column* in the magazine. 我想在杂志上开设自己的专栏。

weekly [ˈwiːkli] *adj./adv.* 每周的(地)

【例】The magazine is published *weekly*. 这本杂志每周出版一次。

riot [ˈraiət] *n.* 暴乱，骚乱；(色彩、声音等的)极度丰富 *vt.* 聚众闹事

【例】Twelve people have been killed during a *riot* at the prison. 已有12人在监狱暴动中丧生。

being [ˈbiːiŋ] *n.* 存在，生物，生命

【例】human *being* 人类

plus [plʌs] *prep.* 加，加上 *adj.* 表示加的，正的 *n.* 加号，正号

【记】联想记忆：pl(看作play玩)+us(我们)→加上我们一起玩儿→加上

nightmare [ˈnaitmɛə] *n.* 噩梦；可怕的事物，无法摆脱的恐惧

词源 盎格鲁-撒克逊语mare同义于incubus，意指“梦淫妖”，即趁人在睡梦中与之交合的妖魔。中世纪流行一种迷信说法，人之所以做噩梦是因为梦淫妖坐在睡眠者身上使其窒息的缘故。这种妖魔在中世纪时也叫nightmare，我们记忆时可戏称为“母马压在身上使人做噩梦”。

budget [ˈbʌdʒit] *n.* 预算，预算拨款 *v.* 规划，安排；编预算 *adj.* 低廉的，收费公道的

【例】Industrial scientists tend to receive training that academics do not, such as how to manage *budgets* and negotiate contracts. 产业科学家大多曾接受过一些大学老师没有接受过的培训，比如如何管理资金预算及如何进行合同谈判等。(2010.12)

【题1】The education ________ for the coming year is about $4 billion, which is much more than what people expected. (1997.1)

A) allowance B) reservation C) budget D) finance

【解】选C。句意：明年的教育预算约为40亿美元，这远远超出了人

们的预期。allowance：津贴，补助；reservation：保留，预订；finance：财政，金融。

【题 2】The government has devoted a larger slice of its national ________ to agriculture than most other countries.（1998.1）

A）resources　B）potential　C）budget　D）economy

【解】选C。national budget：国家预算。resource：资源，财力；potential：潜力，潜能；economy：经济，节约。

chart ［tʃɑːt］*n.* 图表；航图，海图 *vt.* 用图表表示，在图上表示

【例】They were *charting* the records of our production. 他们正在将我们的产量用图表表示出来。

【辨】**chart, map, diagram, graph, illustration**

chart指航海、航空专用图，指用曲线、图解来分析的图；map指地图，包括地球表面和陆地；diagram指做解释说明用的图；graph常指书中的辅助资料图；illustration则指举例用图。

porter ［ˈpɔːtə］*n.* 搬运工人；看门人，大楼管理员

【记】词根记忆：port（拿，运）+er（人）→搬运工人

dusk ［dʌsk］*n.* 薄暮，黄昏，幽暗

【记】联想记忆：她趴在书桌（desk）上看着窗外的黄昏（dusk）

somewhat ［ˈsʌmwɔt］*pron.* 一点儿 *adv.* 有点儿

【例】Tidwell is wearing glasses now, in a *somewhat* scholarly mode. 蒂德韦尔现在戴着眼镜，有点儿学者气质。

weep ［wiːp］*v.* 哭泣，流泪；渗出

【记】联想记忆：她受伤很深（deep），哭（weep）个不停

【例】Tim began to *weep* in desperation. 蒂姆开始绝望地哭泣。

weld ［weld］*n./vt.* 焊接，熔接

【例】The flow of heat is used to *weld* parts together. 热流用于把零部件焊接在一起。

competition ［ˌkɔmpiˈtiʃən］*n.* 竞争，比赛

【例】I realized that the *competition* was fierce. 我意识到比赛很激烈。

gallon ［ˈgælən］*n.* 加仑

【记】发音记忆："加仑"

convert ［kənˈvəːt］*vt.* （使）转变，（使）转化；（使）改变（信仰或态度）

【记】词根记忆：con+vert（转）→转变

【例】You'd better know what the exchange rate is if you want to *convert* your dollars into RMB. 如果你想把美元兑换成人民币，你最好知道汇率是多少。

□ chart	□ porter	□ dusk	□ somewhat	□ weep	□ weld
□ competition	□ gallon	□ convert			

publish [ˈpʌbliʃ] *vt.* 公布，发表；出版，刊印

【例】A newspaper *published* a photograph of the movie star. 一份报纸刊登了这位电影明星的照片。

market [ˈmɑːkit] *n.* 市场，股市；行情，销路

【记】词根记忆：mark(作记号)+et(小)→记录市场行情→市场

kneel [niːl] *vi.* 跪，跪下，跪着

【记】来自knee(*n.* 膝盖)

【例】Nancy *knelt* at the tree and prayed. 南希跪在树旁祈祷。

postpone [ˌpəustˈpəun] *vt.* 延迟，延期

【记】词根记忆：post(在后面)+pone(放)→放到后面→延迟

【例】The match had to be *postponed* until next weekend. 比赛不得不延期到下周末。//The game has already been *postponed* three times because of the bad weather. 因为天气不好，比赛已经推迟了三次。

liter [ˈliːtə] *n.* 升

【记】联想记忆：meter(米)是长度单位，liter(公升)是体积单位

click [klik] *v.* (使)发出咔嗒声，(用鼠标)点击 *n.* 咔嗒声

【记】联想记忆：钟表(clock)发出咔嗒声(click)

【例】You can select the image you want by *clicking* twice. 你可以双击鼠标选择想要的图片。

logical [ˈlɔdʒikəl] *adj.* 逻辑的，合乎常理的

【例】a *logical* conclusion 符合逻辑的结论//Molly wasn't able to give me a *logical* explanation for what she has done. 莫莉没能对她的所作所为给我一个合理的解释。

convince [kənˈvins] *vt.* 使确信，使信服，说服

【记】词根记忆：con+vince(征服)→说服，使信服

【例】Consumers may be *convinced* to buy a product of poor quality or high price because of an advertisement. 消费者可能因为听信广告而购买劣质或高价产品。

headline [ˈhedlain] *n.* 大字标题，新闻提要

【记】联想记忆：head(头部)+line(行列)→写在文章第一行的内容→大字标题

disaster [diˈzɑːstə] *n.* 灾难，灾祸，天灾；彻底的失败

【记】词根记忆：dis(不，没有)+aster(星星)→星星消失了，难道预示着灾难的来临→灾难

词源 源自拉丁语：dis(against)+astrum(star)两部分构成，其字面意义为“(星的)凶位”或“凶相”，引申为大的灾难、灾祸。

【例】natural *disaster* 自然灾害

welfare [ˈwelfɛə] *n.* 幸福；福利，福利救济

【记】联想记忆：wel(看作well好)+fare(食物)→每天有好东西吃，福利不错

【例】Our only concern is the children's *welfare*. 我们唯一关心的是孩子的福利。//They live on charity and social *welfare*. 他们依靠施舍和社会救济来生活。(2009.12)

pierce [piəs] *vt.* 刺穿，穿孔于

【记】联想记忆：r从一片(piece)中穿过

【例】White spotlights *pierced* an ocean dark. 白色的聚光灯穿透了大海的黑暗。

ankle [ˈæŋkl] *n.* 踝，踝关节

【记】联想记忆：叔叔(uncle)把脚踝(ankle)扭伤了

【考】twist one's ankle 扭伤脚踝

radiation [ˌreidiˈeiʃən] *n.* 放射物，辐射能；辐射

【记】词根记忆：radi(光线)+ation(表状态)→光线呈放射状

【例】These people suffer from health problems and fear the long term effects of *radiation*. 这些人受到健康问题的折磨并担心辐射造成的长期影响。//Large amounts of *radiation* got released because of an accident at the power station. 核电站的一起事故导致了大量辐射被释放。

origin [ˈɔridʒin] *n.* 起源，起因；出身，血统

【记】词根记忆：ori(开始)+gin→开始→来源，起点

【例】What I do find interesting is the *origin* of the universe, the shape of space-time and the nature of black holes. 我真正感兴趣的是宇宙的起源、时空的形状以及黑洞的本质。(2007.6)

well-known [ˈwelˈnəun] *adj.* 众所周知的，著名的

【例】It's a *well-known* fact that smoking can cause lung cancer. 众所周知，吸烟能导致肺癌。

exhaust [igˈzɔːst] *vt.* 使筋疲力尽，用尽；详尽论述 *n.* 排气装置；废气

【记】发音记忆：“挨个揍死他!”→把他们挨个揍死让我筋疲力尽

welfare	pierce	ankle	radiation	origin	well-known
exhaust					

【例】A code of conduct is hard to create when you're living in a world in which everyone is *exhausted* from overwork and lack of sleep. 如果你生活在一个人人都因加班和缺少睡眠而感到筋疲力尽的世界，那么行为准则是很难树立的。(2008.12)

hardship [ˈhɑːdʃip] *n.* 艰难，困苦

【记】来自hard(艰苦的)+ship(表状态)→艰难

【例】For some, the *hardships* of life without steady work eventually overwhelmed their attempts to keep their families together. 对一些人来说，没有稳定工作的艰辛生活最终压倒了他们试图维系家庭的努力。(2012.6)

Histories make men wise; poems witty; the mathematics subtle; natural philosophy deep; moral grave; logic and rhetoric able to contend.

历史使人明智；诗词使人灵秀；数学使人周密；自然哲学使人深刻；伦理使人庄重；逻辑修辞学使人善辩。

——英国哲学家 培根(Francis Bacon, British philosopher)

Word List 32

词根、词缀预习表

cata-	下面	catalog	*n.* 目录，目录册
cede	割让	concede	*v.* 让步，认输
hum	地	humble	*adj.* 谦逊的，地位低下的
scend, scens, scent	爬	descend	*vi.* 下来，下降
sequ, secut	跟随	sequence	*n.* 次序，顺序
tim	害怕	intimate	*adj.* 亲密的，个人的
-acity	（名词后缀）表状态、情况	capacity	*n.* 容量；能力；身份
-ance	（名词后缀）状态、性质与动作	guidance	*n.* 引导，领导
-et	（名词后缀）小	booklet	*n.* 小册子
-hood	（名词后缀）状态；时期	neighbourhood	*n.* 四邻；附近

bubble [ˈbʌbl] *n.* 泡 *vi.* 冒泡，沸腾

【记】发音记忆：水开了时“巴波巴波”冒泡的声音

【例】A pot of coffee *bubbled* away on the stove. 一壶咖啡在炉子上沸腾着。

intimate [ˈintimət] *adj.* 亲密的，个人的 *n.* 至交，密友

[ˈintimeit] *vt.* 暗示，提示

【记】词根记忆：in（不）+tim（害怕）+ate→因为亲密而不害怕→亲密的

【考】be intimate with sb. / be on intimate terms with sb. 与某人关系密切

【例】Jane told her mother about their *intimate* relationship. 简把他们的亲密关系告诉了妈妈。

defeat [diˈfiːt] *n./vt.* 战胜，挫败

【例】It was a lack of money, not effort, that *defeated* their plan. 计划挫败不是因为他们不够努力，而是因为缺乏资金。//They had to admit *defeat* and withdrew the troops. 他们只得承认失败，并撤回了军队。

bacon [ˈbeikən] *n.* 咸肉

【记】超市中卖的“培根肉”

creature [ˈkriːtʃə] *n.* 创造物，产物；生物，动物，家畜

【例】all the living *creatures* in the sea 海洋中的所有生物

optional [ˈɔpʃənəl] *adj.* 可以任选的

【例】Some students believe that going to classes should be *optional* for students. 有些学生认为上课对他们而言应该是随意的。

probable [ˈprɔbəbəl] *adj.* 很可能的，大概的

fuss [fʌs] *n./vi.* 忙乱；大惊小怪，小题大做；(为小事)烦恼，过于忧虑

【记】发音记忆：“发丝”→男朋友的外套上有别的女孩子的发丝→烦恼，小题大做

【例】Jane *fussed* about, unable to hide her impatience. 简激动不安，无法掩饰她的急躁。

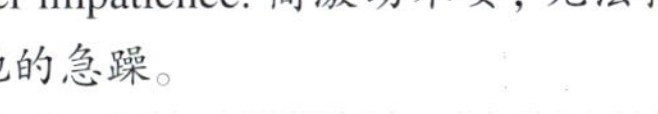

wax [wæks] *n.* 蜡，蜂蜡 *vt.* 给…上蜡

【例】Jim coated it with *wax*. 吉姆给它上了蜡。

nucleus [ˈnjuːkliəs] *n.* 核心，(原子)核

financial [faiˈnænʃəl] *adj.* 财政的，金融的

【记】来自finance(*n.* 财政)

【例】New York is a great *financial* center. 纽约是重要的金融中心。// Good grades and high test scores still matter—a lot—to many colleges as they award *financial* aid. 高校发放助学金时，优异的成绩和考试高分仍然相当重要。(2009.12)

sequence [ˈsiːkwəns] *n.* 连续，接续，一连串；次序，顺序

【记】词根记忆：sequ(跟随)+ence(表名词)→跟随→连续；次序

【例】the complete DNA *sequence* of the human genome 人类基因组的完整排序 //I can't believe just a *sequence* of little things caused them to fight like this. 我不敢相信仅仅因为一连串的小事就让他们打成这样。

concede [kənˈsiːd] *v.* (不情愿地)承认，承认…为真(或正确)；(在结果确定前)承认失败；允许，让与；让步，认输

【记】词根记忆：con+cede(割让)→让出去→让步

【例】Cathy had to *concede* that she lied at the court. 凯茜不得不承认自己在法庭上撒了谎。//The team has *conceded* only 19 goals in 28 games. 这支球队在28场比赛中仅让对手打入19球。

bacon	creature	optional	probable	fuss	wax
nucleus	financial	sequence	concede		

brand [brænd] *n.* 商品，烙印 *vt.* 铭刻，打烙印于；加污名于，谴责

【例】They have to create new *brands* for clothes made of organic materials. 他们必须为这些由有机材料制成的服装创造新品牌。(2009.6)

junior [ˈdʒuːniə] *adj.* 年少的；资历较浅的 *n.* 晚辈；(美国中学或大学的)三年级学生

【记】联想记忆：jun(看作June六月)+ior→小孩子过六一儿童节→年少的

【例】a *junior* sports league 少年球队 //a *junior* officer 下级军官// There are several people I know *junior* to me such as Julia and Amy. 我知道有几个人年龄比我小，像朱莉娅和埃米。

whale [weil] *n.* 鲸

【例】The Blue *Whale* is the world's largest living animal. 蓝鲸是世界上现存的最大的动物。

whatsoever [ˌwɔtsəuˈevə] *adv.* (用于否定句中以加强语气)任何

【例】I had no luck *whatsoever*. 我没有任何运气。

relax [riˈlæks] *v.* 放松，(使)松弛；放宽，缓和

【记】词根记忆：re(一再)+lax(放松)→一再放松→(使)松弛

【例】Stop thinking those annoying things and just *relax* and enjoy the movie. 别想那些烦心事了，放松一下，好好享受这部电影。

fireman [ˈfaiəmən] *n.* 消防队员；司炉工

【记】组合词：fire(火)+man→消防队员

【例】The *fireman* inhaled a dangerous amount of smoke. 消防员吸入了大量的有害气体。

crust [krʌst] *n.* 面包皮，硬外皮；外壳，地壳

【记】联想记忆：不要轻易相信(trust)她美丽的外壳(crust)

observation [ˌɔbzəˈveiʃ(ə)n] *n.* 注意，观察；言论，评论；观察资料(或数据)

【例】The injured man spent two nights under close *observation* in hospital. 这个受伤的人留院接受了两个晚上的仔细观察。//Most information was collected by direct *observation* of the people's response. 大部分的信息都是通过对人们反应的直接观察收集而来。

mention [ˈmenʃən] *n./vt.* 提及，说起

【记】词根记忆：ment(想)+ion(人，物)→想到了就说→提及，说起

【考】not to mention 除…外还，更不必说；make mention of 提到

【例】Helen can speak French, *not to mention* English. 海伦会说法语，此外还会说英语。

brand	junior	whale	whatsoever	relax	fireman
crust	observation	mention			

guideline [ˈgaidlain] *n.* [常*pl.*] 指导方针，准则

【记】组合词：guide(指导)+line(线路)→指导方针

【例】a new set of *guidelines* for teachers 一套为教师提供的新的指导方针//He also urged the Federal Trade Commission to set *guidelines* for social-networking sites. 他还敦促联邦贸易委员会为社交网站制定指导方针。(2012.6)

insight [ˈinsait] *n.* 洞察力，深刻的见解

【记】联想记忆：in+sight(眼光)→眼光深入→深刻的见解

【考】have an insight into sth. 对…有深入了解

【题】The film provides a deep ________ into a wide range of human qualities and feelings. (2002.12)

A) insight B) imagination C) fancy D) outlook

【解】选A。provide an insight into sth.：使深刻认识。句意：这部电影使人们深刻认识到人类品质和感情的多样性。imagination：想象，想象力；fancy：爱好，迷恋；outlook：展望，观点，风光。

nuclear [ˈnjuːkliə] *adj.* 核子的，核能的，核武器的；核心的

【记】联想记忆：nu+clear(清除)→核能的威力足以清除地球上所有生物→核能的

【例】China used to be the *nuclear* civilization of the world. 中国曾是世界文明的中心。

seminar [ˈseminɑː] *n.* (大学的)研究班，研讨会

【记】词根记忆：semi(半)+nar→研讨会每半年举行一次→研讨会

colony [ˈkɔləni] *n.* 殖民地；侨居地，聚居地；(动植物的)群体，集群

【记】联想记忆：col(共同)+on(在…上)+y(表场所)→他们合作将那里变为自己的殖民地

【例】Thousands of Indians were killed in North American *colonies.* 在北美殖民地，成千上万的印第安人惨遭屠杀。//a seal *colony* 一群海豹

jeans [dʒiːns] *n.* 工装裤，牛仔裤

【记】Jeanswest真维斯，原意为“西部牛仔”

词源：早先也译作“工装裤”，因为它最早是工人劳动时穿的工作服，得名于一种最早生产于意大利热那亚城(Genoa)的斜纹布料，该布料引入英国之后，英国人根据Genoa的法语形式，称之为jene fustian，以后演变为jean fustian，最后又缩略为jean，因其布料多为蓝色，所以通常被人称作blue jeans。

deliberate [diˈlibərət] *adj.* 故意的，蓄意的；慎重的，深思熟虑的

[diˈlibəreit] *v.* 仔细考虑，思考

【记】词根记忆：de+liber（自由的）+ate→做事不随便的→深思熟虑的

【题】Mr. Smith was the only witness who said that the fire was ______.（2003.6）

A）mature B）deliberate

C）meaningful D）innocent

【解】选B。deliberate fire：人为之火。mature：成熟的，到期的；meaningful：意味深长的；innocent：清白的，无罪的，天真无邪的。

catalog [ˈkætəlɔg] *n.* 目录，目录册；一系列 *vt.* 将…编入目录，将（书籍、资料等）编目

【记】词根记忆：cata（下面）+log（说话）→下面要说的话→目录

【例】an online *catalog* 一份在线目录 //The manuscripts have never been systematically *cataloged*. 这些手稿从来没有被系统地分过类。// Instead of a physical *catalog*, e-commerce arranges for catalogs to be visible on the Internet. 与实体的目录不同，电子商务设置的目录是在网上就可以看到的目录。（2010.6）

salesman [ˈseilzmən] *n.* 售货员，推销员

【记】组合词：sales（销售）+man（人）→售货员

liver [ˈlivə] *n.* 肝

【记】联想记忆：没有肝（liver），人便无法生存（live）

【参】spleen 脾；lung 肺；heart 心脏；stomach 胃；kidney 肾；intestines 肠

inevitable [inˈevitəbəl] *adj.* 不可避免的，必然的

【记】词根记忆：in（不）+evitable（可避免的）→不可避免的

【例】It's *inevitable* that doctors will make the occasional mistake. 医生偶尔犯错是不可避免的。//Since you have made that decision, such consequence would be *inevitable*. 既然你做了那个决定，这样的后果将是不可避免的。

deck [dek] *n.* 甲板，层面

【记】发音记忆："带壳"→船体的外壳→甲板

arrangement [əˈreindʒmənt] *n.* 整理，排列；[常*pl.*]安排，准备工作

【例】Researchers recruited 92 families, interviewing each to establish income, level of education and child care *arrangements*. 研究者征集并采访了92个家庭，确定每个家庭的收入、教育水平和儿童看护安排情况。（2009.12）

forbid [fə'bid] *vt.* 禁止，不许，阻止

【例】I *forbid* you to smoke again. 我再次禁止你吸烟。

account [ə'kaunt] *n.* 记述；解释；账目 *v.* 说明…的原因；（在数量、比例方面）占

【记】联想记忆：ac（加强）+count（数）→账目需要一数再数，确保无误→账目

【考】account for 解释，说明；占有；on account of 由于，为了…；on no account 决不可以，无论如何也不；take account of 考虑到，顾及，体谅；take into account 考虑到；注意，重视；of no account 不重要的

【题】I'd ______ his reputation with other farmers and business people in the community, and then make a decision about whether or not to approve a loan.（2000.1）

A）take into account B）account for

C）make up for D）make out

【解】选A。句意：我想在考虑了他与社区其他农民和商人交往的信誉之后再决定是否同意为他提供贷款。account for：解释；make up for：补偿；make out：开出，写出。

operator ['ɔpəreitə] *n.* 操作人员，话务员，报务员

whilst [wailst] *conj.* 当…的时候

【记】和while同义

【例】There is a long silence *whilst* everyone stares at each other. 在每个人互相对望之际，出现了一个长久的沉默。

lid [lid] *n.* 盖子，盖

【记】和lip（*n.* 嘴唇）一起记

humble ['hʌmbəl] *adj.* 谦逊的，地位低下的；简陋的

【记】词根记忆：hum（地）+ble→接近地的→卑贱的，谦虚的

【例】Knowledge makes *humble*; ignorance makes proud. 知识令人谦虚；无知使人骄傲。

【辨】**humble, modest**

humble指意识不足且有自知之明的态度，带自卑、无信心的含义；modest指对自己的才能和价值做适当的评估，不吹嘘。

descend [di'send] *v.* 下来，下降，下倾；继承

【记】词根记忆：de(向下)+scend(爬)→向下爬→下来，下降

【考】descend from 起源于，是…的后裔；descend on 袭击；descend to 沦为，把身份降至

【题】We managed to reach the top of the mountain, and half an hour later we began to ______. (1997.1)

A) ascend B) descend C) decline D) plunge

【解】选B。句意：我们成功登上了山顶，并在半小时后开始下山。ascend：攀登，上升；decline：下降，下倾；plunge：投入，跳进。

furniture ['fəːnitʃə] *n.* 家具

aggressive [ə'gresiv] *adj.* 侵略的，好斗的；敢做敢为的；有进取心的

【记】词根记忆：ag(加强)+gress(行走)+ive(…的)→不断行走，走到别国→侵略的

【例】Mike is enterprising, *aggressive*, young and bold. 迈克事业心强，有抱负，年轻又胆大。

footstep ['futstep] *n.* 脚步，脚步声，足迹

【记】组合词：foot(脚)+step(步伐)→脚步

【例】I heard my father's *footsteps* in the hall. 我听见走廊里响起了我爸的脚步声。

invent [in'vent] *vt.* 发明，创造；捏造

【例】It was proven by the fact that one witness's story had been *invented*. 事实证明有一个证人捏造了证词。//Adele *invented* a clever excuse for her being late. 阿黛尔为她的迟到捏造了一个聪明的借口。

catalogue ['kætəlɔg] 见catalog

plantation [plæn'teiʃən] *n.* 种植园，人工林

【记】来自plant(植物，种植)+ation(表状态、结果)→种植园

【例】The banana *plantation* of 40 hectares was once owned by Mr. White. 这40公顷的香蕉种植园曾经为怀特先生所有。

accurate ['ækjurit] *adj.* 准确的，正确无误的

【例】*accurate* financial forecasts 精准的财政预测

mankind [ˌmæn'kaind] *n.* 人类

【记】组合词：man(人)+kind(种类，性质)→人类

log [lɔg] *n.* 原木，木料；航海(或飞行)日志 *vt.* 正式记录

【考】log in 进入计算机系统；log out 退出计算机系统

【例】How much downtime did we *log* last week? 上周我们记录有多少停工的时间？

descend	furniture	aggressive	footstep	invent	catalogue
plantation	accurate	mankind	log		

pessimistic [ˌpesiˈmistik] *adj.* 悲观(主义)的

【记】联想记忆：pessi(看作Pepsi百事)+mis(错误，坏)+tic(…的)→并非百事可乐的→悲观(主义)的

【例】a *pessimistic* view of life 对生活悲观的看法

neighbourhood [ˈneibəhud] *n.* 四邻；附近

【记】词根记忆：neighbour(邻居)+hood(状态)→四邻

【考】in the neighbourhood of 在…附近；大约

【例】Tom spent a sum *in the neighbourhood of* $500 for shopping yesterday. 汤姆昨天大约花了500美元来购物。

glow [gləu] *n.* 白热光；脸红；激情 *vi.* 发白热光

【记】联想记忆：激情(glow)涌动(flow)

【例】The tip of the cigarette was *glowing* in the dark. 烟头在黑暗中发着白光。

injure [ˈindʒə] *vt.* 伤害，损害，损伤

【记】词根记忆：in(不)+jur(法律)+e→法律不允许随意伤害人

【例】She was seriously *injured* in a car accident. 她在一场交通事故中严重受伤。(2007.6)

objective [əbˈdʒektiv] *n.* 目标，目的 *adj.* 客观的，无偏见的

【例】They have achieved their *objective*. 他们已经达到目的了。

alter [ˈɔːltə] *vt.* 改变，变更，变动

【记】本身为词根：改变状态

【例】There are a lot of existing perceptions about British food and so we can't *alter* these too much. 人们对英国食物已有很多固有认识，所以我们不能过多地改变这些看法。(2011.6)

【辨】**alter, change, vary, convert**

alter强调细节上的变化，没失去本性；change一般指本质上的变化；vary强调摆脱单调、雷同、重复或模仿；convert强调细节改变以适应新用途。

electricity [iˌlekˈtrisiti] *n.* 电

apparent [əˈpærənt] *adj.* 表面上的，明显的

【记】联想记忆：appar(看作appear出现)+ent(…的)→出现的，突显的→明显的

【例】The success of small schools is

apparent in the listings. 在榜单上，小规模学校的成功十分明显。(2012.6)

arrow [ˈærəu] *n.* 箭，箭状物；箭头符号

【记】词根记忆：ar+row(排，行)→箭一排排齐发才威力无比→箭

【例】Ancient kings enjoyed hunting with bows and *arrows*. 古代国王们都喜欢以弓箭行猎。

occupy [ˈɔkjupai] *vt.* 占领，占，占有

【记】联想记忆：占领(occupy)的现象发生(occur)了；词根记忆：oc+cupy(看作copy复印)→复印一份据为己有

【例】Dull administrative work *occupies* most part of my time in company. 我在公司的大部分时间都是从事枯燥的行政工作。

hunt [hʌnt] *v.* 打猎；搜寻；驱逐

【考】hunt down 对…穷追到底，追捕到；go hunting 打猎；hunt for 寻找

【例】The government tried to *hunt down* war criminals. 政府努力对战犯追究到底。

poll [pəul] *n.* 民意测验；[常*pl.*]政治选举，大选 *vt.* 对…进行民意测验；获得(…张选票)

【例】30% of the women *polled* said their husbands had a drinking problem. 30%参与调查的女性都表示她们的丈夫有喝酒的嗜好。// When opinion *polls* ask Americans about privacy, most say they are concerned about losing it. 当就隐私问题对美国民众进行民意调查时，大部分人表示他们担心会失去隐私。(2008.6)

grape [greip] *n.* 葡萄，葡萄藤

capacity [kəˈpæsiti] *n.* 容量，能力，能量；才能；身份，地位

【记】词根记忆：cap(拿)+acity(表状态、情况)→能拿住→能力

【题】Mobile telecommunications ________ is expected to double in Shanghai this year as a result of a contract signed between the two companies. (2002.1)

A) capacity　B) potential　C) possession　D) impact

【解】选A。mobile telecommunications capacity：移动通信容量。句意：由于两公司之间签订的协议，今年上海的移动通信容量预计将为原来的两倍。potential：潜能，潜力；possession：拥有，领土，财产；impact：影响，冲击。

refresh [riˈfreʃ] *v.* (使)振作精神，(使)恢复活力

【记】词根记忆：re(重新)+fresh(新鲜的)→(使)振作精神

arrow	occupy	hunt	poll	grape	capacity
refresh					

【例】Hunt was simply trying to *refresh* his memory. 亨特只不过想试着恢复他的记忆。

guidance [ˈgaidəns] *n.* 引导，指导，领导

【记】联想记忆：guid(看作guide指引、指导)+ance(表动作)→指引，指导

【例】traffic *guidance* 交通管制 // This *guidance* eliminated the need for customers to circle the parking lot endlessly, and avoided confrontation between those eyeing the same parking space. 这样的引导使消费者无需在停车场内不停地徘徊，也避免了因争抢停车位而引起的冲突。(2008.12)

ounce [auns] *n.* 盎司

【记】发音记忆："盎司"

applicant [ˈæplikənt] *n.* 申请人

ashamed [əˈʃeimd] *adj.* 惭愧的，羞耻的；害臊的

【记】词根记忆：a(…的)+ sham(e)(羞愧)+ed→羞耻的，惭愧的

【例】We feel disappointed in ourselves and *ashamed*. 我们对自己感到失望和羞愧。(2011.12)

draft [drɑːft] *n.* 草稿；汇票；征兵；通风 *vt.* 起草；征募

【记】发音记忆："抓夫"→征兵

【例】the rough *draft* of the new novel 新小说的草稿 //My dad was eighteen when he got *drafted* into the army. 父亲应征入伍时年仅18岁。

whip [wip] *vt.* 鞭笞；猛地移动；搅打(奶油、蛋等)成糊状 *n.* 鞭子

【记】联想记忆：w+hip(臀)→臀部挨鞭子了

【例】Anne *whipped* her horse so that it would go faster. 安策马扬鞭，让马儿跑得更快。

philosopher [fiˈlɔsəfə] *n.* 哲学家，哲人

词源 源自希腊语，按字面原义讲philosophy是"对智慧的热爱"的意思，而philosopher是"热爱智慧的人"之义。

greenhouse [ˈgriːnhaus] *n.* 温室，暖房

【记】组合词：green+house

guidance	ounce	applicant	ashamed	draft	whip
philosopher	greenhouse				

Word List 33

e-, ef-	出，出来	efficiency	*n.* 效率，功效，效能
post-	在后面；邮政，邮件	postage	*n.* 邮费，邮资
era	时代	era	*n.* 时代，年代
fug	逃走	refugee	*n.* 难民
ject	投，掷	reject	*v.* 拒绝；摈弃
max	大，高	maximum	*adj.* 最大的，最高的
muni	服务	community	*n.* 社会；团体
opt, opto	视力	optical	*adj.* 眼的；光学的
with-	向后，相反	withdraw	*v.* 收回，撤回

competitive [kəmˈpetitiv] *adj.* 竞争的，比赛的；好竞争的，求胜心切的；(价格等)有竞争力的

【题】Because a degree from a good university is the means to a better job, education is one of the most ______ areas in Japanese life. (1998.6)

A) sophisticated B) competitive C) considerate D) superficial

【解】选B。the most competitive area：最有竞争力的地方。sophisticated：世故的；considerate：体贴的，考虑周到的；superficial：表面的，肤浅的。

destruction [diˈstrʌkʃən] *n.* 破坏，毁灭，消灭

【记】词根记忆：de(变坏)+struct(建立)+ion→使建立好的东西变坏→破坏；参考：construction(*n.* 建筑)

【例】*Destruction* pursues the great. 树大招风。

application [ˌæpliˈkeiʃən] *n.* 申请，申请书；施用，涂抹；应用，实施；实用性

【例】Their refugee *applications* have been turned down. 他们申请难民的请求被拒绝了。//the *applications* of genetic engineering in agriculture 基因工程在农业中的应用

impatient [im'peiʃənt] *adj.* 不耐烦的，急躁的

【记】词根记忆：im(不，无)+patient(耐心的)→不耐烦的

【例】an *impatient* answer 不耐烦的回答

logic ['lɔdʒik] *n.* 逻辑，推理，逻辑学

【记】词根记忆：log(言语，思维)+ic→说话需要逻辑性

【例】Statistics and *logic* are both challenging subjects. 统计学和逻辑学都是具有挑战性的学科。(2011.6)

negotiate [ni'gəuʃieit] *v.* 洽谈，协商，谈判；顺利通过，成功越过

词源 在谈判过程中，人常常会紧张，negotiate源自拉丁文negotiem，neg-作为词缀有否定的意思，tiem=ease，字面理解就是“not at ease”紧张。

【例】*negotiate* a peace treaty 议订和约 //Bill swung the steering-wheel round to *negotiate* a corner. 比尔转动方向盘顺利通过了拐角处。//He said the report was aimed at world leaders, who will meet in Copenhagen in December to *negotiate* a new international climate treaty. 他说，这份报告是针对世界各国的领导人的，他们将于12月在哥本哈根会晤，商讨新的国际气候条约。(2011.6)

germ [dʒəːm] *n.* 微生物，细菌；幼芽

【记】本身就是词根：种子，引申为微生物，细菌

whisper ['wispə] *n./v.* 低声讲；低语

【记】联想记忆：whi(看作who)+sper(看作speaker)→谁在小声说话→耳语，低声

【例】I saw Peter *whisper* something to Michael. 我看见彼得跟迈克尔耳语着什么。

withdraw [wið'drɔː] *v.* 收回，撤回；撤退

【记】词根记忆：with(向后)+draw(拉)→向后拉扯→撤退，收回

【例】Troops would be *withdrawn* from Vietnam. 军队将从越南撤出。

aspect ['æspekt] *n.* 方面；(建筑物的)朝向、方向；样子，外表

【记】词根记忆：a(加强)+spect(看)→仔细看一个东西的外表

【例】The most important *aspect* of Howard's work is dealing with people. 霍华德工作中最重要的方面是与人打交道。

【辨】**aspect, face, side**

aspect指事物或问题的特定方面；face通常指人的脸面及物的表面；side则相对于另一面而言。

require [ri'kwaiə] *vt.* 需要；要求，命令

【记】词根记忆：re+quire(追求)→需要

impatient	logic	negotiate	germ	whisper	withdraw
aspect	require				

【例】Roger has failed to complete four *required* courses. 罗杰有四门必修课没有修完。

【辨】**require, request, need, demand**
require较正式，指要求遵守规则等；request比较客气地表达需求；need则口语化一些；demand指命令，有时语气会很硬。

beam [biːm] *n.* 梁，横梁；束，柱；笑容，喜色 *v.* 面露喜色；定向发出（无线电信号等），播送

【记】联想记忆：be+am→做我自己，成为国家的栋梁→大梁

【例】a laser *beam* 激光束 //Simon *beamed* his approval of the new idea. 西蒙微笑着表示赞同这个新主意。

smash [smæʃ] *v.* （使）粉碎，（使）打烂；狠打，猛击；使破灭，使失败；猛撞，猛冲 *n.* 破碎（声）；猛击，猛撞；轰动的演出，巨大的成功

【例】Justin *smashed* his fist down on the table. 贾斯廷一拳猛砸在桌子上。//a box-office *smash* 票房大获成功

【题】A window in the kitchen was ______; there was rubbish everywhere, and the curtains and carpets had been stolen.（1996.6）

A）scattered B）scraped C）scratched D）smashed

【解】选D。scatter：驱散，散开；scrape：擦，刮去；scratch：抓，刮，擦。

responsible [riˈspɔnsəbəl] *adj.* 需负责任的，承担责任的；有责任感的，可靠的；责任重大的，重要的

【记】词根记忆：re+spons（约定）+ible→遵守约定→有责任感的

【例】Bruce still felt *responsible* for his wife's death. 布鲁斯仍然觉得自己对妻子的死负有责任。//As a manager, Tiffany is *responsible* for interviewing applicants for some of the positions with her company. 作为经理，蒂芬妮负责与公司同事一起面试一些职位的应聘者。（2009.6）

accompany [əˈkʌmpəni] *vt.* 陪伴，陪同，伴随；为…伴奏（或伴唱）

【记】联想记忆：ac（加强）+company（公司；陪伴）→陪伴，伴随

【例】The text is *accompanied* by a series of wonderful photographs. 这篇文稿附有一系列精美的照片。

affection [əˈfekʃən] *n.* 感情；爱，爱慕

【例】The couple have developed a genuine *affection* for each other. 这对夫妇彼此有了一种真正互相爱慕的情怀。

detail [ˈdiːteil] *n.* 细节，枝节，零件 *vt.* 详细说明

【记】联想记忆：de（去掉，离开）+tail（尾巴）→去掉尾巴→细枝末节的改动

【考】in detail 详细地；go into detail(s) 详细叙述，逐一说明

【例】I haven't had time to look at the plans *in detail* yet. 我还没有时间详细地审视该计划。//The report *details* the progress we have made over the last year. 报告详细描述了我们在去年取得的进步。// Compared with television, newspapers as an advertising medium convey more *detailed* messages. 与电视相比，报纸这种广告媒介能够传递更详细的信息。(2008.6)

commercial [kəˈməːʃəl] *adj.* 商业的，商务的；商品化的，商业性的

【记】来自commerce(商业)+ial(…的)→商业的

【例】They have proven themselves to be of great *commercial* value. 他们已经证明了自己拥有巨大的商业价值。

efficiency [iˈfiʃənsi] *n.* 效率；功效，效能

【记】词根记忆：ef(出)+fic(做)+iency→效率；效能，功效

【例】the *efficiency* of the train service 铁路运输服务的效率

organization [ˌɔːgənaiˈzeiʃən] *n.* 组织，团体，机构

whistle [ˈwisəl] *n.* 口哨；呼啸而过 *v.* 吹口哨，鸣笛声；呼啸而过

【记】联想记忆：w+hist(嘘)+le→嘘声，吹口哨；发音记忆："猥琐"→对女孩子吹口哨很猥琐

【例】The football referees blew the *whistle* when a foul was made. 出现犯规时，足球裁判鸣哨示意。//The policeman *whistled* for the motorcar to stop. 警察鸣警笛令汽车停下。

injury [ˈindʒəri] *n.* 损害，伤害，受伤处

refugee [ˌrefjuˈdʒiː] *n.* 难民

【记】词根记忆：re(向后)+fug(逃走)+ee(人)→战争中往后方逃离的民众→难民

【例】For most of the *refugees*, the thought of going back brings mixed emotions. 对大部分难民来说，想到要回归故里他们百感交集。(2007.6)

embarrass [imˈbærəs] *vt.* 使窘迫，使为难

【记】联想记忆：em+barr(看作bar酒吧)+ass(蠢驴)→在酒吧喝醉了表现得像一头驴→尴尬

【例】I hope I didn't *embarrass* you in front of your friends. 我希望没有让你在

commercial	efficiency	organization	whistle	injury	refugee
embarrass					

朋友面前出丑。//Needless to say, I felt very *embarrassed* in assuming he had his dates mixed up. 不用说，认为他搞错了日期这件事让我感到非常尴尬。(2009.6)

inhabitant [inˈhæbitənt] *n.* 居民，住户

【记】联想记忆：in+habit(习惯)+ant(人)→习惯居住于此→居民，住户

province [ˈprɔvins] *n.* 省；领域，范围

collective [kəˈlektiv] *adj.* 集体的，集合性的 *n.* 团体，集体

【例】Let's work together to pursue our *collective* goal. 让我们为了共同的目标而一起努力吧！

ruin [ˈruːin] *n.* 毁灭；[*pl.*]废墟 *vt.* (使)毁坏

【记】联想记忆：大雨(rain)毁坏了(ruin)庄稼

【考】in ruins 成废墟

【例】We could not let the box of rats *ruin* our lives. 我们不能让这箱老鼠毁了我们的生活。

resist [riˈzist] *v.* 抵抗，反抗，抵制；抗(病等)，耐(热等)；忍住，拒受…的影响

【记】词根记忆：re(反)+sist(站)→站在对立面→抵抗，反抗

【例】Few people can *resist* the temptation of money. 很少有人能够抵抗住金钱的诱惑。(2011.12)

genius [ˈdʒiːniəs] *n.* 天才，天赋，天资；天才人物

【记】词根记忆：gen(=gene基因)+i+us→基因好的人→天才

词源 genius为希腊神话中的一种守护精灵，每个人从出生的时候起，身边就伴随着一个守护精灵，他不但引导此人的命运，而且左右人的个性。后来genius的词义逐渐转变为“天生智慧很高的人”。

quotation [kwəuˈteiʃən] *n.* 引文，引语，语录；报价，牌价，行情

【记】来自quote(*v.* 引用)

【例】a *quotation* from the *Bible*《圣经》语录 //market *quotation* 市场行情

hut [hʌt] *n.* 小屋，棚屋

community [kəˈmjuːniti] *n.* 社区，社会，公社；团体，界；(动植物的)群落

【记】联想记忆：com+muni(服务)+ty→为大家服务→社区，团体

【例】Shelly will be a lot more involved in the *community*. 谢利将更多地投身于社区中。

inhabitant	province	collective	ruin	resist	genius
quotation	hut	community			

isolate [ˈaisəleit] *vt.* 使隔离，使孤立

【记】词根记忆：i+sol(孤独的)+ate(作)→使孤立

词源 岛总是和大陆隔离才称其为岛。作“隔离”或“孤立”解的isolate一词的词源正是表示“岛”的意大利语isola和拉丁语insula。

【考】isolate...from.../be isolated from... 与…隔离

【例】The little girl *was isolated from* her family because of SARS. 小女孩因为非典与家人隔离了。

whoever [huːˈevə] *pron.* 谁；无论谁，不管谁；究竟是谁

【题1】We agreed to accept ______ they thought was the best tourist guide. (2000.1)

A) whatever B) whomever C) whichever D) whoever

【解】选D。whoever既作accept的宾语，又是宾语从句中的主语。句意：我们同意接受那个他们认为是最好的导游。whatever：无论什么；whomever：whoever的宾格；whichever：无论哪一个。

【题2】They always give the vacant seats to ______ comes first. (2002.12)

A) whoever B) whomever C) who D) whom

【解】选A。空格处所填关系代词应在从句中作主语，在主句中充当to的宾语，即可排除其余三项。句意：他们把空座给任何先到的人。

snap [snæp] *v.* (使)咔嚓折断，(使)啪地绷断；(使)吧嗒一声(关上或打开)；猛咬；厉声说话，怒声责骂 *n.* 吧嗒声；快照 *adj.* 仓促的，突然的

【考】snap at 猛咬；厉声说话，怒声责骂；snap up 抢购

【例】Evan *snapped at* his brother for no reason. 埃文无缘无故地责骂他弟弟。//*Snap* decisions are not always the best decisions. 仓促的决定通常不是最好的决定。//Daniel *snapped* the pencil in two and gave me a piece. 丹尼尔把铅笔折成两段，给了我一截。

ache [eik] *vi.* 疼痛；渴望 *n.* 疼痛

【例】I'm *aching* for sleep. 我好想睡觉。

【辨】**ache, pain**

ache所指程度较轻，常指局部持续不断的疼痛且常和身体名称相连，如 toothache(牙疼)；pain为普遍用词，可指任何类型和程度的疼痛。

optical [ˈɔptikəl] *adj.* 眼的，光学的，视觉的

【记】词根记忆：opt(视力)+ical(…的)→视觉的

【例】The *optical* effects and sound effects of the movie are good. 这部电影的视觉效果和音响效果都不错。

alarm [əˈlɑːm] *n.* 惊恐，忧虑；警报 *vt.* 使惊恐；使担心

【记】联想记忆：al+arm(武器)→受了惊吓，拿起武器→惊恐

词源 旧时意大利哨兵发现敌人袭击时常呼喊all'arme，意思是"准备战斗"。这个词后来变成alarm，词义也由"准备战斗"转为"突然袭击"，而后又引申为"惊慌，警报"。

【例】Thus, time and time's relativity are measurable by any hourglass, *alarm* clock, or an atomic clock that can measure a billionth of a second. 因此，时间及其相对性可以通过沙漏、闹钟或者精确到十亿分之一秒的原子钟来测量。(2011.6)

wholly [ˈhəuli] *adv.* 完全地，全部地

【例】a *wholly* satisfactory solution 一个完全令人满意的解决方案

semester [siˈmestə] *n.* 学期

【记】联想记忆：seme(看作semi半)+s+ter(看作term学期)→半学期

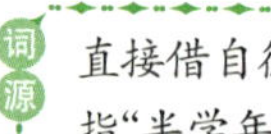

词源 直接借自德语semester，德语又源于拉丁语semestris，在德语中原指"半学年"，但进入美国英语后，往往指三或四个月长的学期。

impress [imˈpres] *vt.* 给…深刻印象；印，压印

【记】词根记忆：im(进入)+press(压)→压进去→压印

【考】impress...on 在…中留下印象

【例】Father *impressed on* the child the value of hard work. 父亲让孩子铭记艰苦劳动的价值。//When advertisers create a brand, for example, they want to *impress* consumers with the brand and its image. 举例来说，当广告商要创建一个品牌时，他们希望这个品牌及其品牌形象能给消费者留下深刻的印象。(2008.6)

fate [feit] *n.* 命运，天数

【例】We still don't know the *fate* of the plane's passengers. 我们仍然不知道那架飞机上的乘客的命运如何。

【辨】**fate, fortune, luck**

fate强调不可抗拒的由神灵所安排的不幸结局；fortune带宗教色彩，可指好运或坏运；luck较口语化，常指好运。

resistant [ri'zistənt] *adj.* 抵抗的，抗…的，耐…的

【考】resistant to 抵抗的，抗…的，耐…的

【例】Their managers were *resistant to* new techniques. 他们的经理抵制新技术。

maximum ['mæksiməm] *n.* 最大量，顶点 *adj.* 最大的，最高的，顶点的

【记】词根记忆：max(大，高)+imum→最高的

【例】We should make *maximum* use of the resources available. 我们应该最大限度地利用现有资源。//You have to do the exercises every day for *maximum* effect. 为了达到最大效果，你必须每天锻炼。

wicked ['wikid] *adj.* 坏的，令人厌恶的；淘气的，顽皮的

【例】I want to complain about this *wicked* man. 我要投诉这个缺德的男人。

【辨】**wicked, bad, evil**

wicked指居心不良，程度比evil强；bad为普通用语，可以用来修饰任何事物或人；evil坏的程度比较深，尤指道德上的罪恶。

possess [pə'zes] *vt.* 占用，拥有

【记】联想记忆：poss(看作boss老板)+ess(存在)→老板占有很多财产→具有，拥有

【例】The thought of getting rich *possessed* him. 他整天想着发财。

widen ['waidn] *v.* 加宽，变宽

【例】Bad traffic conditions made it necessary to *widen* streets. 糟糕的交通状况使拓宽马路成为必要。

widespread ['waid'spred] *adj.* 分布广的，普遍的

【记】组合词：wide(宽广的)+spread(传播，分布)→分布广的

【例】Many experts think that we are on the edge of a *widespread* water crisis. 许多专家认为，我们正面临着大范围的用水危机。

active ['æktiv] *adj.* 活跃的，积极的；主动的；起作用的

【例】We're taking *active* steps to deal with the problem. 我们正采取积极措施解决这个问题。//The virus is *active* even at low temperatures. 这种病毒即使在低温下也很活跃。

beard [biəd] *n.* 胡须，络腮胡子

【记】联想记忆：bear(熊)+d→像熊一样毛茸茸的→胡须

resistant	maximum	wicked	possess	widen	widespread
active	beard				

【例】Except for the *beard*, Paul hasn't changed in fifty years. 除了有胡须以外，保罗五十年来没什么变化。

classification [ˌklæsifiˈkeiʃən] *n.* 分类，分级，分类法；类别，级别

【记】来自classify(*v.* 把…分类)

postage [ˈpəustidʒ] *n.* 邮费，邮资

【记】词根记忆：post(邮政)+age(费用)→邮费，邮资

widow [ˈwidəu] *n.* 寡妇

【记】联想记忆：那个寡妇(widow)每天从窗口(window)眺望，神情落寞

【例】Jane has been a *widow* for ten years. 简已经守寡十年了。

accidental [ˌæksiˈdentl] *adj.* 偶然的，意外的

【例】*accidental* death 意外死亡

happen [ˈhæpən] *vi.* 发生；碰巧，恰好

【考】happen to 偶然发生

【例】I *happened to* be out when Tom called. 汤姆来访时，我恰巧出去了。

【辨】**happen, occur, take place**

happen和occur都表示偶然发生且没有准备，occur更正式，常指具体事件的发生；take place则带有事先安排好的意味。注意：happen to意为降临到…头上，而occur to sb. 指某人想到…，想起…。

element [ˈelimənt] *n.* 成分，要素，元素；[*pl.*]基础，纲要；自然力

【记】联想记忆：e+lemen(看作lemon柠檬)+t→柠檬是水果的一种→要素，成分

【例】Honesty, industries and kindness are *elements* of a good life. 诚实、勤劳和善良是幸福生活的要素。//Capital was a key *element* in our decision making. 资金是影响我们决策的重要因素。

era [ˈiərə] *n.* 时代，年代，纪元

【记】联想记忆：反过来拼写are(是)

【辨】**era, age, times, period**

era和age一般可互换，都指以重大事件或重要人物为标志的时代，但age更为具体；times指一般情况下的一段历史时间范畴；period范围最广，可指任何目的、任意长短的时间范围。

arise [əˈraiz] *vi.* 出现；由…引起；起身，起床

【记】词根记忆：a+rise(出现，上升)→出现

【考】arise from 从…中产生，由…而引起

□ classification	□ postage	□ widow	□ accidental	□ happen	□ element
□ era	□ arise				

【例】Many conflicts *arise* between parents and their kids. 父母和孩子之间会出现许多矛盾。(2008.12)

【辨】**arise, rise, raise, arouse**

arise不及物，抽象，指向上的运动，语义窄；rise不及物，具体；raise及物，指提高、养育；arouse及物，抽象，通常指唤醒某人或唤起情感。

poem [ˈpəuim] *n.* 诗

explosive [ikˈspləusiv] *n.* 炸药 *adj.* 爆炸的；极易引起争论的

【例】plastic *explosive* 塑性炸药 //Because the gas is highly *explosive*, it needs to be kept in high-pressure containers. 由于这种气体是易爆物，因此它需要在高压容器中保存。

width [widθ] *n.* 宽阔，广阔，宽度

【例】It's about six metres in *width*. 宽大约六米。

grammar [ˈgræmə] *n.* 语法(书)

【记】词根记忆：gram(书写)+mar(物)→语法(书)

wisdom [ˈwizdəm] *n.* 智慧，才智；名言

【记】联想记忆：wis(看作wise聪明的)+dom(表状态)→智慧

【例】The past is for *wisdom*, the present for action, but for joy the future. 过去是为了求取知识，现在是为了付诸行动，而未来是为了享受欢乐。

insult [inˈsʌlt] *vt.* 侮辱，凌辱

[ˈinsʌlt] *n.* 侮辱；损伤

【记】联想记忆：in(在…内)+sult(看作salt盐)→灌盐水→侮辱；参考：consult (*v.* 商量，请教)

【例】You have no license to *insult* anybody. 你没有权利辱骂任何人。

【辨】**insult, shame**

insult是指通过语言或行为进行人身攻击、侮辱，对象不能接受；shame指使某人感到羞愧、耻辱，对象能接受并愿改正。

freight [freit] *n.* 货运，货物，运费 *vt.* 运送(货物)

【记】联想记忆：f+reight(看作weight重量)→运费一般是按照货物的重量计算→运费

【例】air *freight* 航空货运 //sea *freight* 航海货运

physical [ˈfizikəl] *adj.* 身体的；物理(学)的；物质的，有形的

【记】词根记忆：physic(医学)+al(…的)→身体的

【例】*physical* constitution 体格 //the *physical* world 物质世界// *Physical* punishment, once accepted from any adult, is no longer appropriate. 曾经广为成年人所实施的体罚，现在已经不合适了。(2008.12)

conversely [ˈkɔnvəːsli] *adv.* 相反(地)

【记】词根记忆：con+verse(转)+ly→转过去→相反地

wit [wit] *n.* 风趣，妙语；[*pl.*]智力，才智，智能

【记】联想记忆：运用才智(wit)取胜(win)

【例】A book full of the *wit* and wisdom of the president's 30 years in politics is popular now. 现在流行的一本书是关于总统30年从政生涯的，书中充满了智慧。

location [ləuˈkeiʃən] *n.* 位置，场所；(电影的)外景拍摄地

hostile [ˈhɔstail] *adj.* 敌方的，不友善的

【记】联想记忆：host(主人)+ile→鸿门宴的主人→敌对的，敌意的

【例】*hostile* feeling 敌意//People of that small town were said *hostile* towards outsiders. 据说那个小镇上的人对外来者不友好。

reject [riˈdʒekt] *vt.* 拒绝；拒纳，退回；摈弃

[ˈriːdʒekt] *n.* 被拒货品，不合格产品

【记】词根记忆：re(反)+ject(扔)→被扔回来→拒绝，退回

【例】I was afraid that you would *reject* me. 我怕你会拒绝我。

purchase [ˈpəːtʃəs] *vt.* 买，购买 *n.* 购买，购买的物品

【记】联想记忆：pur+chase(追逐)→为了得到紧俏的商品而竞相追逐→购买的物品

【题】I cannot give you _______ for the type of car you sell because there is no demand for it in the market. (1993.6)

A) an expense B) a charge C) a purchase D) an order

【解】选D。give an order：下订单，订购。expense：费用，常用作pay one's expense(支付费用)；charge：价值，价钱，常用作make a charge(收取费用)；purchase：购买，常用作make a purchase(购买)。

Word List 34

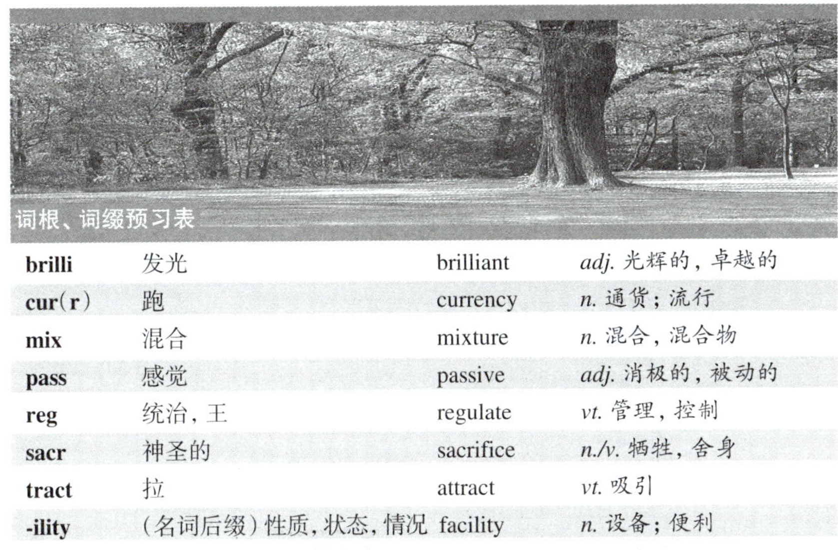

brilli	发光	brilliant	*adj.* 光辉的，卓越的
cur(r)	跑	currency	*n.* 通货；流行
mix	混合	mixture	*n.* 混合，混合物
pass	感觉	passive	*adj.* 消极的，被动的
reg	统治，王	regulate	*vt.* 管理，控制
sacr	神圣的	sacrifice	*n./v.* 牺牲，舍身
tract	拉	attract	*vt.* 吸引
-ility	（名词后缀）性质，状态，情况	facility	*n.* 设备；便利
-ism	（名词后缀）某种信仰者	socialism	*n.* 社会主义

jewel [ˈdʒuːəl] *n.* 宝石，宝石饰物

determination [diˌtəːmiˈneiʃən] *n.* 决心，决定；确定

【例】*Determination* and hard work led Sanders from poverty to success. 决心与苦干让桑德斯摆脱了贫困走向成功。// It requires *determination* and courage to complete the project. 完成这个项目需要决心和勇气。

preliminary [priˈliminəri] *adj.* 预备的，初步的

n. [常*pl.*]初步做法，起始行为

【记】词根记忆：pre（预先）+limin（看作lumin光）+ary→预先透光的→预备的

【例】a *preliminary* trial 初审 //The leader spent a long time on polite *preliminary*. 那位领导在开始时讲了很长时间的客套话。

withstand [wiðˈstænd] *vt.* 抵挡，反抗

【记】联想记忆：with（与…在一起）+stand（站）→武警官兵手拉手站在一起抵挡洪流

【例】This ship was built to *withstand* a typhoon. 这艘船被建造得能抵御台风。

insect ['insekt] *n.* 昆虫，虫

【记】词根记忆：in+sect(切割)→昆虫是节肢动物→昆虫

insect

civil ['sivəl] *adj.* 公民的，文职的；民用的，民事的，民法的；文明的

【记】联想记忆：讲文明(civil)就不能邪恶(evil)

【例】*civil* servants 公务员 //It wasn't very *civil* of you to sit down without being invited. 你这样未经邀请就坐下来不太礼貌。

scrape [skreip] *v.* 刮，擦 *n.* 刮，擦，刮擦声

【记】联想记忆：scrap(碎屑)+e→碎屑是被刮下来的

【考】scrape by/through 勉强通过；scrape together/up 费力地获得

【题】It took us only a few hours to ______ the paper off all four walls.(2000.1)

A) shear B) scrape C) stroke D) chip

【解】选B。shear：剪；stroke：轻抚；chip：使有缺口。

blast [blɑːst] *n.* 爆炸，冲击波；一阵(疾风等) *vt.* 炸

【例】a *blast* of cold air 一阵凉风 //They were trying to *blast* open an entranceway. 他们正尽力炸开一个入口。

witness ['witnis] *n.* 证据；目击者，证人 *vt.* 目击；为…作证，证明

【例】One *witness* to the accident said the driver appeared to be drunk. 一名事故目击证人说司机像是喝醉了。//None could *witness* he was present at that time. 没有证据可以证明他当时在场。

melt [melt] *v.* (使)融化；(使)溶化；(使)消散

【例】The sun *melted* the fog. 日出雾散。

scream [skriːm] *vi.* 尖叫，呼啸 *n.* 尖叫声

【记】联想记忆：孩子们见到钟爱的冰激凌(ice-cream)立刻兴奋得尖叫(scream)起来

scream

OH YEAH~! I'M LOVIN' IT!!

WELCOME

McDonald's ICE-CREAM

hopeless ['həuplis] *adj.* 没有希望的，绝望的

【例】Getting the work published seems a *hopeless* task. 发表这篇作品似乎是项不可能完成的任务。

wolf [wulf] *n.* 狼

【例】*Wolves* kill sheep and sometimes even attack men. 狼吃羊，有时候甚至攻击人类。

insect	civil	scrape	blast	witness	melt
scream	hopeless	wolf			

sacrifice [ˈsækrifais] *n./v.* 牺牲，舍身；献祭，供奉；祭品

【记】词根记忆：sacr（神圣的）+i+fic（做）+e→牺牲是神圣的做法→牺牲

【例】They make many personal *sacrifices* in exchange for income today. 如今，为了换取收入，他们做出了很大的个人牺牲。（2010.12）

forge [fɔːdʒ] *vt.* 打制，锻造；伪造

【记】发音记忆："仿制"→伪造，锻造

【例】Our task was now to *forge* a new brand. 我们的目标是打造一个新品牌。

lover [ˈlʌvə] *n.* 爱好者，情人

connection [kəˈnekʃən] *n.* 联系，（因果）关系；连接（部分），衔接，连贯性；[*pl.*]熟人，关系（户）

【考】in connection with 关于，与…有关系；make a connection with sb. 与某人建立联系；have a connection with 与…有关系

【例】They will sever the *connection* as soon as possible. 他们将尽快脱离关系。//We *have* good *connections in* the advertising industry. 我们在广告业有很多熟人。

possession [pəˈzeʃən] *n.* 有，所有；[*pl.*]所有物

【例】The man wants to leave all his *possessions* to charity. 这个人想把自己所有的东西都留给慈善团体。

wool [wul] *n.* 羊毛；毛线，绒线

【例】a pure *wool* shirt 纯羊毛衫

identical [aiˈdentikəl] *adj.* 完全相同的，同一的

【记】来自identic（*adj.* 同一的）

【考】identical to/with 相同的，相等的；与…一样

【辨】**identical, same, similar, equal, uniform**

identical指严格意义上的相同；same泛指相似或相近；similar表示类似；equal指数量、大小、价值等的相同；uniform指风格、样式的一致。

【题】The jobs of wildlife technicians and biologists seemed ________ to him, but one day he discovered their difference.（2001.6）

A）identical　B）vertical　C）parallel　D）specific

【解】选A。vertical：垂直的，直立的；parallel：平行的；specific：详细而明确的，确切的。

preceding [pri(ː)ˈsiːdiŋ] *adj.* 在前的，在先的，前面的

【记】词根记忆：pre（…前）+ced（行走）+ing→走在前面的

sacrifice	forge	lover	connection	possession	wool
identical	preceding				

【例】The troop had already left at the *preceding* night. 军队在前一晚就离开了。//The earthquake broke out with heavy death during the *preceding* year. 去年，地震爆发了，伤亡惨重。

workshop [ˈwəːkʃɔp] *n.* 车间，工场，创作室；研讨会，讲习班

【例】They held a number of *workshops* and seminars. 他们召开了很多研讨会。//Doug is another supervisor who attended one of my *workshops*. 道格是另一位参加了我的一个讲习班的主管。(2009.6)

entry [ˈentri] *n.* 入口处，登记，进入；参赛者名单；条目

【记】来自enter(*v.* 进入)

【例】a dictionary *entry* 字典词条

digest [diˈdʒest] *vt.* 消化，领会

[ˈdaidʒest] *n.* 文摘

【记】词根记忆：di(分开)+gest(运)→分开运送→消化，领会；参考：*Reader's Digest*《读者文摘》

【题】Why should anyone want to read ________ of books by great authors when the real pleasure comes from reading the originals? (1997.6)

A) themes　　B) insights　　C) digests　　D) leaflets

【解】选C。句意：既然真正的乐趣来自阅读原著，那么为什么会有人愿意读名著的摘要呢？theme：主题；insight：见解力，洞察力；leaflet：传单，小册子。

rate [reit] *n.* 速度，进度；比率，率；价格，费 *v.* 对…估价，评估；给…定级，把…列为；值得，应得；被评价，被列入特定级别

【考】at any rate 无论如何，至少；at this rate 照这种情形，既然这样；at a rate of 以…的速度/比率

【例】*At any rate*, you really ought to talk to your parents. 不管怎样，你都应该和你父母谈一谈。//people who pay tax *at the highest rate* 纳税最多的人 //We *rated* the novel excellent. 我们认为这是本优秀的小说。

【题】The nation's population continues to rise ____________ (以每年1200万人的速度). (2006.12)

【解】at a speed/rate of 12 million per year

define [diˈfain] *vt.* 给…下定义，限定

【记】词根记忆：de(加强)+fin(范围)+e→划定范围→给…下定义，限定

【例】Each of us might *define* the concept of freedom in a slightly different way. 我们每个人对自由的定义都会稍微有所不同。

【题】Nothing ______ humans so much as our ability to communicate abstract thoughts. (2006.12)

A) combines B) contains C) defines D) declares

【解】选C。句意：没有什么能像我们交流抽象思想的能力那样准确地给人类下定义。combine：联合；contain：包含；declare：断言。

fulfill [ful'fil] *vt.* 履行，实现，完成；满足，使满意

【记】联想记忆：ful(看作full充满的)+fill(装满)→做得圆满→履行，实现

【例】Schools should *fulfill* the needs of poor children, giving them a chance to study. 学校应该满足贫困孩子的需求，给他们学习的机会。

generous ['dʒenərəs] *adj.* 慷慨的，宽厚的；大量的

【记】词根记忆：gener(产生)+ous(…的)→产生很多的→慷慨的

【题】He made such a ______ contribution to the university that they are naming one of the new buildings after him. (1993.6)

A) genuine B) minimum C) modest D) generous

【解】选D。句意：因为他曾为这所大学作出很大贡献，所以人们准备将一座新建筑物以他的名字命名。genuine：真正的，诚恳的；minimum：最小的，最低的；modest：谦逊的，谦让的。

owner ['əunə] *n.* 物主，所有人

passive ['pæsiv] *adj.* 被动的，消极的

【记】词根记忆：pass(感觉)+ive(…的)→没感觉的→被动的，消极的

【例】It assumes we're all vulnerable and *passive* in the face of adversity. 一般人认为在不幸面前我们都是脆弱和消极的。

chaos ['keiɔs] *n.* 混乱，紊乱

【记】发音记忆：chao(拼音"吵")+s(音似：死)→吵死啦，一片混乱

【例】My room was caused *chaos* by the children. 我的房间被孩子们弄得凌乱不堪。

workman ['wəːkmən] *n.* 工人，劳动者，工匠

【例】skilled *workman* 技术熟练的工人

motive ['məutiv] *n.* 动机，目的

【记】词根记忆：mot(移动)+ive→移动的目的→动机

【例】Anyone could not find an adequate *motive* in doing this. 任何人都找不到做这件事的足够动机。

attract [ə'trækt] *vt.* 吸引，引起…注意

【记】词根记忆：at(加强)+tract(拉)→拉过来→吸引

fulfill	generous	owner	passive	chaos	workman
motive	attract				

【例】Newsweeklies, women's titles, and business magazines have all seen increases in advertising because they *attract* the high-end market. 新闻周刊、女性刊物和商业杂志均吸引高端市场，因此刊登在这些杂志上的广告也呈现增长趋势。(2008.6)

revise [riˈvaiz] *v.* 修订，修改；复习

【记】词根记忆：re+vis(看)+e→反复看→修订，复习

【例】I've got to *revise* my plan because of the delay. 由于延期，我必须修改我的计划。

senate [ˈsenit] *n.* 参议院，上院

【记】词根记忆：sen(老的)+ate(表人、职位)→资格老的人组成的领导班子→上院

词源：今天某些西方国家的参议院乃起源于古罗马的元老院。元老院在拉丁语中名为senatus。senatus是从senex "old (man)"派生出来的，故含有"老人班子"(council of elders)之意。

observe [əbˈzəːv] *vt.* 注意到，观察；评说；遵守

【记】词根记忆：ob(逆，反)+serv(服务)+e→不予以服务却只是评说

【例】The patients need to be *observed* over a period of several months in hospital. 病人需要留院观察数月。

alcohol [ˈælkəhɔl] *n.* 酒精，乙醇

词源：该词源自埃及绝世美人克娄巴特拉(Cleopatra)的化妆品alkohl，这一化妆品的提制过程类似酒精分馏法，故后来转义为酒精。

settlement [ˈsetlmənt] *n.* 解决，协议；居留地

【例】Luke is looking for a way for the *settlement*. 卢克正在寻求解决方法。

radar [ˈreidə] *n.* 雷达

【记】发音记忆："雷达"

gum [gʌm] *n.* 口香糖，树胶

【例】chewing *gum* 口香糖

worm [wəːm] *n.* 虫，蠕虫

【例】The early bird catches the *worm*. 早起的鸟儿有虫吃。

grip [grip] *vt.* 握紧，抓牢；吸引住…的注意力 *n.* 紧握

【考】come/get to grips (认真)对付(或处理)

revise	senate	observe	alcohol	settlement	radar
gum	worm	grip			

【例】Panic suddenly *gripped* me when it was my turn to speak. 轮到我讲话时我突然感到惊恐不已。

optimistic [ˌɔptiˈmistik] *adj.* 乐观的，乐观主义的

【记】词根记忆：optim(最好)+istic(…的)→什么都往最好处想的→乐观的

【题】He is ______ about his chances of winning a gold medal in the Olympics next year. (2000.1)

A) optimistic B) optional C) outstanding D) obvious

【解】选A。optional：可选择的，随意的；outstanding：突出的，显著的；obvious：明显的，显而易见的。

nature [ˈneitʃə] *n.* 大自然；本性；性质

【记】词根记忆：nat(出生的)+ure(表状态)→本性

【例】It is my profound belief that not only do we all need *nature*, but we all seek *nature*, whether we know we are doing so or not. 我深信，我们不仅需要自然，而且我们每个人也在寻觅着自然，不管我们是否知道。(2010.12)

brilliant [ˈbriliənt] *adj.* 光辉的，卓越的

【记】词根记忆：brilli(发光)+ant(…的)→发光的→光辉的

【例】We adore him for his honesty and *brilliant* diplomatic accomplishment. 我们因他的正直和卓越的外交成就而敬重他。

【辨】**brilliant, colorful, prosperous**

brilliant光辉的，明亮的；colorful华美的；prosperous繁荣的

worldwide [ˈwəːldˌwaid] *adj.* 遍及全球的

【例】Sadness over her death was *worldwide*. 对于她的死，全世界都很悲痛。

inferior [inˈfiəriə] *adj.* 下等的，劣等的 *n.* 下级，下属

【记】联想记忆：infer(推断)+ior→推断的东西是次要的，事实才是依据→下等的

【考】(be) inferior to 比…差的，比…地位低的

【题】Their products are frequently overpriced and ______ in quality. (2002.6)

A) influential　B) inferior　C) superior　D) subordinate

【解】选B。句意：他们的产品经常标价过高，质量还不好。influential：有影响的，有权势的；superior：优良的，优越的，上级的；subordinate：次要的，下级的，隶属的。

audio [ˈɔːdiəu] *adj.* 听觉的，声音的

【记】词根记忆：audi(听)+o→听觉的

circulate [ˈsəːkjuleit] *v.* (使)循环，(使)流通；(使)流传，散布，传播

【记】词根记忆：circ(圆)+ul+ate(做)→绕圈走→循环

【例】We open the window to allow the air to *circulate*. 我们开窗使空气流通。//Rumours began *circulating* that the Prime Minister was seriously ill. 有关首相病危的谣言四下传播开来。

abandon [əˈbændən] *vt.* 离弃，丢弃；遗弃，抛弃；放弃 *n.* 放任；狂热

【记】联想记忆：a+band(乐队)+on→一个乐队在演出→放纵自己，抛弃约束

【考】abandon oneself to 纵情于，沉溺于；with abandon 放纵地，放任地；纵情地

【例】They had to *abandon* the car and walk the rest of the way. 他们不得丢下汽车，然后走完剩下的路程。

assist [əˈsist] *vt.* 援助，帮助，协助

【记】词根记忆：as(加强)+sist(站立)→一直站在你旁边→帮助，协助；参考：persist(*v.* 坚持，持续)

【例】Sarah has always been willing to *assist* those who are in need. 萨拉总是很乐意帮助那些需要帮助的人。

pattern [ˈpætn] *n.* 型，式样，模，模型 *vt.* 仿制，使照…样子

【记】联想记忆：pat(轻拍)+tern(燕鸥)→燕鸥轻拍留下图案→式样

【题】In American universities, classes are often arranged in more flexible ________ and many jobs on campus are reserved for students. (1997.6)

A) scales　B) patterns　C) grades　D) ranks

【解】选B。more flexible pattern：更灵活的方式。scale：比例，数值范围；grade：等级，级别；rank：等级，阶级。

index [ˈindeks] *n.* 索引，指数，指标

【记】联想记忆：in(进入)+dex(看作text正文)→索引帮助读者顺利进入正文→索引

worship [ˈwəːʃip] *n.* 礼拜，崇拜；信奉 *vt.* 崇拜

【例】Who can save Nick from his fanatic *worship* of the literature? 谁能将尼克从他对文学的狂热中解救出来呢？//Tom *worshipped* his elder brother. 汤姆崇拜他的哥哥。

fleet [fliːt] *n.* 舰队，船队

【记】联想记忆：舰队(fleet)遇突袭逃跑(flee)

【例】the U.S. seventh *fleet* 美国第七舰队

mixture [ˈmikstʃə] *n.* 混合，混合物

【记】词根记忆：mix(混合)+ture(状态)→混合

【例】Anger is usually caused by frustration or disappointment, or a *mixture* of the two. 愤怒通常是由挫败或失望引起的，或者两者兼而有之。

currency [ˈkʌrənsi] *n.* 通货，货币；通行，流行

【记】词根记忆：curr(跑)+ency→正在跑→通行

【例】foreign *currency* 外币 //You don't need much cash in local *currency* if you have credit card. 如果你有信用卡，就不需要太多当地货币的现金了。

outlet [ˈautlet] *n.* 出口，出路；(感情、精力等)发泄途径(或方法)

【记】来自词组let out (放掉)

【例】Mary needed an *outlet* of her anger. 玛丽需要发泄自己的愤怒。

facility [fəˈsiliti] *n.* [*pl.*]设备；容易，便利

【记】词根记忆：fac(做)+ility(表性质)→设备都是靠人做出来的→设备

【例】sports *facilities* 运动设施//The Shanghai center has 95 employees and graduate students working in a 4,300-square-meter laboratory *facility*. 上海中心有95名员工和研究生，他们在一个4300平方米的实验室中工作。(2007.12)

attorney [əˈtəːni] *n.* 律师，(业务或法律事务上的)代理人

【记】联想记忆：attorn(转让)+ey→帮助进行转让的人→代理人

regulate [ˈregjuleit] *vt.* 管理，控制；调整；调节

【记】词根记忆：reg(统治)+ul+ate(做)→统治并加以管理

【例】I *regulate* a clock for getting up early. 为了早起，我调准了闹钟。

intend [inˈtend] *vt.* 想要，打算，意指；打算使(成为)

【记】联想记忆：in(使)+tend(趋向)→趋向做，打算使(成为)

index	worship	fleet	mixture	currency	outlet
facility	attorney	regulate	intend		

【考】intend... for... (为…)准备，打算使…成为；intend to do/doing sth. 打算

【例】Whoever it is, they will see you in a way you never *intended* to be seen—the 21st century equivalent of being caught naked. 不管是谁，他们都会以一种你绝对不希望的方式观察你——在21世纪，这无异于你赤裸裸地站在别人面前。(2008.6)

brick [brik] *n.* 砖，砖块，砖状物

【记】联想记忆：bri(看作bring产生)+ck(香水品牌)→ck刚出了一款砖块状的小瓶男士香水→砖

measure [ˈmeʒə] *vt.* 量，测量；度量，衡量 *n.* 尺寸；量具，计量单位；量度，测量；[常*pl.*] 措施，办法

【记】词根记忆：meas(测量)+ure→量，测量

【考】beyond measure 无法估计，极度；measure to 合格，符合标准

【例】Our loss in this accident is *beyond measure*. 这次事故给我们造成了无法估量的损失。

claw [klɔː] *n.* 爪，脚爪，螯 *v.* (用爪)抓，撕

rat [ræt] *n.* 鼠

feasible [ˈfiːzəbl] *adj.* 可行的，可能的

【记】联想记忆：f+easi(看作easy容易的)+ble→容易做到的→可能的

【例】It is not *feasible* to build sea defenses to protect against erosion. 在海上建立防卫工事防止侵蚀是不可行的。

CLAW

claw

parcel [ˈpɑːsl] *n.* 包裹，小包，邮包 *v.* 打包

【记】发音记忆："扒手"→扒手专偷包

【考】parcel out 分，分配

【例】The old man died and his possessions were *parceled out* among his children. 老人去世后，他的财产被子女们分了。

worthless [ˈwəːθlis] *adj.* 无价值的，无用的

【例】Constant rejections on his opinion made the manager feel his work *worthless*. 这位经理的意见不断地遭到反对，这让他觉得自己的工作毫无价值。

leap [liːp] *v.* 跳，跃 *n.* 跳跃；骤变

【考】by/in leaps and bounds 极其迅速地；leap at sth. 迫不及待地接受某事物

【例】People watching the performance cheered when the dolphins *leapt* out of the water. 当海豚跃出水面时，观看表演的人都为之欢呼。

brick	measure	claw	rat	feasible	parcel
worthless	leap				

horizon [hə'raizən] *n.* 地平线；[*pl.*] 眼界，见识

【记】联想记忆：ho+riz(音似：rise升起)+on→太阳从地平线上升起

【考】on the horizon 即将发生的；broaden one's horizon 开阔眼界

socialism ['səuʃəlizəm] *n.* 社会主义

【记】来自social(社会的)+ism(主义)→社会主义

The ideals which have lighted my way, and time after time have given me new courage to face life cheerfully have been kindness, beauty and truth.

有些理想曾为我指引过道路，并不断给我新的勇气以欣然面对人生，那些理想就是——真、善、美。

——美国科学家 爱因斯坦(Albert Einstein, American scientist)

Word List 35

词根、词缀预习表

fest	节日；祝宴	festival	*n.* 节日，音乐节
gen, gener	出生，产生	generate	*vt.* 发生，引起
grav	重	gravity	*n.* 重力，引力
plex	重叠，交叉	complex	*adj.* 由许多部分组成的，复合的
port	拿，运	portable	*adj.* 便于携带的，手提式的
quire	追求	acquire	*vt.* 取得，获得
tach	接触	attach	*vt.* 缚，贴
vid, vis	看	invisible	*adj.* 看不见的，无形的
-ery	(名词后缀)场所；行为，状态；行业	gallery	*n.* 画廊，美术馆
-ual	(形容词后缀)(…的)	sexual	*adj.* 性的，两性的

influence [ˈinfluəns] *n.* **影响力，势力；产生影响力的人** *v.* **影响**

【记】联想记忆：in(进入)+flu(流感)+ence→患上流感容易影响别人→影响

【考】influence on/with/upon …的影响

【例】We would not *influence* your choice in any way. 不管怎样，我们都不会影响你做决定。

document [ˈdɔkjumənt] *n.* **公文，文件，证件**

[ˈdɔkjument] *vt.* **用文件等证明，记载**

【例】The photographs *documented* the anguish of the Great Depression. 这些照片记录下了大萧条时期人们经历的苦难。

worthy [ˈwəːði] *adj.* **有价值的，值得的**

【考】be worthy of 值得…，配得上的；worthy to do 值得做…

【例】Jim *wasn't worthy of* breathing the same air as Elizabeth. 吉姆不配与伊丽莎白相提并论。

dot [dɔt] *n.* **点，圆点** *vt.* **打点于**

【记】和pot(*n.* 壶)一起记

heading ['hediŋ] *n.* 标题，题词，题名；[*pl.*]新闻提要

【记】来自head(*n.* 头)

naval ['neivəl] *adj.* 海军的

oxygen ['ɔksidʒən] *n.* 氧，氧气

【记】词根记忆：oxy(氧的)+gen(产生)→氧气

roar [rɔː] *v.* 吼叫，怒号，咆哮；轰鸣；大声喊出，大声表示 *n.* 呐喊声，咆哮声，吼叫声；轰鸣

【记】联想记忆：汽车在路(road)边轰鸣(roar)

【题】The ______ of airplane engines announced a coming air raid. (2003.6)

A) roar B) exclamation C) whistle D) scream

【解】选A。句意：飞机引擎的轰鸣声预示着一次即将来临的空袭。exclamation：惊呼，感叹；whistle：口哨声，汽笛；scream：尖叫声。

fluent ['fluːənt] *adj.* 流利的，流畅的

【记】词根记忆：flu(流动)+ent(…的)→流利的，流畅的

【题】Though he was born and brought up in America, he can speak ______ Chinese. (2001.6)

A) fluid B) smooth C) fluent D) flowing

【解】选C。fluid：流动的，易变的，不稳定的；smooth：平滑的，光滑的，平坦的；flowing：流动着的，(文章)流畅的。

poet ['pəuit] *n.* 诗人

gym [dʒim] *n.* 体育馆，健身房

词源 该词源自希腊语gymnazo(赤身训练)，古希腊运动员训练时要求赤身裸体，据说能使全身最大限度地自由活动，本词源于此。

resign [ri'zain] *v.* 辞职；辞去，放弃；使顺从

【记】词根记忆：re(不)+sign(加上记号)→不加记号→放弃；辞职

【考】be resigned to 使顺从

【例】Since Damon *resigned* last year I've never met him again. 自从达蒙去年离职后，我再也没有见过他。

wrap [ræp] *vt.* 裹，包，捆 *n.* 披肩

【记】联想记忆：w+rap(使着迷)→裹着披肩的女人让人着迷→裹

【例】Spending the whole evening *wrapping* up the Christmas presents made the little boy quite tired. 小男孩整晚都在包圣诞礼物，因此觉得很疲惫。

heading	naval	oxygen	roar	fluent	poet
gym	resign	wrap			

sexual [ˈsekʃuəl] *adj.* 性的，两性的；性别的

【记】来自sex(*n.* 性)

endless [ˈendlis] *adj.* 无止境的

【例】The possibilities are *endless*. 无限可能。//He seems to think that I have an *endless* supply of money. 他似乎觉得我有花不完的钱。

occupation [ˌɔkjuˈpeiʃən] *n.* 占领，占据；职业；(人)从事的活动，消遣

【例】military *occupation* 军事占领 //The old man became bored for lack of *occupation*. 这位老人因无所事事而感到无聊。//Please fill out your name, age and *occupation* in the form. 请在表格中填上你的姓名、年龄以及职业。

extra [ˈekstrə] *adj.* 额外的，特别的 *adv.* 特别地 *n.* 额外的事物，额外费用

【记】本身为词根：额外的，特别的

【题】In order to show his boss what a careful worker he was, he took ________ trouble over the figures. (2000.6)

A) extensive B) spare C) extra D) supreme

【解】选C。take extra trouble over：在…方面下额外的工夫。句意：为了向老板显示自己工作十分仔细，他在数字上下了额外的工夫。extensive：广阔的，大量的；spare：备用的，少量的；supreme：(阶级、地位、权力)至高的，最重要的。

intensive [inˈtensiv] *adj.* 加强的；集中的

【记】来自intense(*adj.* 强烈的)

【辨】intensive, extensive

区分形近词intensive(*adj.* 加强的)和extensive(*adj.* 广泛的)。

【题】The patient's health failed to such an extent that he was put into ________ care. (1998.6)

A) tense B) rigid C) intensive D) tight

【解】选C。put sb. into intensive care：悉心照料某人。句意：这位病人的健康状况恶化到了如此程度，因此被加以精心护理。tense：拉紧的，紧张的；rigid：刚硬的，刻板的；tight：紧身的，密封的。

candidate [ˈkændideit] *n.* 候选人，投考者，申请求职者

【记】联想记忆：can(能)+did(做)+ate→能做实事的人才能当候选人

【例】Nearly one-third *candidates* were students. 报考者中几乎有三分之一是学生。

wreck [rek] *n.* 失事，残骸；精神或身体已垮的人 *vt.* 破坏

【题】The strong storm did a lot of damage to the coastal villages: several fishing boats were ________ and many houses collapsed. (1997.1)

A) wrecked　B) spoiled　C) torn　D) injured

【解】选A。句意：强风给海边村庄造成巨大损失，几艘渔船遭到毁坏，许多房屋倒塌。spoil：损坏，宠爱，溺爱；tear：撕，撕裂；injure：伤害。

aboard [ə'bɔːd] *adv./prep.* 在船(车)上，上船(飞机)

【记】联想记忆：a(在…)+board(甲板)→在甲板上→在船上

【例】You hurry *aboard* and we will go out of here. 你们赶紧上船，我们就要离开这里了。

festival ['festivəl] *n.* 节日，音乐节

【记】词根记忆：fest(节日)+ival→节日

【例】the Spring *Festival* 春节

single ['siŋgəl] *adj.* 单一的，独身的；单程的 *n.* 单程票；[*pl.*](网球等的)单打 *v.* 选出

【考】single out 选出，挑出

【例】You can *single out* one or two books you are interested in. 你可以挑出一两本你感兴趣的书。//A *single* to Liverpool, please. 我要一张去利物浦的单程票。

【辨】**single, only, sole**

single是与"双"相对应的，强调"单"；only指在一类中绝无仅有，前常加the；sole则表示强烈的"唯一"的意思。

federal ['fedərəl] *adj.* 联邦的，联盟的

【记】联想记忆：FBI(联邦调查局)第一个词就是federal

【例】Switzerland is a *federal* republic. 瑞士是联邦共和国。

microscope ['maikrəskəup] *n.* 显微镜

【记】组合词：micro(小)+scope(看，视野)→看小的东西→显微镜

classical ['klæsikəl] *adj.* 古典的；经典的

【例】I find *classical* concerts more to my liking than rock concerts. 我觉得古典音乐会比摇滚音乐会更合我胃口。

attach [ə'tætʃ] *vt.* 缚，系，贴，附加；使依恋，使喜爱；使附属；认为有(重要性、责任等)

【记】词根记忆：at(加强)+tach(接触)→系，贴

【考】attach to 使依恋，把…放在；be attached to 附属于，喜爱

wreck	aboard	festival	single	federal	microscope
classical	attach				

【例】This tag *was attached to* the shoe. 这张标签贴在了鞋上。// People *attach* too much importance *to* economic forecasts. 人们过于看重经济预测了。

zone [zəun] *n.* 地区，区域，范围

【记】联想记忆：z(看作zoo动物园)+one→一个动物园的范围；参考：动感地带M-zone

【例】Special attention has been paid to the special economic *zones* along the sea. 人们特别关注了沿海经济特区。

deaf [def] *adj.* 聋的；不愿听的

【记】发音记忆："大夫"→聋了找大夫→聋的

【考】be deaf to warning/advice 不听警告/劝告

spoil [spɔil] *v.* 损坏，糟蹋；宠坏，溺爱；(食物)变质 *n.* 战利品，掠夺物

【记】联想记忆：战争结束后，在土地(soil)上插个旗(p)就成了战利品(spoil)

【例】It's important not to let mistakes *spoil* your life. 别让过错毁了你的生活，这很重要。//I was a little bit *spoiled* by my mother and sister. 我有点儿被母亲和姐姐给宠坏了。

wrist [rist] *n.* 腕，腕关节

【例】My aunt had a gold watch on her *wrist*. 我姑妈手上戴了一块金表。

accuracy [ˈækjurəsi] *n.* 准确(性)，精确(性)

【记】词根记忆：ac(加强)+cur(关心)+acy(表性质)→一再关心，使其精确

【例】worries about the *accuracy* of government statistics 对政府统计数字准确性的忧虑

invisible [inˈvizəbəl] *adj.* 看不见的，无形的

【记】词根记忆：in(不)+vis(看见)+ible(可…的)→看不见的

【例】The gas is *invisible* but highly dangerous. 煤气是看不见的，但却非常危险。//Cheaters often feel *invisible*, as if their actions "don't count" and don't really hurt anyone. 作弊者经常觉得他们不会被发现，就好像他们的行为"不算数"，没有真正地伤害到任何人。(2011.12)

association [əˌsəusiˈeiʃən] *n.* 协会，团体；联合，交往

【例】Hoffmann revealed his longtime *association* with this organization. 霍夫曼暴露了与该组织的长期联系。

□ zone	□ deaf	□ spoil	□ wrist	□ accuracy	□ invisible
□ association					

writer [ˈraitə] *n.* 作者，作家，文学家

【例】a science-fiction *writer* 一位科幻小说家

writing [ˈraitiŋ] *n.* 书写，写；著作

【例】In 1991 Ella retired from politics and took up *writing* as a career. 1991年埃拉弃政从文。

X-ray [ˈeksrei] *n.* X射线，X光

【例】The *X-ray* showed that Lily's leg was not broken. X光显示莉莉的腿没有骨折。

civilian [siˈviljən] *n.* 平民，百姓

gaol [dʒeil] 见jail

hire [ˈhaiə] *n./vt.* 租用，雇用(佣)

【例】Some *hired* flag wavers to direct customers to empty parking spaces. 一些(公司)雇用了摇小旗的指挥员，引导顾客将车子停进空车位。(2008.12)

【辨】**hire, employ, engage**

hire多指为某一目的而临时雇用别人进行短期的工作；employ强调有相对固定的工作职位；engage指通过一次性签约雇人提供专业服务。

confuse [kənˈfjuːz] *vt.* 使困惑，把…弄糊涂；混淆，把…混同；混乱，搞乱

【例】Too many warnings will only *confuse* customers. 过多地使用警告只会让消费者糊涂。

【题】I was so _____ in today's history lesson. I didn't understand a thing. (2004.6)

A) confused　B) neglected　C) amused　D) amazed

【解】选A。句意：今天的历史课上我很困惑。一点儿也听不懂。neglected：被忽视的；amused：愉快的；amazed：吃惊的。

garbage [ˈɡɑːbidʒ] *n.* 垃圾，废物；废话；无用(或不正确)的资料

【例】Please don't forget to take out the *garbage* when you go out. 当你出门的时候，请别忘记把垃圾带出去。

overtake [ˌəuvəˈteik] *vt.* 追上，超过；突然降临于，意外地碰上

【记】组合词：over(起)+take(拿)→追上

【例】We will *overtake* them in another minute. 我们再过一分钟就可以追上他们。

gravity [ˈɡræviti] *n.* 重力，引力；严重性；严肃，庄重

【记】词根记忆：grav(重)+ity(表性质)→重力；严重

【例】They are still quite unaware of the *gravity* of their problems. 他们仍未意识到问题的严重性。

writer	writing	X-ray	civilian	gaol	hire
confuse	garbage	overtake	gravity		

yawn [jɔːn] *vi.* 打哈欠 *n.* 哈欠

【记】联想记忆：躺在草地(lawn)上伸懒腰，打哈欠(yawn)

【例】We have nothing to do but *yawn* at each other. 我们除了互相对着打哈欠，没什么事可做。

sideways [ˈsaidweiz] *adv./adj.* 从一边(的)，向一边(的)；在一边(的)；斜着(的)，侧身(的)

【例】Alfred shot the cat a *sideways* glance. 艾尔弗雷德斜眼看了小猫一下。

bundle [ˈbʌndl] *n.* 捆，包，束；包袱 *vt.* 收集，归拢，把…塞入

【记】发音记忆："绑到"→把散的东西绑到一起

【考】bundle up 把…捆扎(或包)起来，使穿得暖和；bundle into 把…塞进

【例】*bundles* of newspapers 几捆报纸 //Julia *bundled* him *into* the taxi. 朱莉娅把他推进出租车。

leather [ˈleðə] *n.* 皮革，皮革制品

【记】联想记忆：天气(weather)对皮革(leather)的保存有影响

【辨】**leather, skin**

leather指加工的熟皮或人造皮；skin指未加工的皮，多指皮肤。

concentration [ˌkɔnsənˈtreiʃən] *n.* 集中；专注，专心；浓缩，浓度

【例】*concentration* camp 集中营//Our historic *concentration* of policy attention and resources on young people cannot meet the new needs," says the report's author, Professor Stephen McNair. "我们过去的政策重心和资源配置更多偏重于年轻人，无法满足新的需求，"研究报告的作者斯蒂芬·麦克奈尔教授如是说。(2009.12)

portable [ˈpɔːtəbəl] *adj.* 便于携带的，手提式的

【记】词根记忆：port(拿，运)+able(可…的)→可以拿的→轻便的

【例】The popular equipment is usually lightweight, *portable* and easy to store. 受欢迎的设备通常重量轻、方便携带且容易存储。

elegant [ˈeligənt] *adj.* 优美的，文雅的，讲究的；简练的，简洁的

【题】The lady dressed in the latest Paris fashion is ________ in her appearance but rude in her speech. (1996.6)

yawn	sideways	bundle	leather	concentration	portable
elegant					

A) elaborate B) excessive C) elegant D) exaggerated

【解】选C。句意：那位身着巴黎最新潮流时装的女士外表优雅但话语粗鲁无礼。elaborate：详尽的，精心的，精巧的；excessive：过多的，过分的；exaggerated：夸张的。

spray [sprei] *n.* 浪花，水花；喷雾 *v.* 喷，(使)溅散

【记】联想记忆：sp+ray(光线)→光线向四面射去→喷射

【例】Jessica *sprayed* herself with the new perfume she bought last week. 杰西卡喷了上周买的新香水。

yearly [ˈjiəli] *adj.* 每年的 *adv.* 一年一度地

【例】What's the average *yearly* output of cars in your factory? 你们厂平均年产汽车多少辆？

funeral [ˈfjuːnərəl] *n.* 葬礼，丧礼，丧葬

【记】联想记忆：fun(乐趣)+era(时代)+l→有趣的时代逝去了→葬礼

acute [əˈkjuːt] *adj.* 严重的；急性的；灵敏的，敏锐的；精明的

【记】联想记忆：a+cut(切)+e→得了急性(阑尾炎)，要手术切除→急性的，严重的

【题1】A human's eyesight is not as ________ as that of an eagle. (2002.1)

A) eccentric B) acute C) sensible D) sensitive

【解】选B。句意：老鹰的目光远比人的目光敏锐。eccentric：古怪的；sensible：明智的，有判断力的；sensitive：敏感的，灵敏的。

【题2】Although most birds have only a negligible sense of smell, they have ________ vision. (1996.1)

A) vigorous B) exact C) acute D) vivid

【解】选C。句意：虽然大多数鸟的嗅觉很差，然而它们的视觉却很敏锐。vigorous：精力充沛的；exact：精确的，确切的；vivid：生动的，逼真的。

ghost [gəust] *n.* 鬼，灵魂，鬼魂

【记】联想记忆：g+host(主人)→无主的游魂→鬼；电影《人鬼情未了》的英文名就是*Ghost*

halt [hɔːlt] *vi.* 停止 *n.* 停住

【记】词根记忆：h+alt(高)→高处不胜寒，该停住了

【例】John *halted* between two opinions whether to go or not. 约翰拿不定主意是去还是留。//The construction of the new park was *halted* because of a financial problem. 由于财务问题，新公园的建设停了下来。

complex ['kɔmpleks] *adj.* 由许多部分组成的，复合的；复杂的，难懂的 *n.* 综合体，集合体；情结，夸大的情绪反应

【记】词根记忆：com+plex（重叠，交叉）→重叠交叉的→复杂的，复合的

【例】The effects are *complex*, affected by socio-economic factors, health-service provision, emotional support and other more physiological mechanism. 作用十分复杂，并且受社会经济因素、健康服务水平、情感支持，以及其他更偏重生理机制的因素影响。（2010.12）

coarse [kɔːs] *adj.* 粗的，粗糙的；粗劣的；粗俗的

【记】联想记忆：coar（看作coal煤炭）+se→煤炭是很粗糙的→粗糙的

【例】Jane hates her *coarse* skin very much. 皮肤粗糙让简伤透了脑筋。

patch [pætʃ] *n.* 补丁；斑，与周围不同的部分；一小块地 *vt.* 补，修补

【考】patch up 解决（争吵、麻烦等）；修补，草草修理

【例】You have to *patch up* such a problem by yourself. 这样的问题你只能自己解决。

favourite ['feivərit] *adj.* 特别喜爱的 *n.* 特别喜爱的人（或物）

【记】来自favour（*v.* 喜爱，偏爱）

【例】My *favourite* colour is purple. 我最喜欢的颜色是紫色。// Admit it, you were always Mom's *favourite*. 承认吧，你一直是妈妈的宠儿。//My mother's *favourite* remark when I was face-to-face with consequences of some action: "Now that you've made your bed, lie on it!" 当我面对某些行为导致的后果时，我妈妈最喜欢说的一句话就是，"你这是自作自受！"（2011.12）

rust [rʌst] *n.* 铁锈 *v.* （使）生锈，氧化

【记】联想记忆：生锈（rust）后加上c成了硬壳（crust）

await [ə'weit] *vt.* 等候，期待；将降临到…身上

【记】联想记忆：a（加强）+wait（等）→等待

【例】They are *awaiting* his advice, hoping it will not be too late. 他们在等他的建议，希望不会太迟。

acquire [ə'kwaiə] *vt.* 取得，获得，学到

【记】词根记忆：ac+quire（追求）→不断寻求才能够获得

【考】acquire the skills 掌握技能

【例】Informative speakers help people learn new skills, solve problems and *acquire* fascinating facts about the exciting world in

□ complex	□ coarse	□ patch	□ favourite	□ rust	□ await
□ acquire					

which they live. 见闻广博的演讲者们帮助人们学习新技巧，解决难题，并了解那些关于我们生活的这个精彩世界的奇妙事实。（2010.12）

prejudice ［ˈpredʒudis］*n.* 偏见，成见 *vt.* 使有偏见；对…不利，损害

【记】词根记忆：pre（预先）+jud（判断）+ice（表行为）→先入为主的判断，容易产生偏见

【考】without prejudice (to)（对…）没有不利，无损（于）

【例】That old dress is *without prejudice to* the girl's beauty. 那件旧衣服不影响那个女孩的美貌。//These facts *prejudiced* the public against the mayor. 这些事实使民众对市长产生偏见。

yield ［jiːld］*v.* 出产；让出，放弃；屈服，顺从；倒塌，垮掉 *n.* 产量

【记】联想记忆：这片田地（field）盛产（yield）西瓜

【考】yield to 屈服，让步

【例】Her gym exercise has *yielded* good results. 她的健身锻炼取得了很好的效果。（2009.12）

【题】He ________ to his customers and halved the price.（2002.1）

A）leaked　B）drew　C）quoted　D）yielded

【解】选D。句意：他对顾客作出了让步，把价格减半。leak：泄漏，使渗漏；draw to：吸引到…方面来；quote：引述，援引。

bolt ［bəult］*n.* 螺栓，插销 *vt.* 闩门

【记】联想记忆：大胆（bold）打开插销（bolt）冲出去

【例】Please make sure that the door and windows are *bolted* before you leave. 请你在离开前确保门窗是闩上的。

generate ［ˈdʒenəreit］*vt.* 发生，引起；生殖

【记】词根记忆：gener（产生）+ate（作）→发生

【例】As far back as 1995, articles in medical journals and the establishment of a Pennsylvania treatment center for overusers *generated* interest in the subject. 早在1995年，在医学期刊上发表的文章以及宾夕法尼亚过度上网者治疗中心的建立就已经让人们对这一问题产生了兴趣。（2010.6）

【题】Extensive reporting on television has helped to ______ interest in a wide variety of sports and activities.（2001.6）

A）assemble　B）generate　C）yield　D）gather

【解】选B。句意：大量电视报道有助于人们对更多种类的体育活动产生兴趣。assemble：集合，装配；yield：出产，带来；gather：集合，收集。

gallery [ˈɡæləri] *n.* 画廊，美术馆；楼座，（议会等的）旁听席；廊台，走廊

【例】There's going to be a pottery exhibition at the art *gallery*. 艺术馆将有一场陶瓷展。

existence [iɡˈzistəns] *n.* 存在，实在，生存

【记】来自exist（*v.* 存在）

【例】The organization has been in *existence* for 25 years. 这个机构已经成立25年了。//Food and drink are indispensable to one's *existence*. 食物和水是人类生存必不可少的。（2009.6）

percentage [pəˈsentidʒ] *n.* 百分比，百分率

【记】来自percent（百分比）+age（表状态）→百分比，百分率

specific [spiˈsifik] *adj.* 特有的，具体的；明确的 *n.* [*pl.*]详情，细节

【例】On average, every unhappy customer will complain to at least four others, and will no longer visit the *specific* store. 一般来说，每位不高兴的顾客至少会向四个人抱怨，并且不会再光顾这家店。（2008.12）

youngster [ˈjʌŋstə] *n.* 青年，年轻人，孩子

【例】How are the *youngsters*? 孩子们怎么样？

You never know what you can do till you try.

除非你亲自尝试一下，否则你永远不知道你能够做什么。

——英国小说家 马里亚特（Frederick Marryat, British novelist）

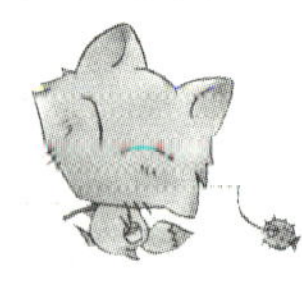

超纲单词表

abundance [əˈbʌndəns] *n.* 大量，丰富，充足

【记】来自abundant(*a.* 丰富的，充裕的)

accommodate [əˈkɔmədeit] *vt.* 容纳，向…提供住处(或膳食)；使适应

aerial [ˈɛəriəl] *adj.* 飞机的，航空的；空中的，架空的 *n.* 天线

【记】词根记忆：aer(空气，充气)+ial(…的)→航空的，空中的

aisle [ail] *n.* 过道，通道

ambitious [æmˈbiʃəs] *adj.* 有抱负的，雄心勃勃的

【记】来自ambition(*n.* 雄心)

applaud [əˈplɔːd] *v.* 向…鼓掌，向…喝彩；称赞，赞许

【记】词根记忆：ap+plaud(鼓掌)→鼓掌欢迎；称赞

appraisal [əˈpreizəl] *n.* 估计，估量；评价

【记】词根记忆：ap+prais(e)(称赞)+al→称赞，表示评价不错→评价

auction [ˈɔːkʃən] *n./vt.* 拍卖

【记】词根记忆：auct(提高)+ion→拍卖可以提高价格→拍卖

aviation [ˌeiviˈeiʃən] *n.* 航空，航空学；飞机制造业

【记】词根记忆：avi(鸟)+ation→像鸟一样飞→航空

bachelor [ˈbætʃələ] *n.* 单身汉；学士，学士学位

【记】联想记忆：bac(看作back背)+he(他)+lor→单身汉的背影都显得那么落寞→单身汉。中世纪的欧洲，能读到学士学位需要花相当的时间和精力，因此那时的学士多数都是单身汉。

baffle [ˈbæfl] *vt.* 使困惑，难住

【记】联想记忆：人类为什么要有战争(battle)？真是让人困惑(baffle)！

ballet [bæˈlei] *n.* 芭蕾舞，芭蕾舞剧；芭蕾舞团

【记】发音记忆：“芭蕾”

beforehand [bi'fɔːhænd] *adv.* 预先，事先

blockade [blɔ'keid] *n.* 封锁，道路阻塞；障碍物，阻碍物

breakthrough ['breikθruː] *n.* 突破，突破性进展；重要的新发现

【记】来自词组break through（突围，突破）

briefcase ['briːfkeis] *n.* 公文包，公事包

【记】组合词：brief（摘要）+case（包，箱）→装摘要的包→公文包

brutal ['bruːtl] *adj.* 野兽般的，残忍的；无情的，冷酷的；难以忍受的

【记】词根记忆：brut（看作brute野兽）+al→野兽般的

calorie ['kæləri] *n.* 大卡（食物的热量值）；卡（路里）

【记】发音记忆："卡路里"

casualty ['kæʒuəlti] *n.* 伤亡人员，受害人；损失的东西

【记】词根记忆：casual（偶然的）+ty→意外→伤亡人员

census ['sensəs] *n.* 人口普查，统计

【记】词根记忆：cens（评估）+us（我们）→对我们的评估→人口统计

chronic ['krɔnik] *adj.*（疾病）慢性的；长期的，不断的，不止息的；积习难改的

【记】词根记忆：chron（时间）+ic（…的）→长时间的→慢性的

chronological [ˌkrɔnə'lɔdʒikəl] *adj.* 按年代顺序排序的

cling [kliŋ] *v.* 紧紧抓住（或抱住）；黏着，依附；依恋；坚持

cognitive ['kɔgnitiv] *adj.* 认知的，认识能力的

【记】联想记忆：cognit（看作cognis知道）+ive→认知的

commonplace ['kɔmənpleis] *adj.* 普通的，平庸的 *n.* 寻常的事物，平庸的东西

【记】词根记忆：common（普通的）+place（地方）→普通的

compensate ['kɔmpenseit] *v.* 补偿，弥补；抵消

【记】词根记忆：com（全部）+pens（花费）+ate→支付所有花费→补偿

concise [kən'sais] *adj.* 简明的，扼要的

【记】词根记忆：con+cise（切掉）→把（多余的）全部切掉，最后肯定是简明的

conform [kən'fɔːm] *v.* 遵守，适应；相似；一致，符合

【记】词根记忆：con（共同）+form（形状）→有共同的形状→符合，相似

consequent ['kɔnsikwənt] *adj.* 作为结果（或后果）的，随之发生的

【记】来自consequence（*n.* 结果）

console [kən'səul] *vt.* 安慰，慰问 *n.* 控制台，操纵台

【记】和control（*v.* 控制）一起记

continuity [ˌkɔnti'njuːəti] *n.* 连续（性），持续（性）

【记】联想记忆：continu（看作continue继续）+ity→连续性

cooperative [kəu'ɔpərətiv] *adj.* 合作的，协作的 *n.* 合作商店(或企业等)

【记】来自cooperation(*n.* 合作，协作)

corporate ['kɔːpərit] *adj.* 法人团体的，公司的；全体的；共同的

【记】词根记忆：corpor(团体)+ate→全体的，公司的

costume ['kɔstjuːm] *n.* 服装；戏装，(特定场合穿的)成套服装

【记】词根记忆：cost(花费)+u(你)+me(我)→你我都免不了花钱买服装

courtesy ['kəːtisi] *n.* 谦恭有礼，有礼貌的举止(或言词)

【记】联想记忆：court(法庭)+esy(看作easy随便的)→在法庭上不能太随便，要谦恭有礼

coverage ['kʌvəridʒ] *n.* 新闻报道；覆盖范围

【记】词根记忆：cover(覆盖)+age→覆盖范围

creation [kri'eiʃən] *n.* 创造，创建；(智力、想象力的)产物；宇宙，天地万物

【记】来自create(*v.* 创造)

cumulative ['kjuːmjulətiv] *adj.* 积累的；渐增的

【记】词根记忆：cumul(堆积)+ative→积累的；渐增的

deadly ['dedli] *adj.* 致命的；极度的 *adv.* 非常，极度地

decisive [di'saisiv] *adj.* 决定性的；坚定的，果断的

【记】来自decision(*n.* 决定)

defiance [di'faiəns] *n.* 违抗，藐视

【记】来自defy(*v.* 公然反抗，藐视)

deficiency [di'fiʃənsi] *n.* 不足；缺点，缺陷

【记】词根记忆：de(向下)+fic(做)+i+ency→做事走下坡路，一定是有缺点、缺陷

destructive [di'strʌktiv] *adj.* 破坏(性)的，毁灭(性)的

【记】来自destruct(*v.* 破坏)

diligent ['dilidʒənt] *adj.* 勤勉的，勤奋的

disastrous [di'zɑːstrəs] *adj.* 灾难性的，造成灾害的；极坏的

【记】来自disaster(*n.* 灾难)

distract [di'strækt] *vt.* 转移注意力，分散；迷惑，扰乱

【记】词根记忆：dis(分开)+tract(拉)→(注意力)被拉开→转移注意力

divine [diˈvain] *adj.* 神的，神授的，天赐的；极好的，极美的

dock [dɔk] *n.* 码头，船埠；(法庭的)被告席 *v.* 使(船)靠码头；扣(工资等)

【记】联想记忆：清晨的码头(dock)，一群小鸭子(duck)在戏水

donate [ˈdəuneit] *vt.* 捐赠，赠送

【记】词根记忆：don(给予)+ate(做)→给出去→捐赠，赠送

【考】donate sth. to sb./sth. 将某物赠与某人或某事物

endurance [inˈdjuərəns] *n.* 忍耐力；持久(力)，耐久(性)

【记】来自endure(*v.* 忍耐)

energetic [ˌenəˈdʒetik] *adj.* 精力充沛的，充满活力的

【记】来自energy(*n.* 精神，活力)

enrich [inˈritʃ] *vt.* 充实，使丰富；使富裕

【记】词根记忆：en(使…)+rich(富的)→使丰富

enthusiastic [inˌθjuːziˈæstik] *adj.* 满腔热情的，热心的；极感兴趣的

【记】联想记忆：enthus(看作enthuse使…充满热情)+iastic→满腔热情的，热心的

erosion [iˈrəuʒən] *n.* 腐蚀，侵蚀；磨损；消弱，减少

【记】词根记忆：e+ros(咬)+ion→咬掉→腐蚀

eternal [i(ː)ˈtəːnəl] *adj.* 永久的，永世的；无休止的，没完没了的；永恒的，永不改变的

【记】联想记忆：外部(external)世界是永恒的(eternal)诱惑

ethnic [ˈeθnik] *adj.* 种族的，民族的

【记】词根记忆：ethn(种族)+ic→种族的，民族的

expedition [ˌekspiˈdiʃən] *n.* (为特定目的而组织的)旅行，远征；远征队，探险队；迅速

【记】词根记忆：ex(出)+ped(脚)+ition→徒步走出→远征

fake [feik] *n.* 假货，赝品；骗子，冒充者 *adj.* 假的，伪造的，冒充的 *vt.* 伪造，捏造；伪装，假装

【记】联想记忆：严惩造(make)假(fake)者

fitting [ˈfitiŋ] *n.* [常*pl.*](房屋内的)设备，日用器具；配件；试穿 *adj.* 适合的

【记】来自fit(*v.* 适合)

flaw [flɔː] *n.* 缺点，瑕疵，缺陷

【记】词根记忆：f+law(法律)→法律有时是不完善的→瑕疵，缺点

foster [ˈfɔstə] *vt.* 收养；养育，培养；促进 *adj.* 收养的，收养孩子的

【记】联想记忆：fost(看作fast快速的)+er→促进；培养

grim [grim] *adj.* 讨厌的，糟糕的；严厉的；冷酷的，无情的

guidepost [ˈgaidpəust] *n.* 路标，路牌

heighten [ˈhaitn] *v.* 提高，升高；加速

【记】来自height(高度，海拔)+en(使…)→提高，升高

heir [ɛə] *n.* 继承人

【记】发音记忆：音似："儿啊"→儿子当然是继承人了

heritage [ˈheritidʒ] *n.* 遗产，继承物；传统

【记】词根记忆：herit(遗传)+age(表物)→遗传下来的东西→遗产，继承物

hum [hʌm] *v.* 哼曲子，发嗡嗡声 *n.* 嗡嗡声，嘈杂声

【记】象声词："哼"

humanity [hjuːˈmæniti] *n.* [总称]人类，人性，人道；博爱；[*pl.*]人文学科

【记】来自human(人，人类)+ity(表性质)→人类，人性

hurricane [ˈhʌrikən] *n.* 飓风

【记】联想记忆：hurri(看作hurry匆忙)+cane→来得很匆忙的风→飓风

iceberg [ˈaisbəg] *n.* 冰山

identification [aiˌdentifiˈkeiʃən] *n.* 认出，鉴定；身份证；认同

【记】来自identify(*v.* 识别，鉴别)

ignition [igˈniʃən] *n.* 点火，点燃

illusion [iˈluːʒən] *n.* 幻想，错觉，幻觉，假象

【记】联想记忆：il(不，无)+lus(看作lust光)+ion→看到本不存在的光→幻觉，错觉

imaginative [iˈmædʒinətiv] *adj.* 富于想象力的，爱想象的

imitation [ˌimiˈteiʃən] *n.* 模仿；仿制品，伪制品；赝品

【记】来自imitate(*v.* 模仿，仿效)

imperative [imˈperətiv] *adj.* 必要的，紧急的；命令的 *n.* 必须完成的事，必要的事；祈使语气(的动词)

【记】词根记忆：imper(命令)+ative→命令的；紧急的

indicative [inˈdikətiv] *adj.* 指示的；陈述的

【记】来自indicate(*v.* 指出，陈述)

induce [inˈdjuːs] *vt.* 诱导，引起；导致

【记】词根记忆：in(使…)+duce(引导)→诱导，引起

inland [ˈinlənd] *adj.* 内陆的，内地的 *adv.* 在内地，向内地

instrumental [ˌinstruˈmentl] *adj.* 有帮助的；用乐器演奏的

【记】来自instrument(*n.* 器具)

interact [ˌintərˈækt] *v.* 相互作用，相互影响；互相配合

【记】词根记忆：inter(在…之间)+act(行动)→互动→相互作用

invariably [in'vɛəriəbli] *adv.* 不变地，总是

【记】来自invariable(*adj.* 不变的)

irrigation [ˌiri'geiʃən] *n.* 灌溉；冲洗法

【记】词根记忆：ir(进入)+rig(水)+ation→把水引入田地→灌溉

likelihood ['laiklihud] *n.* 可能，可能性

literacy ['litərəsi] *n.* 识字，有文化，读写能力

【记】词根记忆：liter(文字)+acy→识字，有文化

locality [ləu'kæliti] *n.* 地点，位置

【记】来自local(*adj.* 地方性的)

lounge [laundʒ] *vi.* (懒洋洋地)倚或躺，闲逛 *n.* 等候室，休息室

【记】发音记忆：音似："狼藉"→休息室里一片狼藉

memoir ['memwɑː] *n.* 论文集

memorize ['meməraiz] *v.* 记住，熟记

【记】来自memory(*n.* 记忆)

monetary ['mʌnitəri] *adj.* 钱的，货币的；金融的

【记】联想记忆：monet(看作money钱)+ary→钱的

monopoly [mə'nɔpəli] *n.* 垄断；垄断商品，专卖商品

【记】词根记忆：mono(单个)+poly(多)→在单个商品上占市场绝大多数份额→垄断，垄断商品

morality [mə'ræliti] *n.* 道德，品行；道德观，道德规范

【记】来自moral(道德的)+ity→道德，道德观

muscular ['mʌskjulə] *adj.* 肌肉发达的，强壮的

【记】联想记忆：muscul(看作muscle肌肉)+ar→肌肉的，强健的

notwithstanding [ˌnɔtwiθ'stændiŋ] *adv.* 尽管

nurture ['nəːtʃə] *n./vt.* 养育，培育；滋养

【记】联想记忆：教师培育(nurture)祖国未来的(future)希望

nutritious [njuː'triʃəs] *adj.* 有营养的，滋养的

olive ['ɔliv] *n.* 橄榄，橄榄树

【记】词根记忆：o+live(生活)→橄榄叶是和平生活的象征→橄榄树

optimum ['ɔptiməm] *adj.* 最合适的，最优的，最佳的

【记】词根记忆：optim(最好)+um→最好的→最合适的

paperback ['peipəbæk] *n.* 平装本，简装本

pedestrian [pi'destriən] *n.* 步行者，行人

【记】联想记忆：ped(脚)+estr(看作rest休息)+ian→走走歇歇→步行者

permissible [pə'misəbəl] *adj.* 可允许的，许可的

【记】词根记忆：per(全部)+miss(送，放出)+ible→全部放开的→容许的

pest [pest] *n.* 有害生物，害虫；讨厌的人

【记】联想记忆：学生最讨厌的人(pest)是让他们考试(test)的人

physiological [ˌfiziə'lɔdʒikəl] *adj.* 生理的，生理学的

【记】来自physiology(*n.* 生理学)

plague [pleig] *n.* 瘟疫，鼠疫；灾难 *vt.* 使痛苦(或难受)

preach [priːtʃ] *v.* 宣讲(教义)，布(道)；竭力鼓吹，宣传

【记】词根记忆：p+reach(传开)→将教义传开→传教，说教

premature [ˌpremə'tjuə] *adj.* 比预期(或正常)时间早的，(做法等)不成熟的

【记】词根记忆：pre(预先)+mature(成熟的)→比预期时间早的，不成熟的

prescription [pri'skripʃən] *n.* 处方，药方，(医生开的)药

【记】词根记忆：prescript(规定，命令)+ion→医生为病人开出的规定→处方

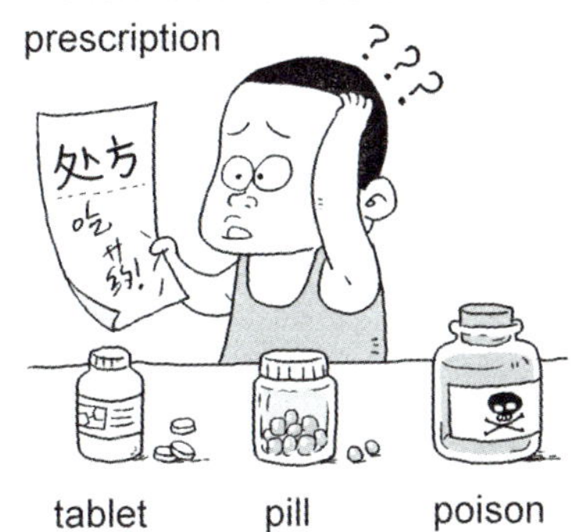

prestige [pres'tiːʒ] *n.* 威信，威望

【记】联想记忆：pres(看作president总统)+tige(看作tiger老虎)→总统和老虎两者都有威信、威望

prevalent ['prevələnt] *adj.* 流行的，普遍的

【记】词根记忆：pre(前)+val(强壮的)+ent→走在前面的→普遍的，流行的

productive [prə'dʌktiv] *adj.* 多产的，富饶的；富有成效的

productivity [ˌprɔdʌk'tiviti] *n.* 生产力，生产率

profess [prə'fes] *vt.* 表示，承认；宣称信仰

【记】联想记忆：由教授(professor)反推profess

profitable ['prɔfitəbəl] *adj.* 有利可图的，有益的

profound [prə'faund] *adj.* 深度的，深远的，深奥的；知识渊博的

【记】词根记忆：pro(在…前)+found(创立)→有超前创见性→深刻的，深远的

prophecy ['prɔfisi] *n.* 预言，预言能力

prospective [prə'spektiv] *adj.* 预期的，未来的；可能的

【记】词根记忆：pro(向前)+spect(看)+ive→向前看的→未来的

pumpkin [ˈpʌmpkin] *n.* 南瓜

【记】发音记忆：音似："胖胖金"→金黄色、圆圆胖胖的瓜→南瓜

purity [ˈpjuəriti] *n.* 纯净，纯洁，纯正

【记】来自pure(*adj.* 纯的)

pursuit [pəˈsjuːt] *n.* 追求，寻求；追赶；[常*pl.*] 嗜好，消遣

【记】联想记忆：钱包(purse)被小偷偷去，赶忙追赶(pursuit)

quest [kwest] *n.* 寻找，搜索，追求

【记】联想记忆：问题(question)丢了ion需要寻找(quest)

random [ˈrændəm] *adj.* 任意的，随机的

【记】词根记忆：ran(跑)+dom(领域)→可以在各种领域跑的→任意的

rap [ræp] *vt.* (轻而快地)敲击，急敲；突然厉声说出；责备 *n.* (轻快的)敲击(声)

【记】联想记忆：人们常说的说唱乐(rap)就是这个单词

recite [riˈsait] *v.* 背诵，朗诵；列举

【记】词根记忆：re(重新)+cite(引用)→重新引用→背诵

reconcile [ˈrekənsail] *vt.* 使协调，使和解；使顺从(于)，使甘心(于)

【记】联想记忆：re+concile(看作conciliate安抚，调和)→使和解，使调和

recycle [ˌriːˈsaikl] *vt.* 回收利用(废物等)

【记】词根记忆：re(重新)+cycle(循环)→回收利用

referee [ˌrefəˈriː] *n.* 裁判员，证明人，推荐人，调解者 *v.* 当裁判

【记】来自refer(查阅，咨询)+ee(人)→有问题要找裁判解决

relay [ˈriːlei] *n.* 接力赛；转播(设备)

[riːˈlei] *vt.* 传送；转播

【记】词根记忆：re(重新)+lay(放置)→重新放置→转播

repertoire [ˈrepətwɑː] *n.* (剧团、演员等的)全部节目，保留剧目

【记】词根记忆：re(一再)+pert(带)+oire→反复带着的剧目→(剧团等)常备剧目

residential [ˌreziˈdenʃəl] *adj.* 居住的，住宅的；(学生)寄宿的

【记】来自resident(*n.* 居民)

reunion [riːˈjuːnjən] *n.* 重聚，团聚；(久别后的)聚会，联谊活动

【记】词根记忆：re(重新)+union(联合，结合)→重聚，团聚

revelation [ˌrevəˈleiʃən] *n.* 被揭示的真相，(惊人的)新发现；提示；透露；显示

【记】来自reveal(*v.* 泄露，透露)

revenge [riˈvendʒ] *n.* 报复，报仇 *vt.* 为…报仇，报…之仇

【记】词根记忆：re+venge(报仇)→报仇，报复

revolve [riˈvɔlv] *vi.* 旋转

【记】词根记忆：re(一再)+volve(滚，卷)→不断滚动→旋转，绕转

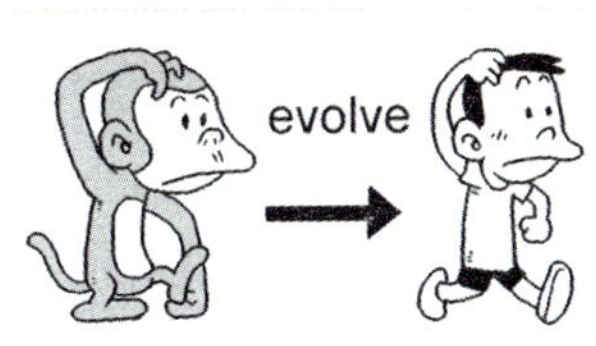

scrutiny [ˈskruːtini] *n.* 详细检查，仔细观察

【记】联想记忆：scru(音似：四顾)+tiny(微小的)→连微小的都要顾到→详细检查

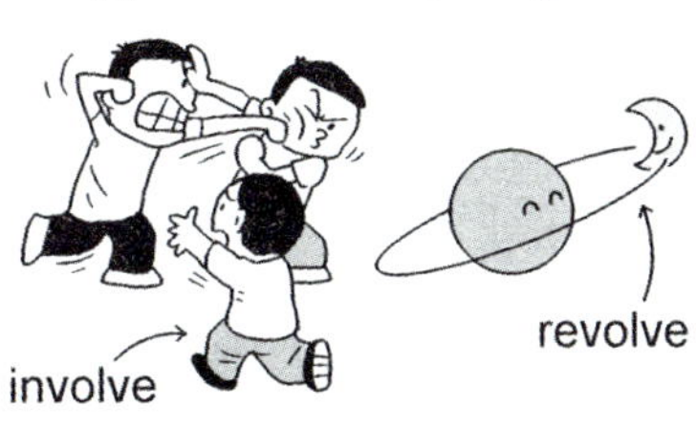

seemingly [ˈsiːmiŋli] *adv.* 表面上，看上去

silicon [ˈsilikən] *n.* 硅

【记】Silicon Valley 美国硅谷

slogan [ˈsləugən] *n.* 标语，口号，广告语

【记】词根记忆：s+log(说话)+an→短而响亮的话→标语，口号

smuggle [ˈsmʌg(ə)l] *vt.* 走私；偷运，偷带

【记】联想记忆：不断进行反对走私(smuggle)的斗争(struggle)

snack [snæk] *n.* 快餐，小吃，点心

【记】snack bar 快餐店

solitary [ˈsɔlitəri] *adj.* 单独的，唯一的；孤独的，隐居的

【记】词根记忆：sol(独自)+itary→单独的

stability [stəˈbiliti] *n.* 稳定，稳固

【记】来自stable(*adj.* 稳定的)

stationary [ˈsteiʃənəri] *adj.* 固定的，静止不动的

【记】词根记忆：station(位置)+ary(…的)→总在一个地方的→固定的

stereo [ˈsteriəu] *adj.* 立体声的 *n.* 立体声(装置)

【记】词根记忆：stere(立方米)+o→立体的→立体声的

stern [stəːn] *adj.* 严厉的，严峻的 *n.* 船尾

【记】发音记忆：音似："死等"→命令是严厉的，所以只能死等→严厉的

subjective [səbˈdʒektiv] *adj.* 主观(上)的，个人的

【记】来自subject(*n.* 主题)

subordinate [sə'bɔːdinət] *adj.* 下级的；次要的 *n.* 部属
[sə'bɔːdineit] *vt.* 使从属于
【记】词根记忆：sub(在下面)+ordin(顺序)+ate→顺序在下→下级的

sue [sjuː] *v.* 控告，起诉；要求，请求

telecommunication ['telikəˌmjuːni'keiʃn] *n.* [常*pl.*] 通信，电信(学)
【记】词根记忆：tele(远)+communication(通信)→远距离通信→电信

thereafter [ðεə'rɑːftə] *adv.* 之后，以后

tile [tail] *n.* 瓦，瓷砖 *vt.* 铺瓦于，贴瓷砖于

timely ['taimli] *adj.* 及时的，适时的
【记】词根记忆：time(时间)+ly→合乎时间的→及时的

token ['təukən] *n.* 筹码，信物，标志；纪念品；代金券 *adj.* 象征性的
【记】联想记忆：和信物(token)一起带走的(taken)还有她破碎的(broken)心

tolerant ['tɔlərənt] *adj.* 宽容的，容忍的
【记】来自tolerate(*v.* 容忍，忍受)

toll [təul] *n.* 过路费；伤亡人数，损失 *v.* 敲(钟)
【记】发音记忆：音似："痛"→受伤了，所以痛→伤亡人数

tract [trækt] *n.* 传单，小册子；大片(土地或森林)

transient ['trænziənt] *adj.* 短暂的，转瞬即逝的；临时的，暂住的
【记】词根记忆：trans(穿过)+ient→时光穿梭，转瞬即逝的→短暂的

transition [træn'ziʃən] *n.* 过渡，转变
【记】词根记忆：trans(变换，改变)+ition→转变

tuition [tjuː'iʃən] *n.* (某一学科的)教学，指导；学费

unemployment [ˌʌnim'plɔimənt] *n.* 失业，失业人数
【记】词根记忆：un(表否定)+employ(雇用)+ment→失业

unify ['juːnifai] *vt.* 使联合，使统一；使相同，使一致
【记】词根记忆：uni(单一)+fy(使…)→统一，(使)成一体

upbringing ['ʌpbriŋiŋ] *n.* 抚育，教养

versus ['vəːsəs] *prep.* 以…为对手，对；与…相比之下
【记】词根记忆：vers(转向)+us→转向我们→与…相对；常缩写成VS，如：国际米兰VS尤文图斯

vicious ['viʃəs] *adj.* 邪恶的，凶残的

vigor ['vigə] *n.* 精力，活力

vita ['vaitə; 'wiːtɑː] *n.* 个人简历

vocal [ˈvəukl] *adj.* 直言不讳的；嗓音的，发声的 *n.* [常*pl.*]声乐节目

【记】词根记忆：voc(声音)+al(…的)→嗓音的

vulnerable [ˈvʌlnərəbəl] *adj.* 易受伤的，脆弱的；难防御的

【记】词根记忆：vulner(伤)+able→易受伤的

wallet [ˈwɔlit] *n.* 皮夹子

wardrobe [ˈwɔːdrəub] *n.* 衣柜，(个人的)全部衣物

【记】词根记忆：ward(保护)+robe(礼服)→保护礼服等的柜子→衣柜

warfare [ˈwɔːfɛə] *n.* 战争(状态)；斗争，冲突

【记】词根记忆：war(战争)+fare→战争(状态)

wrinkle [ˈriŋkl] *n.* 皱纹 *vt.* 起皱；皱眉

【记】联想记忆：眼睛一眨一眨(twinkle)都起皱纹(wrinkle)了

Character cannot be developed in ease and quiet. Only through experience of trial and suffering can the soul be strengthened, vision cleared, ambition inspired, and success achieved.

要使性格有所发展并非简单之事，只有通过艰难和困苦的磨炼才能使心灵强化，视野开阔，雄心振奋，从而达到成功的目的。

——美国作家 海伦·凯勒(Helen Keller, American writer)

熟词僻义表

act
[ækt]
【常】*v.* 行动，举止；表演；见效 *n.* 行为
【僻】*n.* 法令；（一）幕
【例】an *Act* of Parliament 英国议会的法令

address
[əˈdres]
【常】*n.* 地址 *vt.*（在信封或包裹上）写姓名地址
【僻】*n.* 演说，谈吐 *vt.* 对…发表演说；称呼；对付
【例】Abraham Lincoln delivered his most famous *address* in Gettysburg. 亚伯拉罕·林肯在葛底斯堡发表了他最著名的演说。

advance
[ədˈvɑːns]
【常】*v.* 提前；提出（建议等）*adj.* 预先的，先行的 *n.* 进展
【僻】*v.* 前进，提高；上涨；预先发放 *n.* 预付（款等）
【例】Your performance will *advance* when you study hard. 你只要努力学习，成绩就会进步。

age
[eidʒ]
【常】*n.* 年龄；时代
【僻】*n.* 老年；[常*pl.*]很长的一段时间 *v.*（使）变老，（使）成熟
【例】As people *age*, the number of calories they need each day decreases. 当人日渐衰老时，每天所需的卡路里会减少。

aim
[eim]
【常】*n.* 目标，目的
【僻】*n./vi.* 瞄准；针对，致力
【例】They *aimed* at a mass market. 他们瞄准了一个大市场。

air
[ɛə]
【常】*n.* 空气；空中
【僻】*n.* 样子 *vt.* 晾干，使通风；使公开
【例】He smiles with a triumphant *air*. 他带着胜利的神情微笑。

appear
[əˈpiə]
【常】*vi.* 出现，来到；产生
【僻】*vi.* 似乎；发表
【例】It *appeared* that the assault never occurred. 看起来袭击根本没有发生。

arm
[ɑːm]
【常】*n.* 臂；臂状物；[*pl.*]武器
【僻】*vt.* 以（武器）装备；提供
【例】The enemy is *arming*. 敌人正在备战。

article [ˈɑːtikl]
【常】*n*. 文章；物品；冠词
【僻】*n*. 条款
【例】Now let me talk about *Article* II on *Labour Law*. 现在，我来谈谈《劳工法》中的第二条款。

atom [ˈætəm]
【常】*n*. 原子
【僻】*n*. 微粒，微量
【例】The trains were blown to *atoms* by the force of the explosion. 爆炸的力量把火车炸得粉碎。

attend [əˈtend]
【常】*v*. 出席；专心，致力于
【僻】*v*. 照顾，护理
【例】The queen has a good doctor *attending* her. 女王有一个好医生照顾她。

bad [bæd]
【常】*adj*. 坏的，恶的
【僻】*adj*. 严重的
【例】The pain is very *bad*. 疼得很厉害。

badly [ˈbædli]
【常】*adv*. 坏，差
【僻】*adv*. 严重地
【例】to be *badly* damaged 遭到严重破坏

bar [bɑː]
【常】*n*. 酒吧间；条，杆，栅
【僻】*vt*. 闩(门、窗等)；阻拦，封锁
【例】Poverty *bars* the way to progress. 贫穷阻碍了进步。

battle [ˈbætl]
【常】*n*. 战役，斗争
【僻】*vi*. 作战
【例】They *battled* with the winds and the waves. 他们与风浪搏斗。

bear [bɛə]
【常】*vt*. 容忍，负担；生育；运输 *n*. 熊，粗鲁的人
【僻】*vt*. 写(或刻、印)有 *n*. (证券交易中)卖空者
【例】The ring *bears* an inscription. 这个戒指上刻有字。

belt [belt]
【常】*n*. 带，腰带，皮带
【僻】*n*. 区
【例】It is the country's cotton *belt*. 这里是国家的产棉地区。

block [blɔk]
【常】*n*. 大块(木料、冰等)；阻碍(物) *vt*. 堵塞，拦阻
【僻】*n*. 街区，大楼
【例】Tom began to run towards the apartment *block*. 汤姆开始往住宅区跑去。

blue [bluː]
【常】*adj*. 蓝色的 *n*. 蓝色
【僻】*adj*. 忧郁的；下流的
【例】I'm feeling rather *blue* today. 我今天心情很不好。

body [ˈbɔdi]
【常】*n.* 身体，主体；物体
【僻】*n.* 尸体；一群
【例】The police found a *body* at the bottom of the lake. 警方在湖底发现了一具尸体。

book [buk]
【常】*n.* 书，书籍
【僻】*vt.* 预订
【例】I'd like to *book* three seats for tonight's concert. 我想为今晚的音乐会预订三个座位。

boss [bɔs]
【常】*n.* 老板，上司
【僻】*vt.* 指挥
【例】He's always *bossing* his wife about. 他总是呼来唤去地指使妻子。

bother [ˈbɔðə]
【常】*v.* 烦扰，迷惑；尽力；担心
【僻】*n.* 麻烦，焦急；使人烦恼的人(或事物)
【例】We had a lot of *bother* finding our way. 我们费了很大劲才找到这里。

bow
【常】[bəu] *n.* 弓 [bau] *v.* 压弯，鞠躬
【僻】[bəu] *n.* 蝴蝶结 [bau] *v.* 低下(头)
【例】tie shoelaces in a *bow* 把鞋带打成蝴蝶结状

box [bɔks]
【常】*n.* 箱，盒，包箱 *v.* 把…装箱
【僻】*v.* 拳击，打拳
【例】Did you *box* at school? 你在学校时练过拳击吗?

branch [brɑːntʃ]
【常】*n.* 树枝
【僻】*n.* 分部，分科
【例】Jim hoped the firm would transfer him to the Paris *branch*. 吉姆希望公司可以将他调到巴黎的分部工作。

bridge [bridʒ]
【常】*n.* 桥，桥梁
【僻】*n.* 桥牌 *vt.* 架桥于，把…连接起来
【例】I partnered my sister at *bridge*. 我和妹妹搭档玩桥牌。

button [ˈbʌtn]
【常】*n.* 扣子，按钮
【僻】*v.* 扣紧；能用扣子扣住
【例】This dress *buttons* at the back. 这件连衣裙的扣子在背后。

can [kæn]
【常】*aux.v.* 能，会，可能
【僻】*n.* 罐头，听，容器
【例】Frank drank four *cans* of beer. 弗兰克喝了四罐啤酒。

capital [ˈkæpitl]
【常】*n.* 首都
【僻】*n.* 资金；大写字母 *adj.* 大写的；可处死刑的
【例】Chicken raising also demands *capital*. 养鸡也需要资本。

catch
[kætʃ]
【常】*vt.* 捉住，赶上；偶然撞见；染上；吸引
【僻】*vt.* 领会
【例】Sorry, I didn't quite *catch* what you said. 对不起，我没太听懂你的话。

celebrate
['selibreit]
【常】*v.* 庆祝；过节
【僻】*vt.* 歌颂
【例】It is a poem that *celebrates* love. 这是一首歌颂爱情的诗。

cell
[sel]
【常】*n.* 细胞；小房间
【僻】*n.* 电池；基层组织
【例】The camera can't work without *cell*. 没有电池，照相机无法工作。

chair
[tʃɛə]
【常】*n.* 椅子
【僻】*n.* 主席
【例】Jane takes the *chair* in all our meetings. 简担任我们一切会议的主席。

change
[tʃeindʒ]
【常】*n./v.* 改变，变化
【僻】*n.* 零钱
【例】I've no small *change*. 我没有零钱。

cheap
[tʃiːp]
【常】*adj.* 廉价的，劣质的
【僻】*adj.* 卑鄙的
【例】Ben is a *cheap* crook. 本是个卑鄙的骗子。

china
['tʃainə]
【常】*n.* 中国(China)
【僻】*n.* 瓷器，瓷料
【例】household *china* 家用瓷器

class
[klɑːs]
【常】*n.* 班，班级；课；种类
【僻】*n.* 阶级，等级
【例】the working *class* 工人阶级

coat
[kəut]
【常】*n.* 外套，上衣
【僻】*n.* 表皮
【例】There is a dog with a smooth *coat*. 一只毛皮光滑的狗。

code
[kəud]
【常】*n.* 密码，代码
【僻】*n.* 准则，法典 *vt.* 把…编码
【例】You must abide the highway *code*. 你必须遵守公路法规。

coin
[kɔin]
【常】*n.* 硬币；铸造(硬币)
【僻】*vt.* 创造(新词)
【例】Do not *coin* terms that are intelligible to nobody. 不要生造谁也不懂的术语。

collect
[kə'lekt]
【常】*v.* 收集，收款；领取；积聚
【僻】*adj./adv.*（打电话）由对方付费（的）
【例】to call sb. *collect* 拨打对方付款电话

company
['kʌmpəni]
【常】*n.* 公司，商号；同伴
【僻】*n.* 一群；连队
【例】a *company* of ships 船队

composition
[ˌkɔmpə'ziʃən]
【常】*n.* 作品，写作，创作
【僻】*n.* 构成
【例】They did an experiment to determine the *composition* of the molecules. 他们做实验来测定分子构成。

concert
['kɔnsət]
【常】*n.* 音乐会，演奏会
【僻】*n.* 一致
【例】Carl is working in *concert* with his colleagues. 卡尔与同事们合作。

content
【常】['kɔntent] *n.* [*pl.*]内容，目录；所含之物
【僻】[kən'tent] *vt.* 使满足 *adj.* 满意的，满足的
【例】Nothing will ever *content* him. 没有什么能使他满足。

correct
[kə'rekt]
【常】*adj.* 正确的
【僻】*vt.* 纠正
【例】Please *correct* my pronunciation if I go wrong. 假若我的发音不准就请你纠正。

course
[kɔːs]
【常】*n.* 课程；过程；行动方针；路线
【僻】*n.*（一）道（菜）
【例】The main *course* was a vegetable stew. 主菜是炖蔬菜。

crop
[krɔp]
【常】*n.* 农作物，庄稼；收成
【僻】*n.* 一批 *vt.* 剪短，修剪
【例】The program brought quite a *crop* of complaints from viewers. 很多观众对此节目表示不满。

custom
['kʌstəm]
【常】*n.* 习惯，风俗
【僻】*n.* [*pl.*] 海关，关税
【例】We will go through the *customs* 20 minutes later. 我们将在20分钟后通过海关。

daily
['deili]
【常】*adj.* 每日的
【僻】*n.* 日报
【例】No mention of the explosion was printed in any of Sunday's *daily*. 星期天的日报都没有报道那次爆炸。

deal
[di:l]
【常】*vt.* 处理 *n.* 交易，协议
【僻】*vt.* 给予，分给
【例】Kay *dealt* me four cards. 凯发给我四张牌。

deed
[di:d]
【常】*n.* 行为；功绩
【僻】*n.* 契约
【例】Do you have the *deed* to the house? 你有房产证书吗？

degree
[di'gri:]
【常】*n.* 程度，度
【僻】*n.* 学位
【例】Joe will take the *degree* in law this summer. 今年夏天乔将获得法律学位。

deliver
[di'livə]
【常】*vt.* 投递，送交；发表
【僻】*vt.* 给（产妇）接生；给予（打击等）；解救，拯救
【例】The police *delivered* the kid from danger. 警察从危险中救出小孩。

description
[di'skripʃən]
【常】*n.* 描写，形容
【僻】*n.* 种类
【例】boats of every *description* 各种各样的船只

desert
【常】['dezət] *n.* 沙漠
【僻】[di'zə:t] *v.* 离弃，擅离
【例】Anyone who *deserts* his post is punished severely. 任何擅离职守的人都要受到严惩。

duty
['dju:ti]
【常】*n.* 职责，责任
【僻】*n.* 税
【例】Perfume is not exempt from import *duty* here. 在这里，香水不能免交进口税。

edge
[edʒ]
【常】*n.* 边缘，边，刀口
【僻】*n.* 优势 *v.* 侧着移动
【例】Children *edged* their way to the front of the crowd to see the beautiful bride more clearly. 孩子们侧身挤到人群的前面，想更清楚地看看美丽的新娘。

employ
[im'plɔi]
【常】*vi.* 雇用，用 *n.* 受雇
【僻】*v.* 使忙于
【例】Bob was busily *employed* in cleaning his shoes. 鲍勃忙着擦鞋。

even
['i:vən]
【常】*adv.* 甚至；甚至更，还
【僻】*adj.* 均匀的；平的 *v.* (使)相等
【例】A billiard-table must be perfectly *even*. 台球桌必须十分平。

exit
[ˈeksit]
【常】*n.* 出口，安全门；退场
【僻】*v.* 退出
【例】Carrying a paper bag, Ada *exits* the gourmet market and crosses the street to the office. 埃达提着一个纸袋，走出美食市场，穿过街道来到办公室。

express
[ikˈspres]
【常】*vt.* 表示，表达
【僻】*adv.* 用快递方式，乘直达快车 *n.* 快车，快递 *adj.* 特快的，明确的
【例】the T66 special *express* to Beijing 开往北京的T66次特快

fail
[feil]
【常】*v.* 失败，失灵；不及格
【僻】*v.* 不能；使失望
【例】The vacuum *fails* to operate. 那个真空吸尘器不能用了。

fair
[fɛə]
【常】*adj.* 公平的，相当的 *adv.* 公正地，公平地
【僻】*adj.* 金发的，白皙的；晴朗的 *n.* 定期集市，博览会
【例】a charming woman with *fair* hair 金发美女

familiar
[fəˈmiljə]
【常】*adj.* 熟悉的；随便的
【僻】*adj.* 冒昧的
【例】Ellen felt a little uncomfortable at his *familiar* behavior. 埃伦对他放肆的行为感到有点儿不舒服。

fan
[fæn]
【常】*n.* 扇子，风扇 *vt.* 扇，煽动
【僻】*n.*（运动等）狂热爱好者
【例】The vocal concert of Jay attracted uncounted *fans*. 周杰伦的演唱会吸引了无数的歌迷。

file
[fail]
【常】*n.* 档案，文件夹；纵列
【僻】*v.* 把…归档，提出（申请书等）；排成纵队行进
【例】The secretary *files* away letters in a drawer. 秘书把信件归档放入抽屉中。

film
[film]
【常】*n.* 电影
【僻】*n.* 胶卷；薄层 *v.* 拍摄
【例】The television company is *filming* in our town. 电视公司正在我们镇上拍片子。

fine
[fain]
【常】*adj.* 美好的，纤细的；健康的；晴朗的 *adv.* 很好，妙
【僻】*n.* 罚金，罚款 *vt.* 处…以罚金 *adj.* 颗粒微小的
【例】It is a punitive *fine* system. 这是一个惩罚性的罚款系统。

fire
[ˈfaiə]
【常】*n.* 火，火灾；射击；热情
【僻】*v.* 解雇；开火；放（枪、炮等）

【例】Tony felt so sad because of being *fired*. 托尼被解雇了，感觉很沮丧。

firm [fəːm]
【常】*adj.* 结实的，坚固的
【僻】*n.* 商行，商号，公司
【例】Our *firm* has made 200 workers redundant. 我们公司已裁减200名雇员。

flow [fləu]
【常】*vi.* 流动；飘拂
【僻】*n.* 流动，流量
【例】a steady *flow* of traffic 川流不息的车辆

fly [flai]
【常】*v.* 飞行；乘飞机；驾驶(飞机)，空运；飘荡，飞逝
【僻】*n.* 蝇，苍蝇

garage [gəˈrɑːʒ]
【常】*n.* 车库
【僻】*n.* 汽车修理行
【例】Are there any *garages* nearby? 这附近有汽车修理行吗？

general [ˈdʒenərəl]
【常】*adj.* 总的，一般的
【僻】*n.* 将军
【例】My uncle is *General* Roberts. 我叔叔是罗伯茨上将。

gift [gift]
【常】*n.* 礼物，赠品
【僻】*n.* 天赋
【例】According to this passage, some animals have the *gift* of recognizing human faces. 根据这篇文章介绍，一些动物具有识别人面孔的天赋。

goal [gəul]
【常】*n.* 目的；球门
【僻】*n.* 得分
【例】Don't say that I haven't scored *goals*! 别说我没有进球得分！

golden [ˈgəuldən]
【常】*adj.* 金色的
【僻】*adj.* 极好的
【例】I think it is a *golden* opportunity. 我觉得这是个极好的机会。

hand [hænd]
【常】*n.* 手，人手
【僻】*n.* 指针
【例】the hour *hand* of a watch 表的时针

handsome [ˈhænsəm]
【常】*adj.* (男子)英俊的；(女子)端庄健美的
【僻】*adj.* 相当大的
【例】It is a painting that commanded a *handsome* price. 这是一幅相当值钱的画。

head [hed]
【常】*n.* 头；领导；个人；〈单复同〉(牛、羊等的)头数；头脑，智力
【僻】*v.* 率领；位于…的顶部；朝…行进
【例】The minister *headed* the committee. 这位部长执掌委员会。

hear [hiə]
【常】*vt.* 听见，听说
【僻】*vt.* 审讯
【例】Which judge will *hear* the case? 哪位法官将审理这起案件？

heavy [ˈhevi]
【常】*adj.* 重的，大的；沉重的；笨重的
【僻】*adv.* 密集地；剧烈地
【例】The rain is falling *heavier* today than yesterday. 今天的雨下得比昨天大。

hero [ˈhiərəu]
【常】*n.* 英雄，勇士
【僻】*n.* 男主角
【例】You are the *hero* in my life. 你是我生命中的男主角。

hide [haid]
【常】*vt.* 把…藏起来；遮掩 *vi.* (躲)藏
【僻】*n.* 兽皮

hit [hit]
【常】*v.* 伤害；(against)碰撞 *n.* 一击，击中
【僻】*n.* 成功而风行一时的事物
【例】The record was a big *hit* and sold a million copies. 这张唱片大获成功，卖了一百万张。

hot [hɔt]
【常】*adj.* 热的，刺激的
【僻】*adj.* 辣的
【例】Pepper are *hot*. 胡椒是辣的。

house
【常】[haus] *n.* 房屋，住宅
【僻】[haus] *n.* 商号；[H-]议院 [hauz] *vt.* 给…房子住
【例】Jack owned a publishing *house*. 杰克拥有一家出版社。

ice [ais]
【常】*n.* 冰，冰块
【僻】*vt.* 冰镇
【例】Could you please *ice* a bottle of beer? 可以冰镇一瓶啤酒吗？

immediate [iˈmiːdiət]
【常】*adj.* 立即的
【僻】*adj.* 直接的
【例】On an artist, the visual impact of the war is *immediate*. 对于艺术家来说，战争的视觉冲击是直接的。

industry [ˈindəstri]
【常】*n.* 工业，产业
【僻】*n.* 勤劳
【例】Fred is a man of great *industry*. 弗雷德是一个非常勤劳的人。

iron [ˈaiən]
【常】*n.* 铁，烙铁
【僻】*vt.* 熨(衣)；消除，解除
【例】I think we can *iron* out any differences in the meeting. 我认为我们能够在会上消除所有分歧。

kill [kil]
【常】*vt.* 杀死；扼杀，终止，否决；使疼痛 *vi.* 致死
【僻】*v.* 消磨(时间)
【例】My train was delayed, so I *killed* time skimming a magazine. 火车晚点了，因此我浏览杂志打发时间。

last [lɑːst]
【常】*adj.* 最后的 *adv.* 最后
【僻】*vi.* 持续，持久，耐久
【例】The illusion did not *last* long. 这种幻想不会持续太久。

lead
【常】[liːd] *v.* 为…带路，领导；诱使；过(某种生活)；导致；领先 *n.* 领导；主角
【僻】[led] *n.* 铅，铅制品
【例】*Lead* in food does harm to your health. 食物中的铅有害健康。

letter [ˈletə]
【常】*n.* 信
【僻】*n.* 证书；字母
【例】We need your bank *letter* of credit. 我们需要您的银行信用证。

library [ˈlaibrəri]
【常】*n.* 图书馆
【僻】*n.* 藏书
【例】Henry has many foreign books in his *library*. 亨利的藏书中有许多外国书。

lift [lift]
【常】*vt.* 提起，提高
【僻】*n.* 电梯
【例】The hotel porter, in his chair, wakes and goes over to the *lift*. 旅馆的门卫从椅子上醒来后向电梯走去。

live
【常】[liv] *vi.* 居住，活
【僻】[laiv] *adj.* 活的
【例】They look just like *live* cranes. 这些仙鹤看上去就像真的一样。

lonely [ˈləunli]
【常】*adj.* 孤独的
【僻】*adj.* 荒凉的
【例】I walked on the sand of a *lonely* beach. 我走在一个人迹罕至的海滩上。

long [lɔŋ]
【常】*adj.* 长的，远的，长期的 *adv.* 长久 *n.* 长时间
【僻】*vi.* 渴望，极想念
【例】I *long* for a life of simplicity. 我渴望简单的生活。

lot [lɔt]
【常】*n.* 许多，大量
【僻】*n.* 签，阄
【例】Linda was chosen by *lot* to represent us. 琳达抽中签当我们的代表。

mad	【常】*adj.* 发疯的
[mæd]	【僻】*adj.* 恼火的
	【例】I got *mad* at his stupid proposal. 他愚蠢的建议让我极为恼火。
mark	【常】*n.* 记号 *vt.* 标明
[mɑːk]	【僻】*n.* 斑点
	【例】Who made these dirty *marks* on my new book? 我新书上的这些污点是谁弄的？
master	【常】*n.*（男）主人，能手 *vt.* 掌握；征服
[ˈmɑːstə]	【僻】*n.* 原版；[M-]硕士 *adj.* 主要的，优秀的
	【例】James got his *Master* Degree last year. 詹姆斯去年拿到了硕士学位。
match	【常】*n.* 比赛，对手；匹配 *v.*（和…）相配
[mætʃ]	【僻】*n.*（一根）火柴
	【例】put a *match* to sth. 用火柴点着某物
mean	【常】*vt.* 表示…的意思，意指；打算；怀有特定意义
[miːn]	【僻】*adj.* 自私的，吝啬的；平均的 *n.* 平均值
	【例】I don't like the girl who is very *mean* with money. 我不喜欢这个女孩，她太吝啬了。
might	【常】*aux.v.* 可能，会，也许
[mait]	【僻】*n.* 力量，威力；权势
	【例】It's beyond your *might*. 此事非你力所能及。
mine	【常】*pron.* 我的
[main]	【僻】*n.* 矿，矿山；地雷
	【例】They are measuring the depth of the *mine*. 他们正在测量矿井的深度。
minute	【常】[ˈminit] *n.* 分，分钟，一会儿
	【僻】[maiˈnjuːt] *adj.* 微细的，极少的 *n.* [*pl.*]会议记录
	【例】The effect of gravity on them is *minute*. 地心引力对它们的影响很小。
mirror	【常】*n.* 镜子
[ˈmirə]	【僻】*vt.* 反映，反射
	【例】Even a simple toy can *mirror* the artistic tastes of the time. 哪怕一个简单的玩具都可以反映出一个时代的艺术品位。
moon	【常】*n.* 月球，月亮
[muːn]	【僻】*n.* 卫星
	【例】How many *moons* does Jupiter have? 木星有多少卫星？

next
[nekst]
【常】*adj.* 紧接的
【僻】*adj.* 贴近的
【例】How far is it to the *next* petrol station? 下一个最近的加油站离此地多远?

novel
[ˈnɔvl]
【常】*n.* (长篇)小说
【僻】*adj.* 新颖的
【例】The rule of monogamy is neither *novel* nor strange to them. 对他们来说，一夫一妻制既不新颖也不陌生。

nurse
[nəːs]
【常】*n.* 保姆，护士
【僻】*vt.* 看护
【例】I'll *nurse* you back to health. 我会一直照顾你直到康复。

order
[ˈɔːdə]
【常】*n.* 次序，整齐
【僻】*vt.* 命令；定购
【例】We *ordered* the coat in a variety of sizes and colours. 我们订购了各种尺码和颜色的外套。

paper
[ˈpeipə]
【常】*n.* 纸，报纸；文件
【僻】*n.* 论文；试卷 *adj.* 纸质的 *vt.* 用墙纸裱糊
【例】Don't mess my *papers*! 别弄乱我的卷子!

park
[pɑːk]
【常】*n.* 公园
【僻】*n.* 停车场 *v.* 停放(车辆等)
【例】Don't *park* the car in the lawn. 不得在这片草坪上停车。

part
[pɑːt]
【常】*n.* 一部分；零件 *v.* (使)分开
【僻】*n.* 角色；器官 *adv.* 部分地
【例】Kate was given a minor *part* in the new play. 凯特在这出新戏里扮演一个小角色。

period
[ˈpiəriəd]
【常】*n.* (一段)时期
【僻】*n.* 学时；句号
【例】a teaching *period* of 45 minutes 一堂45分钟的课

permit
【常】[pəˈmit] *vt.* 允许；(使)有可能
【僻】[ˈpəːmit] *n.* 执照
【例】Denis said it would take at least six months to get a *permit*. 丹尼斯说得到许可证至少需要六个月时间。

piece
[piːs]
【常】*n.* 碎片，块
【僻】*vt.* 拼合
【例】Let's *piece* together the torn scraps of paper in order to read what was written. 让我们把破碎的文件拼凑起来看看上面写的什么吧!

pipe 【常】*n.* 管子，导管
[paip] 【僻】*n.* 烟斗；[*pl.*] 管乐器 *vt.* 用管道输送
【例】The *pipe* lighted; smoke belched forth. 烟斗点着了，冒出烟雾来。

plain 【常】*n.* 平原
[plein] 【僻】*adj.* 清楚的
【例】The markings along the route are quite *plain*. 沿途的路线标志都很清楚。

plane 【常】*n.* 飞机
[plein] 【僻】*n.* 平面 *adj.* 平坦的
【例】*plane* surface 平面

plant 【常】*n.* 植物 *vt.* 栽种；放置
[plɑːnt] 【僻】*n.* 工厂；间谍
【例】Tim reopened the *plant*, starting from scratch. 蒂姆从零开始，使工厂重新开工。

plate 【常】*n.* 板，片，盘
[pleit] 【僻】*n.* 金属牌；平板 *vt.* 镀(金、银等)
【例】The ring wasn't solid gold; it was only *plated*. 这枚戒指不是纯金的，只是镀金的。

play 【常】*vi.* 玩，游戏
[plei] 【僻】*v.* 演奏
【例】It was the first song I learned to *play* on the keyboard. 这是我学会在键盘上弹奏的第一支歌。

please 【常】*v./adv.* 请
[pliːz] 【僻】*v.* 使高兴；愿意
【例】Jack *pleased* his boss to get more salary. 杰克取悦自己的老板，期望得到更高的工资。

pool 【常】*n.* 水塘，游泳池；(液体等的)一摊，一片
[puːl] 【僻】*vt.* 共有 *n.* 共用物
【例】*pool* (together) our efforts 共同努力

post 【常】*n.* 邮政，邮件；岗位，哨所，职位
[pəust] 【僻】*n.* 柱，桩，杆 *vt.* 贴出；投寄；宣布，公告
【例】Monitor *posted* a circular on the wall. 班长将一张通知贴在墙上。

pound 【常】*n.* 磅；英镑
[paund] 【僻】*vt.* 捣碎；猛击
【例】The ship was *pounded* to pieces against the rocks. 那船在岩石上撞得粉碎。

power [ˈpauə]
【常】*n.* 能力，力，权力；强国
【僻】*n.* 幂 *vt.* 使开动
【例】Atomic energy *powers* the submarine. 原子能供给该潜艇动力（该潜艇由原子能推动）。

present
【常】[priˈzent] *vt.* 赠送
[ˈprezənt] *n.* 目前；礼物，赠送物 *adj.* 现在的；出席的
【僻】[priˈzent] *vt.* 介绍，提出
【例】May I *present* my new assistant to you. 请允许我向你介绍我的新助手。

president [ˈprezidənt]
【常】*n.* 总统，校长
【僻】*n.* 会长
【例】Sam was made *president* of the cricket club. 萨姆被任命为板球俱乐部会长。

press [pres]
【常】*v.* 压，按；压迫；催促
【僻】*n.* 新闻界；出版社；印刷机
【例】The *Press* was not allowed to attend the trial. 新闻界人士不得出庭旁听。

pretty [ˈpriti]
【常】*adj.* 漂亮的，标致的
【僻】*adv.* 很，相当
【例】The film was *pretty* rotten. 这部电影十分差劲。

pride [praid]
【常】*n.* 骄傲，自豪
【僻】*vt.* 自夸
【例】Billy *prides* himself on his tailoring. 比利对自己的裁缝手艺感到得意。

prize [praiz]
【常】*n.* 奖赏，奖金
【僻】*vt.* 珍视
【例】The portrait of her mother was her most *prized* possession. 母亲的这张肖像是她最珍爱的物品。

program [ˈprəugræm]
【常】*n.* 程序
【僻】*n.* 节目单；大纲
【例】a *program* of lectures for first-year students 针对一年级学生的教学大纲

pronounce [prəˈnauns]
【常】*vt.* 发…的音
【僻】*vt.* 宣布，宣判
【例】I now *pronounce* you husband and wife. 我现在宣布你们结为夫妻。

pupil [ˈpjuːpl]
【常】*n.* 学生，小学生
【僻】*n.* 瞳孔
【例】The doctor is examining her *pupils*. 医生正在检查她的瞳孔。

race [reis]
【常】*n.*（速度的）比赛，竞争 *v.* 参加比赛
【僻】*n.* 人种，种族 *v.*（使）高速运动
【例】It transcends all *races* and creeds, and even nationalities. 它超越了所有种族、信仰甚至国籍的界限。

rapid [ˈræpid]
【常】*adj.* 快的
【僻】*n.* [*pl.*] 急流
【例】shoot the *rapids* 穿过急流

reason [ˈriːzn]
【常】*n.* 理由，理性
【僻】*v.* 推理，分析
【例】Mike *reasoned* that if we started at dawn, we would be there by noon. 迈克推断，我们要是黎明出发，中午就能到。

receive [riˈsiːv]
【常】*vt.* 收到，得到
【僻】*vt.* 接待
【例】The hospital *receives* patients from all over the world. 这家医院接待来自世界各地的病人。

refer [riˈfəː]
【常】*v.* 提交，谈到；指的是
【僻】*v.* 参考；查阅
【例】I *referred* to my watch for the exact time. 我看了一下手表好知道准确的时间。

rest [rest]
【常】*n.* 其余的人（或物）；休息，静止 *v.*（使）休息
【僻】*n.* 支座 *v.* 靠；停留
【例】Mary *rested* her elbows on the table. 玛丽将肘部搭在桌子上。

revolution [ˌrevəˈluːʃən]
【常】*n.* 革命
【僻】*n.* 旋转
【例】The *revolution* of the Earth is on the axis round the Sun. 地球以太阳为轴心旋转。

role [rəul]
【常】*n.* 角色
【僻】*n.* 作用，任务
【例】This organization plays an important *role* in international relation. 该组织在国际关系方面起着重要作用。

room [ruːm]
【常】*n.* 房间；地位
【僻】*n.* 余地
【例】There is no *room* for refusal. 没有拒绝的余地。

rough
[rʌf]
【常】*adj.* 表面不平的
【僻】*adj.* 粗略的
【例】Give me a *rough* idea of your plan. 请把你那个计划的大概意思告诉我。

row
[rəu]
【常】*n.* (一)排，(一)行
【僻】*v.* 划(船等)
【例】They *rowed* the boat across the river. 他们划船过河。

rush
[rʌʃ]
【常】*v.* 冲，奔 *n.* 冲，匆忙，繁忙
【僻】*v.* 催促，仓促完成；猛冲 *n.* 需求的激增；(身体的)一阵感觉
【例】Don't *rush* me. This needs thinking about. 别催我，这事得考虑考虑。

safe
[seif]
【常】*adj.* 安全的，谨慎的
【僻】*n.* 保险箱
【例】*safe*-breaker 破开保险箱的盗贼

sandwich
[ˈsænwidʒ]
【常】*n.* 三明治
【僻】*vt.* 夹入中间
【例】Jeffrey was *sandwiched* between two strange guys. 杰弗里被夹在两个陌生家伙的中间。

satisfaction
[ˌsætisˈfækʃən]
【常】*n.* 满意，快事
【僻】*n.* 赔偿(物)
【例】When I didn't get any *satisfaction* from the local branch I wrote to the head office. 我在当地部门那里没有得到任何赔偿，因而向其总部投诉。

save
[seiv]
【常】*vt.* 救；节省；储蓄
【僻】*prep.* 除…之外
【例】All is lost *save* honor. 除荣誉外一切都丧失了。

school
[skuːl]
【常】*n.* 学校，学院
【僻】*n.* 学派；上课(时间)
【例】I don't belong to the *school* of thought that favors radical. 我不属于激进派。

season
[ˈsiːzən]
【常】*n.* 季，季节
【僻】*n.* 时节
【例】the growing *season* 生长时节

sentence
[ˈsentəns]
【常】*n.* 句子
【僻】*n.* 判决 *vt.* 宣判
【例】Nick was *sentenced* to death for apostasy. 尼克因为脱党而被判处死刑。

share
[ʃεə]
【常】*n.* 份；份额 *v.* 分享
【僻】*n.* [常*pl.*] 股份
【例】The *Financial Times*' *share* index went up five points yesterday. 《金融时报》的股票指数昨天上升了五点。

sharp
[ʃɑːp]
【常】*adj.* 锋利的
【僻】*adj.* 敏锐的
【例】John found the boy *sharp* at maths. 约翰发现那男孩精于数学。

shoot
[ʃuːt]
【常】*vt.* 发射，射中；拍摄 *n.* 打猎
【僻】*vt.* 疾驰 *n.* 嫩枝
【例】A *shoot* sprouts out from the ground. 一颗嫩芽破土而出。

shoulder
[ˈʃəuldə]
【常】*n.* 肩，肩膀
【僻】*vt.* 肩负，承担，挑起
【例】The enterprise should *shoulder* unlimited liability. 该企业应该承担无限责任。

silence
[ˈsailəns]
【常】*n.* 沉默，寂静
【僻】*vt.* 使沉默
【例】Ann *silences* him with a tender caress. 安温柔的爱抚使他安静下来。

skirt
[skəːt]
【常】*n.* 女裙
【僻】*n.* 边缘；郊区 *vt.* 位于…的边缘；绕开
【例】There is a base camp on the *skirt* of the mountain. 山脚下有一个军营。

society
[səˈsaiəti]
【常】*n.* 社会，团体
【僻】*n.* 上流社会，社交界
【例】They are the leaders of *society*. 他们是上流社会的顶尖人物。

soil
[sɔil]
【常】*n.* 泥土，土壤，土地
【僻】*v.* 弄脏，变脏
【例】Frank refused to *soil* his hands. 弗兰克不愿把手弄脏。

sort
[sɔːt]
【常】*n.* 种类，类别
【僻】*vt.* 整理
【例】Jim was *sorting* his foreign stamps. 吉姆正在整理他的外国邮票。

sound
[saund]
【常】*n.* 声音 *v.* (使)发声；探测；听起来
【僻】*adj.* 健康的，完好的；精湛的；正确的；彻底的 *adv.* 充分地，酣畅地
【例】The doctor certified that she was of *sound* mind. 医生诊断她心智健全。

spare [spɛə]
【常】*adj.* 多余的；备用的
【僻】*vt.* 节约；饶恕，免去
【例】They killed the men but *spared* the children. 他们把男人杀了，但放过了孩子。

spring [spriŋ]
【常】*n.* 春天，春季
【僻】*v.* 跳，跃；突然提出，突然出现 *n.* 跳跃，泉；弹簧，发条
【例】Tom *sprang* forward to help me. 汤姆纵身上前帮了我一把。

stage [steidʒ]
【常】*n.* 舞台，戏剧
【僻】*n.* 阶段
【例】It's only the experimental *stage* at this moment. 现在只是实验阶段。

stamp [stæmp]
【常】*n.* 邮票；标志
【僻】*n.* 戳子；跺脚 *v.* 踩踏；在…上盖印；重步走
【例】There is no *stamp* on the document. 那个文件上没盖图章。

stomach [ˈstʌmək]
【常】*n.* 胃，肚子
【僻】*n.* 食欲 *vt.* 忍受
【例】I can't *stomach* being disturbed when I read. 我读书时，最怕被人打扰。

student [ˈstjuːdənt]
【常】*n.* 学生
【僻】*n.* 研究生；学者
【例】Near the tent, a *student* delivers a fiery speech.在靠近帐篷的地方，一个学者正情绪激昂地演讲。

succeed [səkˈsiːd]
【常】*v.* 成功
【僻】*v.* 继…之后，继承
【例】Early in life, Winston determined to *succeed* where his father had failed. 很小的时候，温斯顿就决定接替他父亲未完成的事业。

suggest [səˈdʒest]
【常】*vt.* 建议
【僻】*vt.* 暗示，启发
【例】Her gesture *suggested* their liaison. 她的姿势暗示了他们的暧昧关系。

suit [sjuːt]
【常】*n.* 一套衣服 *vt.* 适合，中…的意
【僻】*n.* 起诉，诉讼
【例】John brought a divorce *suit* against his wife. 约翰向他的妻子提起了离婚诉讼。

sunny [ˈsʌni]
【常】*adj.* 阳光充足的
【僻】*adj.* 快活的
【例】Annie looks on the *sunny* side of everything. 安妮乐观地看待每一件事情。

table
[ˈteibl]
【常】*n.* 桌子，餐桌
【僻】*n.* 项目表
【例】a *table* of contents 目录

tank
[tæŋk]
【常】*n.* 坦克
【僻】*n.* 大容器，槽
【例】They used to swim in a big water *tank*. 他们过去常在大水槽里游泳。

tap
[tæp]
【常】*n./v.* 轻叩
【僻】*v.* 开发；窃听 *n.* 塞子，龙头；窃听
【例】This approach is to *tap* renewable resource. 这种方法用于开发可再生资源。

tear
【常】[tiə] *n.* 眼泪，泪珠
【僻】[tɛə] *vt.* 撕开，撕裂
【例】The country was *torn* by civil war. 这个国家因内战而四分五裂。

tell
[tel]
【常】*vt.* 讲述，吩咐
【僻】*vt.* 判断，区分，辨别
【例】I can't *tell* the difference between the two. 我不能区分两者的差异。

terrible
[ˈterəbl]
【常】*adj.* 可怕的，很糟的
【僻】*adj.* 极度的
【例】a *terrible* beauty 一个大美人

ticket
[ˈtikit]
【常】*n.* 票，券
【僻】*n.*（交通违章）罚款传票，罚款单；候选人名单
【例】The policeman wrote her a *ticket* for speeding. 警察给她开了一张超速罚款单。

tip
[tip]
【常】*n.* 末端，尖端
【僻】*n.* 小费；提示 *v.* 给小费
【例】Smith *tips* the porter extravagantly. 史密斯非常大方地给了行礼搬运工小费。

tired
[ˈtaiəd]
【常】*adj.* 疲劳的
【僻】*adj.* 厌倦的
【例】I got *tired* of my mute books and empty rooms. 我已经厌倦了那些不会说话的书和空荡荡的房间。

tower
[ˈtauə]
【常】*n.* 塔，高楼
【僻】*vi.* 屹立，高耸
【例】Michael still *towered* in the forefront of politics. 迈克尔在政治界仍然独领风骚。

treasure [ˈtreʒə]
【常】*n.* 财富，珍宝
【僻】*vt.* 珍视
【例】I will always *treasure* our relationship. 我会一直珍视我们的友谊。

treat [triːt]
【常】*vt.* 对待，处理
【僻】*n.* 款待
【例】It's her birthday; she will give us all a *treat.* 今天是她的生日，她要请我们大家吃饭。

try [trai]
【常】*v.* 尝试
【僻】*v.* 审问
【例】Bob was *tried* for taking a bribe. 鲍勃因受贿而被审讯。

uniform [ˈjuːnifɔːm]
【常】*adj.* 一样的
【僻】*n.* 制服
【例】The worker was in blue *uniform.* 那个工人身着蓝色制服。

unit [ˈjuːnit]
【常】*n.* 单位，单元
【僻】*n.* 部件
【例】There are a variety of radio and TV *units* here. 这里有各种收音机和电视机部件。

value [ˈvæljuː]
【常】*n.* 价值，价格；有用性；[*pl.*] 价值观念
【僻】*vt.* 估价，评价；重视
【例】If you want to sell your stamps you ought to have it *valued.* 如果想出售你的邮票，你应该请人先估一下价。

voyage [ˈvɔiidʒ]
【常】*n./vi.* 航海
【僻】*n./vi.* 旅行
【例】Would you like to take a *voyage* round the world with me? 你愿意和我一起环游世界吗?

wage [weidʒ]
【常】*n.* [常*pl.*]工资，报酬
【僻】*vt.* 开展(运动)
【例】We shall *wage* the cruellest war against you. 我们将发动最残酷的战争来对付你们。

want [wɔnt]
【常】*vt.* 要
【僻】*n.* 需要，缺乏
【例】We are in *want* of new knowledge. 我们需要新知识。

water [ˈwɔːtə]
【常】*n.* 水
【僻】*vt.* 使…湿，灌溉
【例】to *water* flower 给花浇水

well [wel]
【常】*adv.* 好，完全地；有理由地 *int.* 嗯，那么 *adj.* 健康的，良好的
【僻】*n.* 井
【例】Tom was saved from the *well* by people. 人们将汤姆从井里救了出来。

wind
【常】[wind] *n.* 风，气息，呼吸
【僻】[waind] *v.* 绕，缠绕；上发条
【例】The river *winds* down to the sea. 这条河蜿蜒流向大海。

world [wəːld]
【常】*n.* 世界，世人，世间
【僻】*n.* 界，领域
【例】His *world* is narrow. 他的眼界狭窄。

wound [wuːnd]
【常】*n.* 创伤，伤
【僻】*vt.* 使受伤
【例】The bullet *wounded* his arm. 子弹打伤了他的胳膊。

Only those who have the patience to do simple things perfectly ever acquire the skill to do difficult things easily.
只有有耐心圆满完成简单工作的人，才能够轻而易举地完成困难的事。
——德国剧作家、诗人 席勒(Friedrich Schiller, German dramatist and poet)

中学已学单词及词组

一、单词部分

a
able
about
above
accept
across
actor
actress
actual
add
adjective
adverb
advice
advise
affair
afraid
after
afternoon
again
against
ago
agree
agreement
ahead
alive
all
almost
alone
along
aloud
already
also
although
altogether
always
among
and
anger
angry
animal
announce
another
answer
ant
any
anybody
anyone
anything
anywhere
apple
April
area
army
around
arrive
art
artist
as
ask
asleep
at
attention
August
aunt
autumn
awake
away
baby
back
bag
ball
banana
bank
base
basic
basin
basket
basketball
bath
bathroom
be
beach
beat
beautiful
beauty
because
become
bed
bee
beef
beer
before
beg
begin
beginning
behind
believe
bell
below
bench
bend
beside
best
better
between
bicycle
big
bike
bill
bird
birth
birthday
biscuit
bit
bite
bitter
black
blackboard
blame
blind
blood
blouse
blow
boat
boil
bomb
bone
born
borrow
both

bottle
bottom
bowl
boy
brain
bread
break
breakfast
breath
breathe
bright
bring
broad
broadcast
brother
brown
brush
build
building
burn
bury
bus
bush
business
busy
but
butter
buy
by
cab
cafe
cage
cake
call
camera
camp
candle
cap
captain

car
card
care
careful
careless
carry
case
castle
cat
cause
cave
ceiling
cent
central
centre
century
certain
certainly
chain
chairman
chalk
chance
chat
check
cheek
cheer
cheese
chemistry
cheque
chess
chicken
child
chimney
chocolate
choice
choose
Christmas
church
cinema

circle
citizen
city
classmate
classroom
clean
clear
clever
climb
clinic
clock
close
cloth
clothes
clothing
cloud
cloudy
club
coal
coast
cock
coffee
cold
collar
college
color
come
comfort
comfortable
common
communism
communist
complete
computer
consider
continue
control
cook
cool

copy
corn
corner
cost
cottage
cotton
cough
could
count
country
countryside
couple
courage
cousin
cover
cow
crazy
cream
cross
cruel
cry
cup
cut
damage
dance
danger
dangerous
dare
dark
darling
date
daughter
dawn
day
dead
dear
death
December
decide

decision
deep
deer
defence
defend
delay
delight
depend
depth
desk
destroy
develop
development
dial
dialog
diamond
diary
dictionary
die
diet
difference
different
difficult
difficulty
dig
dinner
direct
direction
director
dirty
disappoint
discover
discovery
discuss
discussion
dish
disk(disc)
dislike
distance

distant
district
do
doctor
dog
doll
dollar
door
double
doubt
down
downstairs
dozen
draw
drawing
dream
dress
drink
drive
driver
drop
drown
drug
dry
duck
during
dust
each
eager
ear
early
earn
earth
east
eastern
easy
eat
edit
education
effect
egg
eight
eighteen
eighth
eighty
either
elder
elephant
eleven
else
email
empty
end
enemy
energy
engineer
enjoy
enough
enter
entrance
envelope
equal
equipment
escape
especially
evening
eventually
ever
every
everybody
everyday
everyone
everything
everywhere
exam
examination
examine
example
excellent
except
exciting
excuse
exercise
exhibition
exist
expect
expensive
experience
experiment
explain
explanation
eye
face
fact
factory
fall
false
family
famous
far
farm
farmer
farther
fast
fat
father
fault
fear
February
feed
feel
feeling
fellow
fence
fetch
fever
few
field
fifteen
fifth
fifty
fight
fill
final
find
finger
finish
first
fish
fist
fit
five
fix
flag
flight
floor
flower
follow
fond
food
fool
foolish
foot
football
for
foreign
foreigner
forest
forever
forget
forgive
fork
form
fortunate
forty
forward
found
four
fourteen
fox
free
freedom
freeze
fresh
Friday
fridge
friend
friendly
friendship
frighten
from
front
fruit
full
fun
funny
further
future
gain
game
garden
gas
gate
gather
generation
gentle
gentleman
geography
get
girl
give
glad
glass
go
goat

God
gold
good
goodbye
goose
government
grade
grandfather
grandmother
grass
gray
great
green
greet
greeting
grey
ground
group
grow
guard
guess
guest
guide
gun
habit
hair
half
hall
ham
handkerchief
hang
happy
hard
hardly
harvest
hat
hate
have
he
headache
headmaster
health
healthy
heart
heat
heaven
height
hello
help
her
here
hers
herself
hi
hide
high
hill
him
himself
his
history
hit
hold
hole
holiday
home
homework
honest
honour
hope
horse
hospital
host
hotel
hour
housewife
housework
how
however
huge
human
hundred
hunger
hungry
hurry
hurt
husband
I
ice-cream
idea
if
ill
illness
imagine
importance
important
impossible
in
inch
income
increase
indeed
information
ink
inside
interesting
international
Internet
into
introduce
invite
island
it
its
itself
jacket
January
job
join
joke
joy
judge
juice
July
jump
June
just
keep
key
kick
kilogram
kilometer
kind
king
kiss
kitchen
kite
knee
knife
knock
know
lab
labour
lack
ladder
lady
lake
lamp
land
language
large
late
lately
later
laugh
law
lawyer
lay
lazy
leaf
league
learn
least
leave
lecture
left
leg
lend
length
less
lesson
let
level
lie
life
lifetime
light
like
limit
line
lion
lip
list
listen
little
lively
living
load
lock
look
lose
loss
loud
love
lovely

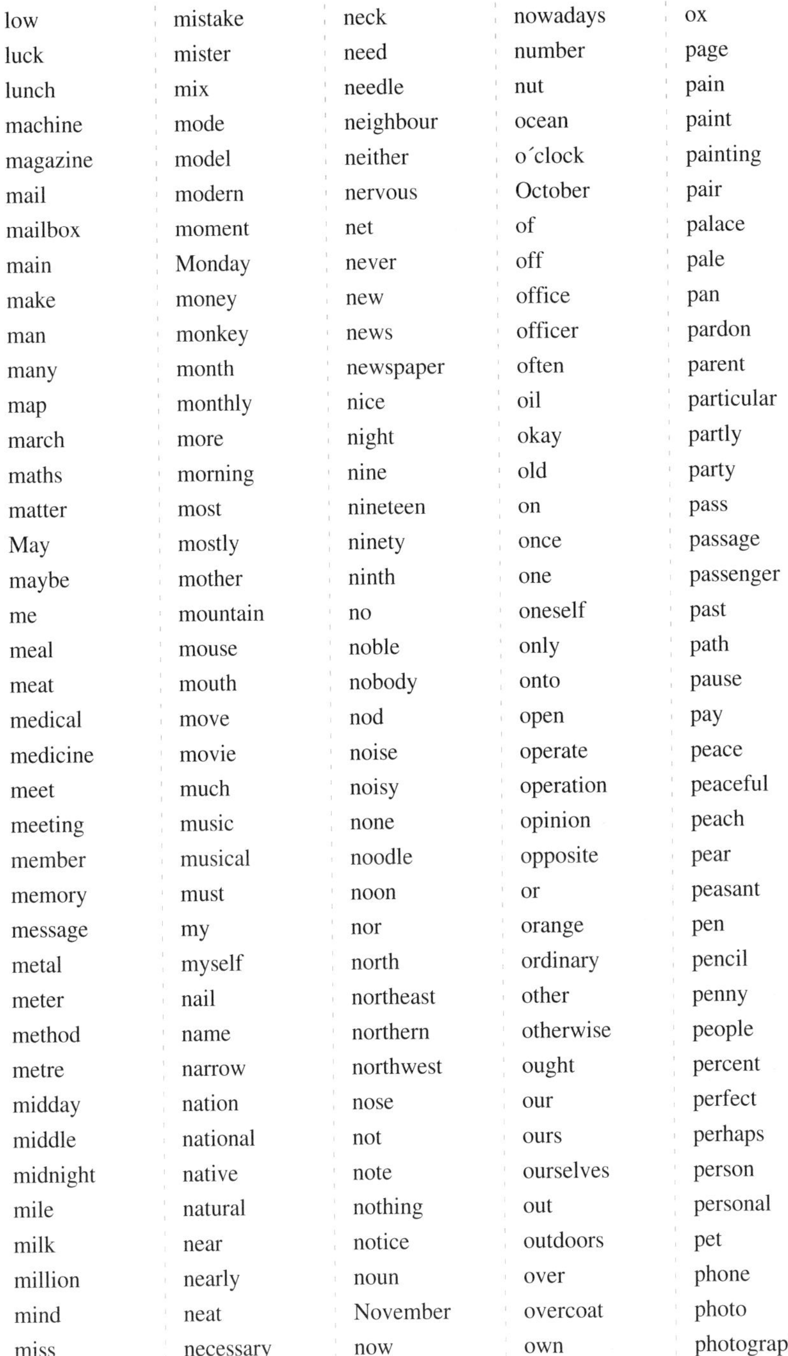

low
luck
lunch
machine
magazine
mail
mailbox
main
make
man
many
map
march
maths
matter
May
maybe
me
meal
meat
medical
medicine
meet
meeting
member
memory
message
metal
meter
method
metre
midday
middle
midnight
mile
milk
million
mind
miss
mistake
mister
mix
mode
model
modern
moment
Monday
money
monkey
month
monthly
more
morning
most
mostly
mother
mountain
mouse
mouth
move
movie
much
music
musical
must
my
myself
nail
name
narrow
nation
national
native
natural
near
nearly
neat
necessary
neck
need
needle
neighbour
neither
nervous
net
never
new
news
newspaper
nice
night
nine
nineteen
ninety
ninth
no
noble
nobody
nod
noise
noisy
none
noodle
noon
nor
north
northeast
northern
northwest
nose
not
note
nothing
notice
noun
November
now
nowadays
number
nut
ocean
o´clock
October
of
off
office
officer
often
oil
okay
old
on
once
one
oneself
only
onto
open
operate
operation
opinion
opposite
or
orange
ordinary
other
otherwise
ought
our
ours
ourselves
out
outdoors
over
overcoat
own
ox
page
pain
paint
painting
pair
palace
pale
pan
pardon
parent
particular
partly
party
pass
passage
passenger
past
path
pause
pay
peace
peaceful
peach
pear
peasant
pen
pencil
penny
people
percent
perfect
perhaps
person
personal
pet
phone
photo
photograph

phrase
physics
piano
pick
picnic
picture
pie
pig
pile
pink
pity
place
plan
playground
pleasant
pleasure
plenty
plough
pocket
point
police
policeman
polite
political
poor
pop
popular
population
pork
port
position
possible
possibly
postcard
poster
postman
pot
potato
practical

practice
practise
praise
prefer
prepare
price
prince
princess
print
prison
prisoner
probably
problem
produce
production
professor
progress
promise
pronunciation
proper
protect
proud
pub
public
pull
punish
pure
push
put
quality
quantity
quarrel
quarter
queen
question
quick
quiet
quite
rabbit

radio
rain
raincoat
rainy
raise
rather
ray
reach
read
reader
reading
ready
real
realize
really
recent
record
red
reduce
refuse
regret
regular
relation
remember
remove
repair
repeat
reply
report
republic
research
restaurant
return
rice
rich
ride
right
ring
rise

river
road
robot
roll
roof
root
rose
round
rubber
rubbish
rule
ruler
run
sad
safety
sail
sale
salt
same
sand
satisfy
Saturday
saw
say
scene
science
scientist
sea
search
seat
second
secret
secretary
see
seed
seek
seem
seize
seldom

self
sell
send
sense
separate
September
serious
servant
service
set
seven
seventeen
seventy
several
sex
shade
shadow
shake
shall
shame
shape
she
sheep
sheet
shelf
shine
ship
shirt
shock
shoe
shop
shore
short
shot
should
shout
show
shower
shut

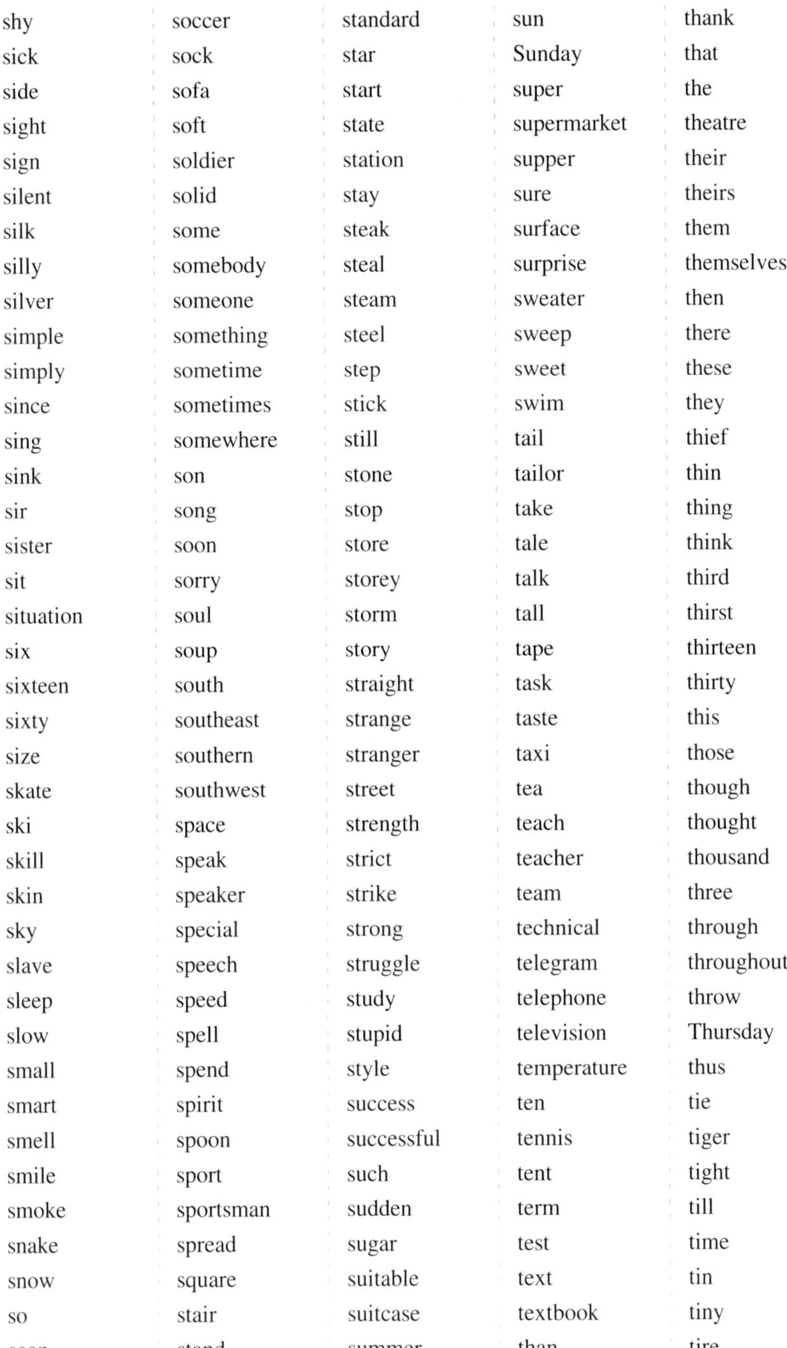

shy
sick
side
sight
sign
silent
silk
silly
silver
simple
simply
since
sing
sink
sir
sister
sit
situation
six
sixteen
sixty
size
skate
ski
skill
skin
sky
slave
sleep
slow
small
smart
smell
smile
smoke
snake
snow
so
soap
soccer
sock
sofa
soft
soldier
solid
some
somebody
someone
something
sometime
sometimes
somewhere
son
song
soon
sorry
soul
soup
south
southeast
southern
southwest
space
speak
speaker
special
speech
speed
spell
spend
spirit
spoon
sport
sportsman
spread
square
stair
stand
standard
star
start
state
station
stay
steak
steal
steam
steel
step
stick
still
stone
stop
store
storey
storm
story
straight
strange
stranger
street
strength
strict
strike
strong
struggle
study
stupid
style
success
successful
such
sudden
sugar
suitable
suitcase
summer
sun
Sunday
super
supermarket
supper
sure
surface
surprise
sweater
sweep
sweet
swim
tail
tailor
take
tale
talk
tall
tape
task
taste
taxi
tea
teach
teacher
team
technical
telegram
telephone
television
temperature
ten
tennis
tent
term
test
text
textbook
than
thank
that
the
theatre
their
theirs
them
themselves
then
there
these
they
thief
thin
thing
think
third
thirst
thirteen
thirty
this
those
though
thought
thousand
three
through
throughout
throw
Thursday
thus
tie
tiger
tight
till
time
tin
tiny
tire

to
tobacco
today
toe
together
toilet
tomato
tomorrow
ton
tongue
tonight
too
tool
tooth
top
total
touch
tourist
toward(s)
town
toy
track
trade
traffic
train
training
translate
travel
tree
trick
trip
trouble
trousers
truck

true
trust
truth
Tuesday
turn
twelfth
twelve
twentieth
twenty
twice
twin
two
type
uncle
under
understand
university
until
up
upon
upstairs
upward
us
use
used
useful
useless
user
usual
usually
valley
valuable
vegetable
verb

very
victory
view
village
visit
visitor
voice
volleyball
wait
waiter
wake
walk
wall
war
warm
warn
wash
waste
watch
wave
way
we
weak
weakness
wear
weather
wedding
Wednesday
week
weekday
weekend
weigh
weight
welcome

west
western
wet
what
whatever
wheat
wheel
when
whenever
where
wherever
whether
which
while
white
who
whole
whom
whose
why
wide
wife
wild
will
willing
win
window
wine
wing
winter
wipe
wire
wise
wish

with
within
without
woman
wonder
wonderful
wood
wooden
word
work
worker
worry
worse
worst
worth
write
wrong
yard
year
yellow
yes
yesterday
yet
you
young
your
yours
yourself
zero
zoo

二、词组部分

add up 加起来；说得通
add up to 合计达，总括起来
ahead of 比…提前，比…更早
above all 首先，尤其是
all but 几乎；除了…都
all in all 从各方面说，总的说来
for all 尽管，虽然
in all 总共，合计
leave alone 不打扰，不惊动
all along 始终，一直
along with 和…一道
one after another 一个接一个
one another 互相
answer for 对…负有责任
in answer to 作为对…的回答
anything but 绝对不
as for/to 至于，关于
as if/though 好像，仿佛
right away 立刻，马上
back and forth 来回地，反复地
back down/off 放弃，后退
back out 退出，撤手；食言
back up (使)倒退；支持
behind sb.'s back 暗中
turn one's back on 轻视，不理睬
beat down 打倒，平息
beat up 痛打，狠揍
become of 使遭遇，发生于
beg off 恳求免除
bend over backwards 竭尽全力
beside oneself 极度兴奋
get/have the best of 战胜
make the best of 充分利用
better off 境况好起来
in between 在中间
fill the bill 符合要求
bit by bit 一点一点地
do one's own bit 做自己分内的事
turn a blind eye (to) (对…)视而不见
in cold blood 残忍地
blow up 爆炸；充气；大怒
come to blows 动手打起来
in the same boat 处境相同
boil down to 意味着，归结为
boil over 沸溢；激动，发怒
have a bone to pick with 与…争辩
make no bones about 毫不犹豫
pick sb.'s brains 向…请教
rack one's brains 绞尽脑汁
break down 损坏；垮掉，崩溃
break in 非法闯入；打断，插嘴
break off 中断，突然停止
break out 爆发，突然出现；逃
break through 突围，冲破；突破
catch one's breath 喘息；屏息
hold one's breath 屏息
out of breath 喘不过气来
take sb.'s breath away 使惊羡不已
under one's breath 压着嗓子
bring about 导致，引起
bring around/round 说服；使恢复
bring forth 产生，提出
bring forward 提前；提出，提议
bring off 使实现，做成
bring out 出版，推出；激起
bring through 使脱险
bring up 养育，教养；提出
build on/upon 把…建立于
build up 逐步建立；增强；集结
burn down 烧毁；火势减弱
burn out 烧光；熄灭
burn up 烧毁；(使)发怒

get down to business 着手办某事
go out of business 歇业
have no business 无权，没有理由
in business 经商，经营
mind your own business 少管闲事
on business 因公，因事
but for 倘没有，要不是
buy off 出钱摆脱；收买
buy out 买下…的全部股份
by and by 不久，迟早
by and large 大体上，总的来说
by the bye 顺便提一句
call for 叫(某人)来；要求
call in 叫…进来，召来
call off 取消
call on/upon 访问，拜访；号召
call up 打电话(给)
care for 照顾；喜欢
carry forward 推进
carry off 拿走，夺走
carry on 继续，进行
carry out 实行；完成
carry over (使)继续下去，将…延后
carry through 坚持下去
in any case 无论如何
in case 假使，以防(万一)
in case of 假如，如果发生
in no case 无论如何不，决不
by chance 偶然，碰巧
by any chance 万一，也许
take a chance 冒险，投机
check in 登记，报到
check out 结账离去
clean up 清理，清除
clear away 把…清除掉
clear off 离开，溜掉
clear out 把…腾空；走开，赶出
round the clock 日夜不停地
close by 在近旁，在旁边
close down 关闭，歇业
close in (on) 包围，围住
close up 堵住，关闭
come about 发生，产生
come across 偶然遇见，碰上
come around/round 苏醒；顺便来访
come out 出现；出版，发表
come to 苏醒；结果是；涉及
in common 共用的，共有的
in control (of) 掌握着，控制着
out of control 失去控制
under control 处于控制之下
cook up 捏造，编造
cool down/off 冷却，(使)冷静下来
around/round the corner 临近
cut corners 走捷径，省钱
turn the corner 出现转机
at all costs 不惜任何代价
at the cost of 以…为代价
count in 把…算入
count on/upon 依靠，指望
count out 逐一数出；不把…算入
count up 算出…的总数，共计
cover for 代替；为…打掩护
cover up 掩盖；盖住
take cover 隐蔽
under cover 秘密地，暗地里
cross off/out 划掉，勾销
cry out for 迫切需要
cut across 抄近路穿过，对直通过
cut back 急忙返回；削减
cut down 削减；砍倒
cut in 插嘴；超车抢档
cut off 切断，阻断；使隔绝
cut out 删去；戒除
out of date 过时的，不用的
up to date 切合目前情况的

deep down 实际上，在心底
take (a) delight in 以…为乐
in depth 深入地，彻底地
out of one's depth 非…所能理解，为…所不及
die away 变弱，渐渐停止
die down 变弱，逐渐消失
die out 灭绝
on a diet 节食
make a difference 有影响
dig up 挖掘出，找出
dish out 给予，分发
keep at a distance 对…冷淡
do away with 废除，去掉
do for 毁坏，使完蛋
do up 系；修缮；打扮
do without 用不着，将就
double up 弯着身子
beyond (a) doubt 无疑地，确实地
in doubt 不能肯定的，可怀疑的
no doubt 很可能，无疑地
down with 打倒，不要
draw in (天)渐黑；到站
draw on 吸(烟)；利用；临近
draw up 起草；(使)停住
dream up 凭空想出
dress up 精心打扮；装饰
drink in 吸入；倾听，陶醉于
drive at 想说，打算
drop by/in 顺便(或偶然)访问
drop off 睡着；下车；下降，减少
drop out 退出，退学
dry out (使)干透
dry up (使)干涸；(使)枯竭
on earth 究竟，到底
take it easy 别紧张，放松
bring/carry/put into effect 实行，使生效
in effect 实际上，实质上
take effect 生效，起作用
or else 否则，要不然
no end 非常，极其
on end 连续地
enjoy oneself 得到乐趣，过得快活
enter on/upon 着手做，开始
make an example of 惩罚
except for 除…外；要不是由于
make an exhibition of oneself 出洋相
explain away 为…辩解
catch sb.'s eye 引起某人注意
keep an eye on 照看，留神
see eye to eye 看法完全一致
face up to 勇敢地对付(或接受)
in the face of 在…面前；尽管
fall back on 借助于，依靠
fall behind 落后，落在…的后面
fall for 受…的骗；迷恋
fall out 吵架；脱落
fall through 落空，成为泡影
fall to 开始，着手
as far as 到…程度，就…
by far 最，…得多
far from 远远不，完全不
in so far as 到…程度
so far 迄今为止；到某个程度
hold fast to 坚持
at fault 有责任，出毛病
for fear of/that 生怕，以免
on the fence 保持中立
fill in 填满；填写
fill out 填写；长胖
find out 找出，查明，发现
keep one's fingers crossed 祈求成功
first of all 首先
fish for 摸找，搜寻
fit in (with) 符合，适应
fix on 决定，确定
fix up 安排，安顿，照应

as follows 如下
follow through 把…进行到底，完成
follow up 追究，追查
fool about/around 虚度光阴，闲荡
set free 释放
in full 全部
make fun of 拿…开玩笑，取笑
in future 今后，从今以后
in the future 在将来
gain on 赶上，逼近
give the game away 露马脚
get across (使)被了解，(将…)讲清楚
get along 前进，进展；与…相处
get by 通过；过得去
get down 下来；使沮丧，着手做
get off 下来；出发；结束；逃脱惩罚
get out 退出，(使)逃脱；泄露；生产，出版
get over 克服；将…讲清楚
get through 渡过；打通电话
give away 赠送；泄露
give in 认输，屈服；交上
give off 发出，散发出
give out 分发；用完；发出
give up 放弃；(oneself)自首
go about 着手做，忙于
go after 追赶，追求
go by (时间)过去；遵守
go down 下降，减少；沉没，落
go over 仔细检查；复习，重做
go through 检查；经历；被批准
for good 永久地
make the grade 成功
gain ground 进展，占优势
on (the) grounds of 根据…
grow on 越来越被…喜爱
grow out of 产生于
off (one's) guard 没有提防地
on (one's) guard 站岗，值班；警惕
in the habit of 有…的习惯
get in sb.'s hair 惹恼某人
make sb.'s hair stand on end 使人毛骨悚然
in half 成两半
go halves 均摊费用
hang about/around 闲荡，闲待着
hang on 坚持；不挂断；取决于
hang up 挂断(电话)；悬挂
talk through one's hat 吹牛
have on 穿着，戴着
at heart 内里，本质上
lose heart 失去勇气，丧失信心
set one's heart on 下决心做
take heart 鼓起勇气，振作起来
take...to heart 为…伤心(或烦恼等)
help oneself 自用，自取(食物等)
help out 帮助解决难题
make history 做值得载入史册的事
hit on/upon 忽然想出；无意中发现
hold back 阻挡；退缩；保守
hold down 阻止(物价等)上涨；压制
hold off 推迟；阻止
hold on 等一会，不挂断；握住不放
hold out 伸出；维持；坚持(要求)
hold over 延缓，推迟
hold up 支持；延迟；展示；抢劫
hold with 赞成，赞同
in a hurry 匆忙，急于
if only 要是…多好
be in for 一定会遭到(麻烦等)；参加
in that 因为，原因在于
every inch 完全，彻底
on the increase 正在增加(增长)
inside out 里面朝外；彻底地
by itself 自动地，独自地
in itself 本质上
on the job 在工作，上班
get the jump on 抢在…前面行动

just about 差不多，几乎
keep from 阻止，抑制
keep up (使)继续下去，保持
keep up with 跟上
kick about/around 被闲置于；到处游荡
kick off 开始，开球
kick up 引起，激起
in kind 以实物(偿付)
kind of 有点儿，有几分
of a kind 同类的；徒有其名的
bring to one's knees 使屈服
knock about/around 到处游荡
knock down 击倒；杀(价)；拆除
knock off 下班，停止；减去
knock out (拳击中)击倒，打昏
know better (than) 明事理
at large 自由地；总的；充分地
by and large 大体上，总的来说
at the latest 最迟
of late 近来，最近
later on 以后，后来
laugh at 因…而笑；嘲笑
laugh off 对…一笑了之
lay aside 把…搁置一旁；留存
lay down 放下，交出；规定
lay off (暂时)解雇；停止做
lay out 摆出，展开；安排，设计
lay over 作短暂停留
least of all 最不，尤其
not in the least 丝毫不，一点不
at length 详细地；最终，终于
lose oneself in 专心致志于
at a loss 困惑，不知所措
(be) made up of 由…组成
make up 捏造；组成；(为…)化妆；补充；和解
make up for 补偿
mix up 混淆，弄混，弄乱

neither...nor (既)不…也不
every other 每隔一个的
none other than 不是别人，正是
other than 不同于；除了
come into one's own 显示自身特点
hold one's own 坚守住，保持力量
on one's own 独自；独立地
pick out 挑出，选出；辨认出
pick up 拿起；获得；好转；继续
pull apart 把…拉开(或拆开)
pull in (车)进站，(船)到岸
pull out 拔出；(使)摆脱困境
pull over 把(车)驶到(或驶向)路边
put off 推迟；阻止
put out 熄灭；出版；伸出；生产
put up 建造；张贴；提高
put up with 容忍，忍受
rather than 与其…倒不如
sail through 顺利通过
set sail 启航
for sale 待售，供出售
on sale 出售，廉价出售
all the same 都一样；尽管如此
go without saying 不言而喻
to say nothing of 更不用说，何况
behind the scenes 在幕后
a sea of 大量，茫茫一片
at sea 在海上；茫然
second to none 最好的
see about 办理，安排
see off 为…送行
see out 坚持到…的终了，完成
see through 看透，识破
see to 注意，照料
see (to it) that 一定注意到
seeing (that) 鉴于，由于
seize on/upon 利用
sell off 廉价出售(存货)

sell up 卖掉(全部家产等)
send away 把…打发走
send for 派人去请，召唤；函购，函索
send in 递送，呈报，提交
send out 发送(信函、货物等)；发出
in a sense 从某种意义上说
make sense 讲得通，有意义，言之有理
set about 开始，着手
set aside 留出，拨出；不理会
set down 写下，记下
set off 出发；激起
set out 动身；开始；阐明
set up 创立，为…作好准备；开业
shake down 敲诈；彻底搜查
shake off 抖落；摆脱
shade in/into 逐渐变成
in (good) shape 处于(良好)状况
shape up 发展顺利，表现良好
on the shelf 被搁置
cut short 中断，打断
for short 缩写，简称
in short 简而言之，总之
like a shot 立即，飞快地
show off 炫耀，卖弄
show up 暴露；露面
shut down (使)关闭，(使)停工
shut off 切断(水、电等)，关掉
shut up 住口；监禁
on the side 作为兼职；暗地里
side by side 肩并肩
in sight 看得见；在望
sign in (使)签到，(使)登记
sign off 停止播送，结束
sign on/up 签约雇用；签约受雇
sink in 被理解，被理会
sit back 在一旁闲着，袖手旁观
sit in on 列席(会议)，旁听
sit out/through 耐着性子看完
sit up 坐直；熬夜
size up 估计，判断
slow down/up (使)减速
ever so 非常，极其
so as to 为了，以便
speak for 代表…讲话，为…辩护；表明
speak out/up 大声地说，大胆地说
speed up (使)加快速度
spell out 详细地说明
spread out (人群等)散开；伸展
stand for 是…的缩写，代表
stand in 代替，代表，作替身
stand out 清晰地显出，引人注目
stand up for 支持，维护，保卫
stand up to 抵抗；经得起
start off 出发；(使)开始从事
start on 开始进行，着手处置
start out 出发；本来想要
start up 创办；开动，发动
steam up (使)蒙上水汽
out of step 不合拍，不协调
step by step 逐步地
step in 介入，开始参与
stick to 黏贴在…上；紧随；忠于
stick together 团结一致，互相支持
stick up for 支持，为…辩护
stick with 紧随；继续从事
stop by (顺便)过访，串门
in store 贮藏着；必将到来
as such 就其本身而论
make sure 查明，弄确实；务必
take in 接受；包括；领会
take off 脱下；起飞；匆匆离开
take over 接收，承袭，借用
but then 但另一方面，然而
think up 想出，设计出
throw away 扔掉；错过，浪费
throw in 外加，额外奉送

throw off 摆脱掉
throw out 扔掉；撵走
throw up 呕吐
at no time 从不，决不
at one time 曾经，一度
at times 有时，间或
from time to time 有时，不时
in no time 立即，马上
in time 及时
on time 准时
take one's time 不着急，不慌忙
by turns 轮流地，交替地
in turn 轮流地；转而
turn away 回绝
turn back (使)折回
turn down 关小，调低；拒绝
turn off 关，关掉
turn on 接通，打开
trun out 关掉；制造；驱逐
turn over 翻倒；仔细考虑；移交
turn to 求助于；查阅
turn up 开大，调大；出现
up against 面临(问题、困难等)
up to 胜任…的；取决于…的；直到
in view of 鉴于，考虑到
in the wake of 随着…而来
wake (up) to 认识到，意识到
all the way 一直，完全
by way of 经过；通过…的方法
in no way 决不
in the/sb.'s way 挡(某人)道
make one's way 去，行进
make way 让路
out of the way 被处理好；偏远的
under way 在进行中
work at/on 从事于，致力于
work out 算出；理解；解决
tire out 使疲劳不堪

The tragedy of life is not so much what men suffer, but what they miss.
生活的悲剧不在于人们受到多少苦，而在于人们错过了什么。
——英国散文家、历史学家 卡莱尔
(Thomas Carlyle, British essayist and historian)

不规则动词表

不定式	过去式	过去分词
arise	arose	arisen
awake	awoke, awaked	awoken, awaked
bear(负，带)	bore	borne, born(用于被动语态)
beat	beat	beaten
bet	bet, betted	bet, betted
bend	bent	bent
bid	bade, bid	bidden, bid
bind	bound	bound
bite	bit	bitten(偶作bit)
bleed	bled	bled
breed	bred	bred
broadcast	broadcast	broadcast
burst	burst	burst
cast	cast	cast
cling	clung	clung
creep	crept	crept
deal	dealt	dealt
dig	dug	dug
dream	dreamt(英), dreamed(美)	dreamt(英), dreamed(美)
dwell	dwelt, dwelled	dwelt, dwelled
feed	fed	fed
fight	fought	fought
flee	fled	fled

不定式	过去式	过去分词
fling	flung	flung
fly	flew	flown
forbid	forbade	forbidden
forgive	forgave	forgiven
freeze	froze	frozen
grind	ground	ground
hit	hit	hit
hurt	hurt	hurt
kneel	knelt	knelt
leap	leapt(英), leaped(美)	leapt(英), leaped(美)
lean	leant(英), leaned(美)	leant(英), leaned(美)
light	lit, lighted	lit, lighted(常用作定语)
mean	meant	meant
mistake	mistook	mistaken
overcome	overcame	overcome
ride	rode	ridden
ring	rang	rung
rise	rose	risen
saw	sawed	sawn(偶作sawed)
seek	sought	sought
send	sent	sent
shake	shook	shaken
shave	shaved	shaved, shaven(常用作定语)
shed	shed	shed
shine	shone	shone
shrink	shrank	shrunk, shrunken(作定语)
shut	shut	shut
sink	sank	sunk, sunken(作定语)
slide	slid	slid
smell	smelt, smelled	smelt, smelled
sow	sowed	sown, sowed
speed	sped, speeded	sped, speeded

不定式	过去式	过去分词
spell	spelt, spelled	spelt, spelled
spill	spilt, spilled	spilt, spilled
spin	spun, span	spun
spit	spat	spat
split	split	split
spoil	spoilt, spoiled	spoilt, spoiled
spread	spread	spread
spring	sprang	sprung
steal	stole	stolen
stick	stuck	stuck
sting	stung	stung
stride	strode	stridden
strike	struck	struck, striken(作定语或表语)
string	strung	strung
strive	strove	striven
swear	swore	sworn
sweep	swept	swept
swell	swelled	swollen(偶作swelled)
swing	swung	swung
tear	tore	torn
throw	threw	thrown
tread	trod	trodden, trod
upset	upset	upset
wake	woke, waked	woken, waked
wear	wore	worn
weave	wove	woven
weep	wept	wept
wind	wound	wound

测 试 题

1. ______ his sister, Jack is talkative and easily makes friends with others.
   A) Dislike　B) Unlike　C) Liking　D) Alike
2. A completely new situation will ______ when the examination system comes into existence.
   A) arise　B) rise　C) raise　D) arouse
3. A couple of suspicious-looking ______ were standing outside the house.
   A) personalities　B) characters　C) persons　D) temperatures
4. A(n) ______ vehicle is one which has been left unwanted and discarded by its owner or by others.
   A) deserted　B) quit　C) abandoned　D) left
5. Deserts and high mountains have always been a ______ to the movement of people from place to place.
   A) jam　B) barrier　C) fence　D) prevention
6. During these ten years, many new methods have been ______ in the field of foreign language teaching.
   A) adopted　B) adapted　C) alarmed　D) aided
7. People always ______ homeless people don't have jobs which is not necessarily true.
   A) presume　B) assume　C) suppose　D) guess
8. Foreign ______ from many countries poured into the famine area.
   A) assistant　B) aid　C) help　D) favor
9. Grandmother was told to wear flat shoes, ______ her back problem.
   A) accounting for　B) on no account　C) taking account of　D) on account of
10. I don't need any help, but I do ______ your offer.
    A) approve　B) appeal　C) apply　D) appreciate
11. I felt that my friends were ______ me as a free babysitter.
    A) make up for　B) taking advantage of
    C) come up with　D) keep pace with

12. If only the committee ______ the regulations and put them into effect as soon as possible.

A) approve
B) will approve
C) can approve
D) would approve

13. If you want to see the CEO of this company, you'd better make an ______ with his secretary first.

A) interview B) commitment C) appointment D) visit

14. It is advisable ______ some warm clothing with you, as the weather can change quite suddenly.

A) take B) to taking C) taking D) to take

15. Mary and I ______ the new college life soon, but Tom didn't.

A) saw to B) used to C) adapted to D) stuck to

16. New technology is being ______ almost every industrial process.

A) applied for B) applied to C) applied on D) applied with

17. No single method, however, is ever going to be universally ______.

A) applicable B) advisable C) available D) acceptable

18. Parry said he hadn't ______ much importance to the decision.

A) attached B) omitted C) afforded D) run

19. So many directors ______, the board meeting had to be put off.

A) were absent B) been absent C) had been absent D) being absent

20. Sylvie had always expected that she would marry someone of a similar ______ to herself.

A) climate B) surroundings C) background D) environment

21. The author was required to submit an ______ of about 200 words together with his research paper.

A) edition B) editorial C) article D) abstract

22. The company has had to cut $46,000 from its advertising ______.

A) allowance B) reservation C) budget D) finance

23. The fifth generation computers, with ______ intelligence, are being developed and perfected now.

A) unreal B) man-made C) fake D) artificial

24. The firm ______ before the building work was completed.

A) rushed bankrupt B) walked bankrupt C) went bankrupt D) ran bankrupt

25. The growth of part-time and flexible working patterns, and of training and retraining schemes, ______ more women to take advantage of employment opportunities.

A) have allowed B) allow C) allowing D) allows

26. The idea of working abroad really ______ me.

A) appeals B) appeals against C) appeals for D) appeals to

27. The military government ______ private citizens ______ carrying guns.
A) banned...from B) banned...away C) banned...with D) banned...for

28. There was a silence as the women turned ______ to stare at Doreen.
A) in accord with B) with one accord C) in accords with D) with accords

29. They promise to try all means to ______ that the sample will arrive in time at the trade fair.
A) ensure B) insure C) secure D) assure

30. We had ______ that interest rates would have fallen further by now.
A) appreciated B) participated C) appropriate D) anticipated

31. We have been told that ______ may we use the telephone in the office for personal affairs.
A) under no circumstances B) under the circumstances
C) in the circumstances D) under no circumstance

32. ______ I saw the place, I knew it was the right house for us.
A) The instant B) For an instant C) On the instant D) In an instant

33. ______ player scores the highest number of points will be the winner.
A) Whichever B) Whomever C) Whatever D) Whoever

34. A virus has ______ most of their computers.
A) defended B) invaded C) provocated D) fought

35. I emphasize the tense because Congress has the habit of letting itself ______ when convenient.
A) by the hook B) on the hook C) off the hook D) in the hook

36. In the boardrooms of most big corporations, women are in the ______.
A) minimum B) lack C) scarcity D) minority

37. Insurance and taxes are paid ______ that are packaged and resold to investors.
A) at loan B) in loan C) on loan D) for loan

38. It has three pretty bedrooms, decorated in well-chosen fabrics, and ______ with antiques and pine.
A) provided B) furnished C) offered D) equipped

39. It is ______ certain that you'll get your money back.
A) by no mean B) by no means C) by all mean D) by means

40. It is a ______ truth that man is the only animal that has the power to speak and reason.
A) worthy B) universal C) virtual D) authentic

41. It was reported that the emergency aid programme has been ______.
A) slowed down B) cut down
C) scaled down D) measured down

42. Lance does what he wants, ______ what his parents say.
A) all alone B) spite C) regardless of D) careless with

43. Price is determined through the ______ of demand and supply.
A) interaction B) function C) act D) operation

44. The ______ was quickly discovered, and five men were arrested.
A) project B) plot C) design D) program

45. The article gives us a real ______ into the causes of the present economic crisis.
A) fancy B) outlook C) imaginative D) insight

46. The book was widely translated and copied in the ancient world and was influential ______.
A) beyond measure B) in measure C) to measure D) for measure

47. The cost of transport is a major expense for an industry. ______ factory location is an important consideration.
A) However B) But C) Hence D) Though

48. The government concluded that lowering the population growth rate would enhance the ______ of the nation.
A) popularity B) density C) intensity D) prosperity

49. The typical career pattern was geared ______ men whose wives didn't work.
A) for B) to C) at D) in

50. We have tried to create a working ______ in which everyone can develop their skills.
A) surroundings B) background C) environment D) climate

51. When carbon is added to iron in proper ______ the result is steel.
A) rates B) densities C) proportions D) thicknesses

52. When you fill in the application form, please use your ______ address so that we can contact you easily later.
A) policy B) permanent C) plain D) principal

53. You should ______ your Spanish before you go to Chile.
A) polish off B) polish up C) polish away D) polish down

54. ______ some extra money is found, the theatre will close.
A) Unless B) Provided C) If D) Lest

55. ______ the city spent over $1 billion on its museums and stadium, it failed to look after its schools.
A) Further B) Moreover C) However D) Whereas

56. ______ our agents, we have complete confidence in their honesty.
A) Regardless of B) On regard to
C) Concerning to D) With reference to

57. After two children had been hurt, the company was forced to ______ the toy from store shelves.
A) lack B) withdraw C) omit D) leak

58. At the present ______ of progress, we shall shortly free ourselves from poverty and backwardness.

A) rate B) speed C) pace D) growth

59. Children who see mainly positive qualities in their ______ will likely learn to see themselves in a positive way.

A) eyes B) parents C) peers D) behaviors

60. Come round for lunch and then we can discuss it ______.

A) in leisure B) in the leisure C) at leisure D) at the leisure

61. I don't mean to be ______, but I have to go home.

A) coarse B) original C) rude D) fresh

62. It is essential that these application forms ______ back as early as possible.

A) must be sent B) will be sent C) are sent D) be sent

63. It is very ______ for Mary to miss a day at school.

A) peculiar B) unique C) strange D) rare

64. It looks like the Republicans have the election ______.

A) sewn on B) sewn out C) sewn down D) sewn up

65. I've only got a ______ idea of what he wants for this project.

A) dark B) dim C) faint D) vague

66. Jane is ______ a very affectionate person.

A) in nature B) by nature C) to nature D) of nature

67. Most events take about two hours and are ______ limited to 20 places, so booking in advance is essential.

A) naturally B) specially C) normally D) particularly

68. Sport only thrives if both parties play by the rules, and accept the results ______.

A) with good grace B) with bad grace C) in good grace D) in bad grace

69. The accident ______ the death of two passengers.

A) resulted with B) resulted in C) resulted from D) resulted at

70. The chef ______ Hunan cuisine, but all the dishes we tried were delicious.

A) specializes on B) specializes in C) specializes with D) specializes to

71. The girl was a shy, ______ person, never one to push herself forward.

A) moderate B) modest C) mobile D) moist

72. The incident has ______ relations between the two countries.

A) strained B) restrained C) restricted D) strode

73. The tourist ______ and checked out of the hotel.

A) settled on B) settled up C) settled in D) settled down

74. The writer has three other plays ______ in his mind but not yet committed to paper.

A) sketched off B) sketched up C) sketched down D) sketched out

75. They insisted that everyone ______ to the party.

A) came B) come C) had come D) have come

76. They objected to ______ an unnecessarily gloomy picture at first.

A) being give B) be given C) being given D) be give

77. This big hotel prides itself on ______ high standards.

A) retaining B) preserving C) entitling D) maintaining

78. We were ______ each other—not in a romantic way but in terms of our working relationship.

A) intimate at B) intimate with C) intimate in D) intimate on

79. You can access our homepage ______ the Internet.

A) under B) on C) via D) with

80. A couple of other books are ______ of mention.

A) valueless B) worthy C) priceless D) worthless

81. At first, Mike was ______ to lend me the money.

A) unaware B) reluctant C) not feel like D) against

82. Betty's first husband had ______ her fortune.

A) stolen B) robbed her of C) hijacked D) squeezed out

83. Bush got 56.3 percent of the vote Tuesday, and is expected to be office ______ June 27.

A) sworn in B) sworn by C) sworn off D) sworn at

84. Debbie started drinking heavily after she ______ her husband.

A) split off from B) split over C) split apart from D) split up with

85. Experts warned against chewing tobacco as a ______ for smoking.

A) substitute B) successor C) relief D) succession

86. Fishing industry organizations ______ a campaign against the bans, claiming that up to many jobs are at risk.

A) motioned B) mugged C) molded D) mounted

87. Go back to Connection Information and check that users are ______.

A) logging for B) logging on C) logging off D) logging out

88. Having managed somehow to skip going to college, he has ______ made a fortune as a very young man.

A) nevertheless B) therefore C) hence D) just

89. He spoke with considerable ______ about the importance of art and literature.

A) mood B) temper C) mind D) passion

90. I imagine a few tears will be ______ at Ann's farewell party.

A) shed B) slid C) flowed D) slipped

91. I would have been here an hour ago, but ______ I missed the train.

A) logically B) unfortunately C) undoubtedly D) practically

92. It took him several months to ______ the wild horse.

A) tend B) cultivate C) breed D) tame

93. She became a British resident ______ her marriage.

A) with the exception of　B) in the light of

C) by virtue of　D) regardless of

94. She had met Christina at a conference a few weeks ______.

A) previously　B) presently　C) presumably　D) practically

95. The ______ side effects of the drug are unknown.

A) proficient　B) efficient　C) potential　D) sufficient

96. The bus left a ______ of black smoke behind it.

A) trace　B) trail　C) mark　D) track

97. The crucial factors are the relative opportunity costs and the ______ of men's to women's earnings.

A) ratio　B) percentage　C) proportion　D) rate

98. The education and social ______ of the minister had risen notably while his income had not.

A) reputation　B) faith　C) status　D) fame

99. The wounded prisoner ______ a groan.

A) told　B) said　C) uttered　D) spoke

100. Those kids ______ my patience to the limit.

A) seized　B) stretched　C) scrabbled　D) scratched

101. We hope they will be able to ______ their differences by peaceful means.

A) launch　B) determine　C) solve　D) settle

102. "The progress we hoped for has clearly not developed," the council said in the ______ to its final report.

A) conclusion　B) decision　C) summary　D) claim

103. All schools have disciplinary ______ they must follow.

A) processes　B) procedures　C) projects　D) provisions

104. Following a bomb warning, the government has ______ the whole area.

A) sealed down　B) sealed against　C) sealed for　D) sealed off

105. He can come with us, ______ he pays for his own meals.

A) as if　B) even if　C) whatever　D) provided

106. I was ______ desk when the phone rang.

A) tidying away　B) tidying up　C) toning down　D) toning up

107. I'm paid by the hour, so I spin the work ______ as long as I can.

A) on　B) off　C) out　D) in

108. It was last to start and ______, will probably be last to finish.

A) at this point　B) at any rate

C) at this rate　D) beside the point

109. It was never our intention to hurt anyone and it occurs ______ us in retrospect that the ad was insensitive.

A) among B) in C) to D) for

110. Nathan's lawyer says his client is ______ any wrongdoing.

A) innocent of B) innocent in C) innocent about D) innocent at

111. Police are appealing to anyone who may be ______ the wanted man to come forward.

A) shadowing B) shifting C) preventing D) sheltering

112. Pollution has a negative effect on the health of everyone living in the city, ______ the damage to the environment.

A) not to mentioning B) not mentioning

C) not to mention D) not mention

113. Progress so far has been very good. We are, ______, confident that the work will be completed on time.

A) however B) therefore C) as D) by far

114. That does not mean that Janet should ______ violence or even that she must live with her husband.

A) yield over B) obey to C) submit to D) bend on

115. The cost of this trip would be ______ $20 to $40 thousand.

A) close about B) in the region of C) round to D) at the edge of

116. The floods brought death and ______ to the area.

A) destruction B) construction C) instruction D) structure

117. The lecture which lasted about three hours was so ______ that the audience couldn't help yawning.

A) tedious B) clumsy C) bored D) unstable

118. The magnification is usually at least thirty times greater than what is normally seen with the ______ eye.

A) naked B) bare C) vacant D) hollow

119. The project is designed to ______ young people with work.

A) accommodate B) provide C) furnish D) afford

120. The shopping mall apologized for ______ so badly.

A) slipping up B) slipping down C) slipping off D) slipping out

121. The term ideology refers to a set of ideas which present only a ______ view of reality.

A) beneficial B) liable C) preferable D) partial

122. There are very ______ penalties for drug dealing.

A) bad B) serious C) heavy D) severe

123. There's some suggestion that the intruder ______ the same person that killed Angie.

A) should be B) was C) are D) were

124. Using language is a very complex enterprise. ______, there is more to communication than merely putting sentences together.

A) However B) Whereas C) Though D) Moreover

125. We love peace, yet we are not the kind of people to yield ______ any military threat.

A) up B) to C) in D) at

126. ______ your question, it's still too early to tell.

A) With respect of B) In respect for

C) In respect of D) With respect to

127. About eighty were injured, and most of the property damage was limited ______ broken windows and overturned cars.

A) in B) to C) at D) under

128. All the staff seemed to look ______ and the atmosphere was not at all pleasant.

A) miracle B) merry C) miserable D) mild

129. An incautious word could ______ resentment.

A) spark in B) spark on C) spark off D) spark out

130. Are your ______ from Germany coming to the wedding?

A) rivals B) roles C) relatives D) relation

131. Before moving to Paris, Michael went on an ______ course to improve his French.

A) intensive B) sensitive C) extensive D) adjective

132. Caroline ______ the fence and bring me her gift.

A) squeezed out of B) squeezed through

C) squeezed on D) squeezed into

133. Colon ______ his religious upbringing.

A) reacted with B) reacted on C) reacted against D) reacted in

134. He redesigned the process, ______ saving the company thousands of dollars.

A) therein B) thereof C) thereafter D) thereby

135. I keep ______ this point but it applies to so many areas and it's so rarely done.

A) hammering out B) hammering away at

C) hammering in D) hammering away

136. It was the first time that such a ______ had to be taken at a British nuclear power station.

A) presentation B) precaution C) prediction D) preparation

137. It's a ______ having to get up that early on a Sunday morning.

A) dislike B) trouble C) worry D) nuisance

138. It's true he can be emotional at times but that's just part of his ______.
A) personality B) nature C) temperature D) character

139. My passport is ______ for 10 years.
A) valid B) beneficial C) fruitful D) effective

140. Parents that move into a new area will often ask estate agents about schools ______ the neighbourhood.
A) at B) on C) in D) out

141. She crumpled up the page and ______ it into the fire.
A) plunged B) inserted C) imposed D) pitched

142. The ancient Egyptians are supposed ______ rockets to the moon.
A) to send B) to be sending
C) to have sent D) to have been sending

143. The fire department ______ the call within minutes.
A) responded to B) responded for C) responded with D) responded in

144. The movie ______ her almost overnight from an unknown schoolgirl into a megastar.
A) transformed B) transported C) transferred D) transmit

145. The US government was accused of supplying the rebels ______ arms and equipment.
A) to B) for C) by D) with

146. This boy was always ______ trouble in class.
A) stirring with B) stirring of C) stirring on D) stirring up

147. "This is Julia", Jo said, in a friendly ______.
A) note B) sound C) tone D) hint

148. Uncle Simon was ______ to make sure no one got lost.
A) bringing up the rear B) going ahead
C) going behind our back D) seeing us off

149. A persistent ringing ______ me from sleep in the early morning.
A) stimulated B) roused C) raised D) rose

150. Baker is keen ______ more collaborative projects in key technologies.
A) on B) for C) in D) at

151. Because of ______ difficulties, we have not received today's stock prices.
A) transition B) transportation
C) transmission D) transformation

152. Carl had a ______ grin on his face as he crept up behind Ellen.
A) bad B) wicked C) evil D) vivid

153. He switched on the light and examined his ______.
A) atmosphere B) environment C) background D) surroundings

154. He was offered the position of headmaster when it fell ______.

A) vacant B) hollow C) blank D) bare

155. I know I should have been more careful, but there's no need to keep ______.

A) rubbing for it B) rubbing on it C) rubbing it in D) rubbing it off

156. Sadly, she inherited none of her father's musical ______ .

A) ability B) capability C) talent D) capacity

157. Stress and tiredness often result in a lack of concentration ______ things at our hands.

A) with B) to C) by D) on

158. The action ______ are the best part of the film.

A) sequences B) series C) successions D) results

159. The company was started ______ in 2000.

A) from scratch B) on scratch

C) with scratch D) through scratch

160. The government's decision to raise taxes was ______ their policies on inflation.

A) at odd with B) at odds with C) in odd with D) in odds with

161. The last half of the nineteenth century ______ the steady improvement in the means of travel.

A) witnessed B) was witnessed C) has witnessed D) is witnessed

162. The management seems to expect staff to be constantly achieving higher levels of ______ and productivity.

A) efficiency B) offense C) affection D) sufficiency

163. The noise from the apartment upstairs was beginning to ______.

A) get on my nerve B) get on my nerves

C) get up my nerve D) get up my nerves

164. The prime minister has left for a three-week ______ of South America.

A) travel B) voyage C) journey D) tour

165. The ship ______ and headed out to sea.

A) sheered on B) sheered off C) sheered out D) sheered in

166. There are too many ______ in the experiment to predict the result accurately.

A) variations B) variables C) varieties D) varies

167. These ants can ______ temperatures which would kill other species.

A) permit B) bear C) tolerate D) admit

168. You are quite ______ to make an official complaint if you wish.

A) on liberty B) in liberty C) under liberty D) at liberty

169. You are staking your reputation ______ the success of the project.

A) for B) on C) into D) at

170. All flights ______ because of the terrible weather, they had to go there by train.
A) having been canceled B) had been canceled
C) having canceled D) were canceled

171. Betsy earned a teaching ______ from San Jose State University.
A) qualification B) quantity C) certificate D) proof

172. Chrysler has been ______ from strong sales of its redesigned, industry-leading line of minivans.
A) deriving B) acquiring C) rewarding D) benefiting

173. Do you know what happened ______ the car in the crash?
A) at B) to C) on D) into

174. He says he doesn't want to see a doctor, but I'm afraid he has no ______.
A) alternative B) alternate C) alternatives D) alternates

175. His obvious intelligence makes him a strong ______ a school for the gifted.
A) candidate of B) candidate with C) candidate for D) candidate to

176. I want to record the late-night movie. Do we have any ______ video cassettes?
A) naked B) blank C) hollow D) bare

177. I'd probably know Phil by sight, but I just can't ______ the face and the name.
A) join B) combine C) connect D) associate

178. If you ______ yourself, I'll let you stay up to watch the movie.
A) fulfil B) behave C) perform D) operate

179. I'm not accustomed ______ up so early.
A) to getting B) get C) to get D) getting

180. It has been revealed that some government leaders ______ their authority and position to get illegal profits for themselves.
A) employ B) take C) abuse D) overlook

181. It was ______ of you to speak in front of all those people.
A) brave B) bold C) strong D) intense

182. Roman law still forms the ______ of our own legal system.
A) basis B) base C) basic D) basement

183. Shelly had prepared carefully for her biology examination so that she could be sure of passing it on her first ______.
A) intention B) attempt C) purpose D) desire

184. Telecoms companies are ______ for ways of compensating huge losses.
A) cast out B) casting off C) casting around D) casting away

185. The dog ______ the rabbit but could not catch it.
A) ceased B) chased C) chained D) checked

186. The shop charges less if the customer pays ______.
A) with cash B) by cash C) on cash D) in cash

187. The stock lost 60 cents a share, ______ to last year, when it gained 21 cents.
A) with regard B) in contrast
C) on behalf D) for the purpose

188. ______ everyone here, may I wish you a very happy retirement.
A) With behalf of B) By behalf of C) In behalf of D) On behalf of

189. As the economy improves, workers fears of being laid off have ______.
A) disposed B) discouraged C) disappeared D) discarded

190. At 9: 15, they give the foreign news ______.
A) in brief B) in doubt C) in harmony D) in particular

191. Civil war raged for years in the ______ Yugoslavia.
A) past B) following C) former D) earlier

192. Congress was then in session, and a fierce ______ was going on over ratification of the treaty.
A) debate B) discussion C) quarrel D) dispute

193. Decide how much you can spend, and shop ______.
A) accord B) accordable C) accordance D) according

194. He ______ the old lady into lending him all her money for his business.
A) deceived B) cheated C) robbed D) conceived

195. He comes to me ______ that I can help him.
A) by the belief B) with the belief C) on the belief D) in the belief

196. Hundreds of hospital records were wiped out when the network ______.
A) crushed B) flashed C) dashed D) crashed

197. I don't think it advisable that Tom ______ to the job since he has no experience.
A) is assigned B) will be assigned
C) be assigned D) has been assigned

198. If these prizes are not in stock we will send you a (an) ______ gift of the same value.
A) similar B) parallel C) identical D) equivalent

199. In the absence of agricultural support, the women and children become ______ government.
A) independent on B) dependent on
C) dependable on D) undependable on

200. It is impossible to isolate political responsibility ______ moral responsibility.
A) out of B) above C) from D) under

201. It's a game in which children try to ______ balloons by sitting on them.
A) attack B) burst C) split D) blast

202. Last night, the flood had ______ more than 1,000 lives.
A) stated B) claimed C) declared D) proclaimed

203. Linda didn't want to get marry, saying she'd rather build a/an ______ for herself.
A) profession B) career C) job D) occupation

204. Most schools nowadays prefer to use continuous ______, because it gives a fairer picture of how the student has done during the whole year.
A) assessment B) assignment C) access D) exception

205. Not that John doesn't want to help you, but that it's ______ his power.
A) beyond B) above C) over D) under

206. She later claimed that she did not realize she was ______ an offense.
A) commenting B) committing C) commanding D) combating

207. The skirt is too long for you. You'd better ______ it to fit you.
A) change B) vary C) alter D) convert

208. This is a computer system that ______ maximum flexibility with absolute accuracy.
A) condenses B) combines C) concentrates D) consists

209. This is the largest and most ______ study ever made of the city's public transportation system.
A) comprehensive B) conservative C) confidential D) consistent

210. Too many job hunters make the ______ mistake of thinking only about what's in it for them.
A) classifying B) classified C) classic D) classical

211. Urban crowdedness would be greatly relieved if only the ______ charged on public transport were more reasonable.
A) fares B) fees C) payments D) costs

212. We are all fully capable ______ that responsibility.
A) to manage B) of managing
C) for managing D) with managing

213. When you are dealing with so many patients, mistakes are ______ happen.
A) tied with B) bound to C) involved D) associated

214. Without the Facilities Department, the university would soon ______.
A) ceased functioning B) ceased to function
C) ceased function D) ceased to functioning

215. A survey of traffic accidents ______ that seat belts reduced serious injuries by up to 90%.
A) decided B) determined C) intended D) settled

216. Aid agencies are calling for local volunteers to help them ______ food and medicine.
A) contribute B) drift C) distribute D) attribute

217. Although architecture has artistic qualifies, it must also satisfy a number of important practical ______.

A) obligations B) observations

C) regulations D) considerations

218. As a salesman, he works on a (an) ______ basis, taking 10% of everything he sells.

A) income B) salary C) commission D) pension

219. Children should be allowed to develop their ______ activities as well as their academic abilities.

A) creative B) creature C) creativity D) creation

220. Great as Newton was, many of his ideas ______ today and are being modified by the work of scientists of our time.

A) are to challenge B) may be challenged

C) have been challenged D) are challenging

221. On a ______ estimate, there are now about 5,000 books or articles that deal with it, at least in part.

A) conservative B) confidential C) comprehensive D) consequent

222. Once you have started a job, you should do it in ______.

A) practice B) theory C) earnest D) hurry

223. Recent studies show that moderate amounts of alcohol are beneficial ______ health.

A) for B) to C) with D) of

224. The ______ between the rich and the poor becomes wider and wider nowadays.

A) space B) opening C) gap D) separation

225. The cost of these complex operations is ______ but poorly known.

A) considerable B) sufficient C) numerous D) enormous

226. The earliest skis were ______, consisting of short boards covered in fur skins.

A) crude B) coarse C) rude D) rough

227. The government is determined to ______ the trade in illegal animal furs.

A) cease B) call off C) halt D) pause

228. The woman ______ at the man after he shouted rudely at her.

A) glanced B) glimpsed C) gazed D) glared

229. They will make the necessary ______ for the conference next week.

A) qualifications B) treatments C) arrangements D) appointments

230. This Board rejected both these submissions and held that the profits did not arise in or ______ from Hong Kong.

A) deprive B) derive C) benefit D) acquire

231. This hotel ______ $60 for a single room with bath.
A) claims B) charges C) prices D) demands

232. A recent government paper on education contains some ______ new ideas.
A) confidential B) controversial C) convenient D)conventional

233. About five weeks ago there was a very nasty accident, ______ nobody was injured.
A) fortunately B) generally
C) gradually D) fundamentally

234. As usual, the opposition claims the government is guilty of ______ spending.
A) excessive B) additional C) extra D) added

235. Before making any changes, ______ your family to find out which activities are most important to them.
A) convey B) conquer C) consist D) consult

236. Consideration should ______ arranging for a banker's guarantee in the firm's favor.
A) be given for B) be given in C) be given to D) be given at

237. Employers ______ skilled people on fixed-term contracts.
A) hire B) lease C) engage D) rent

238. Environmental groups launched a ______ against the widespread production of genetically modified crops.
A) struggle B) campaign C) conflict D) battle

239. Even with the car windows left open a ______, the temperature inside can reach 120 degrees.
A) opening B) crack C) break D) blank

240. Housewives who do not go out to work often feel they are not working to their full ______.
A) capacity B) strength C) length D) possibility

241. In a (an) ______, dial 911 for police, the fire department or an ambulance.
A) crisis B) precaution C) emergency D) urgency

242. It is a fault in the electrical ______ that results in the power cut.
A) circuit B) circulation C) current D) circle

243. Many people gathered to ______ the victims of the plane tragedy.
A) show farewell to B) bid farewell for
C) bid farewell to D) show farewell for

244. Mother who takes care of everybody is usually the most ______person in each family.
A) considering B) considerable C) considerate D) constant

245. Police are trying to reconstruct the sequence of ______ on the night of the murder.
A) incidents B) cases C) affairs D) events

246. Richard's heavy-rimmed glasses invested ______ an air of intelligence.

A) in　B) with　C) to　D) for

247. Thanks largely to some ______ donations from absent well-wishers; we also made more money than last year.

A) genuine　B) generous　C) humble　D) maximal

248. The doctor was cheerful and ______, which immediately made me feel more relaxed.

A) effective　B) potential　C) efficient　D) sufficient

249. The fence ______ the prison compound is constantly patrolled by armed guards.

A) imposing　B) involving　C) enclosing　D) containing

250. The humor was ______ by an appreciative crowd.

A) lapped over　B) lapped against　C) lapped down　D) lapped up

251. The men idled their time ______ on street corners or outside the pub, cadging a drink or a smoke.

A) away　B) about　C) down　D) off

252. The picture is ______ to the one in the museum of Modern Art in New York.

A) similar　B) ensure　C) same　D) equal

253. The police ______ the suspect's fingerprints with those found at the crime scene.

A) distinguished　B) separated　C) compared　D) contracted

254. The rebellion was quickly ______ by forces loyal to the President.

A) crushed　B) cracked　C) craft　D) crashed

255. Undoubtedly, markets are always ______ and for ever changing.

A) energetic　B) dynamic　C) flourish　D) prosperous

256. We listened to the choir singing in perfect ______.

A) uniform　B) coincidence　C) harmony　D) alliance

257. We need to record sufficient data to enable ______ conclusions to be reached.

A) defined　B) exact　C) definite　D) sure

258. ______ is a complex social problem with no single cause or solution.

A) Sentence　B) Crime　C) Service　D) Crisis

259. A compass needle points to the ______ north pole.

A) magic　B) magnetic　C) magnificent　D) magical

260. All the students in this class passed the English exam ______ the exception of Li Ming.

A) on　B) in　C) for　D) with

261. As ______ of the armed forces, I have directed that all measures be taken for our defense.

A) Commander-in-Control　B) Commander-in-Main

C) Commander-in-Chief　D) Commander-in-Head

262. As any couple will tell you, marriage ______ commitment and sacrifice from both partners.

A) inquires B) acquires C) requires D) desires

263. At that time, she was still ______ with her unexpected plunge into social activism.

A) in the grips B) in the grip

C) coming to grip D) coming to grips

264. Frank just keeps ______ detective stories.

A) grinding at B) grinding out

C) grinding into D) grinding down

265. His comments were a clear ______ that tax rises might be necessary.

A) hint B) implication C) suggestion D) tip

266. I'm sorry to ______ your meeting, but may I speak with Michael for a moment?

A) intersect B) interpret C) interrupt D) interview

267. Lance's approach had won him a ______ as a tough manager.

A) habit B) fortune C) reputation D) respect

268. Nowadays philosophers ______ whether it's right to clone an individual.

A) debated B) deputed C) talked D) bargained

269. People have always been ______ about exactly how life on earth began.

A) amazed B) awkward C) curious D) amused

270. Rain is ______ for all parts of southern England tomorrow.

A)predicted B) forecast C) foretold D) programmed

271. Research ______ that the drug can be harmful to pregnant women.

A) points out B) indicates C) directs D) sets out

272. She saw a dress in the shop window and it caught her ______ immediately.

A) imagination B) fancy C) insight D) outlook

273. She turned away from the window ______ anyone see her.

A) unless B) once C) if D) lest

274. The ______ is luxurious, with a marble interior and soft, white hand towels.

A) laundry B) lavatory C) laboratory D) lawn

275. This function of the word processor allows you to correct the ______ document before printing.

A) all B) total C) intact D) entire

276. Union ______ often specifically protect workers who are physically able to work.

A) contracts B) agreement C) drafts D) scripts

277. Using a telescope, Galileo discovered stars that were ______ the naked eye.

A) invisible by B) invisible to C) invisible with D) invisible for

278. When ______ with the evidence of her guilt, Mary confessed.

A) be confronted B) confronted

C) having been confronted D) confronting

279. When they returned to the river, they found that the boat had ______ away.
A) framed B) frosted C) frowned D) floated

280. Why is that guy ______ his headlights at me?
A) crashing B) crushing C) flashing D) dashing

281. ______ is the process of transmitting a message from a source to an audience via a channel.
A) Chat B) Quarrel
C) Debate D) Communication

282. A knowledge of classical music is indispensable ______ anyone who wants to apply for the job.
A) for B) to C) at D) in

283. A product is to be considered as being ______, when introduced into the commerce of another country at less than its normal value.
A) discarded B) discharged C) disposed D) dumped

284. As the plane was getting ready to take off, we all ______ our seat belt.
A) fastened B) locked C) fled D) closed

285. Don't just ______ exercise without warming up first.
A) launch forwards B) launch up
C) launch into D) launch from

286. I want to live for the present, and to ______ the consequences.
A) hell about B) hell against C) hell with D) hell at

287. If the problem continues, try ______ a software expert.
A) contenting B) contacting C) containing D) connecting

288. It was horrible, but it gave me a ______ feeling of self-confidence.
A) fantastic B) fascinating C) fashionable D) favorable

289. Many experts consider that the jobs of this industry are, ______, temporary.
A) in necessity B) to necessity C) out of necessity D) of necessity

290. Many German artists ______ America at the beginning of World War II.
A) fled to B) fled by C) fled with D) fled for

291. Our conversation had ______ a variety of topics, from music to current affairs.
A) went through B) laid over C) ranged over D) cover over

292. Storm clouds ______ were rapidly blowing in our direction.
A) in the horizon B) on the horizon
C) under the horizon D) below the horizon

293. The industry has just undergone a period of rapid ______.
A) exposure B) extension C) exhibition D) expansion

294. The man ______ the steering wheel and swung the car into a side street.
A) heaved up B) heaved to C) heaved in D) heaved on

295. The passengers are only a tiny ______ of the population, basically its middle class.
A) fraction　　B) function　　C) fiction　　D) friction

296. The people in this country have ______ almost a decade of economic hardship.
A) stood　　B) permitted　　C) tolerated　　D) endured

297. The study included women of different ages, races ______.
A) but so forth　　B) and forth　　C) and so forth　　D) and also forth

298. To be ______, I was a bit upset with the way it finished.
A) sincere　　B) forthright　　C) truthful　　D) frank

299. Whole blocks of the city were ______ after the war.
A) on ruin　　B) in ruins　　C) at ruins　　D) with ruin

300. You may ______ of the extra books in our department library.
A) deposit　　B) enclose　　C) fade　　D) dispose

301. You're more ______ to injury when you don't get regular exercise.
A) accountable　　B) inclined　　C) liable　　D) subject

302. A person with higher qualifications can get a better paid job ______ their career.
A) in the outset of　　B) at the outset of
C) by the outset of　　D) for the outset of

303. After eight hours climbing, we were still ______ the top of the mountain.
A) nowhere near　　B) everywhere near
C) somewhere near　　D) anywhere near

304. All her energies are ______ upon her children and she seems to have little time for anything else.
A) focused　　B) aimed　　C) directed　　D) guided

305. Although not an economist himself, Dr. Smith has long been a severe critic of the government's ______ policies.
A) economical　　B) economy　　C) economic　　D) economics

306. Changes in policy have ______ the power of the trade unions.
A) loosen　　B) decrease　　C) reduce　　D) weaken

307. Dean had already begun to ______ quite a reputation as a journalist.
A) establish　　B) erect　　C) constructed　　D) founded

308. Do the postures in ______ slow motion with each exercise leading into the next.
A) graceful　　B) grateful　　C) handful　　D) helpful

309. Fred will ______ training as soon as the injury is better.
A) maintain　　B) assume　　C) presume　　D) resume

310. Her father was quite friendly, but her mother seemed somewhat cold and ______.
A) pessimistic　　B) concerned　　C) indifferent　　D) positive

311. Humans still hold on to the absurd ______ that we are the only intelligent beings in the Universe.
A) comprehension　B) ideal　　C) reflection　　D) notion

312. I was surprised by the ______ with which I had gotten reservations.
A) comfort B) ease C) patch D) lift

313. In this society, a few enjoy ______ while others endure grinding poverty.
A) entertainment B) refreshment
C) luxury D) accommodation

314. Police are still investigating the ______ cause of the accident.
A) true B) certain C) exact D) accurate

315. The coach ______ one reporter who approached him after the game.
A) snapped against B) snapped to
C) snapped with D) snapped at

316. The elements may also be transformed from one into another, ______ the fundamental qualities inherent in each.
A) with regard to B) owing to C) as to D) in relation to

317. The first reactor was closed down for repairs earlier this year after a gas ______.
A) leak B) split C) flaw D) crack

318. The issue will be resolved in a ______ that is fair to both sides.
A) manner B) mood C) measure D) mode

319. The issues are in two main clusters, ______ the safety and the pricing of drugs.
A) namely B) necessarily C) immediately D) gradually

320. The majority of Americans increased their wealth in the past decade. ______, the gains were substantial.
A) Furthermore B) However C) Though D) Whereas

321. The President ______ with pride and a sense of accomplishment after this masterstroke of personal diplomacy.
A) glued B) grew C) governed D) glowed

322. The waiter ______ whether we would like to sit near the window.
A) acquired B) inquired C) required D) requested

323. The young girl was ______ her own fate.
A) resigned at B) resigned to C) resigned with D) resigned for

324. Thick fog ______ their attempt to land on the tiny island.
A) discouraged B) beat C) declined D) frustrated

325. To the ______ of the workers, the company announced the closure of the factory.
A) desperation B) despair C) decrease D) depression

326. We've reached the stage where public image is the most important ______ in the Presidency.
A) element B) ingredient C) composition D) content

327. ______ prisoners were allowed visits from their families.
A) In occasion B) On occasion C) At occasion D) By occasion

328. A tiny baby soon learns to ______ its mother's face from other adults' faces.
A) distinguish B) identify C) acknowledge D) isolate

329. Fertilizer ______ leaf growth.
A) furthers B) advances C) promotes D) improves

330. Her eyes were her best ______.
A) feature B) property C) virtue D) characteristic

331. If a man retires at 58, he's actually got seven years to go before he draws his state ______.
A) pension B) commission C) income D) salary

332. If they ______ that a military challenge threatens their country's interests, they will not hesitate to fight.
A) penetrate B) puzzle C) perceive D) preserve

333. In fact, vegetarianism is growing ______, particularly among the health-conscious.
A) by leaps and bounds B) by leap and bound
C) with leaps and bounds D) with leap and bound

334. In this situation it is ______ to keep an open mind and consider any possibilities and evaluate them carefully.
A) trivial B) vital C) fatal D) usual

335. It looked safe enough, and neither of us was in a ______ to test it.
A) feeling B) perception C) sense D) mood

336. It's ______ impossible to predict what will happen.
A) practically B) directly C) exclusively D) shortly

337. James leaned over to ______ something to Michael.
A) whisper B) whistle C) whip D) weld

338. Please don't ______ any details, no matter how trivial they may seem.
A) lack B) drop C) leak D) omit

339. Sammy always has to be ______, controlling everything.
A) on the saddle B) in the saddle C) with the saddle D) for the saddle

340. She ______ all her troubles to him.
A) poured into B) poured out C) poured down D) poured from

341. She prevailed ______ her father to say nothing.
A) on B) over C) among D) in

342. Sometimes a special tax is imposed ______ foreign residents.
A) at B) for C) in D) on

343. The investigation will ______ the company's financial dealings.
A) inquire into B) inquire after C) inquire about D) inquire in

344. The kids were ______ shells on the beach.
A) hunting down B) hunting out C) hunting for D) hunting in

345. The plane was brought down safely and not a ______ passenger was killed.

A) specific B) sole C) single D) only

346. The walls are made of ______ concrete blocks.

A) blank B) bare C) vacant D) hollow

347. Tom was still hesitating ______ whether to leave or not.

A) at B) to C) on D) over

348. We are all for your proposal that the discussion ______.

A) be put off B) was put off C) should put off D) is to put off

349. We were looking forward to seeing the pyramids, which promised to be the ______ of our trip.

A) height B) peak C) highlight D) top

350. With monarchy, the essential problem is that power is put ______ relatives and genetics.

A) in the mercy of B) at the mercy of

C) under the mercy of D) on the mercy of

KEYS

1-10: BABCB ABBDD
11-20: BDCDC BAADC
21-30: DCDCD DABDD
31-40: AAABC DCBBB
41-50: CCABD ACDBC
51-60: CBBAB DBCCC
61-70: CDDDD BCABB
71-80: BABDB CDBCB
81-90: BDADA DDADA
91-100: BDCAC BACCB
101-110: DCBDD BCCCA
111-120: DCBCB AAABA
121-130: DDBDB DBCCC
131-140: ABCDB BDAAC
141-150: DAAAD DCABA
151-160: CDDAC CDAAB
161-170: AABDB BCDBA
171-180: CDBAB BCBAC
181-190: AABCB DBDCA
191-200: CADAD DCDBC
201-210: DBBAA DCBAC
211-220: ACBBB CDCAC
221-230: ACBCA ACDCB
231-240: BBAAD CABBA
241-250: CACCD BBCCD
251-260: AACAB CCBBD
261-270: CCDBA CCACB
271-280: BBDBD ABBDC
281-290: DBDAC CBADA
291-300: CBDDA DCDBD
301-310: CBAAC DAADC
311-320: DBCCD BAAAA
321-330: DBBDC ABACA
331-340: ACABD AADBB
341-350: ADACC DDACB

索 引

图书在版编目(CIP)数据

四级词汇词根+联想记忆法：乱序版 / 俞敏洪编著
.—杭州：浙江教育出版社，2014（2016.10重印）
ISBN 978-7-5536-2512-6

Ⅰ.①四…　Ⅱ.①俞…　Ⅲ.①大学英语水平考试—词汇—记忆术—自学参考资料　Ⅳ.①H313

中国版本图书馆CIP数据核字（2014）第296717号

四级词汇词根+联想记忆法：乱序版

SIJI CIHUI CIGEN + LIANXIANG JIYIFA : LUANXUBAN

编　　著　俞敏洪
责任编辑　孔令宇
美术编辑　韩　波
封面设计　大愚设计
责任校对　刘文芳
责任印务　时小娟

出版发行　浙江教育出版社
（杭州市天目山路40号　　邮编：310013）
印　　刷　北京海石通印刷有限公司
开　　本　880mm×1230mm　1/32
成品尺寸　145mm×210mm
印　　张　15.25
字　　数　435 000
版　　次　2015年3月第1版
印　　次　2016年10月第9次印刷
标准书号　ISBN 978-7-5536-2512-6
定　　价　35.00元
联系电话　0571－85170300－80928
电子邮箱　dywh@xdf.cn
网　　址　www.zjeph.com
